시계열 애널리스트를 위한 Eviews 솔루션

정동빈 지음

Time Series Analysis

황소걸음 아카데미
Slow & Steady

시계열 애널리스트를 위한 Eviews 솔루션

펴낸날 | 2015년 6월 5일 초판 1쇄
지은이 | 정동빈
만들어 펴낸이 | 정우진 강진영
꾸민이 | 휴먼하우스(humanhouse@naver.com)
펴낸곳 | 121-856 서울 마포구 신수동 448-6 한국출판협동조합 내
편집부 | (02) 3272-8863
영업부 | (02) 3272-8865
팩 스 | (02) 717-7725
홈페이지 | www.bullsbook.co.kr
이메일 | bullsbook@hanmail.net
등 록 | 제22-243호(2000년 9월 18일)

황소걸음
아카데미
Slow & Steady

ISBN 978-89-89370-96-3 93310

교재 검토용 도서의 증정을 원하시는 교수님은
출판사 홈페이지에 글을 남겨 주시면 검토 후 책을 보내드리겠습니다.

* 이 도서의 국립중앙도서관 출판시도서목록(CIP)은 서지정보유통지원시스템 홈페이지(http://seoji.nl.go.kr)와 국가자료공동목록시스템(http://www.nl.go.kr/kolisnet)에서 이용하실 수 있습니다.
(CIP제어번호: CIP2015014248)

* 이 저술은 2014년도 강릉원주대학교 학술연구조성비 지원에 의하여 수행되었음.

머리말 Preface

인류는 흘러가는 시간 속에서 광대한 정보들을 그냥 보내지 않고 의미 있는 객관화된 정보를 지혜로 변환시키려 수많은 노력을 해왔다. 앞으로 개인과 기업 더 나아가 국가는 최적의 의사결정을 위해서 시간의 흐름에 따라 발생하는 시계열데이터에 근거하여 산출된 결과에 더욱 관심을 가지고 살펴보게 될 것이다.

본서는 경제 및 경영 분야에서 예측의 주요한 도구로 사용되는 단변량・다변량 시계열데이터 분석을 다루었다. 구성에 있어서는 내용을 단순히 나열하는 방식보다는 실제 경제 및 경영 분야에서 발생하는 사례를 중심으로 단계적으로 분석 및 해석하는 실전적인 방식으로 전개하였다. 본서가 집필되기 전에 저자는 SPSS 및 MINITAB을 중심으로 이미 몇 권의 책을 출간하였는데, 적용할 수 있는 시계열모형이 상대적으로 제한적이며 모형을 구체적으로 해석 및 전개하는 데 다소 불편한 점을 가지고 있음을 간과할 수 없었다. 그래서 이러한 점을 보다 자유롭게 극복하고 손쉽게 솔루션을 얻을 수 있는 한 방법으로 Eviews 8을 활용하여 실전적 예측방법을 제시하였다.

본서는 이론 면에서는 크게 두 개의 단변량 시계열모형과 세 개의 다변량 시계열모형을 다루었으며, 대부분의 내용은 ≪시계열 수요예측 I, II≫에서 요약 및 정리하였다. 반면에 응용 면에서는 실제 경제 및 경영 시계열데이터에서 발생하는 다섯 개의 사례를 실전적 로드맵에 단계별로 적용함으로써 분석자로 하여금 예측 솔루션을 탐색하도록 하였다.

본서를 집필하는 데 동기부여를 해준 수많은 제자들, 특히 손동원, 이유미, 이성윤, 송혜빈을 포함한 경제 및 경영 방면에 눈을 뜨게 해준 연세대학교 경제대학원생들에게 감사를 드린다. 또한 지난 10여 년 동안 저자의 강의를 수강해주신 여러 기업체, 학계 등에 계신 분들께 진심어린 감사의 말씀을 드린다. 끝으로 감히 독자 여러분께 본서의 부족한 부분에 대하여 많은 조언과 질책을 부탁드린다.

2015년 5월 정동빈

차례 Contents

단변량 시계열자료분석 • 9

Part 1

제1장 ARIMA 모형 ······ 13

01 ARIMA 모형의 개요 ······ 14

1.1 언제 단변량 ARIMA 모형을 사용하는가? 14

1.2 ARIMA 모형 구축의 절차 16

02 어떤 ARIMA 모형이 좋은가? ······ 18

03 ARIMA 모형의 표기법 ······ 20

3.1 후향연산자(backshift operator, B) 20

3.2 차분연산자(differencing operator, $1-B$ 또는 ∇) 21

3.3 ARIMA 모형의 표기법 23

04 모형의 정상성과 가역성 ······ 27

4.1 비정상적 평균 28

4.2 비정상적인 분산 38

4.3 가역성(invertibility) 41

05 식별 단계 ······ 42

5.1 추정된 자기상관함수 43

5.2 추정된 편자기상관함수 47

5.3 이론적인 자기상관함수와 편자기상관함수의 형태 50

06 추정 단계 ······ 57

6.1 모수 추정 방법 57

6.1.1 최소제곱법(conditional least squares) 58

6.2 추정 단계에서 주목해야 할 점 61

07 모형검진 단계 ······ 67

7.1 백색잡음이 독립인가? 67

7.2 잔차 자기상관함수(residual acf) 68

7.3 t-검정통계량 69

7.4 Box와 Ljung의 카이제곱검정 69

7.5 기타 진단 방법들 71

7.6 최적화된 ARIMA 모형 74

08 예측 76

8.1 ARIMA 모형의 예측값 77

8.2 ARIMA 모형의 예측값에 대한 신뢰구간 80

사례분석 1 AA- 회사채 84

C1.1 자료 설명 84

C1.1.1 시계열자료 만들기 85

C1.1.2 시계열도표(또는 시도표) 그리기 89

C1.2 정상성 및 계절성 점검(예비 단계) 90

C1.2.1 원자료에 대한 평균의 정상성 점검 90

C1.2.2 1차 차분된 자료에 대한 평균의 정상성 점검 94

C1.2.3 계절성 존재 여부 점검 97

C1.3 ARIMA 모형 구축 98

C1.3.1 ARIMA(p,d,q) 모형의 식별 98

C1.3.2 ARIMA(1,1,0) 모형의 추정 및 모형검진 98

C1.3.3 대체모형: ARIMA(0,1,1) 모형 105

C1.4 최적모형 및 예측 108

C1.5 [사례분석 1]을 마치며… 111

09 주기성이 존재하는 ARIMA 모형 112

9.1 주기성 및 계절적 변동을 감지하는 방법 112

9.2 계절적 프로세스에 대한 이론적 자기상관함수와 편자기상관함수 117

9.3 계절적 차분(seasonal differencing) 120

9.4 승법(multiplicative) ARIMA 모형 122
9.5 승법 ARIMA 모형의 정상성과 가역성 123

사례분석 2 광공업 생산지수 125
C2.1 자료 설명 125
C2.2 예비 단계(정상성 및 계절성 점검) 126
C2.3 ARIMA 모형식별, 추정 및 모형검진 130
C2.4 대체모형 및 최적모형 135
C2.5 [사례분석 2]를 마치며… 139

제2장 지수평활법 141
2.1 단순지수평활법(Single Smoothing with 1 parameter) 143
2.2 이중지수평활법(double Smoothing) 148
2.3 비계절적(no seasonal) Holt-Winters 149
2.4 Holt-Winters 가법(additive) 지수평활법 149
2.5 Holt-Winters 승법(multiplicative) 지수평활법 150

사례분석 3 담배소비량 153

다변량 시계열자료분석 • 159

Part 2

제3장 개입모형 ······ 163

3.1 언제 개입모형을 사용하는가? 164

3.2 개입의 유형 166

3.2.1 펄스개입 166

3.2.2 계단개입 169

3.3 개입모형의 표기법 172

3.4 다중개입과 혼합개입 173

사례분석 4 KOSPI 200옵션 일거래량 178

C4.1 자료 설명 및 개입형태의 식별 178

C4.2 오차항에 대한 ARIMA 모형식별 179

C4.3 개입모형의 추정 및 모형진단 182

C4.4 개입모형의 예측 187

C4.5 [사례분석 4]를 마치며··· 190

제4장 동적회귀모형 ······ 193

4.1 전이함수와 임펄스 반응함수 195

4.2 완전 동적회귀모형 199

4.3 동적회귀모형의 구축: 모형식별 202

4.3.1 동적회귀모형식별 전 예비작업 203

4.3.2 선형전이함수의 식별방법 206

4.3.3 전이함수를 식별하는 데 필요한 실전적 분석전략 211

4.3.4 사전백색화와 교차상관함수를 이용한 전이함수 식별방법 221

4.4 동적회귀모형의 구축: 모형검진, 재식별 및 평가 224
4.4.1 식별검진 및 모형의 재식별 224
4.4.2 추정결과를 평가 228
4.5 동적회귀모형의 구축: 추정 및 예측 232
4.5.1 동적회귀모형의 추정 232
4.5.2 예측 236

사례분석 5 양도성 예금증서 금리 243
C5.1 서론 243
C5.2 자료 설명 및 분석방법 모색 244
C5.3 준비 단계 247
C5.3.1 분산의 정상성을 만족시키는 변수변환 247
C5.3.2 피드백 점검 247
C5.3.3 입력변수, 출력변수에 대한 ARIMA 모형 구축 249
C5.4 동적회귀모형의 식별, 추정 및 모형진단 258
C5.4.1 초기식별 단계 258
C5.4.2 두 개의 선형전이함수요소 (b_1, r_1, h_1)와 (b_2, r_2, h_2) 식별 261
C5.4.3 전이함수모형 추정 및 모형검진 264
C5.5 최종모형 275
C5.6 [사례분석 5]를 마치며… 278

제5장 벡터자기회귀모형 …… 279
5.1 벡터자기회귀모형의 형태 281
5.2 분석절차 및 로드맵 282

참고문헌 295
찾아보기 297

Part 1

단변량 시계열자료분석

우리의 삶은 항상 시간과 더불어 영위하고 있으며, 이 시간의 흐름에 따라 무수히 많은 자료가 발생한다. 이때 어느 한 시점에서 발생한 사건은 다른 시점에서 발생한 사건들과 흔히 상관관계가 있을 수 있다. 시간의 흐름에 따라 발생하는 자료에 대해서 시간이 차지하는 역할을 정확히 이해하지 못하면, 기업의 경영의사결정 및 국가 및 공공의 정책결정을 내리는 데 적절치 못한 정보를 산출하여 큰 문제를 야기할 수 있을 것이다.

여러 가지 형태의 시계열분석방법이 존재하나, 1부에서는 예측할 변수 하나를 선정한 후 해당 변수의 과거 자료를 근거로 해당 변수의 미래값을 예측하는 단변량 시계열(univariate time series)분석방법을 고려하기로 한다. 이 책에서는 단변량 시계열분석에서 자주 사용하는 두 개의 모형, 즉 ARIMA 모형과 지수평활법에 대해서 다루기로 한다.

단변량 시계열자료는 시간의 흐름에 따라 한 변수에 대하여 얻을 수 있는 관측값들을 일컬으며, 단변량 시계열자료의 예측값은 주어진 한 변수의 과거값들만을 이용하여 얻어진다.

그렇다면 단변량 시계열분석을 하기 위해서 어떤 형태의 자료를 적용할 수 있을까? 이산형(discrete)자료 또는 연속형(continuous)자료 모두 적용할 수 있다. 이산형자료는 정수만으로, 연속형자료는 분수로 측정된다. 예를 들면, 특정 자동차 제조사에서 새롭게 출시한 차량 모델의 판매 차량대수는 이산형자료로, 이 차량 모델에 대한 매출액은 연속형자료로 간주할 수 있다.

단변량 시계열분석을 하기 위해서 이산형자료와 연속형자료 모두 일정한 시간 간격(equally spaced, discrete time intervals)으로 측정된 자료만을 다룬다. 예를 들어 특정 인터넷 여행사의 예약건수(이산형자료)를 매달 특정일(예: 마지막 날)에 조사하면 된다. 반면에 예약건수(연속형자료)는 매 순간마다 변하므로 단변량 시계열분석에 적용하는 것은 적합하지 않다. 왜냐하면 이산형이 아닌 연속적인 시간구간으로 측정되었기 때문이다. 만일 예약건수를 매달 마지막 날에 한 번씩(정기적으로) 조사하였다면, 기록된 시계열자료는 일정한 시간 간격으로 측정된 이산형자료로 변환된 것이다. 이 경우 시계열자료는 전반적인 시간을 통해 모아진 것이 아니라 흐르는 시간의 한 순간 시점에서 추출한 표본이다.

다음은 국내 특정 인터넷 여행사에서 2001년 4월부터 2007년 8월까지(총 77개월) 해외항공에 대한 예약건수를 월별로 조사한 단변량 시계열자료이다. 향후 2년 내지 3년 해외관광서비스를 집중해야 하는 카테고리별 국제 관광도시를 파악하고 분석하기 위한 기초작업으로 2008년 해외항공 예약건수를 예측하는 데 목적이 있으며, 더 나아가 2008년의 시장계획을 수립하는 데 도움이 되는 자료로 활용하려 한다(예약건수.wf).

1098	1697	2483	1729	895	1164	945	945	1030	1265	847	1036
1477	1398	1720	3527	1014	914	1076	1019	911	981	1378	1536
1766	1908	3047	3332	2636	1399	1377	1988	2998	2386	2127	2202
2180	2660	4426	5742	4015	3168	3022	4518	4587	6053	5050	5320
8038	9862	12707	12229	9306	6561	5992	6232	6554	5516	6792	7433
8229	7526	10154	10598	9604	8152	6844	10976	10206	10716	9702	11632
11004	12290	13340	14092	12622							

총 77개의 관측값인 예약건수 시계열자료를 시계열도표(timeplot)를 사용하여 [그림 1.1]과 같이 시각적으로 나타낼 수 있다.

일반적으로 관측값을 y_t로 표기하며, 여기에서 아래첨자(t)는 관측값이 발생한 시점을 의미한다. 이런 방법으로 n개 연이은 관측값을 $y_1, y_2, \cdots, y_n$으로 나타내기로 한다. 예를 들어 앞 예약건수 자료 77개를 가장 오래된 관측값부터 가장 최근의 관측값으로 나열하여 $y_1 = 1098, y_{77} = 12622$로 표기한다. 이를 $y_{2001,4} = 1098$, $y_{2001,5} = 1697, \cdots$, $y_{2007,8} = 12622$로 나타내기도 한다.

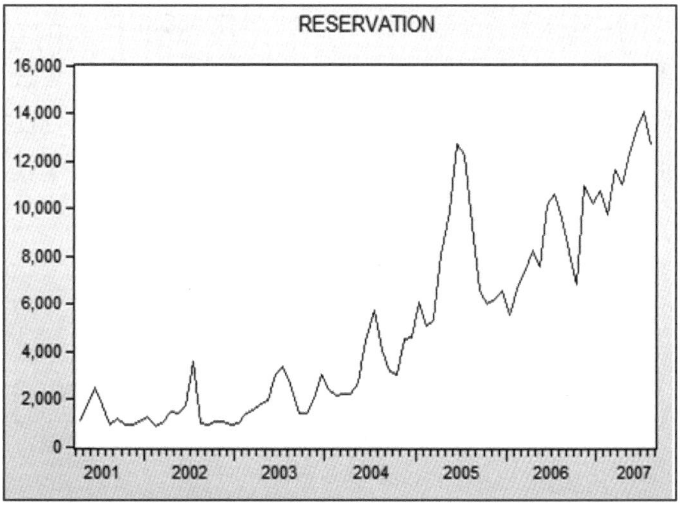

[그림 1.1] 예약건수의 시계열도표

프로세스, 실현값, 모형

'시계열자료는 어떻게 만들어질까?'라는 질문에 대한 답변은 "일정한 시간 간격에서 추출한 관측값"으로 설명하였으나, 이를 다시 표현하면 '어떤 형태의 메커니즘을 통해서 관측값이 생성되었는가?'로 되물을 수 있다.

단변량 시계열분석에서 관측값들은 프로세스(process)에서 생성되었다고 가정한다. 프로세스는 '모집단(population)', 즉 '관심 있는 변수에 대한 모든 가능한 관측값의 집합'으로 간주하면 된다. 마찬가지로 프로세스는 시간의 흐름에 따라 발생하는 변수의 모든 가능한 관측값뿐 아니라 수학적 표현까지 의미한다. 이때 수학적 표현은 관측값끼리 서로 어떻게 관련되어 있는지를 함수식으로 표현하는 것을 말한다.

단변량 시계열분석에서는 표본, 즉 모집단의 특정 부분집합을 흔히 '실현값(realization)'이라 부른다. 다시 말하면 실현값은 프로세스로부터 뽑혀진 관측값들의 부분집합이다. 예를 들면 앞에서 다룬 예약건수 자료는 실현값이며, 이 자료는 그 수많은 관측값들 중에서 단지 77개 관측값으로만 구성되어 있다.

실현값을 생성하는 프로세스를 이해하면 미래 시계열값을 정확하게 예측할 수 있을 것이다. 불행히도 고려하는 프로세스는 결코 알 수 없다. 이 책의 목적은 주어진 실현값을 생성하는 알려지지 않은 프로세스를 적절히 설명할 수 있는, 즉 '실현값에 대한 수학적인 표현'을 찾는 것이다. 여기에서 수학적인 표현을 '모형(model)'이라 부르며, 이에 관련된 대표적인 두 개의 모형(ARIMA 모형과 지수평활법)을 다루기로 한다. 물론 이 책에서 다룰 시계열모형은 제안된 절차를 거쳐 적절하게 구축할 수 있으며, 이를 로드맵을 통해서 분석을 단순화시켰다.

앞에서 언급한 세 가지 요소를 다음과 같이 정리할 수 있다.

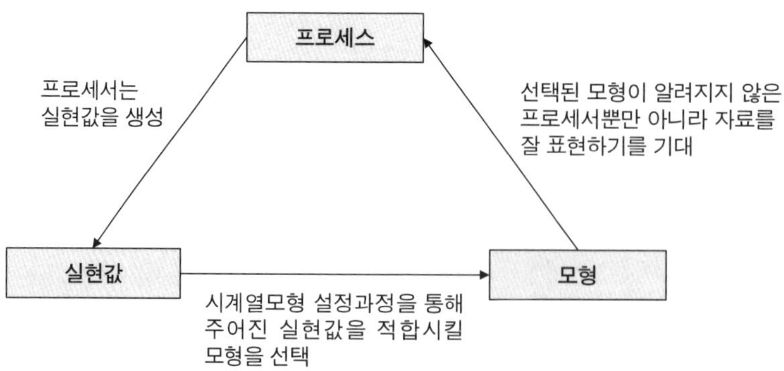

[그림 1.2] 프로세스, 실현값, 모형 사이의 관계

1장 / ARIMA 모형

ARIMA 모형은 임시변통이거나 직관적인 방법보다는 확률론과 수리통계의 원리에 근거한다는 개념을 내포하고 있다. 또한 ARIMA 모형은 단순히 하나의 모형이 아니라 모형들의 족(族)이므로, 모형 구축을 하는 과정에서 두 개 이상의 적절한 ARIMA 모형을 탐색할 수 있다. 물론 적절하게 설정된 두 개 이상의 ARIMA 모형 중에서 최적의 예측값을 산출할 수도 있는 모형을 찾을 수 있다. 그러나 적절한 ARIMA 모형을 구축하기 위해서는 다른 단변량 시계열분석과는 달리 수많은 분석 경험과 시행착오가 필요하다.

01

ARIMA 모형의 개요

1.1 언제 단변량 ARIMA 모형을 사용하는가?

단기예측

단변량 ARIMA 모형은 특히 단기예측에 적합하다. 왜냐하면 ARIMA 모형은 먼 과거보다는 최근 시점에 가까운 과거 관측값에 더 많은 비중을 두기 때문이다. 최근 시점에 가까운 과거에 비중을 더 둔다는 것은 ARIMA 모형에 근거하여 얻어진 장기예측값이 단기예측값에 비해 신뢰성이 적다는 의미이다.

예를 들어 n개의 관측값이 존재할 때 y_t가 바로 앞 관측값 y_{t-1}과 연관된 ARIMA 모형을 고려해보자. 1차전방 예측값(y_{n+1})을 얻기 위해서는 가장 최근 관측값인 y_n을 이용한다. 마찬가지로 2차전방 예측값(y_{n+2})을 얻기 위해서는 가장 최근 관측값인 y_{n+1}을 이용해야 하지만 이 값은 관측된 값이 아니므로 존재하지 않는다. $(n+1)$ 시점의 예측값을 이용하여 y_{n+1}을 대치하는 방법밖에 없다. 즉, $(n+1)$ 시점의 예측값은 예측값이 아닌 관측값 (y_n)에 근거하여 얻어졌으므로, 예측값 (y_{n+1})에 근거한 $(n+2)$ 시점의 예측값보다 신뢰성이 큰 것은 당연하다.

ARIMA 모형은 계절적 변동 또는 다른 주기적인 변동이 존재하는 시계열자료를 예측할 때도 유용하게 사용할 수 있다. 계절적인 변동에 대한 예로서 분기별로 측정된 에어컨 판매량을 고려할 수 있다. 즉, 매년 여름에는 에어컨 판매량이 증가하고 겨울에는 감소하는 비슷한 패턴이 반복되는 것을 발견할 수 있다. 또 다른 예로서, 앞에서 다룬 여행사의 예약건수 자료를 살펴보면 매년 7월 예약건수가 다른 달에 비해서 많다는 사실을 고려하면 계절적인 변동이 존재함을 감지할 수 있다.

표본크기

ARIMA 모형을 설정하기 위해서는 적절한 표본크기가 필요하다. Box와 Jenkins는 최소 50개 이상의 관측값이 필요하다고 제안했다. 물론 계절적 변동이 존재하는 자료는 특히 표본의 수가 더 많아야 할 것이다.

정상적 계열

단변량 ARIMA 방법은 정상적인(stationary) 시계열자료에만 적용한다. 정상적인 시계열의 평균, 분산, 자기상관함수는 시간의 흐름에 따라 일정하다.

정상성 조건은 단변량 ARIMA 모형 이론을 단순화시키며 주어진 관측값에 대하여 유용한 모수(들)의 추정값을 얻도록 해준다. 예를 들면, 만일 평균값이 하나밖에 존재하지 않는다면 50개 이상의 관측값을 사용하여 자료시계열의 실제 평균에 대한 상당히 좋은 예측값을 얻을 수 있다. 그러나 매 시점에서 변수의 평균이 다르다면 매 시점마다 한 관측값이 존재하므로 모든 평균에 대한 유용한 추정값을 구할 수 없을 것이다.

정상적 계열의 평균은 시계열의 모든 수준에 대한 평균을 말한다. 실제 평균은 표본평균($\bar{y}=\frac{1}{n}\sum_{t=1}^{n}y_t$)으로 추정된다. 시계열이 정상적이면 계열에서 주요하게 나타나는 부분의 평균이 다른 부분의 평균과 유의하게 다르지 않다. 다음 주어진 [그림 1.3]을 통해 '평균의 정상성'을 설명하면, 이 계열은 시간의 흐름에 따라 평균이 고정되어 있다. 예를 들면 자료의 첫 절반(관측값 1부터 30까지)의 평균은 나머지 절반(관측값 31부터 60까지)의 평균과 거의 비슷하다.

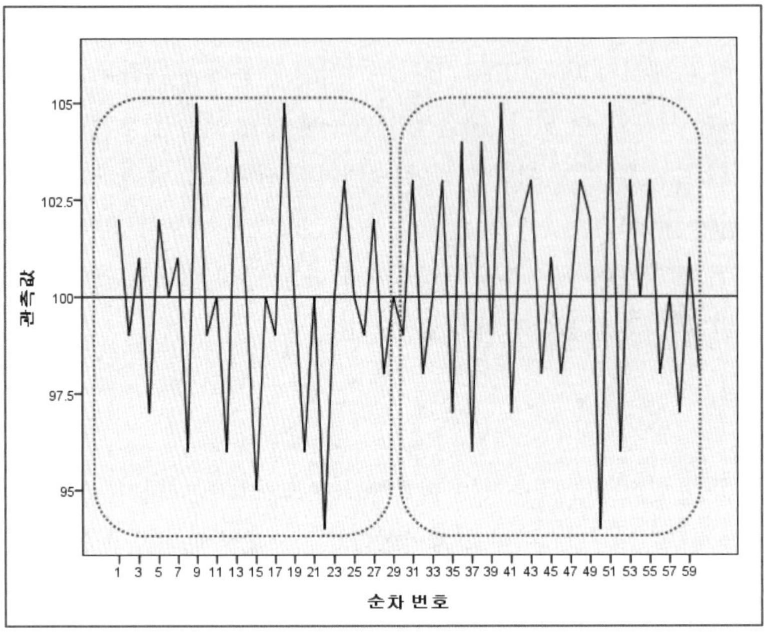

[그림 1.3] 정상적인 시계열의 예

자료계열의 평균이 정상적이더라도 계열에서 주요하게 나타나는 부분의 분산이 다른 부분의 분산과 우연히 다를 수 있다. 앞 그림에 나타난 자료의 분산은 시간의 흐름에 따라 두드러지게 변하는 것 같지는 않다. 분산이 비정상적이면 적절한 변수변환(예: 로그변환)을 통해 분산을 정상적으로 만들 수 있다.

1.2 ARIMA 모형 구축의 절차

Box와 Jenkins는 좋은 모형을 찾기 위해서 3단계 절차를 제안하였다. 다음은 ARIMA 모형의 설정을 위해 필요한 절차를 도표로 나타낸 것이다.

[0단계] 평균과 분산의 정상성

ARIMA 모형을 구축하기 위해서는 우선 주어진 시계열자료에 대한 정상성을 만족시켜 주어야 한다. 여기에서 '정상성(stationarity)'이란 시계열을 일정한 주기로 나누었을 때 각 주기에 해당하는 평균과 분산이 일정하다는 의미이다. 만일 시계열의 분산과 평균이 비정상적일 경우, 정상성을 만족시키기 위해서 각각 변수변환 및 차분을 취해준다. 이에 관한 사항은 차후 자세히 다루기로 한다.

[1단계] 식별

식별 단계에서는 시계열 내 관측값들 사이에 존재하는 상관관계를 측정하여 ARIMA(p, d, q) 모형을 구성하는 자기회귀(autoregressive, AR) 요소인 p와 이동평균(moving average, MA) 요소인 q를 임시적으로 결정한다. 여기에서 상관관계를 측정하는 도구는 자기상관함수(autocorrelation function, ACF)와 편자기상관함수(partial autocorrelation function, PACF)이다.

두 개의 상관함수를 이용하여 적절해 보이는 하나 이상의 ARIMA 모형을 고려한다. 이때 자료로부터 계산된 추정된 두 상관함수와 이론적인 두 상관함수를 각각 비교하여 이론적인 자기상관함수와 편자기상관함수 형태와 비슷한 모형을 임시로 선택한다. 식별 단계에서 고려한 모형은 다만 임시적으로 선택한 것이며, 최종모형을 구축하기 위해서 다음 두 단계(추정, 모형검진)를 거쳐야 한다.

[2단계] 추정

2단계에서는 식별 단계에서 선택한 모형의 계수를 정확히 추정하며, 이 추정된 모수가 통계적으로 유의한지 여부를 판가름할 수 있기 때문에 1차적으로 모형의 적절성을 탐색할 수 있다. 특히, 추정된 계수들의 절대값 크기를 통해서 차후 다룰 정상성과 가역성 만족 여부를 판가름할 수 있다. 만일 추정된 모수가 유의하지 않을 경우, 다시 식별 단계로 돌아가서 또 다른 ARIMA 모형을 임시로 선별한다.

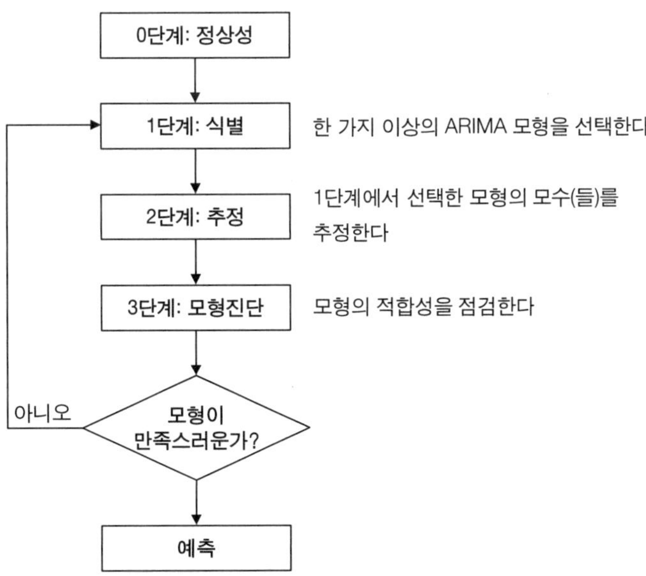

[그림 1.4] ARIMA 모형 구축 절차

[3단계] 모형진단

3단계는 추정된 모형이 통계적으로 적절한지 여부를 결정하는 단계이며, 몇 가지 검정법에 근거하여 부합하는 모형은 기각된다. 최종모형을 찾을 때까지 식별, 추정, 모형진단의 3단계를 되풀이하여 반복한다. 특히 추정 및 모형진단 단계를 통해 언제, 어떻게 다른 후보 모형(들)을 고려할지를 알 수 있다. 몇 가지 기준들을 만족하는 모형을 찾을 때까지 재식별, 재추정, 재모형진단을 계속 반복하여 실행한다.

02

어떤 ARIMA 모형이 좋은가?

본 절에서는 좋은 ARIMA 모형이 갖는 일반적인 특징을 다루고자 한다. 그리고 이 특성들을 각 모형 구축 단계(식별, 추정, 모형진단)에 관련하여 설명하도록 한다. 물론 이때 ARIMA 프로세스에서 대표적으로 다루게 되는 자기회귀 프로세스와 이동평균 프로세스를 적용시킨다.

실제로 어떤 ARIMA 프로세스가 주어진 실현값을 생성시켰는지는 모르기 때문에, 적절한 최종모형을 찾는 데는 수많은 시행착오를 거쳐야 할 것이다. 이때 '시행부분', 즉 식별 단계는 실현값에 근거하여 추정된 자기상관함수와 편자기상관함수를 사용하여 실행한다. 이때 가능한 메커니즘은 모형이다. 모형은 프로세스와 다르다. 즉 프로세스는 실현값을 생성한 알려지지 않은 메커니즘인 반면에 모형은 프로세스를 단지 모방한 표현에 불과하다. 프로세스는 알려지지 않기 때문에 선택한 모형이 근본적으로 프로세스와 동일한지는 아무도 모른다. 우리가 할 수 있는 작업은 단지 자료를 비추어 적절하다고 생각하는 모형을 선택하는 것에 불과하다.

그렇다면 ARIMA 모형의 적절성 여부를 어떻게 결정하여야 하는가? 다음 몇 가지 사항은 이를 어느 정도 답변할 수 있는 기준이 된다.

1) 모수를 절약해야 한다.

이는 '모수절약의 원칙(principle of parsimony)'이라 표현되며, 불필요한 계수(들)를 사용하지 않고 자료를 적절히 적합할 수 있는 모형을 찾는다는 의미이다. 예를 들면, AR(1) 모형과 AR(2) 모형은 본질적으로 같은 성질의 모형이지만, AR(1) 모형은 AR(2) 모형에 비해 계수를 하나 덜 추정하기 때문에 AR(1) 모형을 선택한다는 의미이다.

실제로 모수의 수가 절약된 모형이 더 좋은 예측값을 얻는다. 이는 모형을 설정하는데 중요한 실전적 전략이 된다. 특히 주어진 실현값을 생성하는 실제 프로세스를 반드시 찾을 필요는 없다. 오히려 모수를 절약하고 적절한 통계적 방법으로 실현값의 형태를 잘 설명할 수 있는 모형만 찾을 수 있다면, 이렇게 근사된 모형이 사용하기에 적절하다.

2) 정상적(stationary)이어야 한다.

1절에서 언급한 바와 같이, ARIMA 방법은 정상적인 실현값에만 적용시킬 수 있다. 즉 실현값의 평균, 분산, 자기상관함수 모두가 일정해야만 한다. 자세한 사항은 4절에서 다루기로 한다.

3) 가역적(invertible)이어야 한다.

가역성은 수학적으로 정상성과 유사하며 차후 자세히 다루기로 한다.

4) 추정 단계에서 추정된 계수는 통계적으로 유의해야 하며, 계수들 간 서로 크게 상관되지 말아야 한다.

추정된 계수에 대한 t-통계량의 절대값이 '2.0' 이상이어야 한다. 이는 추정된 계수들이 통계적으로 '0'이 아님을 의미한다. 또한 추정된 계수 간에 통계적으로 유의하게 상관관계가 있으면 이 추정된 계수들은 다소 불안하기 때문이다. 차후 자세히 다루기로 한다.

5) 잔차들이 통계적으로 서로 독립이어야 한다.

1.1절에서 살펴본 바와 같이 백색잡음(ϵ_t)은 프로세스 내에서 서로 독립이다. 백색잡음들은 관측할 수 없기 때문에 그 값을 알 수 없지만, 추정 단계에서 이들을 추정할 수 있다. 이때 추정된 백색잡음($\hat{\epsilon_t}$)을 모형의 '잔차(residual)'라고 한다. 잔차를 관측값 대신 입력 자료로 간주하여 자기상관함수를 계산할 수 있다. 이를 '잔차 자기상관함수'라고 하며, 각 잔차 자기상관계수에 대해 t-검정과 Box-Ljung 카이제곱검정을 할 수 있다. 이 두 개의 검정은 모형진단 단계에서 주로 사용하는 도구이다. 자세한 것은 차후에 다루기

로 한다. 만일 잔차들이 통계적으로 독립이면 백색잡음이 갖는 독립성 가정을 만족한다는 의미가 된다.

6) 추정 단계에서 자료를 충분히 잘 적합시키는 모형을 선택한다.

자료 내에 (확률적인) 백색잡음 요소가 존재하므로 자료를 완벽하게 적합시키는 모형은 존재하지 않는 것은 당연하다. 주어진 모형을 얼마만큼 적합을 잘 하는지 여부는 차후 다룰 모형적합통계량을 통해서 판단한다.

7) 무엇보다도 예측오차가 작은 모형을 선택한다.

좋은 모형은 과거 자료를 잘 적합시키지만 더 중요한 것은 미래의 값을 잘 예측해야 한다. 즉, 예측력(ability to forecast)을 말한다.

03

ARIMA 모형의 표기법

본 절에서는 ARIMA 모형의 수학적인 표기법을 다루며, 이를 숙지함으로써 ARIMA 모형의 구축을 직관적으로 이해하는 데 많은 도움이 될 것이다. 우선 ARIMA 모형을 손쉽게 표기하기 위해 후향연산자, 차분연산자를 정의해보자.

3.1 후향연산자(backshift operator, B)

ARIMA 모형은 흔히 후향연산자를 이용하여 쉽게 표기할 수 있으며 이해할 수 있다. 이 표기법은 통계적 개념이 아니며, 단지 ARIMA 프로세스와 모형을 편리하게 나타내는 표기법에 불과하다. 후향연산자는 ‘B’로 나타내며, $B^k y_t = y_{t-k}$로 정의된다. 예를 들면, $By_t = y_{t-1}$, $B^2 y_t = y_{t-2}$이다.

3.2 차분연산자(differencing operator, 1−B 또는 ∇)

후향연산자의 개념을 확장하여, 차분연산자(1−B 또는 ∇)를 정의할 수 있다.

ARIMA 모형을 구축하기 위해서는 반드시 시계열 평균의 정상성을 점검하여야 한다. 만일 주어진 계열이 비정상적(nonstationary), 즉 시간의 흐름에 따라 계열의 평균이 일정하지 않으면 차분(differencing)을 취하여 정상적으로 만들어야 한다.

그렇다면 차분은 무엇이며, 그리고 이를 어떻게 표기하는가? 이해를 돕기 위해서 다음에 주어진 AT&T 회사의 주별 주가를 살펴보자(ATNT.wf).

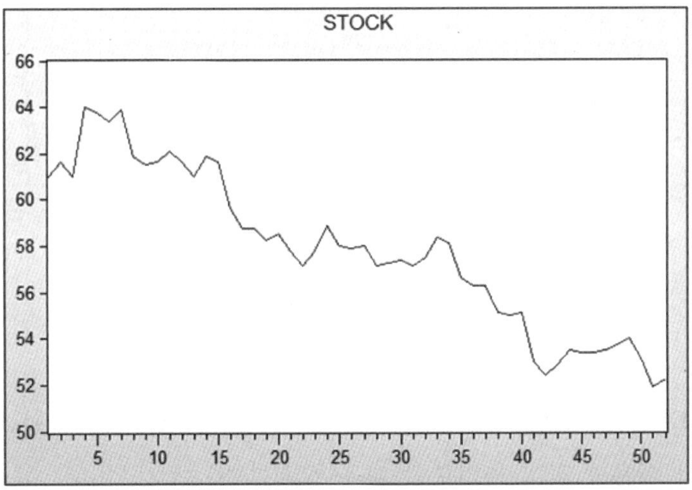

주가의 평균이 시간의 흐름에 따라 하강하는 형태이고 일정하지 않기 때문에 이 계열은 비정상적이다. 시계열자료를 ‘비계절적 1차 차분’을 행하기 위해 다음과 같이 새로운 변수(w_t)를 정의한다.

$$w_t \equiv y_t - y_{t-1}, \quad t = 2, \cdots, n$$

앞에서 소개한 AT&T 주가 자료를 근거로 하여 다음과 같이 차분된 값을 계산할 수 있다.

$$w_2 = y_2 - y_1 = 61.625 - 61 = 0.625$$

$$w_3 = y_3 - y_2 = 61 - 61.625 = -0.625$$

$$\cdots$$

$$w_{52} = y_{52} - y_{51} = 52.25 - 51.875 = 0.375$$

앞에서 차분된 51개의 값을 시계열도표로 표현하면 시각적으로 차분한 시계열의 평균이 일정해짐을 확인할 수 있다. 이때 차분 단계에서 자동적으로 첫 번째 관측값인 $w_1(= y_1 - y_0)$을 계산할 수 없으므로, 관측값 하나의 정보를 잃게 된다. 참고로 D_STOCK은 차분된 시계열자료이다.

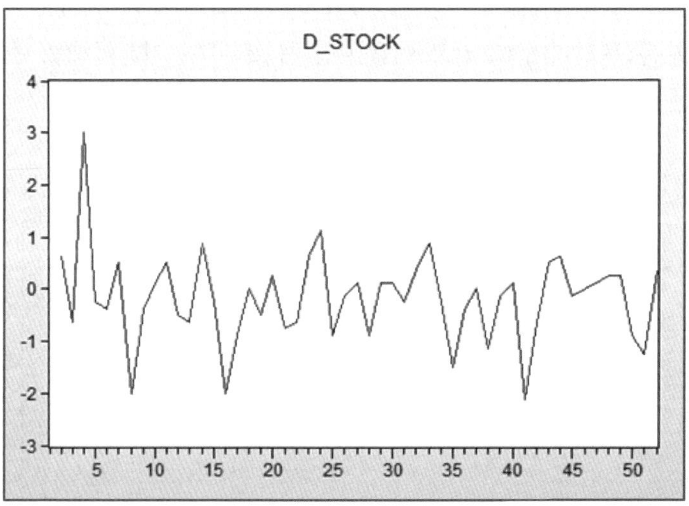

w_t를 y_t의 '1차 차분(first differencing)'이라 한다. 만일 1차 차분 후에도 평균이 일정하게 되지 않으면 다음과 같이 추가로 차분을 실시한다. 즉,

$$\begin{aligned} G_t &\equiv w_t - w_{t-1} \\ &= (y_t - y_{t-1}) - (y_{t-1} - y_{t-2}), \quad t = 3, 4, \cdots, n \end{aligned}$$

여기에서 G_t를 '2차 차분(second differencing)'이라고 한다. AT&T 주가 자료를 2차 차분하면 다음과 같다.

$$G_3 = (y_3 - y_2) - (y_2 - y_1) = -0.625 - 0.625 = -1.25$$

$$G_4 = (y_4 - y_3) - (y_3 - y_2) = 3 - (-0.625) = 3.625$$

$$\cdots$$

$$G_{52} = (y_{52} - y_{51}) - (y_{51} - y_{50}) = 0.375 - (-1.25) = 1.625$$

시계열자료의 평균이 비정상적일 경우 대부분 1차 차분만으로 충분히 정상적인 평균을 만들 수 있다. AT&T 주가 자료의 경우 평균의 정상성을 만족시키기 위해서는 1차 차분 후 이미 평균이 정상적이 되었으므로 더 이상의 차분은 필요하지 않을 것이다.

차분연산자를 이용하여 1차 차분과 2차 차분을 다음과 같이 각각 정의할 수 있다.

$$(1 - B)y_t = y_t - By_t = y_t - y_{t-1}$$

$$\begin{aligned}(1 - B)^2 y_t &= (1 - 2B + B^2)y_t \\ &= y_t - 2By_t + B^2 y_t \\ &= y_t - 2y_{t-1} + y_{t-2} \\ &= (y_t - y_{t-1}) - (y_{t-1} - y_{t-2})\end{aligned}$$

이를 일반화하면 $(1 - B)^d y_t$가 된다. 여기에서 'd'는 시계열의 평균을 정상적으로 만들기 위해서 필요한 차분 횟수를 말한다. 원시계열의 평균이 이미 정상적이면 당연히 '$d = 0$'이 된다.

3.3 ARIMA 모형의 표기법

3.1절과 3.2절에서 다룬 후향연산자와 차분연산자를 이용하여 다음 6단계의 절차를 거쳐 비계절적 ARIMA 프로세스를 표기할 수 있다. 여기에서 ARIMA 프로세스는 시간의 흐름에 따라 발생하는 시계열 변수에서 모든 가능한 관측값들의 집합이며, 이 관측값들이 어떻게 서로 연관되었는지를 나타낼 수 있는 수학적인 표현이다.

1) 우선 시계열의 분산을 일정하게 만들기 위해서 변수변환된 y_t로 시작한다. 물론 이미 시계열의 분산이 정상적이면 변수를 변환할 필요가 없다.
2) y_t와 평균의 편차인 $(y_t - \mu)$를 $\widetilde{y_t}$로 표기한다. 여기에서 $\mu = E(y_t)$이다.
3) 평균의 정상성을 만족할 때까지 필요한 차분의 횟수(d)를 결정한 후 차분연산자

$(1-B)^d$를 $\widetilde{y_t}$에 곱한다.

4) 자기회귀(AR) 연산자인 $(1-\phi_1 B-\phi_2 B^2-\cdots-\phi_p B^p)$를 3)단계에 곱한다. 이때 p는 프로세스에서 자기회귀 부분의 차수를 의미한다.

5) 이동평균(MA) 연산자인 $(1-\theta_1 B-\theta_2 B^2-\cdots-\theta_q B^q)$를 백색잡음인 ϵ_t에 곱한다. 여기에서 q는 프로세스에서 이동평균 부분의 차수를 의미한다.

6) 4)단계와 5)단계의 결과에 등호를 붙인다.

앞 6단계를 종합하여 비계절성 프로세스를 나타내면,

$$\underbrace{(1-\phi_1 B-\phi_2 B^2-\cdots-\phi_p B^p)}_{4)}\ \underbrace{(1-B)^d}_{3)}\ \underbrace{\widetilde{y_t}}_{1)\text{과 } 2)}$$

$$\underbrace{=}_{6)} \underbrace{(1-\theta_1 B-\theta_2 B^2-\cdots-\theta_q B^q)}_{5)}\epsilon_t \qquad (1.1)$$

가 된다. 식 (1.1)을 단순화시켜 표현하기 위해서

$$\nabla^d \equiv (1-B)^d$$

$$\phi(B) = (1-\phi_1 B-\phi_2 B^2-\cdots-\phi_p B^p)$$

$$\theta(B) = (1-\theta_1 B-\theta_2 B^2-\cdots-\theta_q B^q)$$

라고 정의하면, 식 (1.1)은

$$\phi(B)\nabla^d \widetilde{y_t} = \theta(B)\epsilon_t \qquad (1.2)$$

로 표현할 수 있다. ARIMA 프로세스 내의 $\phi(B)$와 $\theta(B)$의 계수(들)는 고정된 모수로 가정한다. 식 (1.1)에 근거하여 다음 몇 가지 간단한 프로세스를 살펴보기로 하자.

예제 1.1 AR(2) 프로세스 [=ARIMA(2,0,0)]:

$$y_t = C+\phi_1 y_{t-1}+\phi_2 y_{t-2}+\epsilon_t \qquad (1.3)$$

식 (1.3)을 후향연산자를 이용하면

$$(1-\phi_1 B-\phi_2 B^2)\,\tilde{y}_t = \epsilon_t \tag{1.4}$$

가 된다. 식 (1.4)를 전개하면

$$\tilde{y}_t = \phi_1 \tilde{y}_{t-1} + \phi_2 \tilde{y}_{t-2} + \epsilon_t \tag{1.5}$$

가 된다. 식 (1.3)과 (1.5)의 차이점은 y_t 대신 $\tilde{y}_t (= y_t - \mu)$를 사용한 것이다. 식 (1.5)에서 $\tilde{y}_t$ 대신 $(y_t - \mu)$를 대입하여 다시 정리하면,

$$y_t = \mu(1-\phi_1-\phi_2) + \phi_1 y_{t-1} + \phi_2 y_{t-2} + \epsilon_t$$

가 되며, $C = \mu(1-\phi_1-\phi_2)$라고 하면 결국 식 (1.3)과 동일하게 된다.

따라서 AR(2) 프로세스 내의 상수항이 평균과 동일하지 않다($C \neq \mu$)는 사실을 알 수 있다. 이를 확장하여 AR(p) 프로세스 내의 상수항을 고려하면,

$$\begin{aligned} C &= \mu(1-\phi_1-\cdots-\phi_p) \\ &= \mu\left(1-\sum_{i=1}^{p}\phi_i\right) \end{aligned} \tag{1.6}$$

가 된다.

우선 [예제 1.1]과 같이 y의 과거 시차항인 (y_{t-1}, y_{t-2})으로 이뤄진 프로세스를 자기회귀(autoregressive, AR)라고 한다. 이는 차수가 2인 자기회귀 프로세스이다. 왜냐하면 y의 과거값에 붙은 가장 큰 시차가 '2'이기 때문이다(y_{t-2}). 이를 단순히 AR(2)로 표현한다. y_t가 동일한 변수의 바로 앞 관측값(y_{t-1})과 두 번째 시점 떨어진 관측값(y_{t-2})과 관련되었고, 계수 ϕ_1, ϕ_2는 y_t가 y_{t-1}, y_{t-2}와 각각 어떻게 연관되었는지를 나타내는 고정된 숫자이다. 여기에서 C는 프로세스의 평균과 관련된 상수항이며, 변수 ϵ_t는 백색잡음을 나타낸다.

참고로 ARIMA 프로세스 내에서 백색잡음(ϵ_t)항 모두가 평균이 '0'이며 분산이 상수인 정규분포를 하는 확률변수이며 서로 독립이라고 가정한다. 따라서 ϵ_t가 서로 독립적으로 분포되어 있으므로, 과거시차의 백색잡음들($\cdots, \epsilon_{t-2}, \epsilon_{t-1}$)을 안다고 하더라도 현시점의 백색잡음($\epsilon_t$)을 예측하는 데는 도움이 되지 않는다. 이런 백색잡음 때문에 ARIMA 프로세스는 확률적으로 실현값을 생성할 수 있다.

확률적 요소 ϵ_t의 중요성을 파악하기 위해서 다음 두 가지 극단적인 상황을 고려해보

자. 첫째, 앞에서 언급한 식 (1.1)과 식 (1.2) 안에 백색잡음항이 없다고 가정하면 확률적이 아닌 결정적(deterministic) 관계가 된다. 즉, 식 (1.1)의 경우 y_t를 C, ϕ_1, y_{t-1}로부터 정확히 알 수 있고, 식 (1.2)의 경우 y_t는 정확히 C와 같게 된다. 반면에 식 (1.1)과 (1.2) 모두에서 $C=\phi_1=\theta_1=0$이면, $y_t=\epsilon_t$가 되어 y_t는 납득할 만한 단변량 시간구조를 가질 수 없을 것이다. 이 프로세스에서 생성된 실현값은 백색잡음, 즉 시간에 따라 나열된 상관되지 않는 값들이 될 것이다.

예제 1.2 MA(2) 프로세스[=ARIMA(0,0,2)]:

$$y_t = C + \epsilon_t - \theta_1 \epsilon_{t-1} - \theta_2 \epsilon_{t-2} \tag{1.7}$$

후향연산자를 사용하여 식 (1.7)을 다시 표현하면,

$$\widetilde{y_t} = (1 - \theta_1 B - \theta_2 B^2)\epsilon_t \tag{1.8}$$

가 된다. 식 (1.8)을 전개하면

$$\widetilde{y_t} = \epsilon_t - \theta_1 \epsilon_{t-1} - \theta_2 \epsilon_{t-2} \tag{1.9}$$

가 된다. 식 (1.7)과 (1.9)의 차이점은 y_t 대신 $\widetilde{y_t}(=y_t-\mu)$를 사용한 것이다. 식 (1.9)에서 $\widetilde{y_t}$ 대신 $(y_t-\mu)$를 대입하여 다시 정리하면,

$$y_t = \mu + \epsilon_t - \theta_1 \epsilon_{t-1} - \theta_2 \epsilon_{t-2}$$

가 되며, $C=\mu$라고 하면 결국 식 (1.8)과 같게 된다.

따라서 이를 확장하여 MA(q) 프로세스 내의 상수항 역시 $C=\mu$가 된다. [예제 1.2]와 같이 과거시차의 백색잡음들(ϵ_{t-1}, ϵ_{t-2})로 이뤄진 프로세스를 이동평균(moving average, MA) 프로세스라고 한다. 시차들 중 가장 큰 값이 이 프로세스의 차수가 된다. 즉, 식 (1.7)은 차수가 '2'인 이동평균 프로세스가 되며 이를 간단히 MA(2)로 표현한다. C는 프로세스 평균(μ)과 관련된 상수이며, ϵ_t는 역시 백색잡음항이다. θ_1, θ_2 앞에 붙은 부호가 음인 것은 편의상 표현에 불과하다. 여기에서 $y_t = C + \epsilon_t - \theta_2 \epsilon_{t-2}$ 역시 MA(2) 프로세스임을 유의해야 할 것이다.

예제 1.3 ARIMA(1,1,1) 프로세스:

$$(1-\phi_1 B)(1-B)\widetilde{y_t} = (1-\theta_1 B)\epsilon_t \tag{1.10}$$

가 되며, 이를 다시 정리하면

$$y_t - y_{t-1} = C + \phi_1(y_{t-1} - y_{t-2}) - \theta_1\epsilon_{t-1} + \epsilon_t$$

가 된다. 이 경우 상수항 C는 '0'이며, 이는 1차 차분 후 평균이 '0'이 되었음을 의미한다.

04

모형의 정상성과 가역성

백색잡음들이 정규분포를 따르면서 프로세스의 평균, 분산, 자기상관함수 모두가 시간의 흐름에 따라 일정(time-invariant)할 때 이 프로세스는 정상성을 만족한다고 앞에서 언급한 바 있다. 좀 더 강한(strong) 의미의 정상성은 임의의 자연수 $t_1, t_2, \cdots, t_n$과 k에 대해 n개의 두 확률변수의 결합확률밀도함수가 동일하다는 것을 의미한다. 즉,

$$f(y_{t_1}, y_{t_2}, \cdots, y_{t_n}) = f(y_{t_1+k}, y_{t_2+k}, \cdots, y_{t_n+k}) \tag{1.11}$$

이며, 모든 n에 대해 결합확률밀도함수가 시간대를 바꾸어도 동일하다.

좀 더 구체적으로 표현하면 다음 주어진 세 개의 조건이 만족되면 고려한 시계열이 정상성이라고 할 수 있다.

- 모든 t에 대해 $E(y_t) = \mu < \infty$, 즉 평균이 일정하다.
- 모든 t에 대해 $Var(y_t) = \gamma(0) < \infty$, 즉 분산이 상수이다.
- 모든 t, h에 대해 $Cov(y_t, y_{t+k}) = E[(y_t - \mu)(y_{t+h} - \mu)'] = \gamma(|t-k|) < \infty$, 즉 두 시점 사이의 자기공분산이 시차(lag)에만 의존한다.

그래서 정상적인 프로세스에서 생성된 실현값을 몇 개 덩어리로 나누었을 때 각 덩어리들에 해당하는 평균, 분산, 자기상관계수들이 통계적으로 유의할 정도로 다르지 않다.

그러나 실제로 대부분의 실현값은 비정상적이다. 이 절에서는 시계열의 평균 또는 분산의 정상적 여부를 판정하는 방법과 만일 비정상적이면 정상적으로 변환하는 방법을 알아본다. 더 나아가 ARIMA 모형을 설정할 때 추가적으로 만족시켜야 하는 가역성 조건을 살펴보고, 이 조건이 갖는 중요성을 피력하기로 한다.

4.1 비정상적 평균

왜 정상성을 정의하며 중요시하는가? 만일 프로세스의 평균이 매 시점마다 다르면 평균을 추정할 수 없을 것이다. 우리가 할 수 있는 것은 표본 정보만을 이용해야 한다. 그러나 통상 시계열자료는 매 시점에서 단지 하나의 관측값만을 갖는다. 그러므로 시점 t에서 평균을 추정하기 위해서 시점 t에 단지 한 개의 관측값만이 존재하며, 마찬가지로 시점 $(t-1)$에서도 평균을 추정하기 위해서 시점 $(t-1)$에서 한 개의 관측값만이 존재한다. 단지 한 개의 관측값에 근거한 평균의 추정값은 의미가 없을 것이다. 그러므로 정상성 조건을 만족하면 프로세스 내의 모수에 대한 유용한 추정값을 얻을 수 있을 것이다.

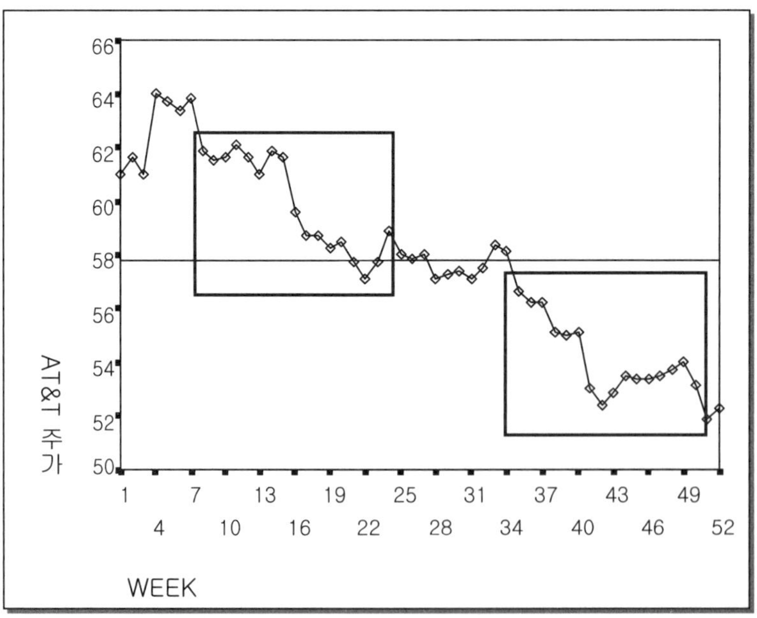

[그림 1.5] 실현값의 평균이 비정상적인 예: AT&T 주별 마감 주가

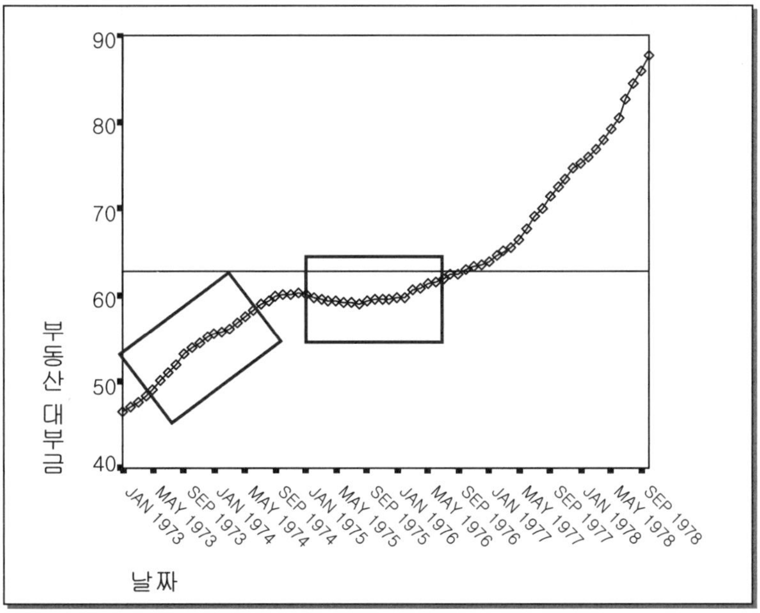

[그림 1.6] 실현값의 평균이 비정상적인 예: 부동산 대부금

만일 평균과 더불어 분산도 일정하지 않으면 사태가 더 악화될 것이다. 이 경우 단지 n개의 관측값으로 $2n$개의 모수(평균 n개, 분산 n개)를 추정해야 하기 때문이다. 정상성 조건을 만족하지 못한 모형은 예측값의 분산이 끝없이 증가하는 좋지 못하는 결과를 초래하게 된다. 대부분의 비정상적인 유형은 계열의 평균이 일정하지 않다. 다음은 시계열의 평균이 비정상적인 경우이다.

[그림 1.5]에 나타난 AT&T 주가는 시간의 흐름에 따라 전반적인 평균이 감소하는 형태이며, 반면에 [그림 1.6]에 나타난 계열의 전반적인 평균은 서서히 증가하는 추세이다.

평균의 동질적인 비정상성(homogeneous nonstationarity)

앞에서 다룬 두 개의 실현값의 평균이 동질적으로 비정상적이다. 즉, 수준 또는 기울기가 변화한 후 계열의 주어진 부분이 다른 조각들과 매우 흡사할 경우이다. 이 경우에만 차분을 실시하여 정상적인 실현값으로 전환시킬 수 있다. 동질적인 비정상성은 [그림 1.5]와 [그림 1.6]에 각각 표시된 직사각형 부분을 참고하면 더 쉽게 이해할 수 있다. 즉, 각각의 그림에서 두 개의 부분들이 매우 비슷하다.

비계절적 차분(nonseasonal differencing)

시계열의 평균이 동질적으로 비정상적인 실현값은 차분을 취함으로써 평균을 정상적으로 만들 수 있다. 이미 3.2절에서 살펴보았지만 다음과 같이 다시 정리할 수 있다.

$$1\text{차 차분}(d=1):\ \nabla y_t = y_t - y_{t-1}$$

$$\begin{aligned} 2\text{차 차분}(d=2):\ \nabla^2 y_t &= \nabla y_t - \nabla y_{t-1} \\ &= (y_t - y_{t-1}) - (y_{t-1} - y_{t-1}) \end{aligned}$$

또한 이를 후향연산자를 사용하여 다음과 같이 표기할 수 있다.

$$\begin{aligned} 1\text{차 차분}(d=1):\ (1-B)\tilde{y_t} &= (1-B)(y_t - \mu) \\ &= y_t - y_{t-1} - \mu + \mu \\ &= y_t - y_{t-1} \end{aligned}$$

$$\begin{aligned} 2\text{차 차분}(d=2):\ (1-B)^2\tilde{y_t} &= (1-B)^2(y_t - \mu) \\ &= (y_t - y_{t-1}) - (y_{t-1} - y_{t-2}) \end{aligned}$$

주어진 실현값에 대해 모형 내에 포함시킬 자기회귀항과 이동평균항을 선택하기 전에 만일 원계열이 정상적이면 차분할 필요가 없다($d=0$). 일반적으로 시계열의 평균을 정상적으로 만들기 위해 1차 차분은 자주 사용되지만 2차 차분 이상($d \geq 2$)을 취할 경우는 드물다. 필요 이상의 차분을 실시하면 시계열 내에 인위적인 패턴이 생기며 예측의 정확도가 감소되는 경향이 있다.

시계열도표를 통해서, 즉 시각적인 판단에 의존하여 시계열자료의 패턴을 판단하는 것은 매우 주관적이며 모호할 경우가 흔하다. 그렇다면 평균의 정상성을 어떻게 탐색하는지 다음을 살펴보자.

1) 우선 시계열도표를 통해서 시간 흐름에 따라 자료의 평균이 변하는지를 시각적으로 점검한다. 이 방법은 자료를 분석할 때 시계열의 대략적인 추세(또는 기울기)를 판단하는 데 도움이 되지만, 이 방법만을 사용하여 정상성을 판단하는 것은 주관적이기 때문에 전적으로 의존할 수 없다.
2) 식별 단계에서 원시계열과 차분된 계열에 대해 각각 추정된 자기상관함수의 단기시차(예:1, 2, 3, 4 등)를 조사한다. 대략 자기상관계수의 t-통계량에 대한 절대값이 시차 5

또는 6에 걸쳐 '1.6'까지 유지되면 평균의 정상성을 의심한다. 만일 이 추정된 자기상관함수의 단기시차에서 서서히 감소하는 형태이면 시계열의 평균이 비정상적으로 판단한다. 이에 대한 수학적 근거는 차후 다루기로 한다.

3) 추정 단계에서 추정된 자기회귀계수(들)를 통해 정상성 조건을 만족하는지 점검한다. 모든 MA(q) 모형은 정상적이므로 정상적 조건을 점검할 필요가 없다. AR(1) 프로세스의 정상성의 조건은 $|\phi_1| < 1$이다. 이때 ϕ_1은 알지 못하므로 추정 단계에서 ϕ_1을 추정한 뒤 점검한다. AR(2) 프로세스의 정상성의 조건은 $|\phi_2| < 1$, $\phi_2 + \phi_1 < 1$, $\phi_2 - \phi_1 < 1$이다. ARIMA(p,d,q) 모형에서 $p > 2$인 경우는 적어도 정상성에 대한 필요조건인 $\phi_1 + \cdots + \phi_p < 1$을 만족해야 할 것이다. 그러나 이는 프로세스에 관련된 이론적인 분석방법에 지나지 않는다. 그렇다면 실현값에 근거한 시계열자료를 좀 더 객관적이며 수량화한 방법으로 평균에 대한 정상성을 검정할 수 없을까?
소위 '단위근검정(unit root test)'이라 부르는 검정방법으로 평균이 정상적인지, 즉 차분을 실행해야 하는지 여부를 판가름할 수 있다. 귀무가설은 '주어진 시계열의 평균이 비정상적이다' 또는 '주어진 시계열이 단위근을 갖는다'가 된다.

참고로 AR(p) 프로세스 $(1-\phi_1 B-\phi_2 B^2-\cdots-\phi_p B^p)\widetilde{y_t} = \epsilon_t$에서 정상성 조건은 $\phi(B) = (1-\phi_1 B-\phi_2 B^2-\cdots-\phi_p B^p) = 0$의 모든 근(root)의 절대값이 '1'보다 커야 하며, 근 중 크기가 1인 근을 '단위근'이라 부른다.

추정된 ARMA 프로세스가 정상적이면, 기하학적으로 가로축이 실수 부분, 세로축이 허수 부분으로 표현되는 복소수 평면에 모든 자기회귀(AR) 근들은 단위원 안에 놓여 있어야 한다.

[참고] 복소수의 기하학적 표현

복소수 $(a+bi)$를 다음과 같이 가로축은 실수 부분, 세로축은 허수 부분으로 나타낸 그래프로 표현할 수 있다. 복소수의 크기, 즉 모듈러스(modulus)는 (x, y) 공간에서 실수의 원점으로부터 d까지의 거리로 측정할 수 있다.

$$|a+bi| = \sqrt{a^2+b^2} = R \qquad (1.12)$$

복소수 단위원은 모듈러스가 1인 모든 복소수의 집합을 말한다. 예를 들어 실수 +1, 허수 $-i$, $(-0.6 \ -0.8i)$는 복소수 단위원상에 있다(주어진 그림에서 각각 A, B, C). 추가로 복소수의 모듈러스가 '1'보다 작은 경우 '주어진 수가 단위원 안에 놓여 있다'라고 말한다.

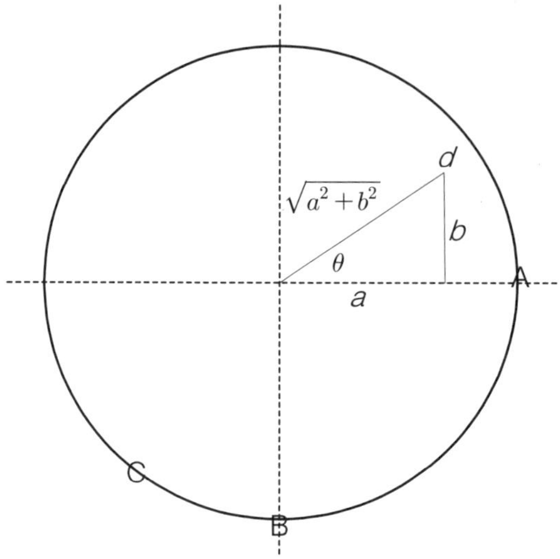

[그림 1.7] 복소수의 단위원

그리고 사이각 θ에 대해서 다음과 같이 도출할 수 있다.

$$\cos(\theta) = a/R, \quad \sin(\theta) = b/R$$

따라서 복소수 $a+bi$를 다음과 같이 극좌표 형태로 나타낼 수 있다.

$$R\cos(\theta) + isin(\theta) \;=\; R[\cos(\theta) + isin(\theta)]$$

Eviews 8에서 단위근을 기하학적으로 표현하기 위해서는 우선 ARIMA 모형을 추정한 후에, 풀다운(pull-down) 메뉴 중 View → ARMA Structure...를 누른 후에 "ARMA Diagnostic Views" 대화상자에서 'Root'와 'Graph'를 선택한다. 아래 주어진 결과를 살펴보면 한 개의 AR근이 단위원 안에 놓여 있어 정상성이 만족함을 알 수 있다.

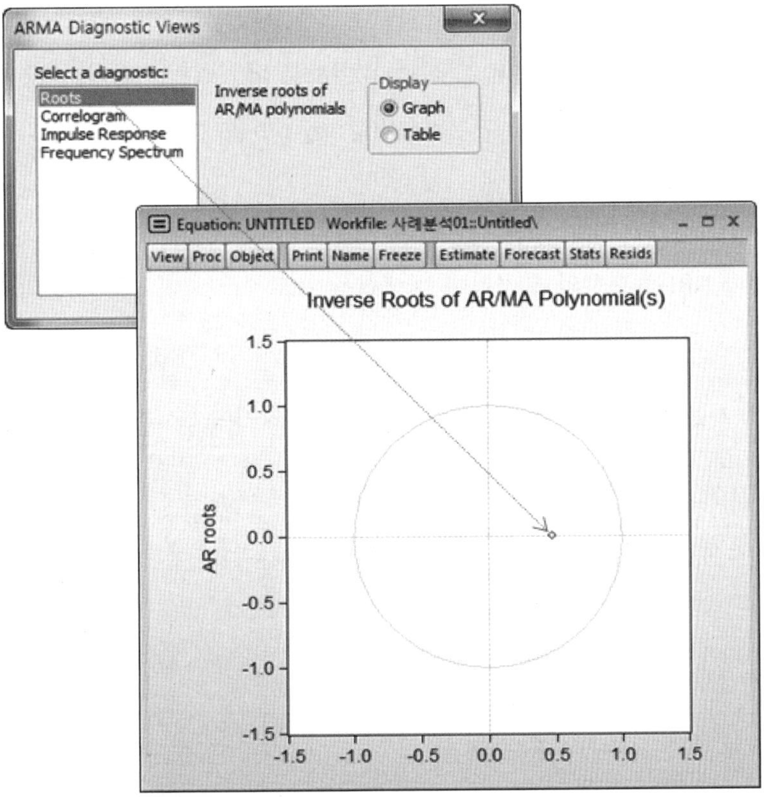

반면에 주어진 시계열이 정상성을 만족하지 못하면, 아래와 같이 AR근이 단위원 위에 놓여 있게 된다.

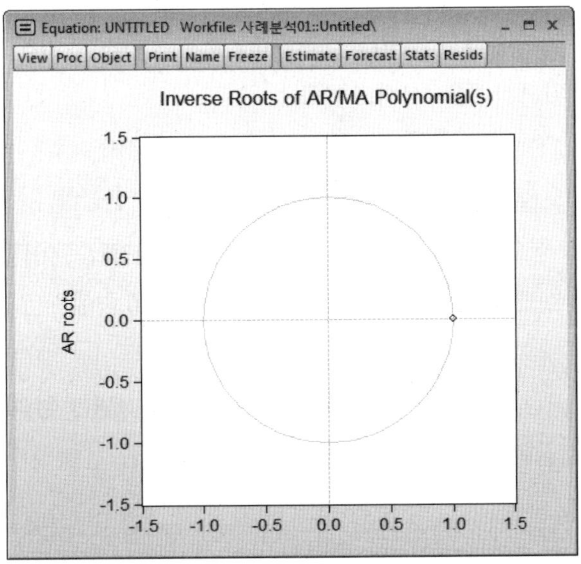

AR(1) 프로세스 경우 정상성을 만족하는 조건은 $\phi(B) = (1 - \phi_1 B) = 0$의 근의 절대값이 '1'보다 크기 위해서는 $|B| = |1/\phi_1| > 1$이므로 $|\phi_1| < 1$이 되어야 할 것이다. 따라서 대립가설 $H_1 : |\phi_1| < 1$에 대해 귀무가설 $H_0 : \phi_1 = 0$을 검정한다. 그렇다면 이러한 단위근검정은 어떻게 하는가?

우선 AR(1) 프로세스에서 단위근을 가진 AR(1) 프로세스가 임의보행(random walk) 프로세스가 되며, AR(1) 모형의 오차항이 백색잡음 프로세스를 따르는 다음과 같은 모형을 고려해보자.

$y_t = \phi_1 y_{y-1} + \epsilon_t$, 여기에서 ϵ_t는 백색잡음항이다.

이때 대립가설 $H_1 : |\phi_1| < 1$에 대하여 귀무가설 $H_0 : \phi_1 = 1$을 검정하기 위해서 다음 주어진 검정통계량을 사용한다.

$$n(\hat{\phi_1} - 1) \text{ 또는 } \frac{\hat{\phi_1} - 1}{s\sqrt{\sum_{i=1}^{n} y_{t-1}^2}}, \; s = \sqrt{\frac{\sum_{i=1}^{n}(y_t - \phi_1 y_{t-1})^2}{n-1}} \tag{1.13}$$

식 (1.13)의 검정통계량의 분포가 정규분포 또는 t-분포와 같은 표준적인 분포를 따르지 않고, 브라운운동 프로세스 함수로 표현되기 때문에 표준정규분포에 비해 다소 오른쪽으로 꼬리가 긴 분포 형태를 가진다. 따라서 표준정규분포와 같은 분포표를 사용하면 단위근이 존재하더라도 잘못 검정할 수 있을 것이다. 따라서 Fuller(1976)는 임계값을 계산한 단위근 분포표를 작성하였으며(Dickey-Fuller 분포), 다음 주어진 세 종류의 임의보행 프로세스에 대한 단위근검정을 실시하였다.

- $y_t = y_{t-1} + \epsilon_t$: 순수 임의보행으로, 주어진 계열의 평균이 일정하다.
- $y_t = c + y_{t-1} + \epsilon_t$: 상수의 표류항(drift)을 포함한 임의보행으로, 주어진 시계열의 평균이 시간의 흐름에 따라 상수의 표류항만큼 변한다. 이를 차분 정상적(difference stationary)이라 부르기도 한다.
- $y_t = c + \alpha t + y_{t-1} + \epsilon_t$: 결정적(deterministic) 선형추세를 포함한 임의보행으로, 주어진 시계열의 평균이 결정적 선형추세만큼 변한다.

위에서 고려한 세 가지 형태의 임의보행에 대한 단위근검정을 실행하기 위해서는 EViews 8의 "Unit Root Test" 대화상자의 'Include in test equation'란에 세 가지 옵션 중 'None', 'Intercept', 'Trend and Intercept' 순으로 실행하면 된다.

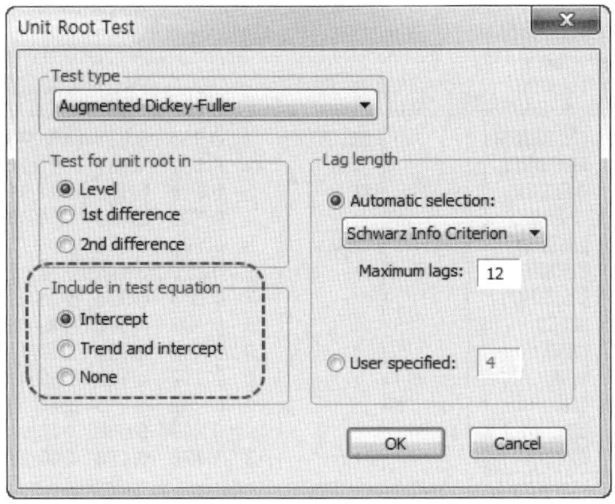

또한 Fuller-Dickey 검정을 확장시켜 차수가 $p > 1$인 AR(p) 모형에 대한 확장된(augmented) Dickey-Fuller(ADF) 단위근검정을 실시할 수 있다. 즉 AR(p) 모형인

$$(1-\phi_1 B-\phi_2 B^2-\cdots-\phi_p B^p)\tilde{y}_t=\epsilon_t$$

에서 $\phi=\phi_1+\phi_2+\cdots+\phi_p$, $\pi_j=-(\phi_{j+1}+\phi_{j+2}+\cdots+\phi_p)$이라면,

$$\tilde{y}_t=\phi\tilde{y}_{t-1}+\pi_1(1-B)\tilde{y}_{t-1}+\pi_2(1-B)\tilde{y}_{t-2}+\cdots+\pi_{p-1}(1-B)\tilde{y}_{t-}p+1+\epsilon_t$$

가 되며 이때 $\phi=1$이면 단위근을 가지게 되며 이를 귀무가설을 설정할 수 있다. 이에 사용되는 검정통계량은 다음과 같다.

$$t_\phi=\frac{n(\hat{\phi}-1)}{1-\pi_1-\pi_2-\cdots-\pi_{p-1}},\quad \phi=\frac{\sum_{t=1}^{n} y_{t-1}y_t}{\sum_{t=1}^{n} y_{t-1}^2} \tag{1.14}$$

이 검정통계량의 점근적 분포 역시 Dickey-Fuller 통계량과 동일하기 때문에 DF 분포표를 그대로 사용할 수 있다. 마찬가지로 귀무가설은 단위근이 존재함을 의미한다.

예제 1.4 [그림 1.5]를 통해서 계열이 전반적으로 감소하는 추세이므로 주가 시계열이 비정상적임을 시각적으로 판단할 수 있다. 또한 다음의 추정된 자기상관함수 역시 서서히 감소하는 형태이다. 차분을 취하여 시계열의 평균을 정상적으로 만들 수 있다.

Sample: 1 52
Included observations: 52

Autocorrelation	Partial Correlation		AC	PAC	Q-Stat	Prob
		1	0.935	0.935	48.089	0.000
		2	0.862	-0.088	89.838	0.000
		3	0.814	0.160	127.85	0.000
		4	0.748	-0.203	160.60	0.000
		5	0.684	0.048	188.57	0.000
		6	0.622	-0.105	212.15	0.000
		7	0.553	-0.030	231.25	0.000
		8	0.493	-0.000	246.77	0.000
		9	0.442	0.028	259.53	0.000
		10	0.377	-0.142	269.03	0.000
		11	0.289	-0.213	274.76	0.000
		12	0.217	0.050	278.08	0.000
		13	0.176	0.158	280.32	0.000

3.2절에서 AT&T 주가 계열을 1차 차분 후 시계열도표를 살펴보면, 더 이상 하강하는 추세를 찾을 수 없으며 계열이 거의 '0'을 중심으로 일정하게 놓여 있다. 즉, 평균이 정상성을 만족하며 원자료가 동질적인 비정상임을 확인할 수 있다. 이러한 사실을 재확인하기 위해 주가계열을 1차 차분시킨 후 다음 주어진 추정된 자기상관함수를 살펴보자.

Sample: 1 52
Included observations: 51

Autocorrelation	Partial Correlation		AC	PAC	Q-Stat	Prob
		1	-0.043	-0.043	0.1014	0.750
		2	-0.201	-0.203	2.3310	0.312
		3	0.128	0.113	3.2490	0.355
		4	-0.106	-0.145	3.8891	0.421
		5	-0.074	-0.034	4.2133	0.519
		6	-0.026	-0.102	4.2544	0.642
		7	-0.002	0.001	4.2548	0.750
		8	-0.144	-0.192	5.5579	0.697
		9	0.076	0.079	5.9340	0.747
		10	0.204	0.125	8.6880	0.562
		11	-0.174	-0.122	10.732	0.466
		12	-0.170	-0.194	12.735	0.389
		13	0.123	0.032	13.807	0.388

'0'으로 급격히 감소하는 형태이므로 역시 1차 차분 후 계열이 정상적임을 알 수 있다. 이를 보다 계량적인 방법으로 입증하기 위해서 단위근검정을 실시해보자.

Null Hypothesis: STOCK has a unit root
Exogenous: Constant
Lag Length: 2 (Automatic - based on SIC, maxlag=10)

		t-Statistic	Prob.*
Augmented Dickey-Fuller test statistic		-0.125511	0.9406
Test critical values:	1% level	-3.571310	
	5% level	-2.922449	
	10% level	-2.599224	

*MacKinnon (1996) one-sided p-values.

'시계열 STOCK이 단위근을 갖는다', 즉 '주어진 시계열이 비정상적이다'라는 귀무가설을 채택할 수 있다(p값 = 0.9406). 이는 주어진 STOCK의 평균이 비정상적임을 의미하며, 비계절적 1차 차분($d=1$)을 실시해야 한다.

Null Hypothesis: D(STOCK) has a unit root
Exogenous: Constant
Lag Length: 1 (Automatic - based on SIC, maxlag=10)

		t-Statistic	Prob.*
Augmented Dickey-Fuller test statistic		-6.019881	0.0000
Test critical values:	1% level	-3.571310	
	5% level	-2.922449	
	10% level	-2.599224	

*MacKinnon (1996) one-sided p-values.

위 출력결과는 시계열 STOCK을 1차 차분한 D(STOCK)에 대한 단위근검정을 한 것이다. 1차 차분을 실시한 후 정상적인 시계열이 되었기 때문에(p값 < 0.0001) 더 이상의 차분은 불필요하다.

계절적 요소와 비계절적 차분의 관계

자료 내에 계절적 변동과 비계절적 변동이 동시에 존재할 때 적절한 모형을 찾는 것은 쉽지 않다. 즉, 식별 단계에서 추정된 자기상관함수와 편자기상관함수를 살펴보면 계절적 요소 및 비계절적 요소가 서로 혼합되어 있는 경우를 종종 발견할 수 있다. 때때로 이 두 패턴을 분리하는 것은 쉽지 않다.

비록 원자료의 평균이 정상적이더라도, 계절적인 패턴을 식별하기 위해서는 1차 차분 후 추정된 자기상관함수와 편자기상관함수를 조사하는 것이 좋다. 비계절적 차분을 한 후 자기상관함수와 편자기상관함수를 관찰하면 흔히 계절적 요소가 더 명확하게 드러난다.

4.2 비정상적인 분산

주어진 시계열자료의 분산이 시간의 흐름에 따라 변하는 경우가 흔히 발생한다. 이러한 패턴은 장시간에 걸쳐 관측되는 경영 및 경제 자료에서 쉽게 발견할 수 있다. 특히 자료 내에 계절적 요소가 존재하는 상황은 더욱 두드러진다. 이런 자료를 단변량 ARIMA 모형을 구축하기 위해서는 적절한 변수변환을 통하여 분산을 일정하게 만들어야 할 것이다.

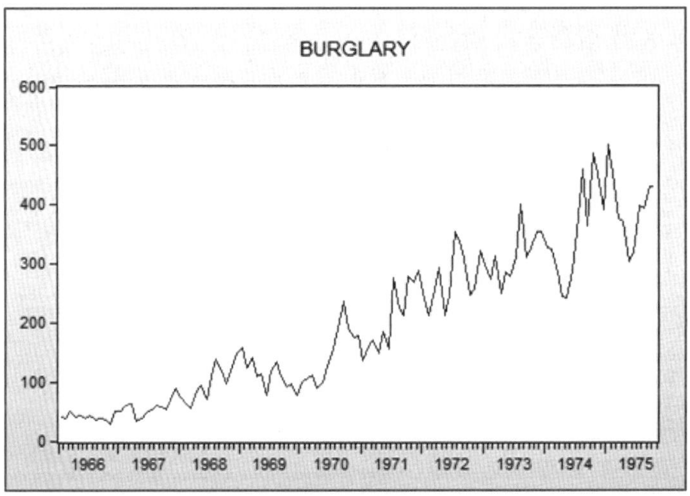

[그림 1.8] 강도 건수에 대한 시계열도표

주어진 계열의 분산이 비정상적이면서 평균 또한 비정상적일 경우가 흔히 있다. 이 경우 분산을 변수변환을 통해 먼저 일정하게 하고, 그 다음 차분을 통해 평균을 정상적으로 만들어야 한다.

[그림 1.8]에 주어진 시계열의 평균과 분산 모두 비정상적인 경우이다. 왜냐하면 전반적으로 평균이 증가하는 추세이며, 분산은 전체 수준이 커짐에 따라 커지기 때문이다.

이 시계열자료와 같이 분산이 비정상적이면서 평균 또한 비정상적일 경우, 분산을 변수변환을 통해 먼저 일정하게 하고, 그 다음 차분을 통해 평균을 정상적으로 만들어야 한다. 왜냐하면 자료를 먼저 차분하게 되면 가끔 부호가 음인 값이 산출되어 자연로그를 취한 값을 계산할 수 없기 때문이다. 원자료를 다음 [그림 1.9]와 같이 1차 차분 후 시계열도표로 나타내면, 평균이 '0'을 중심으로 일정하지만 여전히 분산은 시간의 흐름에 따라 증가한다.

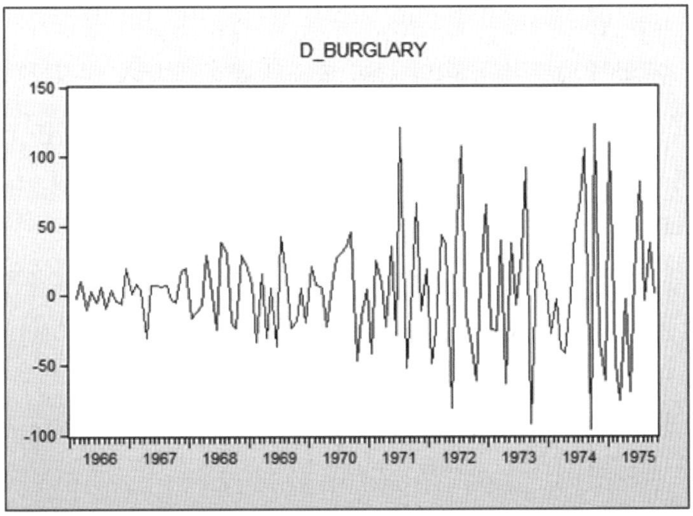

[그림 1.9] 1차 차분된 강도 건수에 대한 시계열도표

자연로그변환(logarithmic transformation)

분산이 비정상적인 계열은 자연로그를 취하면 흔히 정상적이 된다. 원계열의 표준편차가 평균에 비례할 때 특히 자연로그변환은 적절하다. 예를 들어 [그림 1.8]의 원계열을 자연로그변환한 후 다음과 같이 시계열도표로 나타내면 분산이 정상성을 만족하였다.

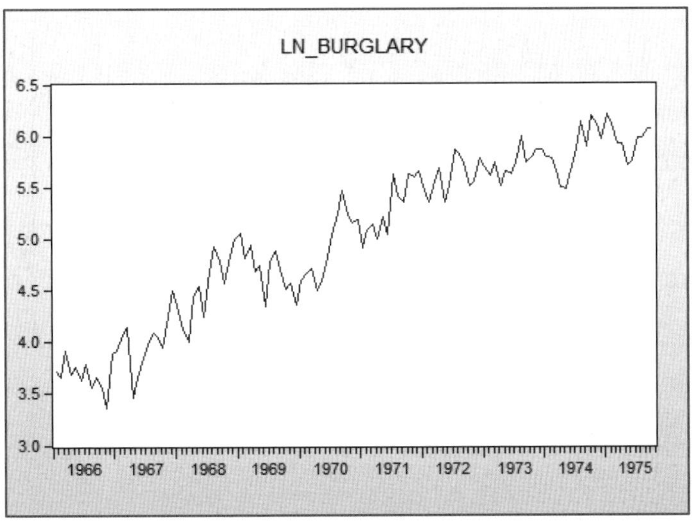

[그림 1.10] 자연로그변환된 강도 건수에 대한 시계열도표

여기에서 주목할 사실은 변수에 자연로그를 취하는 것은 자료를 차분하기 전에 실행한

다. 왜냐하면 자료를 먼저 차분하게 되면 가끔 부호가 음인 값이 산출되어 자연로그를 취한 값을 계산할 수 없기 때문이다. 이와 같이 평균과 분산 모두가 비정상적일 때 자연로그변환과 1차 차분을 통해 정상적인 된 계열(w_t)을 수식으로 표현하면 $w_t = (1-B)(\ln y_t)$이다. 예를 들어 자연로그변환된 보스턴 무장강도 건수 [그림 1.10]을 1차 차분한 결과 [그림 1.11]은 다음과 같이 분산과 평균 모두 정상성을 만족하였다.

때때로 자연로그변환만으로 분산을 정상적으로 만들 수 없는 경우가 있다. 이때 다음과 같이 Box-Cox 멱변환(power transformation)을 사용하여 적절한 변환을 추정할 수 있다.

$$Z_t^{(\lambda)} = \begin{cases} (y_t^\lambda - 1)/\lambda, & \lambda \neq 0 \\ \log y_t, & \lambda = 0 \end{cases} \tag{1.15}$$

여기에서 y_t는 원래의 관측값이며, $Z_t^{(\lambda)}$는 변환된 관측값이다. 자연로그변환 역시 Box-Cox 멱변환된 형태 중 하나임을 알 수 있다.

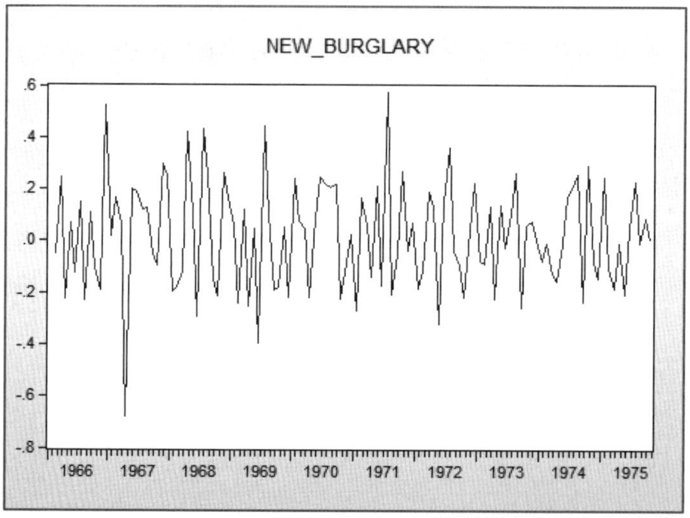

[그림 1.11] 자연로그변환과 1차 차분된 강도 건수의 시계열도표

멱변환 중 $\lambda = 0.5$인 경우 근호변환이 된다. y_t^λ로부터 1을 뺀 후 λ로 나눈다고 하더라도 계열분산의 시간구조를 변화시키지 않는다. 식 (1.15)를 사용하면 첫째, λ가 음수라도 자료의 순서를 변화시키지 않고, 둘째 $\lambda \to 0$인 경우에도 연속하며 이는 자연로그변환이 된다.

시계열의 수준이 증가함에 따라 분산이 증가하면 $\lambda < 1$, 시계열의 수준이 증가함에 따라 분산이 감소하면 $\lambda > 1$을 만족하는 λ값이 필요하다. 자료를 플롯하여 시각적으로 분산의 정상성을 점검하는 작업은 복잡한 방법을 사용하여 식 (1.15)에서 λ를 찾는 방법보다 간편하며 해석이 용이하다. 예를 들면 $\lambda = 0.53$보다는 $\lambda = 0.5$(근호변환)를, $\lambda = -0.07$보다는 $\lambda=0$(자연로그변환)을 선택한다.

4.3 가역성(invertibility)

정상성과 더불어 ARIMA 모형이 만족해야 할 또 다른 조건인 '가역성'을 고려해야 한다. 이는 MA 프로세스 또는 ARIMA 프로세스에서 고려되는 것으로, 수학적으로는 자기회귀계수에 관련되는 정상적 조건과 동일하다. 모든 AR(p) 모형은 가역성 조건을 점검할 필요가 없다.

MA(1) 프로세스의 가역성 조건은 $|\theta_1| < 1$ 이다. MA(2) 프로세스의 가역성 조건은 $|\theta_2| < 1$, $\theta_2 + \theta_1 < 1$, $\theta_2 - \theta_1 < 1$이다. 실제로 θ_1과 θ_2는 알려져 있지 않기 때문에 추정 단계에서 얻은 추정값인 $\widehat{\theta_1}$, $\widehat{\theta_2}$를 이용하여 가역성 조건을 점검한다. ARIMA 모형에서 $q > 2$인 경우는 흔히 발생하지 않지만 적어도 가역성에 대한 필요조건인 $\widehat{\theta_1} + \widehat{\theta_2} + \cdots + \widehat{\theta_q} < 1$을 점검할 수 있다.

그렇다면 가역성이 갖는 의미는 무엇인가? 비가역적인 ARIMA 모형은 먼 과거 관측값이 갖는 가중값이 최근에 가까운 관측값이 갖는 가중값과 차이가 없음을 의미한다. 그러나 기본적으로 단기예측을 하기 위한 ARIMA 모형은 최근에 가까운 관측값일수록 가중값이 더 커져야 한다는 전제가 깔려 있다. 다시 말해서 가역성 조건이 만족되면 최근에 가까운 관측값일수록 더 큰 가중값을 갖는 것을 알 수 있다.

가역성 조건이 만족되면 다음과 같이 MA(1) 프로세스는 무한 고차(infinitely high order)를 갖는 자기회귀 프로세스로 전환할 수 있다.

$$\widetilde{y_t} = (1 - \theta_1 B)\epsilon_t \quad \Rightarrow \quad (1 - \theta_1 B)^{-1}\widetilde{y_t} = \epsilon_t$$
$$\Rightarrow \quad (1 + \theta_1 B + \theta_1^2 B^2 + \cdots)\widetilde{y_t} = \epsilon_t, \quad |\theta_1| < 1$$

또는

$$y_t = C - \theta_1 y_{t-1} - \theta_1^2 y_{t-2} - \theta_1^3 y_{t-3} - \cdots \tag{1.16}$$

만일 가역성 조건($|\theta_1| < 1$)이 만족되지 않으면, 식 (1.16)에서 시차가 커질수록 대응하는 계수들(즉, 가중값)은 커질 것이다. 예를 들면 $\theta_1 = 2$(비가역적)이면 $\theta_1^2 = 4$, $\theta_1^3 = 8$이 된다. 이를 통해서 가역성 조건이 만족되면 최근에 가까운 관측값일수록 더 큰 가중값을 갖는 것을 알 수 있다.

05

식별 단계

본 절부터는 반복적 단변량 ARIMA 모형 단계를 구체적으로 살펴보기로 한다. 반드시 실현값을 정상적으로 만든 후 모형식별 단계로 넘어가야 할 것이다. 식별 단계에서는 마치 옷을 입을 때 첫 단추를 채우는 것만큼이나 ARIMA 모형을 구축하는 데 중요한 단계이다. 이 단계에서는 두 개의 이론적 상관함수(자기상관함수와 편자기상관함수)의 개념을 충분히 이해한 후, 추정된 자기상관함수와 편자기상관함수가 두 개의 이론적 상관함수와 각각 일치하는지를 비교하여, 주어진 실현값에 대한 최적의 모형을 식별하도록 해야 할 것이다. 두 개의 이론적 상관함수와 비교하여 꼭 들어맞는 추정된 상관함수는 찾기 어렵지만 되도록 비슷하게 보이는 ARIMA 모형을 식별하면 될 것이다.

ARIMA 모형 족(family, 族)에는 수많은 프로세스가 있지만, 실제로 많이 발생하는 프로세스의 수는 제한되어 있기 때문에, 이 프로세스가 갖는 성질을 투영하는 자기상관함수와 편자기상관함수를 통하여 조사할 필요가 있다. 식별 단계에서는 반드시 '모수절약의 원칙', 즉 '단순한 모형일수록 좋다'를 유념하여 임시로 모형을 선택한다. 그렇다면 식별 단계에서 주요 도구로 사용하는 두 개의 상관함수에 대해서 살펴보자.

5.1 추정된 자기상관함수

자기상관분석의 기본 개념은 기초통계학에서 배운 상관분석, 즉 두 개의 연속형변수 간의 선형관계의 정도를 측정하는 상관분석으로 이해하면 된다. 즉, 주어진 관측값에 대해 모든 가능한 한 쌍의 평균편차 $(\tilde{y}_t, \tilde{y}_{t+k})$ 사이의 상관계수를 계산하는 것이다. 여기에서 '자기(auto)'라는 용어는 동일한 시계열 안에 있는 값들 사이의 상관관계 정도를 계산하기 때문에 붙여진 것이다. 추정된 자기상관계수(estimated autocorrelation function, ACF, r_k)는 흔히 통계학에서 말하는 표본상관계수와 근본적으로 차이가 없으며, 두 확률변수에서 한 쌍의 관측값 사이에 통계적 관계를 나타내는 방향과 세기를 의미한다.

r_k는 시계열에서 k시차만큼 떨어져 있는 관측값과의 추정된 자기상관계수이며, 이를 수식으로 표현하면

$$r_k = \frac{\sum_{t=k+1}^{n} (y_t - \bar{y})(y_{t-k} - \bar{y})}{\sum_{t=1}^{n} (y_t - \bar{y})^2} \tag{1.17}$$

가 된다. r_k는 -1과 1 사이의 값을 가지며, $r_k = 0$일 때는 y_{t+k}와 y_t는 서로 상관되어 있지 않는다. 즉, 상관계수가 갖는 일반적인 성질을 그대로 갖는다. [그림 1.12]는 주어진 표본에서 발생할 수 있는 자기상관함수의 몇 가지 형태이다. 자기상관계수의 절대값이 '1'에 가까울수록 강한 (양 또는 음의) 자기상관을 나타내며 '0'에 접근할수록 약한 자기상관을 가진다. 오차가 독립이라면 자기상관은 '0'이 된다. 일반적으로 자기상관계수가 '0.3 정도 미만'이면 자기상관이 미약하다고 말하며, '0.3~0.5'는 약한 자기상관, '0.5~0.7'은 보통인 자기상관, '0.7 이상'이면 자기상관이 크다고 말한다.

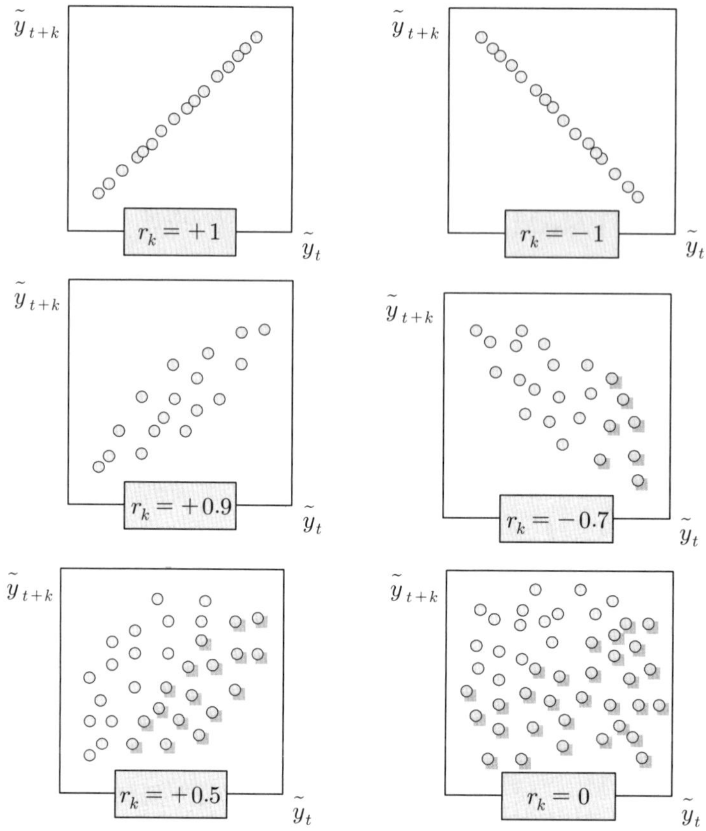

[그림 1.12] 자기상관계수의 여러 가지 값

Box와 Jenkins는 추정된 자기상관계수를 사용하기 위해 필요한 최대 개수는 관측값 수의 대략 25%(=1/4)를 제시하였다. 예를 들어 시계열 관측값 개수가 총 100개라면, 식별 단계에서 고려할 자기상관계수는 25개를 계산해야 할 것이다. 여기에서 25개의 서로 다른 자기상관계수를 묶어서 '자기상관함수'라고 부른다.

EViews 8에서 사용되는 추정된 자기상관함수는 다음과 같이 이론적인 것과 차이가 있다.

$$r_{k(EViews)} = \frac{\sum_{t=k+1}^{n} (y_t - \bar{y})(y_{t-k} - \bar{y}_{t-k})/(n-k)}{\sum_{t=1}^{n} (y_t - \bar{y})^2/n} \tag{1.18}$$

여기에서 $\bar{y}_{t-k} = \sum y_{t-k}/(n-k)$이다.

다음은 [그림 1.5]에 근거하여 자기상관함수를 계산한 것이다. 52개 관측값의 25%인 13개의 자기상관계수를 계산하였다.

Sample: 1 52
Included observations: 52

Autocorrelation	Partial Correlation		AC	PAC	Q-Stat	Prob
		1	0.935	0.935	48.089	0.000
		2	0.862	-0.088	89.838	0.000
		3	0.814	0.160	127.85	0.000
		4	0.748	-0.203	160.60	0.000
		5	0.684	0.048	188.57	0.000
		6	0.622	-0.105	212.15	0.000
		7	0.553	-0.030	231.25	0.000
		8	0.493	-0.000	246.77	0.000
		9	0.442	0.028	259.53	0.000
		10	0.377	-0.142	269.03	0.000
		11	0.289	-0.213	274.76	0.000
		12	0.217	0.050	278.08	0.000
		13	0.176	0.158	280.32	0.000

출력결과 중 첫 열의 '시차'(즉, k)는 한 쌍의 자기상관계수를 계산할 때 k만큼 떨어져 있는 시차의 수를 의미한다. 그리고 두 번째 열의 '자기상관'은 바로 시차 k의 자기상관계수이다. k=1인 경우 즉, r_1 은 '0.935'이다. 이를 확인하기 위해 두 개의 자기상관계수 (r_1, r_2)를 계산해보면 각각 다음과 같다.

$$r_1 = \frac{\widetilde{y_1}\widetilde{y_2} + \widetilde{y_2}\widetilde{y_3} + \cdots + \widetilde{y_{51}}\widetilde{y_{52}}}{\widetilde{y_1^2} + \widetilde{y_1^2} + \cdots + \widetilde{y_{52}^2}} = 0.935$$

$$r_2 = \frac{\widetilde{y_1}\widetilde{y_3} + \widetilde{y_2}\widetilde{y_4} + \cdots + \widetilde{y_{50}}\widetilde{y_{52}}}{\widetilde{y_1^2} + \widetilde{y_1^2} + \cdots + \widetilde{y_{62}^2}} = 0.862$$

추정된 자기상관계수(r_k)의 통계적 유의성, 즉 귀무가설 $H_0 : \rho_k = 0,\ k = 1, 2, 3, \ldots$의 채택 여부를 검정하기 위해서 식 (1.18)의 t-검정통계량이 필요하다. 여기에서 ρ_k는 모집단에 근거한 이론적 자기상관계수이다.

$$t_{r_k} = \frac{r_k - \rho_k}{SE(r_k)}$$

계산된 t-검정통계량의 절대값이 클수록(통상 '2.0'보다 크면) 추정된 자기상관계수는 통계적으로 '0'이 아니며, 이론적인 자기상관계수(ρ_k)가 '0'이 아님을 암시한다. 추정된 자기상관계수(r_k)는 이론적인 자기상관계수(ρ_k)의 추정값이다.

다음에 주어진 또 다른 추정된 자기상관함수의 EViews 8 출력결과를 통해서, 어느 시차에서 유의한 값을 갖는지를 시각적으로 쉽게 판별할 수 있다. 위의 주어진 두 쌍의 대칭

형태의 점선은 각 자기상관계수의 95% 신뢰구간(디폴트)을 표시한 것으로, 이 신뢰한계선 밖으로 튀어나온 스파이크(spike)를 발견할 수 있는 시차를 주목해야 할 것이다. 이 시계열의 경우 '시차 1'의 자기상관계수가 튀어나왔기 때문에 귀무가설 $H_0 : \rho_1 = 0$을 유의수준 5%에서 채택할 수 없음을 알 수 있다.

다섯 번째 열에 출력된 'Q-Stat'은 Ljung-Box가 제시한 Q-검정통계량을 의미한다. 이에 대해서는 모형검진 단계에서 자세히 다루기로 한다.

단변량 Box-Jenkins 방법의 식별 단계에서 추정된 자기상관함수는 편자기상관함수와 더불어 자료 내에 어떤 형태의 ARIMA 프로세스가 존재하는지를 알 수 있는 도구이다. 주어진 계열에 근거하여 추정된 자기상관함수와 이론적 자기상관함수가 갖는 각각의 형태를 시각적으로 비교하여 적절한 모형을 식별해야 한다. 이 식별방법은 상황에 따라 분석가의 주관에 좌우되어 달리 판단될 수 있다.

그렇다면 ARIMA 프로세스를 구성하는 두 가지 부분 요소(즉, 자기회귀와 이동평균)를 구분하여 각각이 갖는 이론적인 자기상관함수가 어떤 형태를 갖는지 알아보도록 하자.

1) 자기회귀(AR) 프로세스 경우: 이론적인 자기상관함수는 지수함수 또는 사인곡선 형태로 서서히 '0'으로 감소하는 형태이다.
2) 이동평균(MA) 프로세스 경우: 이론적인 자기상관함수는 이동평균 차수에 해당하는 시차에서 두드러진 스파이크가 나타나고, 이 시차 이후에 해당하는 자기상관계수 모두 '0'으로 절단된다.
3) 두 프로세스가 혼합되어 있는 경우: 이론적 자기상관함수는 '0'을 향해 서서히 감소하는 형태이다.

일반적으로 추정된 자기상관함수는 이론적 자기상관함수와 유사하지만 정확히 일치할 수는 없다. 추정된 자기상관함수는 실현값에 근거하여 계산되었기 때문에 당연히 '표본오차(sampling error)'가 존재하기 때문이다. 차후 다룰 추정된 편자기상관함수 역시 이런 이유로 이론적인 편자기상관함수와 정확히 일치하지 않는다.

이러한 이유로 식별 단계에서 이론적 자기상관함수와 추정된 자기상관함수를 서로 면밀히 비교하여 적절한 모형을 결정해야 할 것이다. 다만 추정된 편자기상관함수와 더불어 추정된 자기상관함수는 모형설정에 매우 도움이 되지만 단지 지침에 불과하다. 그래서 식별 단계에서 모형선택은 단지 임시적인 절차에 불과하다. 추정 단계에서 정확하게 모수(들)에 대한 추정값들을 구해보고, 모형검진 단계를 거쳐 예측하기에 적절한 최종모형을 선택한다. 만일 식별 단계에서 임시로 고려한 모형이 추정 단계 또는 모형검진 단계에서 적절하지 못하면, 일반적으로 다시 식별 단계로 돌아가서(재식별) 또 다른 모형을 고려해야 할 것이다.

5.2 추정된 편자기상관함수

추정된 편자기상관함수(estimated partial autocorrelation function, PACF, $\widehat{\phi_{kk}}$)는 넓은 의미로는 추정된 자기상관함수와 비슷하며, 주어진 계열을 적합시킬 ARIMA 모형을 임시로 선택할 때 자기상관함수와 함께 사용되는 중요한 도구이다.

자기상관함수는 한 쌍으로 이뤄진 관측값의 집합$(\tilde{y}_t, \tilde{y}_{t+k})$에 대해 이 두개의 관측값 간에 존재하는 관측값들$(\tilde{y}_{t+k-1}, \cdots, \tilde{y}_{t-1})$의 영향을 고려하지 않고, 단지 이 쌍에 해당하는 상관계수만을 계산한다. 반면에 편자기상관함수는 이 두 관측값 사이에 존재하는 관측값들의 영향을 고려하였다는 점이 자기상관함수와 다르다. 예를 들면, $(\tilde{y}_t, \tilde{y}_{t+2})$ 사이의 편자기상관계수는 $\tilde{y}_{t+1}$이 $\tilde{y}_{t+2}$에 주는 영향을 고려하면서, $(\tilde{y}_t, \tilde{y}_{t+2})$ 사이의 상관계수를 구한다. 마찬가지로 $(\tilde{y}_t, \tilde{y}_{t+3})$ 사이의 편자기상관계수는 $\tilde{y}_{t+1}$과 $\tilde{y}_{t+2}$가 $\tilde{y}_{t+3}$에 주는 영향을 고려하면서 이 두 관측값 쌍의 상관관계를 구한다. 반면에 $(\tilde{y}_t, \tilde{y}_{t+3})$ 사이의 자기상관계수는 $\tilde{y}_{t+1}$과 $\tilde{y}_{t+2}$가 $\tilde{y}_{t+3}$에 주는 영향을 무시하고 단지 $(\tilde{y}_t, \tilde{y}_{t+3})$ 사이의 상관계수만을 구한다.

편자기상관계수를 계산하는 방법은 최소제곱 회귀계수의 시계열을 추정하는 것으로 이해하면 된다. 추정된 회귀계수는 방정식 내에 다른 변수들의 효과를 고려하면서 독립변수와 종속변수 사이의 관계를 측정하게 된다. 그렇다면 어떻게 편자기상관함수를 계산하는지 알아보자. 첫째, $\tilde{y}_{t+1}$과 $\tilde{y}_t$ 사이의 회귀관계를 다음과 같이 고려하자.

$$\tilde{y}_{t+1} = \phi_{11}\tilde{y}_t + \epsilon_{t+1} \tag{1.19}$$

여기에서 ϕ_{11}는 $k=1$에 대해 추정할 편자기상관계수이다. 식 (1.19)에서 $\tilde{y}_{t+1}$과 $\tilde{y}_t$ 사이에는 관측값이 존재하지 않기 때문에, 단지 최소제곱법을 이용하여 $\hat{\phi}_{11}$을 구할 수 있다.

다음은 $\hat{\phi}_{22}$를 구해보자. 우선 다음의 다중회귀 추정방정식을 고려하자.

$$\tilde{y}_{t+2} = \phi_{21}\tilde{y}_{t+1} + \phi_{22}\tilde{y}_t + \epsilon_{t+2} \tag{1.20}$$

여기에서 ϕ_{22}는 $k=2$에 대해 추정할 편자기상관계수이다. 여기에서 주목해야 할 점은 $\tilde{y}_t$와 $\tilde{y}_{t+2}$의 사이에 있는 $\tilde{y}_{t+1}$의 영향력을 고려한 채로 ϕ_{22}를 추정한다는 사실이다. 즉, $\hat{\phi}_{22}$는 $\tilde{y}_{t+1}$을 고려하면서 $\tilde{y}_{t+2}$와 $\tilde{y}_t$ 사이의 관계를 추정한다. $\hat{\phi}_{33}, \hat{\phi}_{44}, \cdots, \hat{\phi}_{kk}$ 역시 동일한 맥락에서 이해할 수 있다.

시계열이 정상적이면, 다음 주어진 Yule-Walker 방정식을 이용하여 편자기상관계수 $(\hat{\phi}_{kk})$를 얻을 수 있다.

$$\hat{\phi}_{11} = r_1$$

$$\hat{\phi}_{22} = (r_2 - r_1^2)/(1 - r_1^2)$$

$$\hat{\phi}_{kk} = \frac{r_k - \sum_{j=1}^{k-1}\hat{\phi}_{k-1,j}\, r_{k-j}}{1 - \sum_{j=1}^{k-1}\hat{\phi}_{k-1,j}\, r_j}, \quad k = 3, \cdots \tag{1.21}$$

여기에서 $\hat{\phi}_{kj} = \hat{\phi}_{k-1,j} - \hat{\phi}_{kk}\hat{\phi}_{k-1,k-j}, \quad k = 2,3,\cdots; j = 1,2,\cdots,k-1$이다.

마찬가지로 [그림 1.5]에 근거하여 다음과 같이 추정된 편자기상관함수는 EViews 8을 사용하여 구할 수 있다.

Sample: 1 52
Included observations: 52

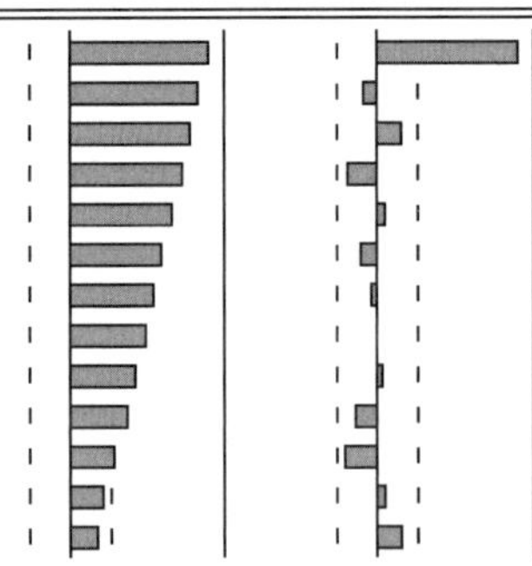

Autocorrelation	Partial Correlation		AC	PAC	Q-Stat	Prob
		1	0.935	0.935	48.089	0.000
		2	0.862	-0.088	89.838	0.000
		3	0.814	0.160	127.85	0.000
		4	0.748	-0.203	160.60	0.000
		5	0.684	0.048	188.57	0.000
		6	0.622	-0.105	212.15	0.000
		7	0.553	-0.030	231.25	0.000
		8	0.493	-0.000	246.77	0.000
		9	0.442	0.028	259.53	0.000
		10	0.377	-0.142	269.03	0.000
		11	0.289	-0.213	274.76	0.000
		12	0.217	0.050	278.08	0.000
		13	0.176	0.158	280.32	0.000

앞 EViews 8 출력결과는 5.1절에서 다룬 자기상관계수의 것과 거의 동일하다. 즉, '시차'(즉, k)는 한 쌍의 편자기상관계수를 계산할 때 k만큼 떨어져 있는 시차의 수를 의미한다. 세 번째 열의 '편자기상관'값들은 k에 해당하는 편자기상관계수를 나타낸다. 한 예로 $\hat{\phi}_{22}$는 '-0.088'이다.

귀무가설 $H_0: \phi_{kk}=0,\ k=1,2,\cdots$을 다음과 같이 근사한 t-검정통계량을 이용하여 채택 여부를 검정할 수 있다.

$$t_{\widehat{\phi_{kk}}} = \frac{\hat{\phi}_{kk} - \phi_{kk}}{SE(\hat{\phi}_{kk})} \tag{1.22}$$

여기에서 $SE(\widehat{\phi_{kk}}) = \dfrac{1}{\sqrt{n}}$는 추정된 편자기상관계수($\widehat{\phi_{kk}}$)의 표준오차이다. 이는 추정된 편자기상관계수의 통계적 유의성을 검정하기 위해서 필요하다. t-검정통계량의 절대값이 대략 '2.0'보다 크면, 통계적으로 5% 유의수준에서 귀무가설을 기각하게 된다. 즉, t-검정통계량의 절대값이 클수록 추정된 편자기상관계수는 통계적으로 '0'이 아니며, 이론적인 편자기상관계수(ϕ_{kk})가 '0'이 아님을 암시한다. 마찬가지로 계산된 t-검정통계량의 절대값이 '2.0'보다 크거나 두 개의 신뢰한계선(위 그림 참조)을 초과하는 시차를 찾게 되면, 이 시차의 편자기상관계수는 통계적으로 '0'이 아니다.

5.1절의 다룬 자기상관함수와 마찬가지로 세 개의 프로세스에 해당하는 이론적인 편자기상관함수의 형태는 다음과 같다.

1) **자기회귀(AR) 프로세스의 경우:** 이론적인 편자기상관함수는 자기회귀차수에 해당하는 시차에서 두드러진 스파이크가 나타나고, 이 시차 이후에 해당하는 편자기상관계수 모두 '0'으로 절단되는 형태이다.
2) **이동평균(MA) 프로세스의 경우:** 지수함수 또는 사인곡선 형태로 서서히 '0'을 향해 감소한다.
3) **두 프로세스가 혼합되어 있는 경우:** 이론적인 편자기상관함수는 서서히 '0'을 향해 감소하는 형태이다.

5.3 이론적인 자기상관함수와 편자기상관함수의 형태

평균과 분산 모두를 정상적으로 만든 후 식별 단계에서 자기회귀요소 및 이동평균요소를 임시로 결정하기 위해서는, 두 개의 추정된 상관함수를 이에 대응하는 이론적인 상관함수와 비교하여 비슷한 형태를 찾는다. 대표적으로 알려진 프로세스((AR(1), AR(2), MA(1), MA(2), ARMA(1,1))에 대해 시차가 커짐에 따라 계산된 자기상관함수(ρ_k)와 편자기상관함수(ϕ_{kk})를 다음과 같이 스파이크로 표현할 수 있다.

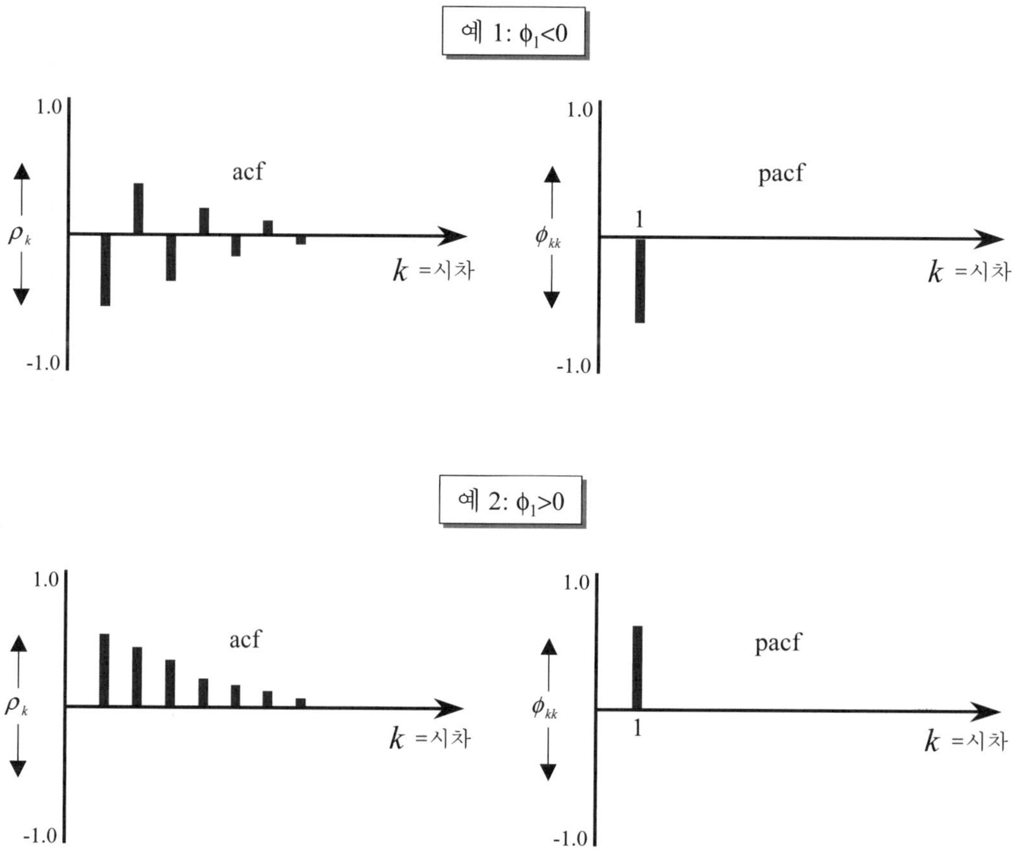

[그림 1.13] AR(1) 프로세스의 이론적인 ACF와 PACF

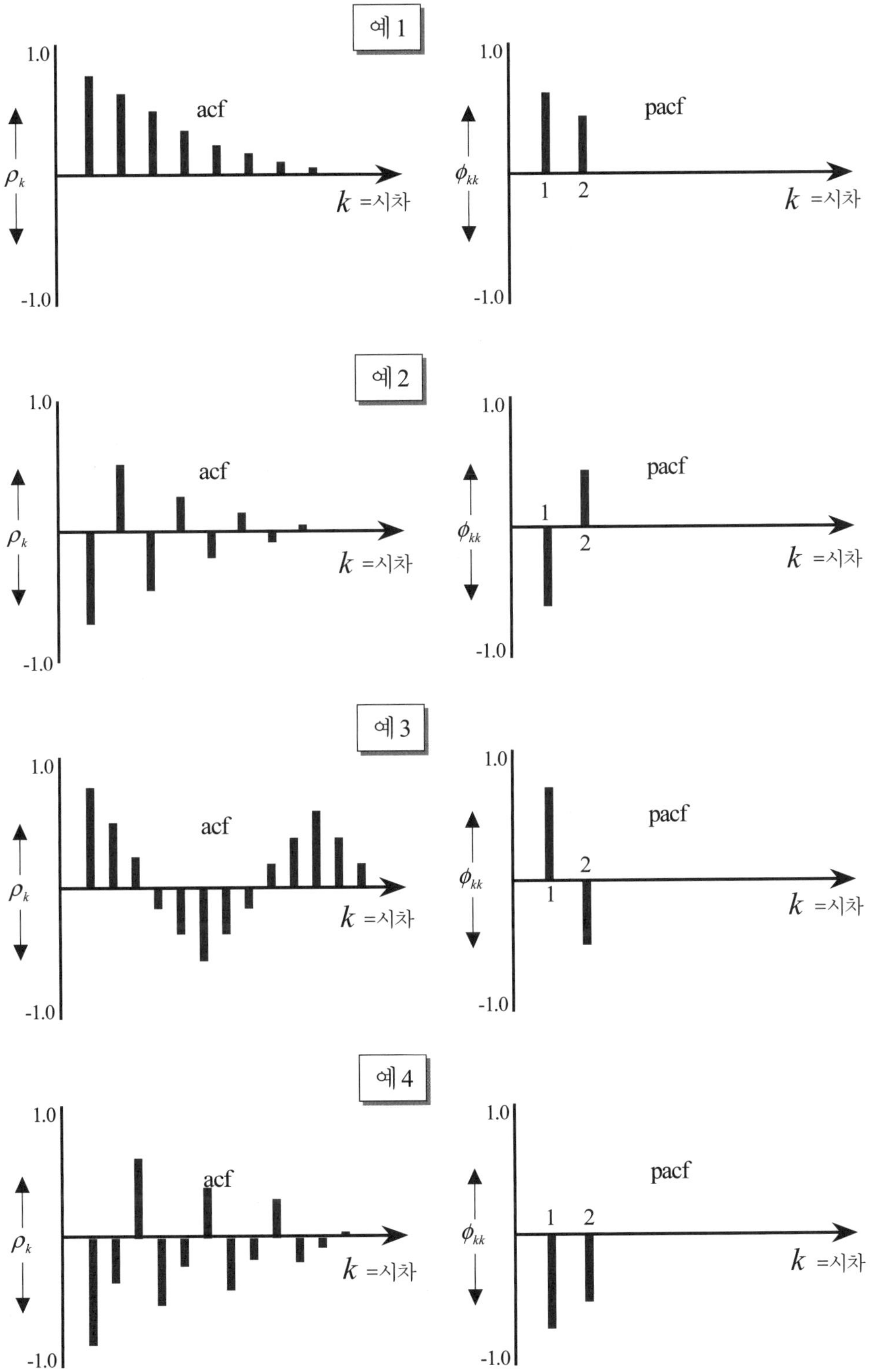

[그림 1.14] AR(2) 프로세스의 이론적인 ACF와 PACF

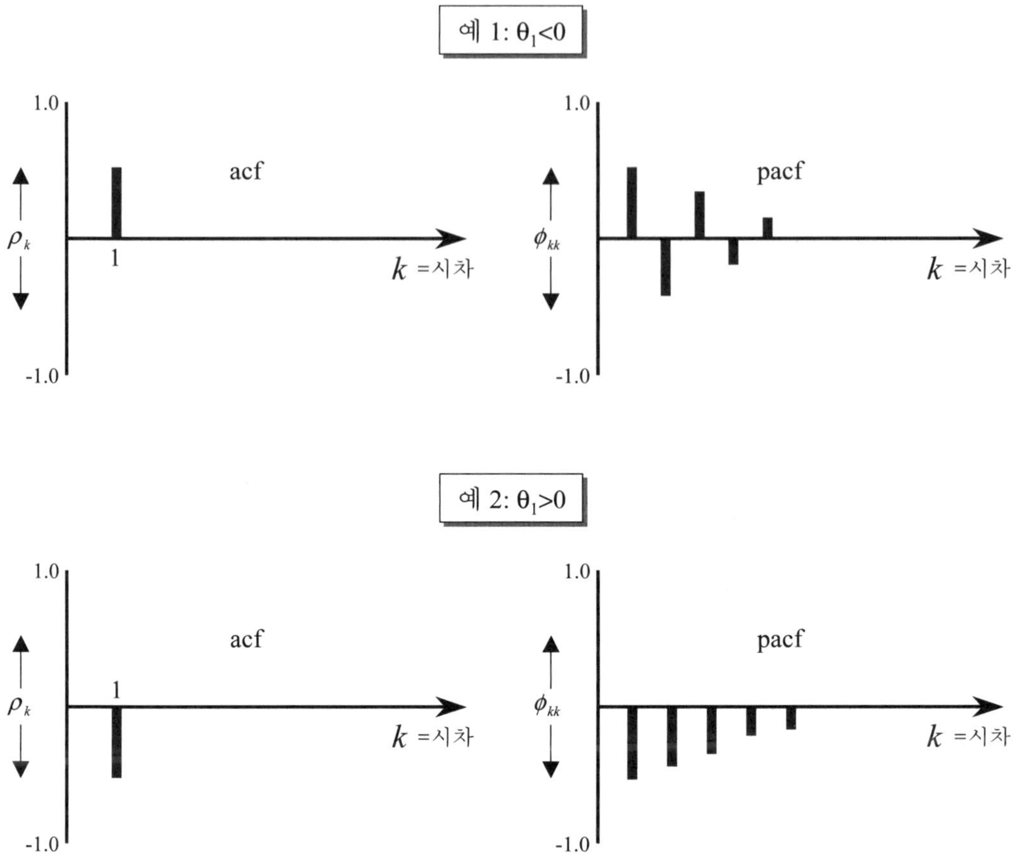

[그림 1.15] MA(1) 프로세스의 이론적인 ACF와 PACF

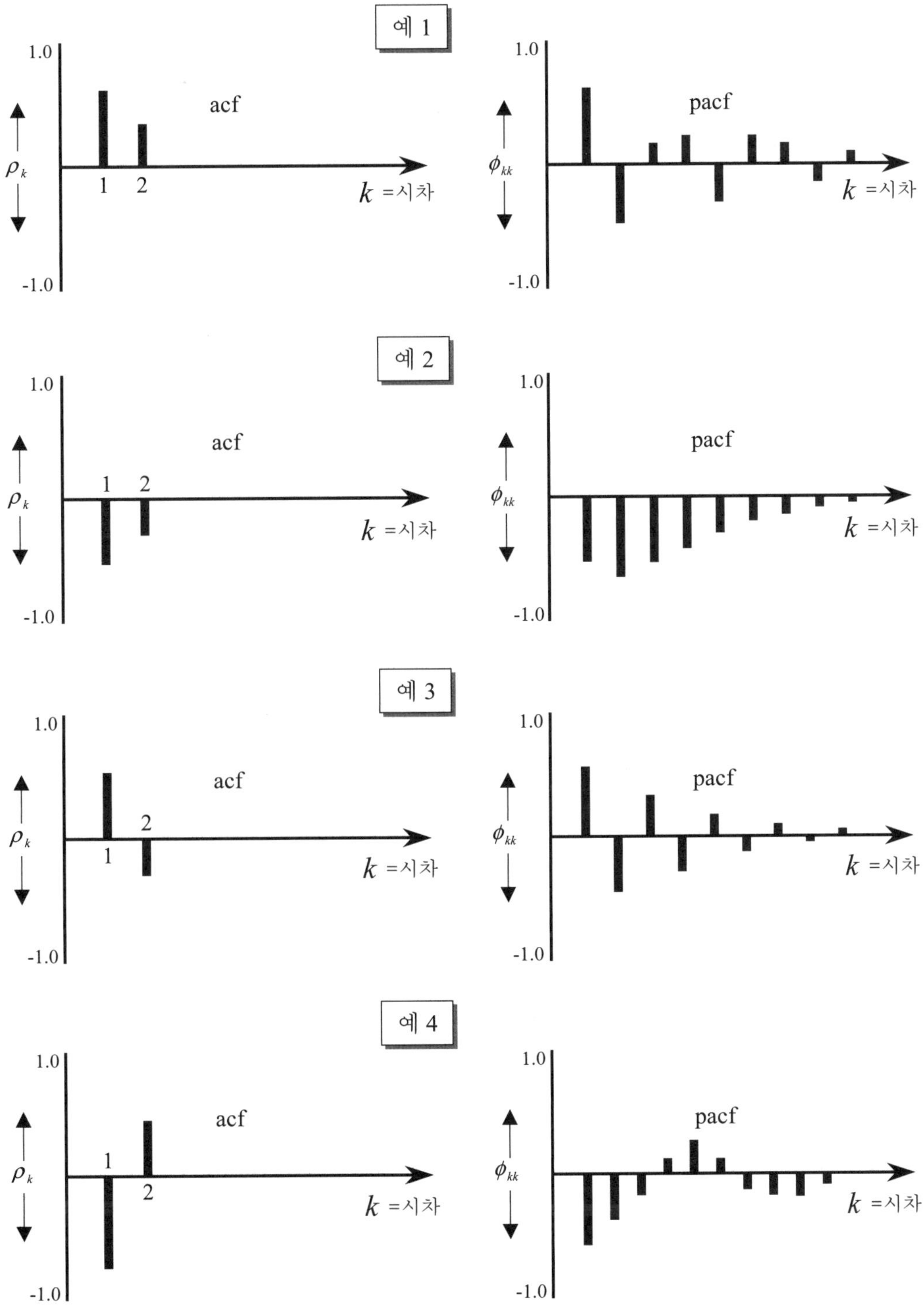

[그림 1.16] MA(2) 프로세스의 이론적인 ACF와 PACF

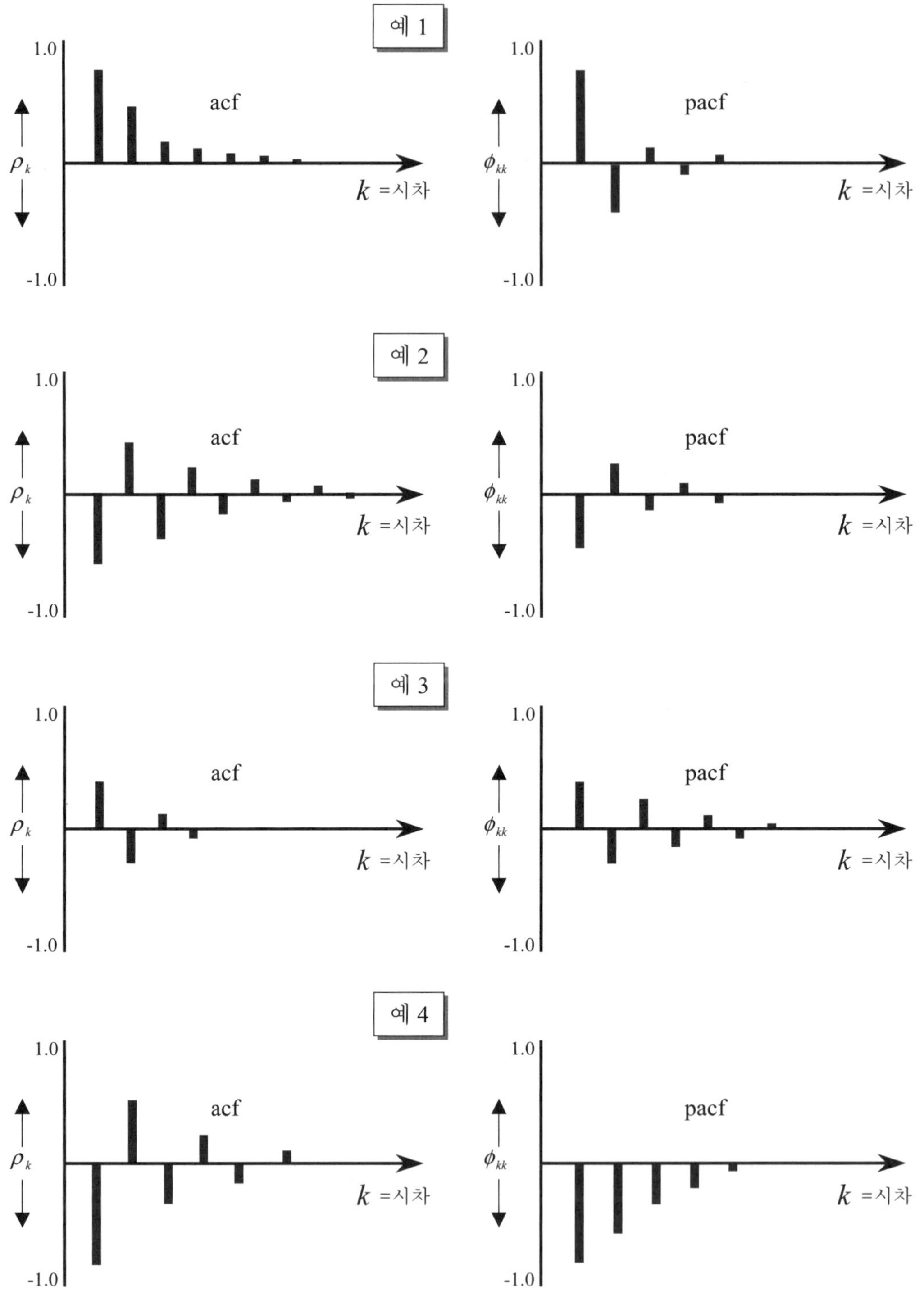

[그림 1.17] ARMA(1,1) 프로세스의 이론적인 ACF와 PACF (계속)

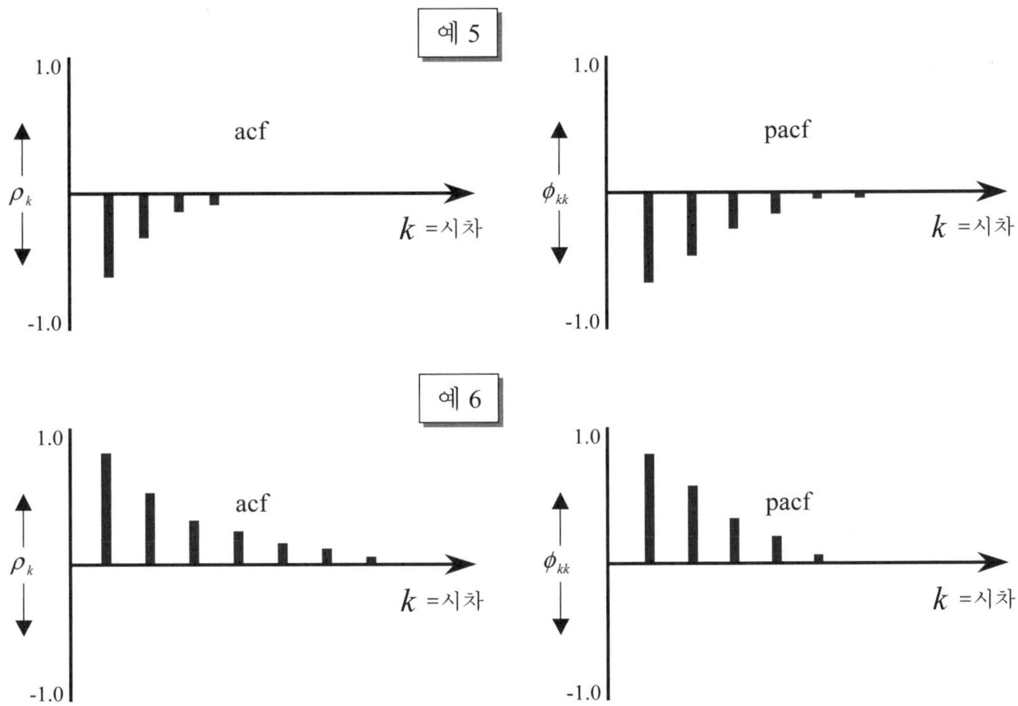

[그림 1.17] ARMA(1,1) 프로세스의 이론적인 ACF와 PACF

앞에서 제시한 상관함수 형태를 보고 추가적으로 몇 가지 특징을 정리할 수 있다.

1) 정상적인 AR(1)과 AR(2) 프로세스의 경우: 이론적인 자기상관함수는 지수함수와 사인곡선이 혼합되어 감소하는 형태이며, 이론적인 편자기상관함수는 각각 시차 1, 시차 1과 시차 2에서 이후에 절단형태를 나타난다. 여기에서 주의할 사항은 AR(2) 프로세스의 경우, 편자기상관함수의 시차 2에서만 두드러진 스파이크를 발견할 수 있다. 이는 ϕ_1이 포함되지 않은 AR(2) 프로세스를 의미한다.
2) MA(1)과 MA(2) 프로세스의 경우: AR(1)과 AR(2) 프로세스와는 반대로 이론적인 편자기상관함수는 지수함수와 사인곡선이 혼합되어 감소하는 형태이며, 이론적인 자기상관함수는 각각 시차 1, 시차 1과 시차 2에서 이후에 절단형태를 나타난다. 마찬가지로 MA(2) 프로세스의 경우, 자기상관함수의 시차 2에서만 두드러진 스파이크를 발견할 수 있다. 이는 θ_1이 포함되지 않은 MA(2) 프로세스를 의미한다.
3) ARMA(1,1) 프로세스의 경우: 이론적 자기상관함수와 이론적 편자기상관함수 모두 지수함수 또는 사인곡선 형태로 감소하는 형태이다.

참고로 프로세스(AR(1), AR(2), MA(1), MA(2))의 이론적인 자기상관함수와 편자기상관함수를 수학적으로 계산한 값은 다음과 같다.

[표 1.18] 여러 프로세스의 ACF와 PACF

프로세스	ACF(ρ_k)	PACF(ϕ_{kk})
AR(1)	$\phi_1^k,\ k \ge 1$	$\phi_{11} = \rho_1$ $\phi_{kk} = 0,\ k \ge 2$
AR(2)	$\rho_1 = \dfrac{\phi_1}{1-\phi_2}$ $\rho_2 = \dfrac{\phi_1^2+\phi_2-\phi_2^2}{1-\phi_2}$	$\phi_{11} = \dfrac{\phi_1}{1-\phi_2}$ $\phi_{22} = \phi_2$ $\phi_{kk} = 0,\ k \ge 3$
MA(1)	$\rho_1 = \dfrac{-\theta_1}{1+\theta_1^2}$ $\rho_k = 0,\ k \ge 2$	$\phi_{kk} = \dfrac{-\theta_1^k(1-\theta_1^2)}{1-\theta_1^{2(k+1)}}$
MA(2)	$\rho_{11} = \dfrac{-\theta_1(1-\theta_2)}{1+\theta_1^2+\theta_2^2}$ $\rho_{22} = \dfrac{-\theta_2}{1+\theta_1^2+\theta_2^2}$ $\rho_{kk} = 0,\ k \ge 3$	$\phi_{11} = \rho_1$ $\phi_{22} = \dfrac{\rho_2-\rho_1^2}{1-\rho_1^2}$ $\phi_{33} = \dfrac{\rho_1^3-\rho_1\rho_2(2-\rho_2)}{1-\rho_2^2-2\rho_1^2(1-\rho_2)}$

추정된 자기상관함수와 추정된 편자기상관함수를 통해서 자기회귀요소와 이동평균요소를 식별할 경우, 감소하는 형태보다도 절단형태임에 주목한다.

예를 들어 추정된 자기상관함수에 비해 추정된 편자기상관함수가 훨씬 더 절단형태에 가까워 보이면 자기회귀요소로 식별하며, 만일 '시차 3'에만 스파이크가 신뢰한계선 밖으로 두드러지게 튀어나와 있고, 나머지 시차 모두가 신뢰한계선 안에 있다면 차수가 3인 AR(3) 모형으로 식별할 것이다. 여기에서 식별한 ARIMA 모형은 시차 1과 2에선 뚜렷한 스파이크를 발견할 수 없기 때문에 $\phi_1 = \phi_2 = 0,\ \phi_3 \ne 0$인 AR(3) 모형일 것이다.

만일 추정된 자기상관함수와 추정된 편자기상관함수 모두 뚜렷하게 절단형태를 가지고 있으며, 각각 모두 '시차 1'에만 두드러지게 스파이크를 발견할 수 있다면, 두 개의 ARIMA 모형[즉, MA(1) 모형과 AR(1) 모형]을 동시에 식별해야 할 것이다. 추정 단계 및 모형검진 단계를 거쳐 각 모형에 대한 타당성을 타진한 후, 모두 타당한 모형이라면 최종으로 두 모형 중 최적화된 모형을 선택해야 할 것이다.

식별 단계에서 두 개의 추정된 상관함수를 사용하여 임시적으로 ARIMA 모형을 결정하지만, 그 전에 추정된 첫 5개 내지 7개 시차까지의 추정된 자기상관계수들이 '0'을 향해 서서히 감소하는 패턴이면(즉, t-검정통계량의 절대값이 대략 '1.6'보다 크면) 시계열의 평균이 비정상적임을 알아야 한다. 물론 이 경우 차분을 통해서 평균을 정상적으로 만든 후, 차분된 시계열자료에 근거한 두 개의 추정된 상관함수를 면밀히 조사하여 모형식별을 한다.

06

추정 단계

6.1 모수 추정 방법

식별 단계에서 되도록 모수를 절약하고 통계적으로 적절한 하나 이상의 모형을 임시로 선택하였다. 여기에서 관측값이 n이라면 $n/4$개의 자기상관계수와 편자기상관계수를 추정하였다. 너무 많은 모수를 추정하는 것은 '모수절약의 원칙'에 위배되지만 자료계열의 초기 분석 단계에서는 정당화될 수 있다.

반면에 추정 단계에서는 식별 단계에서 선택된 모형 내의 모수들을 정확히 추정한다. 예를 들어 식별 단계에서 $n/4$개의 추정된 자기상관계수와 편자기상관계수를 이용하여 임시로 MA(2) 모형(즉, $\tilde{y}_t = (1-\theta_1 B - \theta_2 B^2)\epsilon_t$)을 선택했다고 하자. 그리고 추정 단계에서는 단지 세 개의 모수(프로세스의 평균 μ와 두 개의 이동평균계수 θ_1, θ_2)만을 정확히 추정하여 자료에 적합시킨다. 이때 모수를 추정하기 위해 몇 가지 추정 방법을 고려할 수 있다. 특히 Box와 Jenkins는 최대가능도(maximum likelihood, ML)방법을 선호한다. 왜냐하면 가능도 함수(likelihood function)는 자료에 담겨진 모수(들)에 관한 모든 정보를 반영하기 때문이다. 또 다른 방법으로 최소제곱(least squares, LS)방법을 고려할 수 있다. 만일 백색잡음이 정규분포를 따른다면 최소제곱 추정값이 정확하거나 최대가능도 추정값과 거의 차이가 없다. 여기에서 '최소제곱'은 잔차제곱합을 가장 최소로 하는 모수 추정값을 의미한다.

6.1.1 최소제곱법(conditional least squares)

두 개의 최소제곱법을 설명하기 위해 우선 잔차제곱합을 살펴보자.

잔차제곱합(sum of squared residuals, SSR)

이해를 돕기 위해 다음 주어진 AR(1) 모형을 예로 들어 설명하도록 한다.

$$(1-\phi_1 B)\widetilde{y_t}=\epsilon_t$$

또는

$$\widetilde{y_t}=\mu(1-\phi_1)+\phi_1 y_{t-1}+\epsilon_t \tag{1.23}$$

여기에서 $\mu(1-\phi_1)$은 상수항이다.

식 (1.23)의 우변을 이용하여 어떻게 y_t를 예측하는지 살펴보자. 시점 $(t-1)$까지의 백색잡음들은 관측할 수 없지만 μ, ϕ_1, y_{t-1}은 알고 있다. $\widehat{y_t}$를 구하기 위해 식 (1.23)의 양변에 기대값을 취하면

$$\widehat{y_t}=\mu(1-\phi_1)+\phi_1 y_{t-1} \tag{1.24}$$

이 된다. 그리고 시점 t에서 y_t를 관측한다. 이때 $(y_t-\widehat{y_t})$를 취해서 백색잡음을 구할 수 있다. μ와 ϕ_1이 알려져 있다고 가정하지만 실제로 모르는 모수들이다. 그래서 식 (1.24)는

$$\widehat{y_t}=\hat{\mu}(1-\widehat{\phi_1})+\widehat{\phi_1}y_{t-1} \tag{1.25}$$

이 된다. $\widehat{y_t}$는 알려진 모수가 아닌 모수들의 추정값으로 계산된 값이며, $(y_t-\widehat{y_t})$는 당연히 정확한 백색잡음값이 아니다. 식 (1.25)에서 식 (1.23)을 빼면 백색잡음 ϵ_t의 추정값인 잔차(residual, $\widehat{\epsilon_t}$)를 얻을 수 있다. 즉, $\widehat{\epsilon_t}=y_t-\widehat{y_t}$가 된다. 잔차제곱합(SSR)을 어떻게 계

산하는지를 알기 위하여 주어진 실현값(y_t)에 근거하여 [표 1.19]로 표현하였다. 여기에서 식 (1.23)의 AR(1) 모형을 이용하여 계산하였다.

[표 1.19] $\hat{\phi}_1 = 0.5$인 AR(1) 모형의 잔차제곱합

t	y_t	$\tilde{y}_t = y_t - \bar{y}$	$\hat{\tilde{y}}_t = \phi_1 \tilde{y}_{t-1}$	$\hat{\epsilon}_t = \tilde{y}_t - \hat{\tilde{y}}_t$	$\hat{\epsilon}_t^2$
0	-	-	-	-	-
1	80	20	-	-	-
2	60	0	10	-10	100
3	30	-30	0	-30	900
4	40	-20	-15	-5	25
5	70	10	-10	20	400
6	80	20	5	15	225

$\sum y_t = 360,\ \hat{\mu} = \bar{y} = \frac{1}{n}\sum y_t = 360/6 = 60,\ \sum \tilde{y}_t = 0,\ \sum \hat{\epsilon}_t^2 = 1650$

$\hat{\phi}_1 = 0.5$일 경우 잔차제곱합을 구하기 위해서, [표 1.19]의 결과를 사용하여 다음과 같이 $\hat{\tilde{y}}_t$를 구할 수 있다.

$$\hat{\tilde{y}}_2 = \hat{\phi}_1 \tilde{y}_1 = 10(0.5)(20) = 10$$

$$\hat{\tilde{y}}_3 = \hat{\phi}_1 \tilde{y}_2 = 0(0.5)(0) = 0$$

$$\cdots$$

잔차($\hat{\epsilon}_t$)는 $\hat{\tilde{y}}_t$를 근거로 다음과 같이 구할 수 있다.

$$\hat{\epsilon}_2 = \tilde{y}_2 - \hat{\tilde{y}}_2 = -10$$

$$\hat{\epsilon}_3 = \tilde{y}_3 - \hat{\tilde{y}}_3 = -30$$

$$\cdots$$

그러므로 잔차제곱합은 $\sum \hat{\epsilon}_t = (-10)^2 + (-30)^2 + \ldots + (15)^2 = 1650$이 된다. 물론 여기에서 잔차제곱합은 $\hat{\mu} = 60$, $\hat{\phi}_1 = 0.5$에서 얻어진 값이다. 모수에 대한 최소제곱추정량을 구하기 위해서는 잔차제곱합을 가장 최소로 하는 모수 $(\hat{\mu}, \hat{\phi}_1)$를 찾는다.

조건적 최소제곱법(conditional least squares)

[표 1.19]에서 주어진 실현값에 근거하여 시점 1을 제외한 시점 2부터 6까지의 잔차를 계산하였다. 왜냐하면 $\hat{\tilde{y}}_1 (= \widehat{\phi_1} \tilde{y}_0)$을 얻기 위해서는 y_0값이 존재하지 않기 때문이다. 계열의 시작점을 특정값, 즉 $y_1 = 20$으로 사용한다는 의미에서 잔차제곱합 앞에 '조건적'이란 용어를 붙인다. 그러나 조건적 최소제곱합은 계산이 간단하다는 장점이 있는 반면 처음 몇 관측값이 갖는 정보가 효율적으로 이용되지 못하는 단점이 있다.

비조건적 최소제곱(unconditional least squares)

Box와 Jenkins는 "조건적 최소제곱방법은 관측값 수가 많을 때 계절적 요소가 포함되지 않은 모형에 적절한 방법이지만, 통상 비조건적 최소제곱방법이 더 좋다"라고 하였다. 비조조건적 최소제곱방법과 같이, [표 1.20]에 나타난 실현값에 대해서 $\widehat{\phi_1} = 0.5$인 AR(1) 모형을 고려해보자. 우선 [표 1.20]과 같이 실현값을 나열해보자.

[표 1.20]

t	$\tilde{y}_t$
1	20
2	0
3	-30
4	-20
5	10
6	20

[표 1.21]은 시점 6부터 1까지 거꾸로 뒤집어서 역순으로 표기한 뒤 나머지 시차에 해당하는 실현값은 다음 추정된 계수의 가장 최근값을 이용하여 역순으로 나열된 계열을 예측한 것이다. 즉, 예측방정식은 $\hat{\tilde{y}}_t = \widehat{\phi_1} \tilde{y}_{t-1} = 0.5 \tilde{y}_{t-1}$이 된다. 그러나 역순으로 나열된 시계열에 대해 백캐스팅(backcasting) 방정식은 $\hat{\tilde{y}}_t = \hat{\phi}_1 \tilde{y}_{t-1} = 0.5 \tilde{y}_{t-1}$이 되며, 이를 이용하여 시점 '0'이하의 실현값을 다음과 같이 구한다.

[표 1.21]

t	$\widetilde{y_t^{\epsilon}}$
6	20
5	10
4	-20
3	-30
2	0
1	20
0	10
-1	5
-2	2.5
-3	1.25
-4	0.625
-5	0.3125
...	...

$t=0$에 대한 백캐스트는 $\widehat{\widetilde{y_0}}=0.5\widetilde{y_1}=0.5(20)=10$, $t=-1$에 대한 백캐스트는 $\hat{\tilde{y}}_{-1}=0.5y_0$이지만, y_0이 존재하지 않으므로 $\widehat{\widetilde{y_0}}=10$으로 대치하면, $\hat{\tilde{y}}_{-1}=0.5(10)=5$가 된다. 이런 방식으로 $\widehat{\widetilde{y_t}}=0.5\tilde{y}_{t+1}$을 계산할 때마다 $\tilde{y}_{t+1}$ 대신에 $\hat{\tilde{y}}_{t+1}$을 대입해서 나머지 실현값($\widetilde{y_t^{\epsilon}}$)을 구할 수 있다. 원계열 $\widetilde{y_t}$를 얻기 위해서는 [표 1.21]을 다시 뒤집으면 된다. 그리고 새로운 백캐스트를 계열에 포함시켜 ϕ_1을 재추정하면 된다. 이때 최소제곱 추정값이 수렴할 때까지 이를 계속 진행한다. 이동평균항이 모형 안에 존재한다면 잔차들을 생성하기 위해서 더 많은 백캐스트를 계산해야 할 것이다. 그러나 근본적으로 자기회귀모형과 같은 개념으로 구할 수 있다.

6.2 추정 단계에서 주목해야 할 점

2절에서 이미 좋은 모형이 갖추어야 될 몇 가지 성질을 언급하였다. 추정 단계에서 만족시킬 조건들을 구체적으로 살펴보기 위해 ARMA(1,2) 모형의 추정결과를 예를 들어 설명하기로 한다.

1) 추정된 계수의 정상성과 가역성을 점검한다.

이에 관한 사항은 4.1절에서 다룬 바 있다. ARIMA 모형의 경우 자기회귀(AR)요소와 이동평균(MA)요소가 혼합되어 있기 때문에 정상성 조건과 가역성 조건을 동시에 점검해야 할 것이다. 예를 들어 ARMA(1,2) 모형의 가역성 조건은 MA(2) 모형과 마찬가지로 $|\theta_1| < 1,\ \theta_2 - \theta_1 < 1,\ \theta_2 + \theta_1 < 1$ 모두를 만족해야 할 것이다.

만일 정상성 조건 및 가역성 조건 중 하나라도 만족하지 않으면 고려한 모형은 적절하지 않다. 특히 정상성이 만족되지 않으면, 적절한 차분 후 차분된 시계열에 대한 자기상관함수와 편자기상관함수를 사용하여 또 다른 ARIMA 모형을 재식별해야 할 것이다.

2) 추정된 계수의 통계적 유의성 검정

ARIMA 모형을 추정한 후 추정된 모수(출력결과의 'Coefficient'열 참고)가 '0'인지(귀무가설) 여부를 검정한다. 여기에서 t-검정통계량 값(출력결과의 't-Statistic'열 참고)은 다음과 같이 계산된다.

$$t = \frac{(\text{추정된 계수}) - (\text{가설에서 주어진 계수값})}{\text{추정된계수의 표준오차}}$$

[표 1.22] 추정결과

Variable	Coefficient	Std. Error	t-Statistic	Prob.
AR(1)	0.469243	0.080267	5.845997	0.0000

R-squared	0.219225	Mean dependent var	-0.008443
Adjusted R-squared	0.219225	S.D. dependent var	0.235151
S.E. of regression	0.207783	Akaike info criterion	-0.296485
Sum squared resid	5.224011	Schwarz criterion	-0.273501
Log likelihood	19.08559	Hannan-Quinn criter.	-0.287150
Durbin-Watson stat	1.934367		
Inverted AR Roots	.47		

앞에서 추정한 AR(1) 모형을 예를 들어 계산하면 다음과 같다.

$$t_{\hat{\phi}_1} = \frac{0.469243 - 0}{0.080267} = 5.845997$$

통상 계산된 t-검정통계량의 절대값이 '2.0'보다 작거나 유의확률(출력결과 Prob.)의 값이 유의수준 5%보다 크면 해당하는 계수를 모형에서 제외시킨다. 만일 유의하지 않은 계수를 모형에서 제외시키지 않으면 '모수절약의 원칙'에 위배되며 정확도가 떨어지는 예측값을 얻게 된다.

앞 출력결과의 경우, 추정된 계수에 대한 유의확률(즉, p값) 모두 5%보다 작기 때문에 (또는 계산된 t-검정통계량의 절대값이 모두 '2.0'보다 크기 때문에) 추정된 계수(ϕ_1)가 통계적으로 '0'이라는 귀무가설을 기각하게 된다.

3) 계수에 대한 상관행렬

추정된 계수들 사이에 서로 상관되는 것은 피할 수 없지만, 상관계수가 크면 좋은 질(quality)의 추정값이라고 생각할 수 없다. 즉, 최종 계수의 추정값(들)이 특정적 실현값에 크게 영향을 받게 되며, 조금 다른 실현값에 대해서도 크게 다른 추정계수(들)가 산출된다. 같은 프로세스에서 생성된 다른 실현값을 각각 모형화할 때 각각 얻어진 계수들 간에 큰 차이가 있다면, 이 추정값들은 좋은 질의 것이라 생각할 수 없다. 이 때문에 추정된 계수 간의 상관계수가 큰 모형에 근거하여 산출된 예측값들은 신뢰할 수 없을 것이다.

실전적으로 통상 두 개의 추정된 ARIMA 계수 사이의 상관계수가 '0.9 이상'이면 이 추정값들은 불안전하며, 이 경우에는 추정된 자기상관함수와 편자기상관함수를 통해 몇 개의 대체모형을 고려해야 할 것이다. 불행히도 EViews 8 출력결과 중 추정된 계수들 사이의 상관계수를 발견할 수 없다.

4) 계수중복성(near-redundancy)

ARMA 모형에서 때때로 계수가 중복되는 상황이 발생한다. 이 경우 '단순화된 모형일수록 좋다'는 '모수절약의 원칙'에 위배되며 정확한 예측값을 얻기 어렵다. 결과적으로 추정된 계수들은 질이 떨어지게 된다.

다음은 $\phi_1 = 0.6,\ \theta_1 = 0.6$인 ARMA(1,1) 프로세스 즉,

$$(1-0.6B)\widetilde{y_t} = (1-0.6B)\epsilon_t \tag{1.26}$$

를 예를 들어 설명하기로 한다. 이론적으로 (1.26) 프로세스는 문제가 없지만, 좌변과 우변이 각각 $(1-0.6B)$로 중복된다. 식 (1.26) 양변의 $(1-0.6B)$을 제거하면 백색잡음 프로세스, 즉 $\widetilde{y_t} = \epsilon_t$가 된다.

또 다른 예로서, $\phi_1 = 0.6,\ \theta_1 = 0.5$인 ARMA(1,1) 프로세스, 즉

$$(1-0.6B)\widetilde{y_t} = (1-0.5B)\epsilon_t \tag{1.27}$$

를 고려해보자. 자기회귀계수와 이동평균계수가 완전하게 중복되지는 않지만 거의 비슷하다(0.5와 0.6). 따라서 식 (1.27) 프로세스에 근거하여 추정된 자기상관함수는 백색잡음 프로세스의 자기상관함수와 거의 비슷할 것이다. 어느 정도 비슷한 형태를 가질 것인지는 물론 관측값 수에 따라 달라진다. 상대적으로 추출된 표본이 많을 때 (1.27)에 근거한 추정된 자기상관함수는 ARMA(1,1) 프로세스에 대한 윤곽을 더 확실히 나타내 줄 것이다. 즉, 표본크기가 크면 클수록 추정값의 질을 향상시킬 수 있지만, 역시 모수가 절약된 백색잡음 모형이 선호된다.

적당한 표본크기에 대해서 식 (1.27) 프로세스에 근거한 추정된 자기상관함수는 백색잡음 프로세스에 근거한 것과 매우 흡사한 형태를 갖는다. 식별 단계에서 자료를 적절하게 표현하기 위해 백색잡음 모형을 선택할 수 있다. 설사 추정된 자기상관함수를 통해 ARMA(1,1) 모형을 식별하였다 할지라도 백색잡음 모형을 선호할지도 모른다. 왜냐하면 백색잡음 모형이 더 모수를 절약하였고 ARMA(1,1) 모형과는 달리 불안전한 추정값에 대해 걱정할 필요가 없기 때문이다.

다음과 같이 실전적 분석전략을 정리할 수 있다.

"자기회귀항과 이동평균항이 동시에 모형에 필요하다는 근거가 확실하지 않다면 되도록 둘을 함께 쓰지 않도록 하며, 혹시 동시에 사용하더라도 추정 단계에서 반드시 계수가 중복되었는지를 확인한다. 이와 같이 함으로서 모수를 불필요하게 사용하여 불안전한 추정값을 얻게 되는 오류를 막을 수 있다."

5) 모형적합도 통계량을 사용한 자료 적합의 근접도 측정

추정 단계에서 추정된 ARIMA 모형이 자료를 완벽하게 적합시킬 수 있다는 보장은 없다. 어떤 자료는 자기회귀항 또는 이동평균항으로 설명할 수 없는 통계적인 '잡음(noise)'이 많이 포함되기도 한다. 즉, 이 경우 백색잡음의 분산이 커져서 아무리 잘 구축된 최종 ARIMA 모형이라 할지라도 자료를 잘 적합시키지 못할 것이다.

백색잡음은 관측할 수 없기 때문에 이 잡음의 분산을 직접적으로 계산할 수 없다. 대신에 추정 단계에서 모형을 추정한 후에 생성된 잔차($\hat{\epsilon_t}$)를 사용하여 백색잡음의 추정된 분산 즉, 평균제곱오차(mean squared error, MSE) 또는 회귀의 표준오차(standard error of the regression, SE of regression)를 다음과 같이 계산할 수 있다.

$$\hat{\sigma}_\epsilon^2 = \frac{1}{n-k}\sum\left(y_t - \hat{y_t}\right)^2 = \frac{1}{n-k}\sum\hat{\epsilon_t^2} \qquad (1.28)$$

여기에서 n은 모든 잔차의 수이며 k는 추정된 모수의 수를 말한다.

평균제곱오차는 동일한 실현값에 대해 추정된 모형이 여러 개 존재할 때 최적의 모형을 찾기 위해서 서로 비교할 수 있는 적합도 도구 중 하나로서 사용할 수 있다. 다른 모형들에 비해 두드러지게 작은 평균제곱오차를 갖는 모형을 선택한다. 왜냐하면, 가장 작은 평균제곱오차를 갖는 모형이 자료를 가장 잘 적합하고 상대적으로 잡음요소를 적게 포함하고 있기 때문이다. 평균제곱오차와 마찬가지로 작은 값을 가질수록 적합도가 좋은 모형임을 측정하는 몇 개의 통계량을 사용할 수 있다.

- Akaike Information Criterion(AIC): 값이 작은 모형일수록 선호된다.

$$AIC = \frac{-2l}{n} + \frac{2k}{n}, \text{ 여기에서 } l = -\frac{n}{2}\left(1 + \log 2\pi + \log \frac{\hat{\epsilon}'\hat{\epsilon}}{n}\right) \qquad (1.29)$$

ARMA(p,q) 모형의 차수를 지정하는 데 도움이 되는 통계량으로, AIC 절차는 정의한 식을 최소로 하는 차수 p와 q를 찾는 것을 의미한다. 즉, 해당 모형이 관측된 계열에 얼마나 적합한지를 고려하고 적합에 사용되는 모수의 수를 고려한다. 시계열을 적절히 설명하고 최소 AIC를 갖는 모형을 찾도록 한다.

- Schwartz criterion: AIC의 대안으로 사용할 수 있으며 작은 값을 갖는 모형이 선호된다.

$$SC = -\frac{2l}{n} + \frac{k\log n}{n}$$

- Hannan-Quinn criterion: AIC의 또 다른 대안으로 사용할 수 있으며, 역시 작은 값을 갖는 모형이 선호된다.

$$HQ = -\frac{2l}{n} + \frac{2k\log(\log n)}{n}$$

- 평균제곱오차의 제곱근(root mean square error, RMSE)

$$RMSE = \sqrt{\frac{1}{n-k}\sum\left(y_t - \hat{y_t}\right)^2}$$

- 평균절대백분위오차(mean absolute percentage error, MAPE)

$$MAPE = \frac{100}{n}\sum\left|\frac{y_t - \hat{y_t}}{y_t}\right|$$

- 평균절대오차(mean absolute error, MAE)

$$MAE = \frac{1}{n}\sum|y_t - \hat{y_t}|$$

- 절대퍼센트오차의 최대값(maximum absolute percentage error, MAPE)

$$MaxAPE = 100\max\left(\left|\frac{y_t - \hat{y_t}}{y_t}\right|\right)$$

- 절대오차의 최대값(maximum absolute error, MAE)

$$MaxAE = \max\left(|y_t - \hat{y_t}|\right)$$

반면에 큰 값을 가질수록 적합도가 좋은 모형임을 측정하는 아래 주어진 두 개의 통계량을 소개하기로 한다.

- $R^2 = 1 - \frac{\sum_t (y_t - \hat{y_t})^2}{\sum_t (y_t - \bar{y})^2}$, 여기에서 $\bar{y}$ 는 종속변수의 평균이다.

- 수정 $R^2 = 1 - \frac{\sum_t (z_t - \hat{z_t})^2}{\sum_t (\Delta z_t - \overline{\Delta z})^2}$ 또는 $1-(1-R^2)\frac{n-1}{n-k}$

여기에서 z_t는 y_t를 분산을 정상적으로 만들기 위해 변수변환된 시계열자료이며, Δz_t는 z_t를 차분시킨 자료이며, k는 독립변수의 수이다. 따라서 시계열자료가 특정적인 추세가 있거나 분산을 정상적으로 만들기 위해 변수변환을 실시했다면 수정 R^2을 사용하길 권한다.

ARMA(p,q) 모형을 객관적으로 식별하기 위한 또 다른 도구로서 베이지안 방법을 이용한 정규화된 BIC(normalized bayesian information criterion)를 고려할 수 있다.

$$\text{정규화된 } BIC = \ln(MSE) + k\frac{\ln n}{n} \tag{1.30}$$

AIC와 마찬가지로 식 (1.30)을 최소로 하는 차수 p와 q를 찾는다.

07

모형검진 단계

추정 단계의 6.2절에서 언급한 성질들을 만족하는 추정값을 얻으면 모형검진 단계로 넘어간다. 물론 6.2절의 여러 성질 중 하나라도 만족하지 않으면 식별 단계로 다시 돌아가서, 다른 자기회귀(AR)요소 또는 이동평균(MA)요소를 고려해야 할 것이다. 모형검진 단계에서는 추정된 모형이 통계적으로 적절한지를 결정한다. 추가로 모형검진 단계에서 모형이 타당하지 않다고 하더라도 잔차 자기상관함수, 잔차 편자기상관함수, 잔차도표, Box-Ljung 검정통계량 등을 통해서 모형을 재식별할 수 있는 실마리를 찾을 수 있다. 다시 말해서 이들을 재식별을 하는 데 중요한 도구로 사용할 수 있다.

ARIMA 모형에서 통계적 적절성을 점검하는 데 가장 중요한 검정은 백색잡음의 독립성 가정 여부이다.

7.1 백색잡음이 독립인가?

통계적으로 적절한 모형은 백색잡음들이 서로 독립(즉, 자기상관되어 있지 않다)이다. 실제로 백색잡음(ϵ_t)은 관측할 수는 없지만 추정할 수 있다. 즉, 추정된 모형으로부터 잔차를 계산할 수 있다. 모형검진 단계에서는 잔차를 이용하여 백색잡음의 독립성에 관한 가설을 검정한다.

그렇다면 독립성 가정에 대해 왜 관심을 가지는가? 백색잡음은 모형화한 변수(y_t)의 요소이다. 그래서 백색잡음이 시간의 흐름에 따라 연이어 서로 상관되었다면, y_t 내에 자기회귀항 또는 이동평균항으로 설명되지 않는 자기상관 패턴이 존재할 것이다. 단변량 ARIMA 모형설정의 기본 개념은 y_t 내에 존재하는 자기 패턴을 자기회귀항과 이동평균항으로 표현하며 이때 최대한 모수를 절약한다는 것이다. 만일 잔차들이 자기상관되면 이들은 더 이상 백색잡음이 아니며, 잔차의 독립성 가정을 만족시키는 또 다른 모형을 찾아야할 것이다.

잔차가 자기상관되었다고 생각되면, 최초 추정된 자기상관함수와 편자기상관함수를 재검토하여 다른 모형을 고려한다. 물론 모형검진 단계에서 얻은 결과들을 통해 모형을 재조정하여 더 좋은 모형을 찾을 수 있다. 그러므로 백색잡음의 독립성 여부를 알 수 있는 몇 가지 방법을 소개하도록 한다.

7.2 잔차 자기상관함수(residual acf)

모형검진 단계에서 기본적으로 사용되는 도구는 잔차 자기상관함수(residual autocorrelation function)이다. 이 함수는 근본적으로 원시계열에 대해서 추정된 자기상관함수와 동일하다. 자기상관함수와 유일한 차이점은 관측값(y_t) 대신 추정된 모형에서 생성된 잔차($\hat{\epsilon_t}$)를 사용한다는 것이다. 이를 수식으로 표현하면 다음과 같다.

$$r_k(\hat{\epsilon}) = \frac{\sum_{t=1}^{n-k}(\hat{\epsilon_t} - \bar{\epsilon})(\hat{\epsilon}_{t+2} - \bar{\epsilon})}{\sum_{t=1}^{n}(\hat{\epsilon_t} - \bar{\epsilon})^2} \tag{1.31}$$

추정된 모형이 적절하다면 백색잡음들은 서로 독립이어야 한다. 만일 백색잡음들이 독립이라면 백색잡음의 추정값인 잔차 역시 독립이어야 한다. 그러므로 적절하게 설정된 ARIMA 모형이 갖는 모든 잔차 자기상관계수는 이론적으로는 '0'이 되어야 할 것이다. 그러나 이는 현실적으로는 불가능하다. 왜냐하면 ARIMA 계수들의 추정값(실제값이 아님)을 사용하여 실현값으로부터 계산된 잔차 때문이다. 즉, 아무리 좋은 모형을 채택하였더라도 표본오차 때문에 최소 몇 개의 잔차 자기상관계수는 '0'이 아닐 것이다.

[표 1.23]에서 신뢰한계선 밖으로 튀어나온 잔차 자기상관계수를 발견할 수 없기 때문에 5% 유의수준에서 통계적으로 유의하지 않다고 판단한다.

7.3 t-검정통계량

잔차 자기상관함수를 계산한 후 이 계수들이 통계적으로 '0'인지 여부를 알아보아야 한다. Bartlett이 제시한 표준오차를 그대로 다음의 잔차 자기상관계수의 표준오차에 적용시켜 추정한다.

$$SE[r_k(\hat{\epsilon})] = \sqrt{\left\{1 + 2\sum_{j=1}^{k-1} r_j(\hat{\epsilon})^2\right\}/n} \tag{1.32}$$

식 (1.32)의 표준오차를 계산한 후, 잔차 자기상관계수에 대한 귀무가설 H_0: $\rho_k(\hat{\epsilon}) = 0$을 검정할 수 있다. 즉, 검정통계량

$$t = \frac{r_k(\hat{\epsilon}) - 0}{s.e[r_k(\hat{\epsilon})]} \tag{1.33}$$

을 계산한 후, 이 검정통계량 값이 단기시차 1, 2, 3에서 '1.25', 그 밖의 시차에서 '1.6'보다 작으면 귀무가설을 채택한다. 다시 말해서 해당 시차의 백색잡음이 서로 독립이다. 계산한 t-검정통계량이 임계값보다 크면 임시로 귀무가설을 기각하며 추정된 모형의 백색잡음들이 서로 상관된다. 즉, 추정된 모형이 부적절하게 된다.

7.4 Box와 Ljung의 카이제곱검정

Box와 Ljung는 한 집합으로 여기는 모든 잔차 자기상관함수를 근거로 한 검정통계량을 제시하였다. k개의 잔차 자기상관계수가 주어졌다고 하자. 차수 k까지의 백색잡음들 사이의 상관계수 모두가 '0'이라는 귀무가설(즉, H_0: $\rho_1(\epsilon) = \rho_2(\epsilon) = \cdots \rho_k(\epsilon) = 0$)하에서 다음 주어진 검정통계량을 고려한다.

$$Q^* = n(n+2)\sum_{k=1}^{K} r_k^2(\hat{\epsilon})/(n-k) \tag{1.34}$$

여기에서 $r_k^2(\hat{\epsilon})$는 k번째 자기상관계수, n은 모형을 추정할 때 사용된 관측값 수이다. 그리고 Q^*는 근사적으로 $\chi^2(k-m)$ 분포를 따르며, m은 ARIMA 모형을 추정할 모수의 수이다.

Q^*값이 크면 한 집합으로서 잔차 자기상관계수가 통계적으로 '0'이 아님을 의미한다. 그래서 추정된 모형의 백색잡음들이 서로 상관되므로 다른 모형을 고려해야 한다.

[표 1.23] 잔차 자기상관함수, Q-통계량

Autocorrelation	Partial Correlation		AC	PAC	Q-Stat	Prob
		1	0.029	0.029	0.1032	0.748
		2	-0.054	-0.055	0.4706	0.790
		3	0.008	0.011	0.4791	0.923
		4	-0.095	-0.099	1.6323	0.803
		5	0.117	0.126	3.4015	0.638
		6	0.068	0.049	4.0099	0.675
		7	-0.102	-0.093	5.3822	0.613
		8	-0.002	-0.000	5.3826	0.716
		9	0.000	0.013	5.3827	0.800
		10	-0.126	-0.132	7.5336	0.674
		11	0.162	0.149	11.101	0.435
		12	0.072	0.070	11.823	0.460
		13	-0.129	-0.120	14.147	0.364
		14	0.026	0.013	14.245	0.432
		15	-0.047	0.001	14.560	0.484
		16	-0.039	-0.056	14.779	0.541
		17	0.090	0.023	15.957	0.527
		18	-0.051	-0.003	16.338	0.569
		19	-0.068	-0.056	17.025	0.588
		20	0.054	0.020	17.450	0.624
		21	-0.012	0.049	17.471	0.682
		22	-0.066	-0.104	18.129	0.698
		23	0.111	0.067	20.004	0.642
		24	-0.021	0.041	20.072	0.693
		25	-0.049	-0.069	20.449	0.723
		26	0.064	0.034	21.102	0.737
		27	-0.044	0.032	21.415	0.766
		28	-0.010	-0.067	21.432	0.807
		29	0.017	-0.025	21.479	0.841
		30	-0.118	-0.035	23.764	0.783
		31	0.013	-0.014	23.792	0.819

[표 1.23]에 나타난 출력결과, Q-Stat에 해당하는 p값(Prob) 모두가 유의수준 5%보다 월등히 크기 때문에 '백색잡음항이 독립이다'는 귀무가설을 채택하게 된다.

7.5 기타 진단 방법들

모형의 적합성을 점검하는 몇 가지 방법을 추가적으로 알아보기로 한다.

1) 잔차도표(residual plot)

추정 단계에서 모수를 추정하면 잔차가 생성된다. 이때 적합값 또는 시간을 가로축에, 시간의 흐름에 따라 생성된 잔차들을 세로축에 나열하여 플롯하면 잔차도표가 된다. 잔차도표를 그리는 이유는 단순히 잔차를 계산하는 것보다는 이들을 플롯해 봄으로써, 대체로 적합된 모형에 존재하는 문제를 시각적으로 발견할 수 있고 때로는 원자료보다는 잔차를 플롯하여 자료의 패턴을 더 잘 파악할 수 있기 때문이다. 다시 말해서 모형추정 후 백색잡음이 갖는 독립성, 등분산성 성질을 잔차도표를 통해서 시각적으로 점검할 수 있게 된다. 한 예로 잔차도표를 통해 잔차의 분산이 시간의 흐름에 따라 변하는 것이 발견되면 원자료를 변수변환해야 한다.

추가로 잔차도표를 통해서 다른 관측값들에 비해서 월등히 크거나 작은 값을 찾을 수 있다. 이러한 자료는 때때로 잘못 기재했거나 특이한 사건(예: IMF 외환위기, 파업, 전쟁 등)으로 이해할 수 있으며, 나머지 시계열자료에 큰 영향을 줄 수 있다. 물론 이러한 경우 자료를 제대로 수정하거나 상대적으로 작은 큰 잔차를 갖는 해당 시점의 원인 및 사건이 파악되면, 특이한 사건이 주는 영향을 감안한 소위 개입모형(intervention model)을 적용하는 등 다른 개선 방법을 고려해야 할 것이다. 참고로 개입 모형은 2부 3장에서 다룬다. 따라서 잔차를 신중히 살펴봄으로써 자료에 내재하는 정확도를 향상시킬 수 있으며 변동의 원인을 심도 깊게 분석할 수 있다.

[그림 1.24]에 나타난 여러 가지 형태의 잔차도표를 통해서 최적인 모형을 구축할 수 있을 것이다.

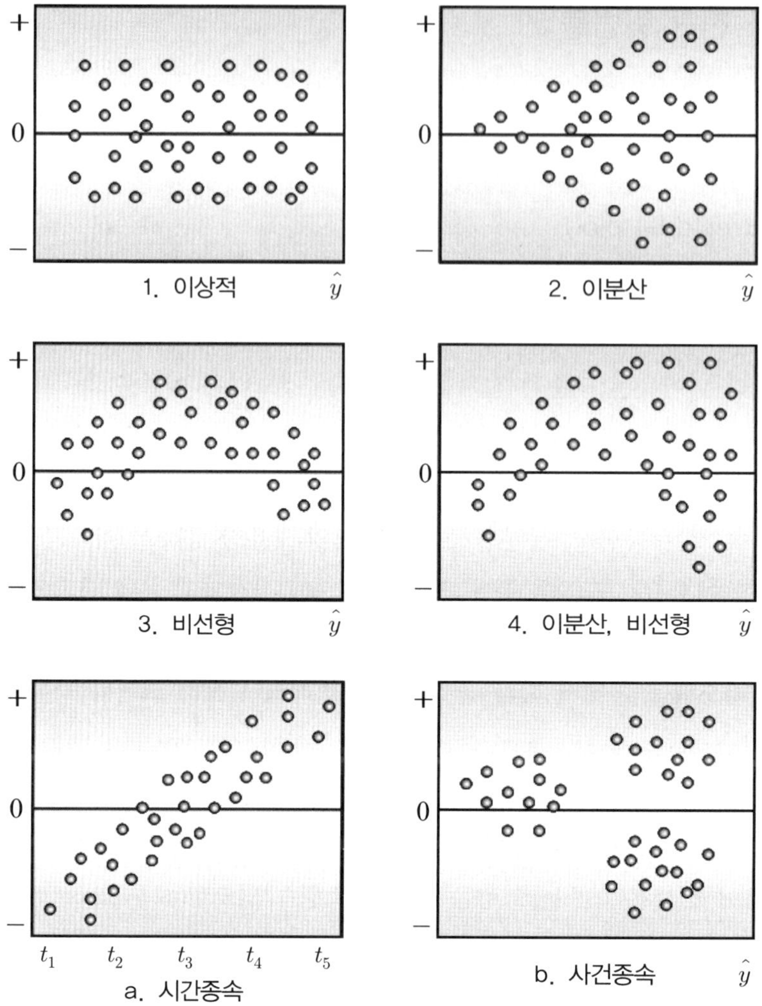

[그림 1.24] 여러 형태의 잔차도표

[그림 1.25]의 잔차도표를 살펴보면 특정한 패턴을 발견할 수 없으며, 각 잔차들이 임의로 흩어져 있는 것을 알 수 있다. 따라서 잔차의 독립성과 등분산성이 만족함을 시각적으로 확인할 수 있다.

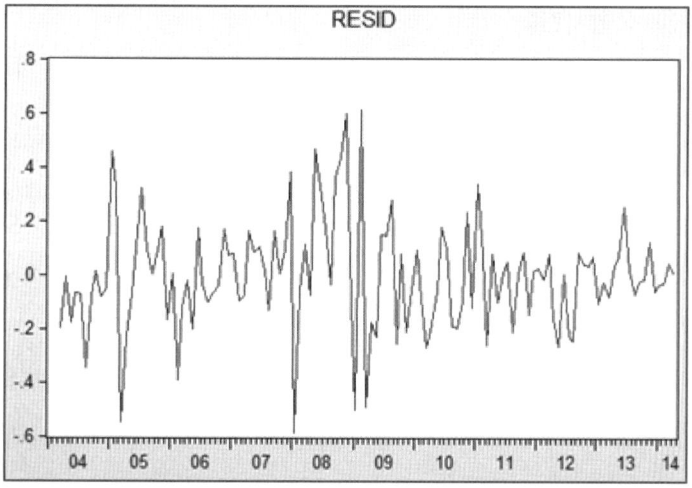

[그림 1.25] 잔차도표의 예

2) 과도적합(overfitting)

적합된 모형을 검진하는 또 다른 방법으로서 계수를 추정된 모형에 추가시켜보는 것이다. 이를 '과도적합'이라 한다. 이는 모형을 확대시키는 면이 있는 반면에 '모수절약의 원칙'에 위배된다.

특히 초기 추정된 자기상관함수와 편자기상관함수를 식별하기 모호할 때 과도적합을 사용한다. 예를 들어 추정된 자기상관함수의 형태가 '0'을 향해 서서히 감소하며 편자기상관함수는 시차 1에서 두드러진 스파이크가 발견되었다고 하자. 이는 AR(1) 모형을 제시한다. 만일 시차 2에서 두드러진 스파이크를 발견하고, 이에 해당하는 편자기상관계수의 t-검정통계량 값이 '1.8'이라고 하자. 이 t-통계값은 크게 유의하지 않지만 어느 정도 큰 값이다. 그렇다면 AR(2) 모형 역시 설득력이 있다. '모수절약의 원칙'에 따르면 AR(1) 모형부터 시작해야 한다. 반면에 '과도적합의 전략'을 따르면, AR(2) 모형을 고려해야 한다. 이 경우 시차 2에 해당하는 t-통계값이 어느 정도 크기 때문에 AR(2) 모형부터 분석을 시작하는 것이 좋을 것이다.

모형에 계수를 추가시킬 때 자기회귀항과 이동평균항을 동시에 과도적합시키지 않는 것이 좋다. 이는 '모수절약의 원칙'에 크게 위배될 뿐만 아니라 계수 중복성을 유발할 가능성이 있기 때문이다.

3) **자료 일부분을 적합시킨다**

때때로 똑같은 프로세스에서 계속 자료가 생성되지만, 이 프로세스의 계수가 시간의 흐름에 따라 변할 수 있다. 이 경우 모형에 근거하여 계산된 예측값들이 부정확하며 신뢰가 떨어질 수 있다.

이 문제를 점검하는 한 방법으로 자료를 두 개로 나누어 각각 똑같은 모형으로 추정한다. 그리고 각각 두 개의 자료에 근거하여 계산된 계수가 통계적으로 다른지를 통계적으로 검정할 필요가 있다.

예를 들어 실현값을 두 개(A, B)로 쪼개 각각 AR(1) 모형으로 적합시킨다고 하자. 각각의 모수의 추정값과 표준오차가 $\hat{\phi}_{1A} = 0.5$, $SE(\hat{\phi}_{1A}) = 0.20$, $\hat{\phi}_{1B} = 0.7$, $SE(\hat{\phi}_{1B}) = 0.25$ 라고 하자. 두 개의 추정된 계수 차의 절대값은 $|\hat{\phi}_{1A} - \hat{\phi}_{1B}| = 0.2$이다. 추정된 계수 간 차의 표준오차는

$$SE(\hat{\phi}_{1A} - \hat{\phi}_{1B}) = \sqrt{(0.20^2 + 0.25^2)} = 0.32$$

이다. 귀무가설 $H_0: \phi_{1A} = \phi_{1B}$하에서 검정통계량은

$$t = \frac{(\widehat{\phi_{1A}} - \widehat{\phi_{1B}}) - 0}{SE(\widehat{\phi_{1A}} - \widehat{\phi_{1B}})} = -0.625$$

이다. t-통계량이 5% 유의수준에서 통계적으로 유의하지 않기 때문에 통계적으로 $\phi_{1A} = \phi_{1B}$ 이다. 즉, 계수 ϕ_1는 두 개의 자료에 대해 동일하다.

7.6 최적화된 ARIMA 모형

7.1~7.5절에서는 모형의 타당성 여부를 검진하기 위한 여러 가지 방법을 소개하였다. 만일 식별 단계에서 두 개 이상의 ARIMA 모형을 식별하여 추정 단계와 모형검진 단계를 단계적으로 거친 후 적절한 모형을 두 개 이상 찾았을 때, 최종모형으로 어느 ARIMA 모형을 선택해야 할 것인가?

실제로는 어떤 ARIMA 프로세스를 통해서 실현값이 생성되었는지 모르기 때문에 적절한 최종모형을 찾기까지는 수많은 시행착오를 겪어야 한다. 여기에서 '시행착오'는 실현값에 근거하여 추정된 자기상관함수와 편자기상관함수을 사용한 식별 작업을 뜻한다.

이때 가능한 메커니즘은 모형이다. 즉, 프로세스는 실현값을 생성한 알려지지 않은 메커니즘인 반면에 모형은 프로세스를 단지 모방한 표현에 불과하다. 프로세스는 알려져 있지 않기 때문에 선택한 모형이 근본적으로 프로세스와 동일한지는 아무도 모른다. 분석자가 할 수 있는 작업은 단지 자료를 비추어 적절하다고 생각하는 모형을 선택하는 것에 불과하다. 그러나 이를 주먹구구식으로 할 수 없다. 다음에 주어진 몇 가지 기준은 절대시 되지는 않지만 이를 근거로 최적화된 모형을 결정할 수 있다.

1) 모수를 절약해야 한다

이를 '모수절약의 원칙(principle of parsimony)'이라 부르며, 불필요한 계수를 사용하지 않고 자료를 적절히 적합할 수 있는 모형을 찾는다는 의미이다. 예를 들면 AR(1) 모형과 AR(2) 모형은 본질적으로 같은 성질의 모형이지만, AR(1) 모형은 AR(2) 모형에 비해 계수를 하나 덜 추정하기 때문에 AR(1) 모형을 선택한다는 의미이다.

실제로 모수의 수가 절약된 모형은 더 좋은 예측값을 얻는다. 이는 모형을 설정하는데 중요한 실전적 전략이 된다. 특히 주어진 실현값을 생성하는 실제 프로세스를 반드시 찾을 필요는 없다. 오히려 모수를 절약하고 적절한 통계적 방법으로 실현값의 형태를 잘 설명할 수 있는 모형만 찾을 수 있다면, 즉 근사된 모형이 사용하기에 적절하다.

2) 예측력

좋은 모형은 과거 자료를 잘 적합시키지만 더 중요한 것은 미래의 값을 잘 예측해야 한다. 즉, 예측력(ability to forecast)을 말한다. 현실적으로 이를 점검하는 것은 불가능하다. 왜냐하면 예측값을 구하기 위해서는 시간이 경과하여 미래 시점에 해당하는 관측값을 얻어야 하기 때문이다.

이 경우 최근에 가까운 실현값의 일부(일반적으로 최근에 가까운 10% 관측값)를 제거하고 이에 대해 동일한 모형으로 재추정한다. 만일 축소된 관측값에 근거하여 계산된 계수의 추정값이 모든 자료에 근거하여 계산된 계수의 추정값과 거의 차이가 없다면(경험상 ±0.1 이내), 최근에 가까운 관측값들이 초기 관측값들과 마찬가지로 똑같은 프로세스에서 생성되었다고 결론지을 수 있다.

예를 들어 60개의 실현값으로 이뤄진 자료에서 최근 10%에 해당하는 실현값을 제거한 후(총 54개), 추정된 자기회귀계수($\widehat{\phi_1^*}$)를 얻을 수 있다(예: 0.7009). 모든 관측값에 근거하여 추정된 계수($\widehat{\phi_1} = 0.6913$)와 차이를 구하면 $\left|\widehat{\phi_1} - \widehat{\phi_1^*}\right| = |0.6913 - 0.7009| = 0.0096$이

다. 이 경우 최근의 자료를 일부 제거되었더라도 사용된 AR(1) 모형은 주어진 재고량 시계열자료에 대해서 안정적인 모형으로 간주할 수 있다.

추가로 제거된 시점에 대한 관측값을 추정된 모형으로 예측하여 실제 관측값과 어느 정도 차이가 있는지를 비교한다(forecast history). 예를 들어 만일 두 개의 적절한 모형인 ϕ_1이 포함된 AR(2) 모형과 ARMA(1,1) 모형을 찾았을 때 어느 모형을 최종모형으로 선택해야 할까? 두 모형 모두 두 개의 모수가 사용되므로 모수절약의 원칙에 근거하여 우열을 따질 수 없다.

이 경우 최근 일부분 자료(예: 100개 관측값 중 가장 최근 10개 관측값)를 제거한 후, 제거된 일부분 관측값(최근 10개의 관측값)에 근거하여 각각 AR(2) 모형과 ARMA(1,1) 모형으로 재추정한다. 그리고 두 개의 추정된 모형을 근거로 하여 제거된 10개의 실현값을 각각 예측한다. 마지막으로 제거된 10개의 실현값과 각 모형에 근거하여 생성된 예측값들을 비교하여, 실현값에 더 가까운 예측값을 갖는 모형이 우선시된다.

3) 기타 판정 기준

첫째, 추정된 계수의 t-검정통계량의 절대값이 상대적으로 큰 모형을 선호한다.

둘째, 계산한 Ljung-Box이 제시한 Q-통계량값이 상대적으로 작은 모형을 선택한다.

08

예측

단변량 ARIMA 모형설정의 마지막 작업은 시계열의 미래값을 예측하는 것이며, 이는 궁극적으로 단변량 시계열분석의 목표이기도 하다. 프로세스에서 생성된 실현값에 근거하여 모형설정의 3단계(식별 단계, 추정 단계, 모형검진 단계)를 거친 후, 알려지지 않은 프로세스를 적절하게 표현되었다고 판단되는 모형에 입각하여 예측 작업이 행해진다.

8.1 ARIMA 모형의 예측값

추정된 ARIMA 모형에 근거하여 얻을 예측값, 소위 '붓스트랩(bootstrap) 예측값'은 어떻게 생성될까? 이를 설명하기 위해서 차수가 큰 ARIMA 모형보다는 단순화된 형태 중 하나인 AR(1) 모형을 대상으로 고려해보자.

우선 시점 t를 현시점이라고 할 때 시계열 변수 y_{t+l}, $l \geq 1$에 대해 시점 t는 예측원점, l을 예측 선행시차라고 하자. 관측값 $(y_t, y_{t-1}, \cdots)$에 담긴 정보를 I_t라고 하면, y_{t+l}의 예측값인 $\hat{y_t}(l)$은 I_t가 주어진 상황에서 y_{t+l}의 기대값이 된다. 즉,

$$\hat{y_t}(l) = E(y_{t+l}|I_t) \tag{1.35}$$

이다. 예를 들어 다음과 같이 AR(1) 모형을 고려해보자.

$$(1-\phi_1 B)\tilde{y_t} = \epsilon_t$$

또는

$$y_t = \mu(1-\phi_1) + \phi_1 y_{t-1} + \epsilon_t \tag{1.36}$$

$l = 2$이면, 식 (1.36)은

$$y_{t+1} = \mu(1-\phi_1) + \phi_1 y_t + \epsilon_{t+1} \tag{1.37}$$

이 된다. 식 (1.35)를 식 (1.37)에 대입하면,

$$\begin{aligned} \hat{y_t}(1) &= E(y_{t+1} \mid I_t) \\ &= \mu(1-\phi_1) + \phi_1 y_t \\ &= C + \phi_1 y_t \end{aligned} \tag{1.38}$$

가 된다. 여기에서 식 (1.37)의 ϵ_{t+1}은 시점 t 에서 기대값은 '0'이 되기 때문에 식 (1.38)에서 생략되었다.

$l = 2$이면, $l = 1$과 마찬가지로

$$\hat{y_t}(2) = E(y_{t+2} \mid I_t) \quad (1.39)$$
$$= \mu(1-\phi_1) + \phi_1 y_{t+1}$$
$$= C + \phi_1 y_{t+1}$$

이 된다. 식 (1.38)을 식 (1.39)에 대입하면,

$$\hat{y_t}(2) = \mu(1-\phi_1) + \phi_1 \hat{y_t}(1) \quad (1.40)$$

이 된다. 이와 같은 방법을 반복하면, 다음과 같은 결과를 얻는다.

$$\hat{y_t}(3) = \mu(1-\phi_1) + \phi_1 \hat{y_t}(2) = C + \phi_1 \hat{y_t}(2)$$
$$\hat{y_t}(4) = \mu(1-\phi_1) + \phi_1 \hat{y_t}(3) = C + \phi_1 \hat{y_t}(3)$$
$$\cdots$$

이때 $l > 1$에 대한 예측값을 '붓스트랩 예측값'이라고 한다.

앞에서 언급한 붓스트랩 예측값을 쉽게 이해하기 위해서, 시계열자료에서 추정한 $\hat{C} = 4.9512$, $\hat{\phi_1} = 0.6913$인 AR(1) 모형을 고려하여 선행시차 1부터 8까지에 해당하는 예측값을 구해보자. 이 자료계열의 마지막 관측값은 $y_{60} = 16.2$이다. 따라서 예측원점 t는 '60'이다.

선행시차 l=1(즉, 시점 $t=61$)에 대한 예측값은 식 (1.38)을 사용하여 다음과 같이 구할 수 있다.

$$\widehat{y_{61}} = \widehat{y_{60}}(1)$$
$$= \hat{C} + \hat{\phi_1} y_{60}$$
$$= 4.9512 + (0.6913)(16.2) \approx 16.15$$

이다. 식 (1.39)를 이용하여 선행시차 2에 대한(즉, $l=2$에 대해 $t=62$의) 예측값을 구하면,

$$\widehat{y_{62}} = \widehat{y_{60}}(2)$$
$$= \hat{C} + \hat{\phi_1} y_{61}$$
$$= 4.9512 + (0.6913)(16.15) \approx 16.12$$

이며, 마지막 $l=8$에 대해, $t=68$의 예측값은

$$
\begin{aligned}
\widehat{y_{68}} &= \widehat{y_{60}}(8) \\
&= \widehat{C}+\widehat{\phi_1}y_{67} \\
&= 4.9512+(0.6913)(16.05)\approx 16.05
\end{aligned}
$$

이다. 다른 형태의 ARIMA 모형에 대한 예측값을 산출할 경우 식 (1.36)과 (1.38)을 바꿔서 전개하면 될 것이다.

또 다른 예로, 추정된 $\hat{\mu}=101.26$, $\widehat{\phi_1}=0.62$, $\widehat{\theta_1}=-0.68$인 ARIMA(1,1) 모형인 $(1-0.62B)\widehat{y_t}=(1+0.58B)\widehat{\epsilon_t}$를 고려해보자. $\tilde{y}=y_t-101.26$이며, 추정된 상수항은 $\widehat{C}=\hat{\mu}(1-\widehat{\phi_1})=101.26(1-0.62)=38.48$이다. 참고로 이 자료계열의 마지막 관측값은 $y_{60}=96.91$이라고 하면 예측원점 t는 '60'이 된다.

선행시차 $l=1$(즉, 시점 $t=61$)에 대한 예측값은

$$
\begin{aligned}
\widehat{y_{61}} &= \widehat{y_{60}}(1) \\
&= \widehat{C}+\widehat{\phi_1}y_{60}-\widehat{\theta_1}\widehat{\epsilon_{60}} \\
&= 38.48+0.62(96.91)-0.58(-1.37)=97.77
\end{aligned}
$$

이다. 이를 선행시차 2와 3으로 계속해서 진행하면, $l=2$에 대해, $t=62$의 예측값은

$$
\begin{aligned}
\widehat{y_{62}} &= \widehat{y_{60}}(2) \\
&= \widehat{C}+\widehat{\phi_1}y_{61}-\widehat{\theta_1}\widehat{\epsilon_{61}} \\
&= 38.48+0.62(97.77)+0.58(0)=99.10
\end{aligned}
$$

이며, $l=3$에 대해, $t=63$의 예측값은 다음과 같다.

$$
\begin{aligned}
\widehat{y_{63}} &= \widehat{y_{60}}(3) \\
&= \widehat{C}+\widehat{\phi_1}y_{62}-\widehat{\theta_1}\widehat{\epsilon_{62}} \\
&= 38.48+0.62(99.10)+0.58(0)=99.92
\end{aligned}
$$

8.2 ARIMA 모형의 예측값에 대한 신뢰구간

8.1절에서는 예측값에 대한 점추정을 하였다. 이 절에서는 예측값에 대한 근사적인 신뢰구간을 구해보자.

우선 결론부터 말하면, y_{t+l}에 대한 $100(1-\alpha)\%$ 신뢰구간은

$$\hat{y_t}(l) \pm Z_{\alpha/2}\hat{\sigma}[\epsilon_t(l)] \tag{1.41}$$

이다. 여기에서 $\hat{\sigma}[\epsilon_t(l)]$는 예측오차의 추정된 표준편차이며, $Z_{\alpha/2}$는 표준정규분포의 유의수준 5%에 해당하는 임계값이다. 그렇다면 식 (1.41)에서 예측오차의 표준편차인 $\hat{\sigma}[\epsilon_t(l)]$을 구하는 과정에 대해서 설명하기로 하자.

ARIMA 모형은 백색잡음의 형태로 표현할 수 있다. 이를 이용하여 예측값의 분산을 추정할 수 있다. 우선 백색잡음의 일반적 형태는 다음과 같다.

$$y_t = \mu + \psi_0\epsilon_t + \psi_1\epsilon_{t-1} + \psi_2\epsilon_{t-2} + \cdots \tag{1.42}$$

여기에서 $\psi_0 = 1$, ψ_i는 백색잡음 형태의 계수들이다. 만일 급수 $\psi_1, \psi_2, \cdots$가 유한개이면 식 (1.42)는 MA(q) 모형이며, 반면에 무한개이면 AR(p) 모형 또는 ARMA(p,q) 모형이 된다.

MA(q) 모형은 이미 식 (1.42)와 같은 백색잡음 형태이다. 예를 들어 다음 주어진 MA(3) 모형을 고려해보자. 즉,

$$(y_t - \mu) = (1 - \theta_1 B - \theta_2 B^2 - \theta_3 B^3)\epsilon_t$$

또는

$$y_t = \mu + \epsilon_t - \theta_1\epsilon_{t-1} - \theta_2\epsilon_{t-2} - \theta_3\epsilon_{t-3} \tag{1.43}$$

식 (1.43)에서 $\psi_0 = 1$, $\psi_1 = -\theta_1$, $\psi_2 = -\theta_2$, $\psi_3 = -\theta_3$ 라고 하면, 식 (1.43)은 다음과 같이 식 (1.42)의 절단된 형태라고 생각할 수 있다.

$$y_t = \mu + \psi_0\epsilon_t + \psi_1\epsilon_{t-1} + \psi_2\epsilon_{t-2} + \psi_3\epsilon_{t-3}$$

AR(p) 모형은 자기회귀 연산자로 전환한 후 확장시키면 백색잡음의 형태로 표현할 수

있다. 예를 들어 AR(1) 모형, 즉 $(1-\phi_1 B)(y_t-\mu)=\epsilon_t$을 고려해보자. 양변을 자기회귀 연산자인 $(1-\phi_1 B)$로 나누면, $(y_t-\mu)=(1-\phi_1 B)^{-1}\epsilon_t$가 된다. 만일 $|\phi_1|<1$이면(즉, 정상적이면),

$$y_t-\mu=(1+\phi_1 B+\phi_1^2 B^2+\phi_1^3 B^3+\cdots)\epsilon_t$$

또는

$$y_t=\mu+\epsilon_t+\phi_1\epsilon_{t-1}+\phi_1^2\epsilon_{t-2}+\phi_1^3\epsilon_{t-3}+\cdots \quad (1.44)$$

이 된다. $\psi_0=1,\ \psi=\phi_1,\ \psi_2=\phi_1^2,\ \psi_3=\phi_1^3$이라고 하면, 식 (1.44)는 식 (1.42)와 동일하게 된다.

이를 확장하여 주어진 ARIMA 모형에 대응하는 ψ 값을 계산할 수 있다.

$$(\psi_0+\psi_1 B+\psi_2 B^2+\cdots)(1-\phi_1 B-\phi_2 B^2-\cdots-\phi_p B^p)(1-B)^d \quad (1.45)$$
$$=(1-\theta_1 B-\theta_2 B^2-\cdots-\theta_q B^q)$$

식 (1.45)를 AR(1) 모형에 적용하여 식 (1.44)에서 얻은 결과와 동일한지를 살펴보자. AR(1) 모형을 식 (1.45)의 형태로 바꾸면,

$$(\psi_0+\psi_1 B+\psi_2 B^2+\cdots)(1-\phi_1 B)=1$$

또는

$$\psi_0+(\psi_1-\phi_1\psi_0)B+(\psi_2-\phi_1\psi_1)B^2+(\psi_3-\phi_1\psi_2)B^3+\cdots=1$$

이 된다. B^0에 대해 $\psi_0=1$이며, B^1에 대해 $\psi_1-\phi_1\psi_0=0$, 즉 $\psi_1=\phi_1$이 된다. 그리고 B^2에 대해 $\psi_2-\phi_1\psi_1=0$ 즉, $\psi_2=\phi_1^2$이 되며, B^3에 대해서는 $\psi_3-\phi_1\psi_2=0$, 즉 $\psi_3=\phi_1^3$이 된다. 이를 정리하면 식 (1.44)가 된다.

이제 바로 앞에서 다룬 백색잡음 형태를 이용하여 예측오차의 분산을 찾아 예측값에 대한 근사된 신뢰구간을 도출해보자.

우선 원시점을 t, 선행시차를 l이라 하면 '예측오차frecast error)'는 다음과 같이 정의한다.

$$\epsilon_t(l) = y_{t+l} - \hat{y}_t(l) \tag{1.46}$$
$$= \psi_0\epsilon_{t+l} + \psi_1\epsilon_{t-1+l} + \cdots + \psi_{l-1}\epsilon_{t+1}$$

여기에서 y_{t+l}은 백색잡음 형태로 표현할 수 있으며, $\hat{y}_t(l)$는 $E(y_{t+1}|I_t)$이다. 즉,

$$y_{t+l} = \mu + \psi_0\epsilon_{t+l} + \psi_1\epsilon_{t-1+l} + \psi_2\epsilon_{t-2+l} + \cdots$$
$$\hat{y}_t(l) = \mu + \psi_l\epsilon_t + \psi_{l+1}\epsilon_{t-1} + \psi_{l+2}\epsilon_{t-2} + \cdots$$

이다. 식 (1.46)을 이용하여, $\epsilon_t(l)$의 분산은 다음과 같이 구할 수 있다.

$$\sigma^2[\epsilon_t(l)] = E[\epsilon_t(l) - E(\epsilon_t(l)) \mid I_t]^2 \tag{1.47}$$
$$= E[\epsilon_t(l)]^2$$
$$= \sigma_\epsilon^2(1 + \psi_1^2 + \psi_2^2 + \cdots + \psi_{l-1}^2)$$

이때 백색잡음들이 서로 독립이므로 모든 교차곱(cross-product)항들의 기대값이 '0'이 된다. 따라서 모든 항들이 제거되었다. 따라서 $\epsilon_t(l)$의 표준편차는 다음과 같다.

$$\sigma[\epsilon_t(l)] = \sigma_\epsilon(1 + \psi_1^2 + \psi_2^2 + \cdots + \psi_{l-1}^2) \tag{1.48}$$

표본크기가 충분히 큰 상황(경험상 50개 이상)에서 적절한 ARIMA 모형을 설정되었다고 할 때, 식 (1.48)을 이용하여 다음과 같이 예측값의 근사된 95% 신뢰구간을 얻을 수 있다.

$$\hat{y}_t(l) \pm 1.96\,\hat{\sigma}[\epsilon_t(l)] \tag{1.49}$$

여기에서 $\hat{\sigma}[\epsilon_t(l)]$은 예측오차의 추정된 표준오차이다.

만일 주어진 시계열의 분산이 일정하지 않은 경우의 한 형태로 표준오차가 평균에 비례할 때, 흔히 계열의 분산을 정상적으로 만들기 위해 자연로그변환을 한다. 이 경우 y_{t+l}의 예측값인 $\hat{y}_t(l)$는 앞과 다른 형태가 된다. 또한 원시계열자료에 대한 예측값을 얻기 위해 단순히 자연로그변환된 예측값을 역변환(antilog)하면 문제가 발생한다. 이 경우 자연로그변환된 예측값의 분산은 다음과 같이 계산된다.

$$\widehat{y_t}(l) = \exp[\widehat{y_t^*}(l) + \frac{1}{2}\sigma^2\{\epsilon_t^*(l)\}] \tag{1.50}$$

이때 y_t^*와 $\epsilon_t^*(l)$는 각각 원시계열과 예측오차에 자연로그를 취한 값이다. 자세한 사항은 Olkin et al.과 Nelson을 참고하기 바란다.

사례분석 1

AA- 회사채

C1.1 자료 설명

본 사례분석에서 고려한 시계열자료는 2004년 1월부터 2014년 4월까지 국내 우량기업의 3년 만기 회사채(AA-)로 총 124개의 관측값으로 이뤄져 있다(사례분석01.wf). 회사채(corporate bonds)란 기업이 시설투자나 운영 등의 장기자금을 조달하기 위해 발행하는 채권으로 '사채'라고도 한다. 기업은 금융감독원에 유가증권 발행신고서를 제출하고, 일반 대중을 상대로 회사채를 발행(공모)하거나 특정 개인과 개별적으로 접촉하여 회사채를 매각(사모)한다. 따라서 사채업자에게 채무를 부담하고 계약에 따라 일정한 이자가 지급되며 만기일에 원금을 상환해야 된다. 따라서 회사채 중 투자 가능한 회사채(AA-)를 통해 그 시점의 벤치마크 투자수익률 예측으로 금융자산의 적정한 투자수익을 찾는 데 도움이 될 것이다.

흔히 시계열자료를 플롯(시계열도표 또는 시도표, timeplot)하여 계열 내에 패턴 및 숨어 있는 특징을 파악할 필요가 있다. 이에 관련된 사항은 몇 가지로 요약할 수 있다.

① 전반적인 추세(즉, 시간의 흐름에 따라 증가 및 감소경향)가 존재하는가?
② 계절성(즉, 매년 되풀이되는 주기적인 패턴)이 존재하는가?
③ 시점들 간에 매끄럽게(고르게) 혹은 눈에 띄게 변하는가?
④ 시계열 내에 갑작스런 변동이 존재하는가?
⑤ 시간의 흐름에 따라 단기변동이 증가 및 감소하는가? 계열의 전반적인 수준은 어떤가?
⑥ 이상값(들)이 존재하는가?

C1.1.1 시계열자료 만들기

1. EViews 8을 사용하여 회사채에 대한 예측값을 예측하기 위해서는 우선 다음과 같이 시계열자료에 대한 날짜를 정의할 수 있다.

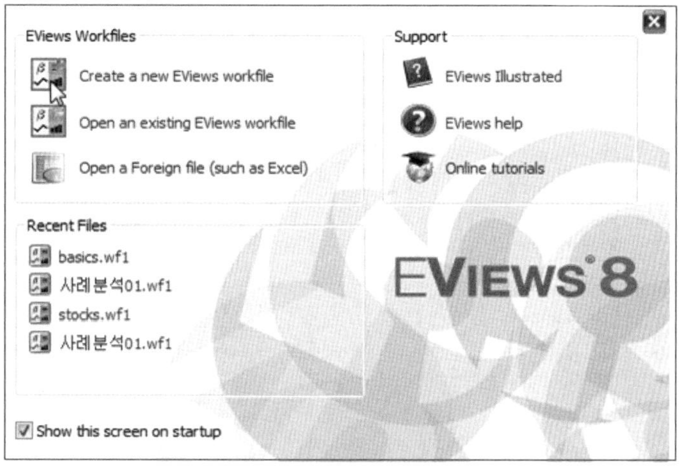

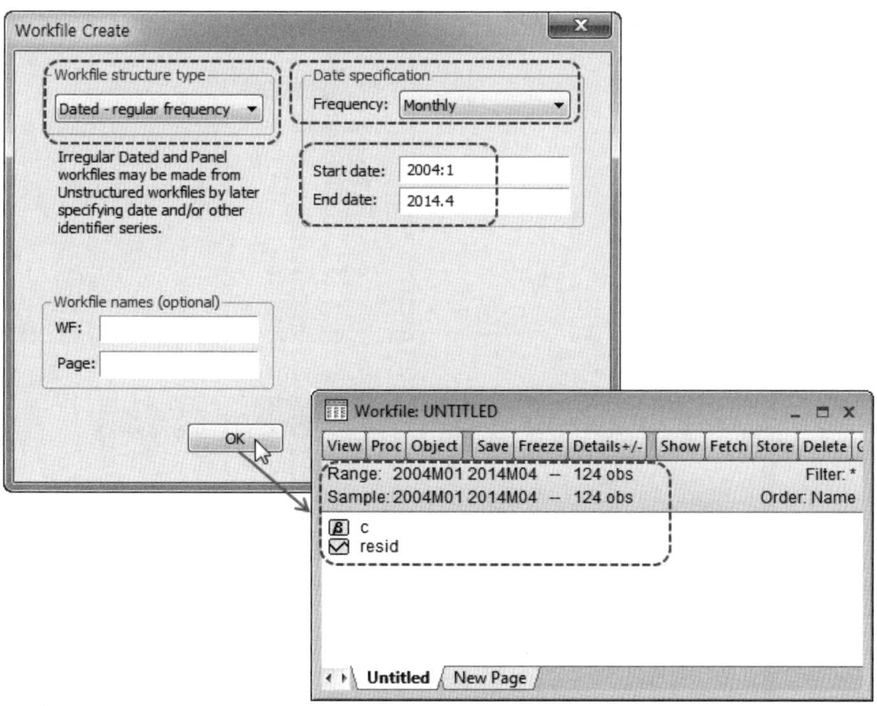

그 결과 EViews 창에서 두 개의 object인 C와 resid이 자동적으로 생성된다. 동시에 Range와 Sample은 지정한 날짜로 표시된다.

2. object → New object를 클릭한 후 'Type of object'에서 'Series'를 선택한 후 'Name for object'에 'bonds'를 입력하고 〈OK〉 버튼을 클릭한다. 그러면 새로운 오브젝트인 bonds가 생성된다.

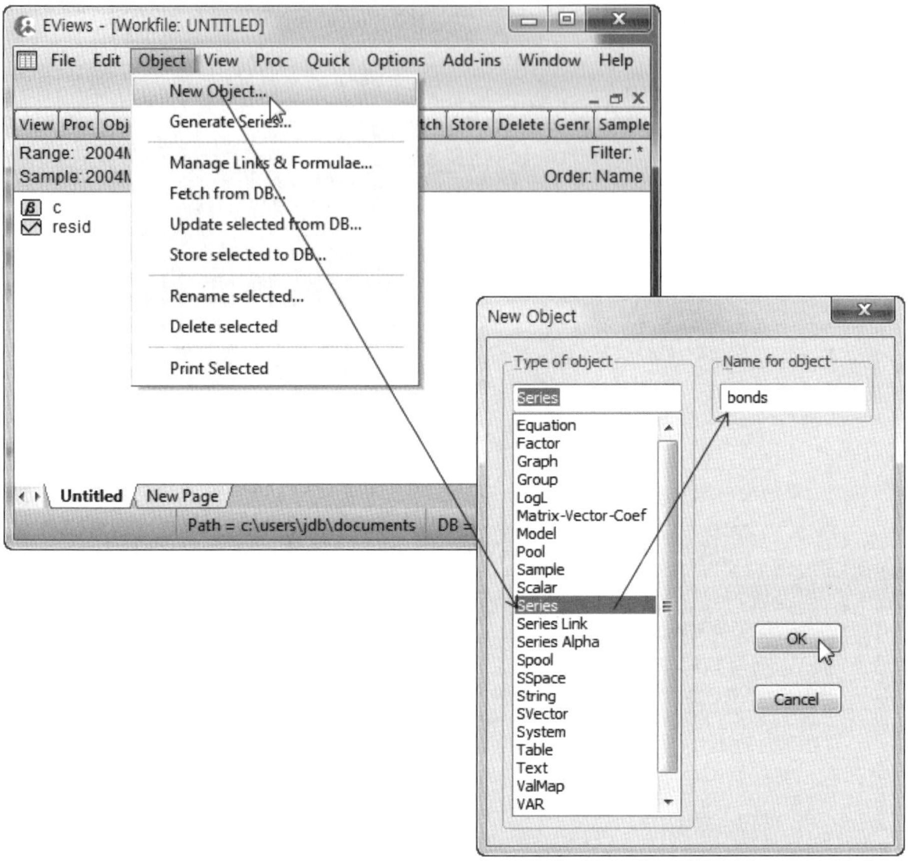

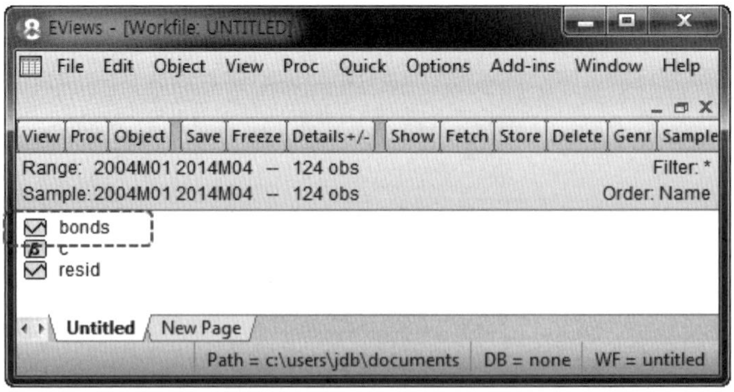

3. bonds를 더블클릭한 후 우측 상단의 Edit+/−를 다시 클릭하면 다음과 같이 NA로 표시된 칸에 원하는 값을 입력할 수 있다.

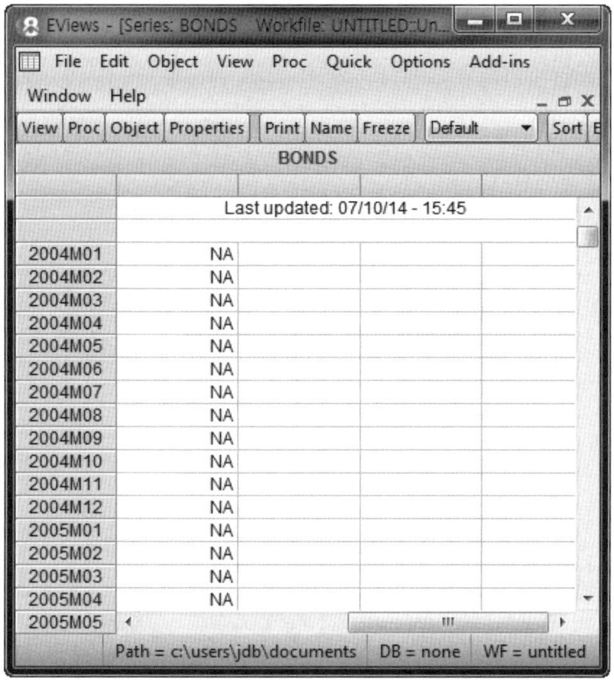

4. 이제 BONDS에 해당하는 124개의 실현값을 다음과 같이 입력한다.

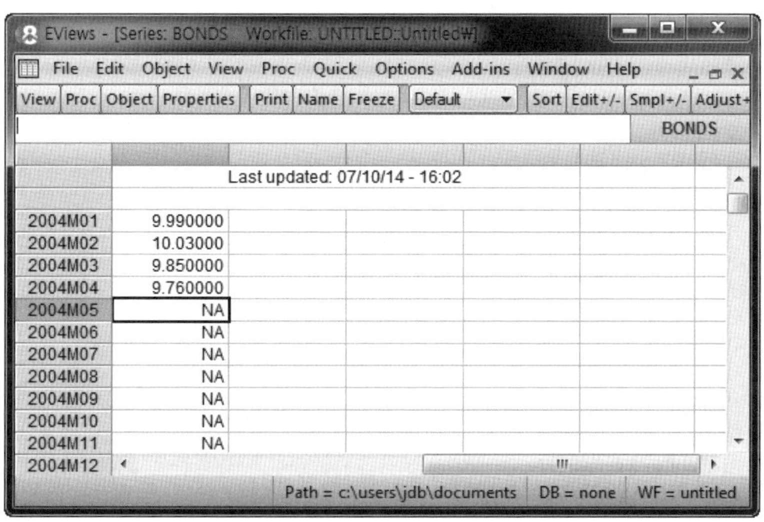

5. 주어진 실현값 입력이 완료되면, 이를 저장하기 위해서 아래와 같이 풀다운 메뉴 중 File → Save As...를 선택한 후, 파일 이름(예: 사례분석01)을 지정한다.

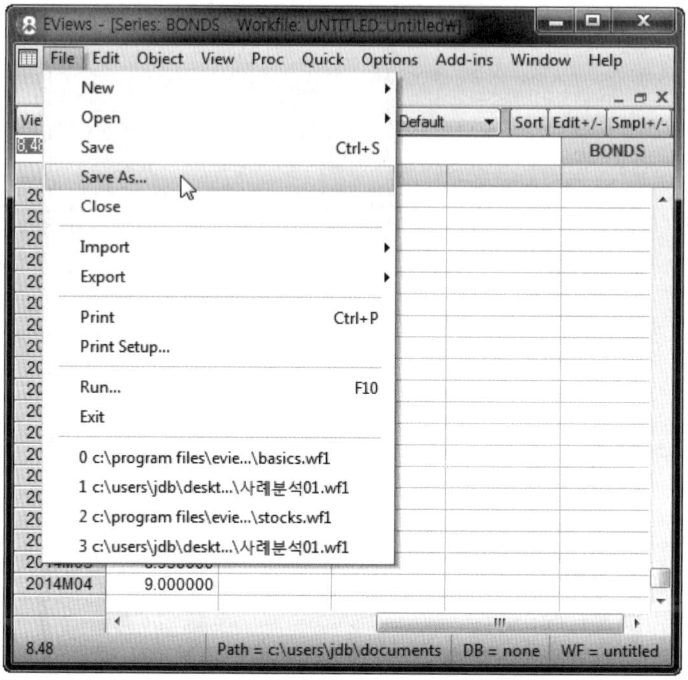

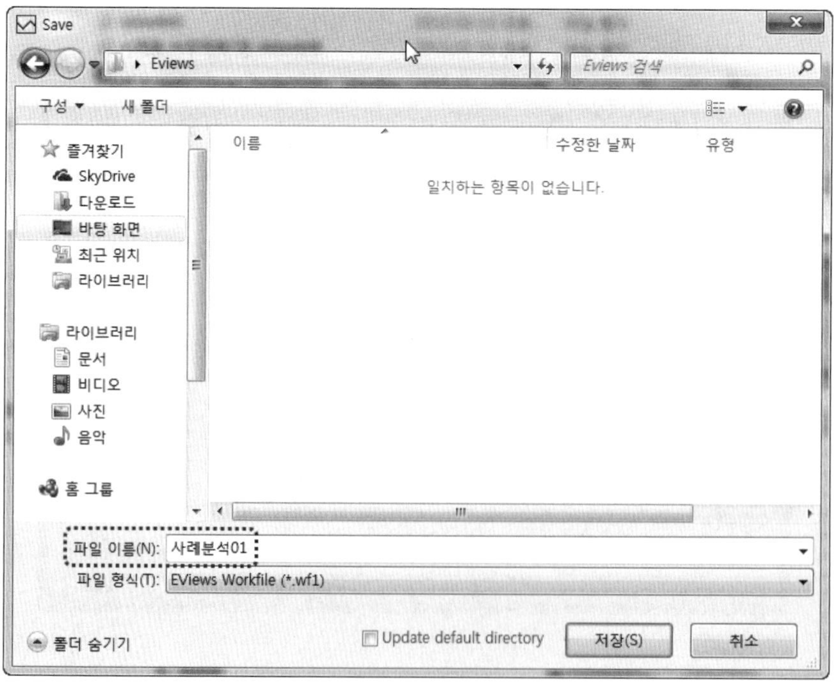

C1.1.2 시계열도표(또는 시도표) 그리기

시계열분석을 하기 위해서 첫 작업은 시계열자료 내에 포함된 패턴, 추세, 계절성 및 이상값 등을 파악하기 위해 시계열도표(또는 시도표)를 그리는 것이다.

1. EViews 8에서 시계열도표를 그리기 위해서는 풀다운 메뉴 중 **View** 또는 좌측 상단의 **View** 버튼을 누른 후 **Graph...**를 선택하면, “Graph Options” 대화상자가 나타난다. **〈OK〉** 버튼을 클릭한다.

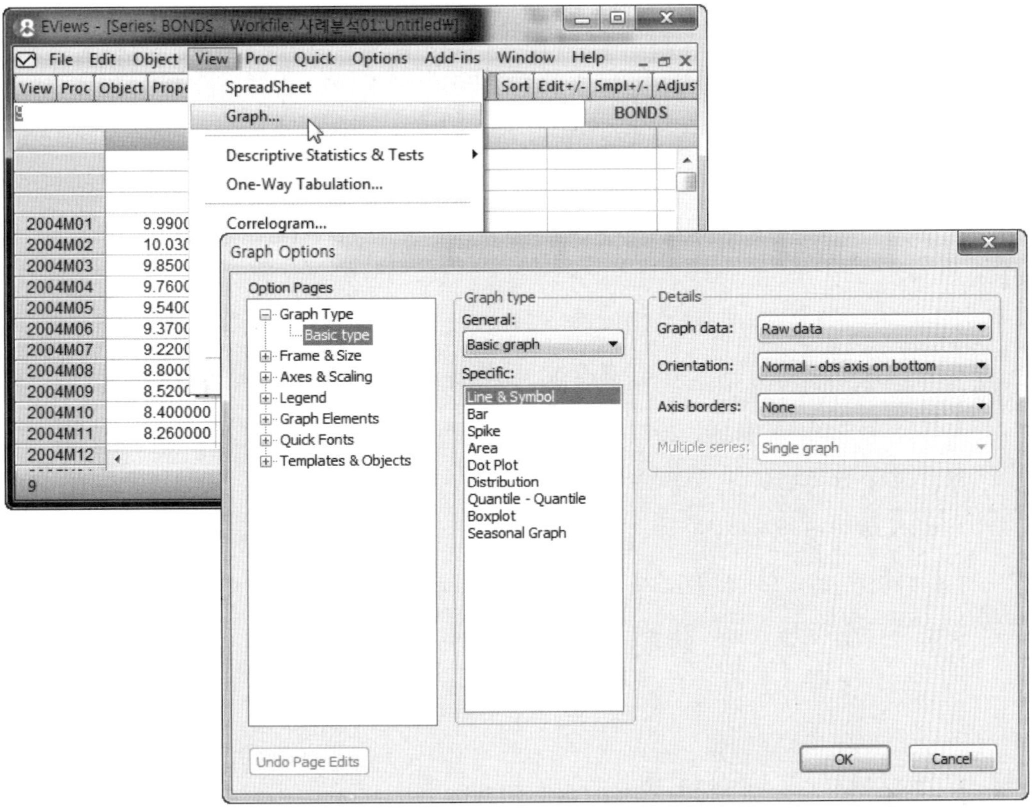

2. 그러면 다음과 같은 시계열도표를 얻을 수 있다.

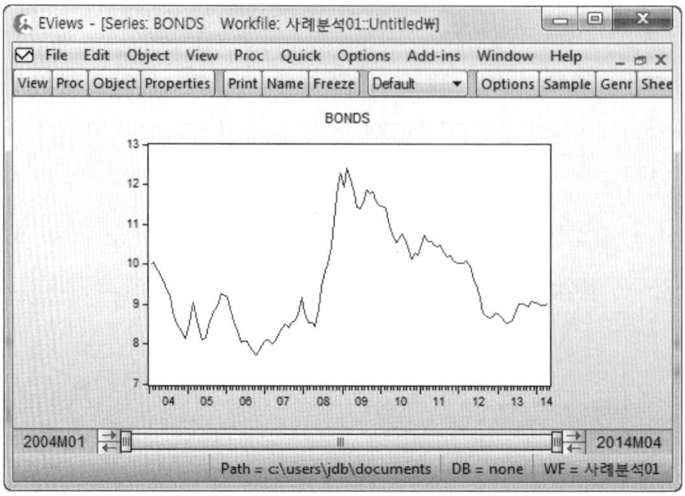

[그림 C1.1] BONDS의 시계열도표

앞에 주어진 BONDS 자료를 시계열도표로 나타낸 결과, 다음과 같은 사실을 알 수 있다.

1) 앞부분에는 서서히 감소하는 패턴을 유지하다가 금융위기가 시작하는 2008년 7월부터는 급격히 증가하여 2012년 4월까지 감소 폭이 크게 나타나고, 끝 부분에는 앞부분에서 유지되었던 수준까지 도달하는 것을 알 수 있다.
2) 명백한 계절성을 발견할 수 없다. 만일 계절적 변동이 존재한다면, 이 자료의 경우 1년 단위를 하나의 주기로 간주하기 때문에 매년 특정한 달이 다른 달들에 비해 월등히 큰 값 또는 작은 값을 가져야 할 것이다(9절 참고).

C1.2 정상성 및 계절성 점검(예비 단계)

C1.2.1 원자료에 대한 평균의 정상성 점검

ARIMA 모형을 구축하기 위해서는 우선 시계열도표, 자기상관함수 및 단위근검정을 사용하여 평균 및 분산이 일정한지 여부와 계절성 존재 여부를 점검해야 할 것이다. 시계열도표를 통한 진단방법은 비록 덜 객관적이지만 시각적으로 이 두 가지 요소의 존재 여부를 판단할 수 있다. [그림 C1.1]에 주어진 시계열도표에서 주기의 길이를 '12'로 고려하면(월별 자료이기 때문에), 두드러지게 반복되는 패턴을 발견할 수 없기 때문에 뚜렷한

계절적 변동이 존재한다고 할 수 없다. 또한 평균과 분산이 시간의 흐름에 따라 일정하지 않다는 근거를 찾을 수 없다(9절 참고).

계열 내 평균에 대한 정상성을 점검하기 위해서 시각적인 면에서 시계열도표에 비해 더 객관적인 방법으로 단기시차(예: 1, 2, 3, 4, 5 등)에 해당하는 자기상관계수들이 급격하게 감소하는지 여부를 점검할 수 있다. 다시 말해서 단기시차들에서 갑자기 감소하는 패턴이 발견되면, 계열평균이 일정하다고 판단할 수 있기 때문에 차분을 실시할 필요가 없을 것이다.

1. Eviews 8을 사용하여 BONDS에 대한 자기상관함수를 구하기 위해서는 풀다운 메뉴 중 **View** 또는 좌측 상단의 **View** 버튼을 누른 후 **Correlogram...**을 선택하면 "Correlogram Specification" 대화상자가 나타난다.

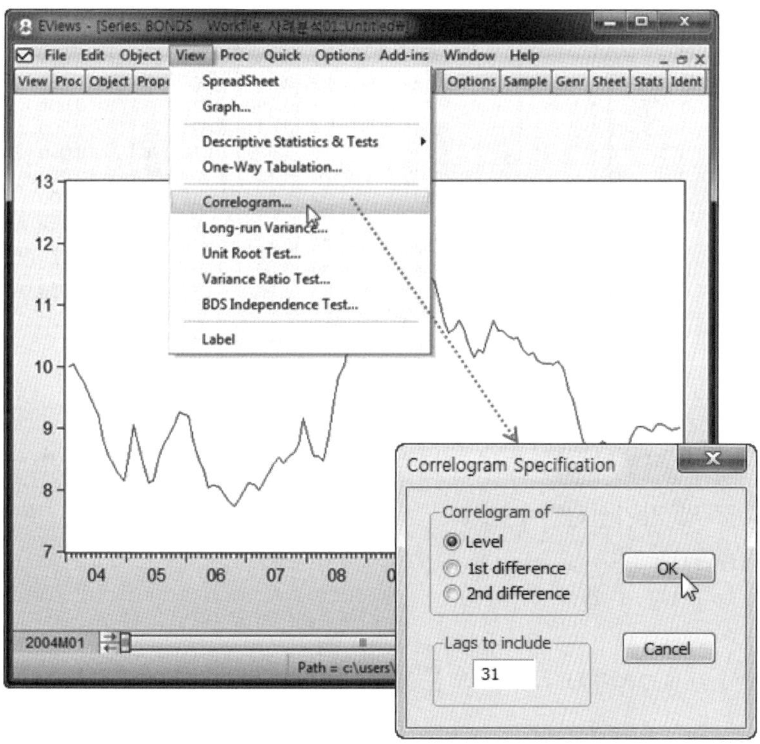

"Correlogram Specification" 대화상자에서 'Level'은 차분하지 않은 원자료에 대한 두 개의 상관함수를 출력함을 의미하며, 'Lags to include'는 관측값 수(=124)의 25%에 가장 가까운 자연수(=31)를 입력하면 된다.

[표 C1.2] BONDS의 자기상관함수

Sample: 2004M01 2014M04
Included observations: 124

Autocorrelation	Partial Correlation		AC	PAC	Q-Stat	Prob
		1	0.980	0.980	121.95	0.000
		2	0.942	-0.455	235.54	0.000
		3	0.898	0.027	339.60	0.000
		4	0.851	-0.040	433.92	0.000
		5	0.805	0.021	519.04	0.000
		6	0.756	-0.158	594.70	0.000
		7	0.705	0.007	661.00	0.000
		8	0.657	0.101	719.08	0.000
		9	0.611	-0.062	769.80	0.000
		10	0.567	-0.020	813.85	0.000
		11	0.525	0.011	851.94	0.000
		12	0.478	-0.198	883.83	0.000
		13	0.428	-0.028	909.61	0.000
		14	0.379	0.071	930.04	0.000
		15	0.333	0.000	945.93	0.000
		16	0.290	-0.020	958.12	0.000
		17	0.250	-0.004	967.22	0.000
		18	0.208	-0.077	973.57	0.000
		19	0.166	-0.018	977.67	0.000
		20	0.126	-0.031	980.06	0.000
		21	0.086	-0.064	981.18	0.000
		22	0.047	-0.008	981.52	0.000
		23	0.009	0.010	981.53	0.000
		24	-0.031	-0.091	981.68	0.000
		25	-0.069	0.010	982.44	0.000
		26	-0.105	0.003	984.20	0.000
		27	-0.141	-0.110	987.42	0.000
		28	-0.175	0.002	992.41	0.000
		29	-0.207	0.036	999.44	0.000
		30	-0.237	-0.027	1008.8	0.000
		31	-0.262	0.018	1020.3	0.000

[표 C1.2]에서 단기시차(예: 1, 2, 3, 4, 5 등)에 해당하는 자기상관계수들(0.980, 0.942, 0.898, 0.851, 0.805 등)이 서서히 감소하기 때문에 평균이 비정상적임을 알 수 있다. 참고로 AR(1) 프로세스의 자기상관함수는

$$\rho_k = \phi_1^k,\ k \geq 1$$

이며, 여기에서 ϕ_1은 AR(1) 프로세스의 계수이다. 따라서 ϕ_1이 '1'에 가까울수록 자기상관함수는 서서히 지수적으로 감소하는 형태가 될 것이다. 다시 말하면, $\phi_1 = 1$이면 비정상적인 평균을 가지는 '임의보행(random walk)모형'이 될 것이다.

또 다른 평균의 정상성을 점검하기 위한 계량적인 방법으로 단위근검정을 고려할 수 있다. 여기에서 '귀무가설은 평균이 비정상적이다'이며, 귀무가설을 채택하게 되면 평균을 정상적으로 만들기 위한 비계절적인 차분이 필요하다는 의미가 된다.

2. 이를 Eviews 8에 적용시키기 위해서는 풀다운 메뉴 중 **View** 또는 좌측 상단의 **View** 버튼을 누른 후 **Unit Root Test...**를 선택하면 "Unit Root Test" 대화상자가 나타난다. 주어진 디폴트를 그대로 놓은 후 **〈OK〉** 버튼을 누르면 다음과 같이 단위근검정 결과를 얻을 수 있다.

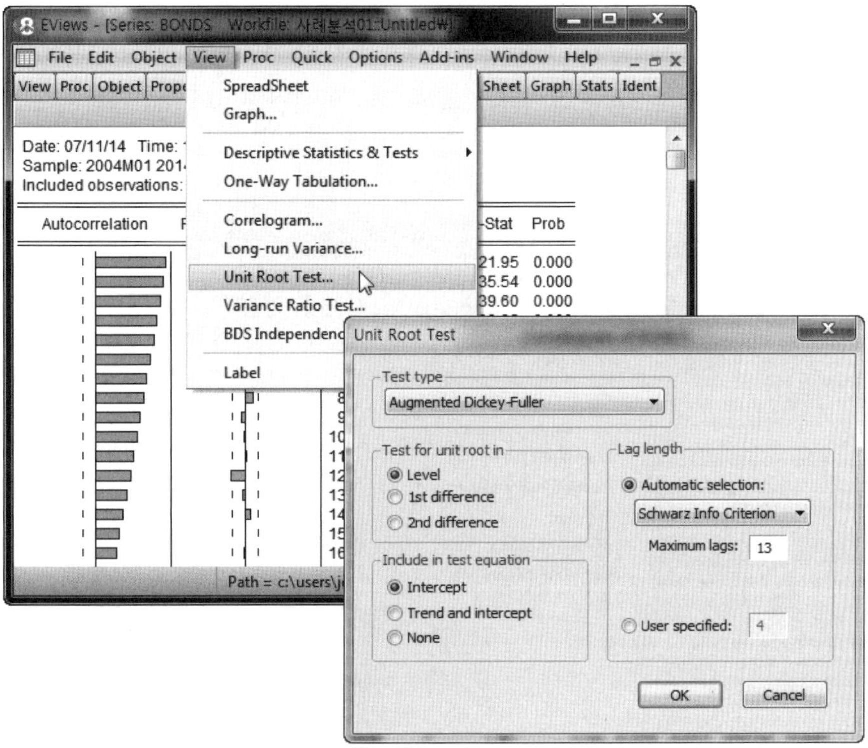

[표 C1.3]의 출력결과에 따르면 '시계열 BONDS가 단위근을 갖는다'는 귀무가설을 채택할 수 있다(p값 = 0.3795). 이는 주어진 BONDS의 평균이 비정상적임을 의미하며, 비계절적 1차 차분을 실시해야 하며 ARIMA(p, d, q) 모형에서 '$d = 1$'이다.

[표 C1.3] 원자료에 대한 단위근검정

Null Hypothesis: BONDS has a unit root
Exogenous: Constant
Lag Length: 1 (Automatic - based on SIC, maxlag=13)

		t-Statistic	Prob.*
Augmented Dickey-Fuller test statistic		-1.799187	0.3795
Test critical values:	1% level	-3.484653	
	5% level	-2.885249	
	10% level	-2.579491	

*MacKinnon (1996) one-sided p-values.

C1.2.2 1차 차분된 자료에 대한 평균의 정상성 점검

이제 비계절적 1차 차분($d=1$)된 자료에 대한 시계열도표, 자기상관함수 및 단위근검정을 실시해보자.

1. 우선 BONDS를 1차 차분($d=1$)한 새로운 시계열자료(d_bonds)를 생성하기 위해서 아래와 같이 "Generate Series by Equation" 대화상자의 'Enter equation'란에 명령문인 **d_bonds=d(bonds)**를 입력한다. 여기에서 d(변수)는 비계절적 차분(difference)을 나타내는 initial 문자이다.

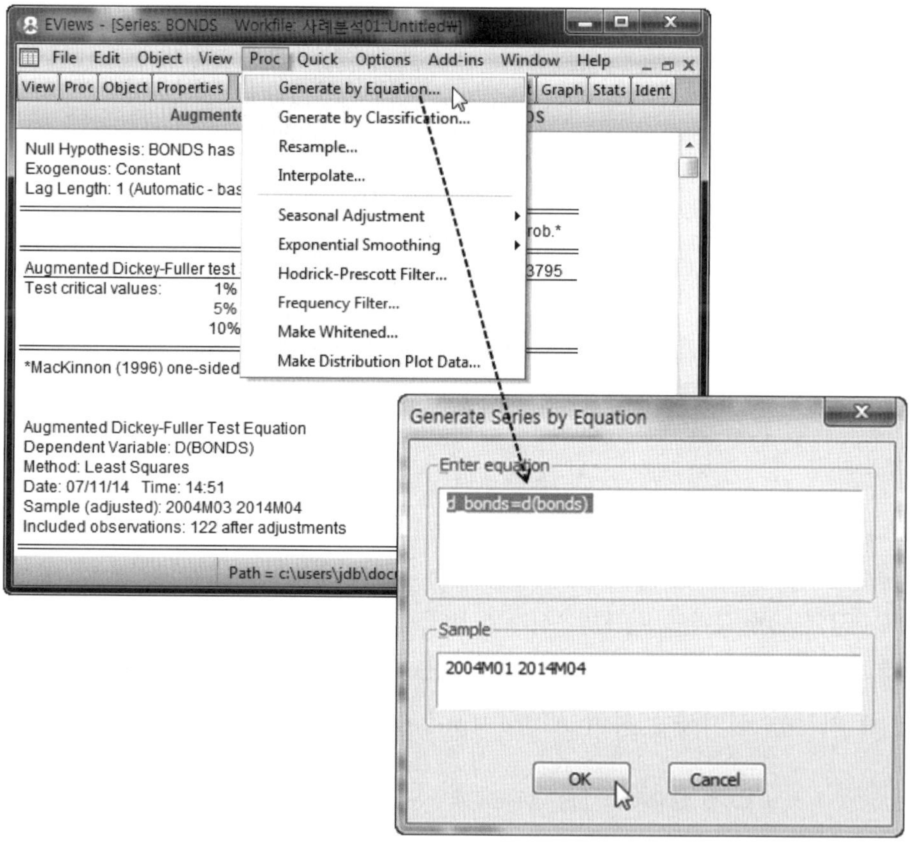

2. 그 결과 아래와 같이 변수 d_bonds가 생성됨을 확인할 수 있다.

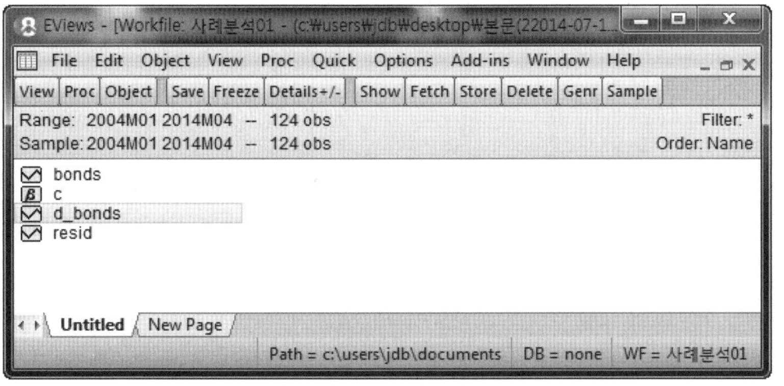

3. 비계절적 1차 차분된 d_bonds에 대해서 아래와 같이 **Graph...** → **Correlogram...** → **Unit Root Test...**를 각각 실행하여 다음과 같은 결과를 얻을 수 있다.

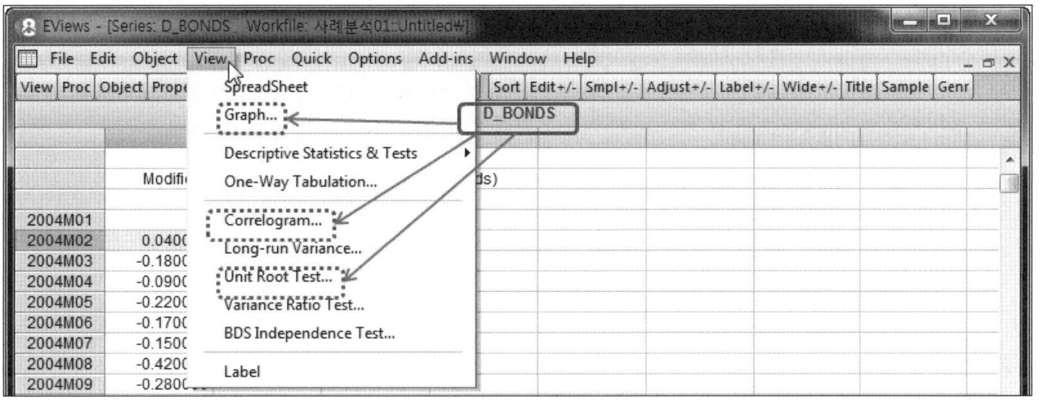

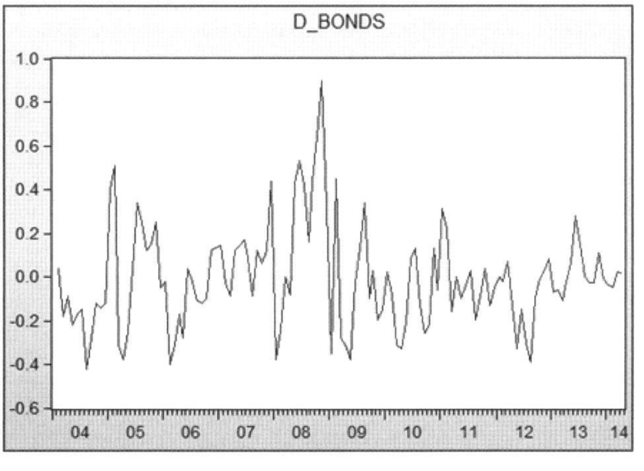

[그림 C1.4] d_bonds의 시계열도표

[표 C1.5] d_bonds의 자기상관함수

	AC	PAC	Q-Stat	Prob
1	0.469	0.469	27.666	0.000
2	0.174	-0.059	31.495	0.000
3	0.073	0.018	32.173	0.000
4	0.005	-0.036	32.176	0.000
5	0.098	0.144	33.432	0.000
6	0.057	-0.058	33.857	0.000
7	-0.058	-0.098	34.303	0.000
8	-0.037	0.038	34.482	0.000
9	-0.034	-0.012	34.641	0.000
10	-0.052	-0.052	35.013	0.000
11	0.109	0.186	36.648	0.000
12	0.061	-0.061	37.158	0.000
13	-0.076	-0.132	37.976	0.000
14	-0.036	0.060	38.159	0.000
15	-0.058	-0.022	38.634	0.001
16	-0.035	-0.039	38.808	0.001
17	0.030	0.039	38.937	0.002
18	-0.043	-0.027	39.205	0.003
19	-0.057	-0.034	39.688	0.004
20	0.008	0.049	39.697	0.005
21	-0.013	0.005	39.722	0.008
22	-0.025	-0.084	39.813	0.011
23	0.060	0.106	40.374	0.014
24	-0.003	-0.018	40.375	0.019
25	-0.027	-0.064	40.488	0.026
26	0.016	0.053	40.529	0.035
27	-0.038	-0.022	40.758	0.043
28	-0.037	-0.086	40.985	0.054
29	-0.045	-0.005	41.321	0.065
30	-0.108	-0.022	43.244	0.056
31	-0.038	-0.006	43.484	0.068

[표 C1.6] d_bonds에 대한 단위근검정

Null Hypothesis: D_BONDS has a unit root
Exogenous: Constant
Lag Length: 0 (Automatic - based on SIC, maxlag=12)

		t-Statistic	Prob.*
Augmented Dickey-Fuller test statistic		-6.591085	0.0000
Test critical values:	1% level	-3.484653	
	5% level	-2.885249	
	10% level	-2.579491	

*MacKinnon (1996) one-sided p-values.

1차 차분된 시계열도표인 [그림 C1.4]는 차분 전 원시계열도표인 [그림 C1.1]과는 달리 고정된 평균 주위에서 크게 벗어나지 않고 일정하게 상하로 움직이며, 단기시차에 해당하는 자기상관계수들이 급속히 작은 값으로 감소하며(표 C1.5 참고), [표 C1.6]에서 살펴본 바와 같이, '1차 차분된 시계열 d_bonds가 단위근을 갖는다'는 귀무가설을 채택할 수 없다(p값 < 0.0001). 결론적으로 원시계열 자료에 비계절적 차분을 실시함으로써 시계열

평균이 일정하게 되었으며, 이는 ARIMA(p,d,q) 모형 구축 과정에서 $d=1$임을 알 수 있다.

참고로 시계열 BONDS에 대해 아래와 같은 방법으로 실행함으로써 앞과 동일한 자기상관함수와 단위근검정의 결과를 얻을 수 있다.

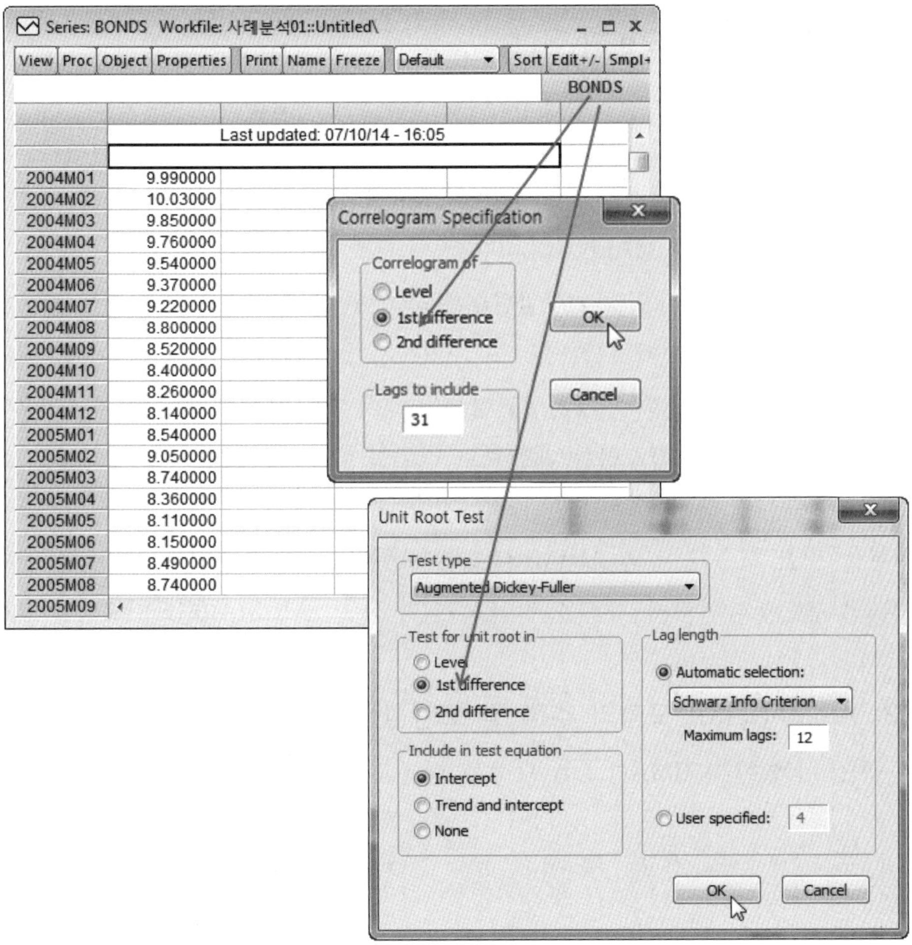

C1.2.3 계절성 존재 여부 점검

계절성 존재 여부를 파악하기 위해서 1차 차분 자기상관함수 [표 C1.5]의 주기시차(즉, 12의 배수)인 시차 12, 24에 해당하는 자기상관계수의 유의성을 점검해보자. 물론 평균을 정상적으로 만들기 위해 차분이 필요없는 경우는 원시계열 자료에 대한 자기상관함수를 조사해야 할 것이다.

[표 C1.5]에서 주기시차(즉, 12의 배수)인 시차 12, 24 중 신뢰한계선(양쪽 점선 표시) 밖

으로 튀어나온 스파이크를 발견할 수 없기 때문에 계절적인 변동이 존재하지 않는다. 따라서 고려할 ARIMA 모형은 계절성을 표현하는 (P,D,Q)는 존재하지 않는 (p,1,q)가 될 것이다.

C1.3 ARIMA 모형 구축

C1.3.1 ARIMA(p,d,q) 모형의 식별

C1.2절에서 모형 구축을 위한 예비 단계로 정상성과 계절성 여부를 점검하고 특히 계열 평균의 정상성을 만족시키기 위해서 비계절적 1차 차분($d=1$)을 실시하였다. 다음은 자기상관함수와 편자기상관함수를 사용하여 자기회귀요소(p)와 이동평균요소(q)를 임시로 결정하는 식별 단계로 넘어가자.

[표 C1.5]에 주어진 두 개의 자기상관함수를 살펴보면 모두 '시차 1' 이후에 절단형태로 판단되며 이러한 주장은 편자기상관함수가 자기상관함수에 비해 더 절단형태임을 확인할 수 있다. 다시 말해서 추정된 편자기상관함수는 점차 감소하기보다는 '시차 1이후'에 통계적으로 '0'으로 급격히 감소하는 패턴으로 간주할 수 있다. 모형식별 단계에서 감소형태보다도 절단형태에 중점을 두어 판단하는 것이 좋다. 따라서 처음 시도할 수 있는 것은 1차 차분을 취한 차수가 '1'인 ARIMA(1,1,0) 모형이다. 물론 대안으로 자기상관함수가 절단형태로 판단한다면 1차 차분을 취한 차수가 '1'인 ARIMA(0,1,1) 모형일 것이다.

C1.3.2 ARIMA(1,1,0) 모형의 추정 및 모형검진

우선 처음 식별한 ARIMA(1,1,0) 모형을 다음과 같이 설정하여 추정해보자.

$$(1-\phi_1 B)(1-B)\widetilde{y_t}=\epsilon_t \tag{C1.1}$$

여기에서 $\widetilde{y_t}=y_t-\mu$ 이다.

1. Eviews 8을 사용하여 변수 BONDS에 대한 ARIMA(1,1,0) 모형, 즉 식 (C1.1)을 추정하기 위해서는 풀다운 메뉴에서 Quick → Estimate Equation...을 선택하면 "Equation Estimation" 대화상자가 나타난다. 종속변수인 d_bonds를 맨 앞에 입력하고, 상수항(C)이 존재하는 AR(1) 모형을 그 다음에 순서대로 입력한다. 즉, d_dbonds c ar(1)이다.

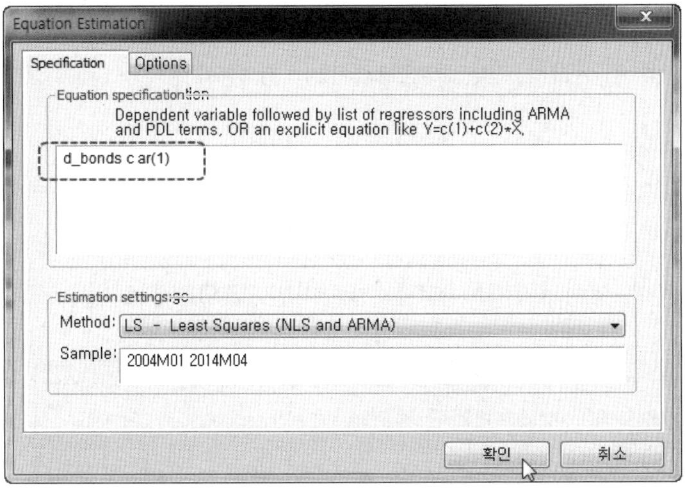

[표 C1.7]에 주어진 추정결과, C는 통계적으로 유의하지 않아(p값 = 0.8079), 고려한 모형에서 C를 제거한 후 재추정한다.

[표 C1.7] 추정결과

Variable	Coefficient	Std. Error	t-Statistic	Prob.
C	-0.008659	0.035536	-0.243681	0.8079
AR(1)	0.468557	0.080631	5.811149	0.0000

R-squared	0.219611	Mean dependent var	-0.008443
Adjusted R-squared	0.213108	S.D. dependent var	0.235151
S.E. of regression	0.208595	Akaike info criterion	-0.280586
Sum squared resid	5.221430	Schwarz criterion	-0.234618
Log likelihood	19.11573	Hannan-Quinn criter.	-0.261915
F-statistic	33.76945	Durbin-Watson stat	1.934033
Prob(F-statistic)	0.000000		
Inverted AR Roots	.47		

[표 C1.8] C를 제거한 ARIMA(1,1,0) 추정결과

Variable	Coefficient	Std. Error	t-Statistic	Prob.
AR(1)	0.469243	0.080267	5.845997	0.0000

R-squared	0.219225	Mean dependent var	-0.008443
Adjusted R-squared	0.219225	S.D. dependent var	0.235151
S.E. of regression	0.207783	Akaike info criterion	-0.296485
Sum squared resid	5.224011	Schwarz criterion	-0.273501
Log likelihood	19.08559	Hannan-Quinn criter.	-0.287150
Durbin-Watson stat	1.934367		
Inverted AR Roots	.47		

AR(1)에 해당하는 p값(Prob.)이 0.0001보다 작기 때문에, 5% 유의수준에서 이 계수는 통계적으로 '0'이 아니다. 즉, 추정계수 $\hat{\phi}_1 = 0.47$이다.

2. 그 다음 단계인 모형검진 단계로 넘어가자. 모형진단을 위해서 사용하는 도구는 잔차이다. 잔차($\hat{\epsilon_t}$)는 관측할 수 없는 백색잡음(ϵ_t)을 추정한 값으로 아래와 같이, ARIMA(1,1,0) 모형을 추정한 후에 생성된 잔차(resid)를 클릭하면 RESID라는 변수로 잔차가 생성된다.

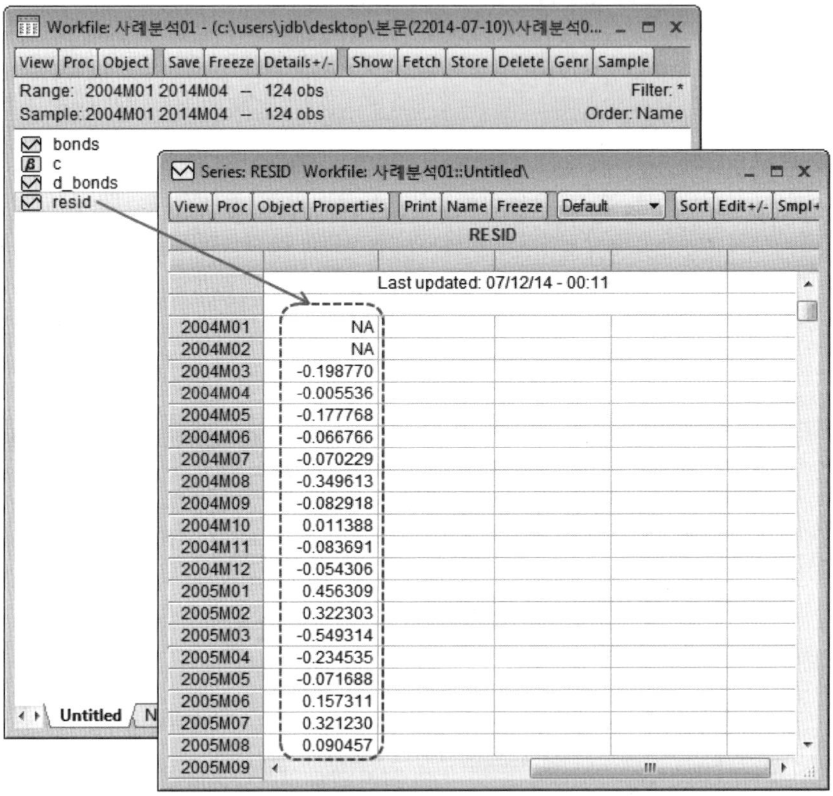

백색잡음항(ϵ_t)은 통계적으로 독립이라고 가정하였다. 따라서 모형을 추정한 후에 생성되는 잔차는 백색잡음항이 갖는 성질 중 특히 독립성을 유지해야 할 것이다. 잔차들을 사용하여 독립성을 점검할 수 있는 도구로서 잔차도표, 잔차 자기상관함수, 잔차 편자기상관함수 및 Q-검정통계량을 고려할 수 있다.

우선 ARIMA(1,1,0) 모형을 추정하여 생성된 잔차들의 자기상관함수와 잔차 편자기상관함수를 고려해보자. 물론 잔차 자기상관함수는 ARIMA(1,1,0) 모형을 추정하여 얻어진 잔차들에 근거하여 계산한 것이다. 이때 만일 잔차 자기상관함수들이 통계적으로 유의하지 않으면, 즉 ‘0’이면 ARIMA(1,1,0) 모형이 적절하다고 판단할 수 있다.

3. Eviews 8을 사용하여 RESID에 대한 자기상관함수를 구하기 위해서는, 풀다운 메뉴 중 **View** 또는 좌측 상단의 **View** 버튼을 누른 후 **Correlogram...**을 선택하면, “Correlogram Specification” 대화상자가 나타난다.

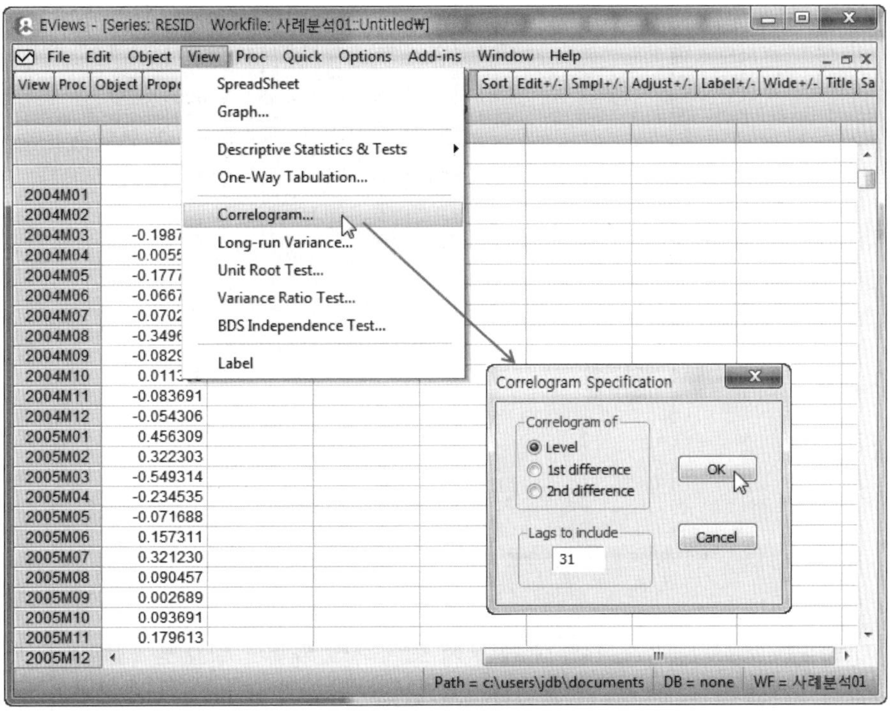

그 결과 수치로 계산된 잔차 자기상관함수와 잔차 편자기상관함수를 얻을 수 있다(그림 C1.9 참고). 이를 95% 신뢰상한선과 신뢰하한선 밖으로 튀어나온 스파이크를 하나도 발견할 수 없다. 이는 각 시차에 해당하는 백색잡음이 독립하다는 귀무가설을 채택한다는 것을 의미하며, 잔차를 통해서 설명할 요소가 더 이상 존재하지 않고, 추정된 ARIMA(1,1,0) 모형이 타당함을 지지한다. 다시 말해서 잔차들이 통계적으로 서로 상관되어 있지 않으며, 통계적으로 ‘백색잡음항의 독립성’을 보장한다.

지금까지는 시각적으로 잔차의 독립성을 점검하였지만, 이러한 독립성을 통계적인 수치로 [표 C1.9]에 소개된 Q-통계량(Q-Stat)과 이에 해당하는 p값(PROB)을 고려함으로써 통계적 유의성을 검정할 수 있다. 즉, 31개의 각 시차에 해당하는 p값 모두가 유의수준 5%보다 크기 때문에 “백색잡음이 통계적으로 독립이다”라는 귀무가설을 채택하게 된다.

[표 C1.9] 잔차 자기상관함수와 잔차 편자기상관함수 및 Q-통계량

Autocorrelation	Partial Correlation		AC	PAC	Q-Stat	Prob
		1	0.029	0.029	0.1032	0.748
		2	-0.054	-0.055	0.4706	0.790
		3	0.008	0.011	0.4791	0.923
		4	-0.095	-0.099	1.6323	0.803
		5	0.117	0.126	3.4015	0.638
		6	0.068	0.049	4.0099	0.675
		7	-0.102	-0.093	5.3822	0.613
		8	-0.002	-0.000	5.3826	0.716
		9	0.000	0.013	5.3827	0.800
		10	-0.126	-0.132	7.5336	0.674
		11	0.162	0.149	11.101	0.435
		12	0.072	0.070	11.823	0.460
		13	-0.129	-0.120	14.147	0.364
		14	0.026	0.013	14.245	0.432
		15	-0.047	0.001	14.560	0.484
		16	-0.039	-0.056	14.779	0.541
		17	0.090	0.023	15.957	0.527
		18	-0.051	-0.003	16.338	0.569
		19	-0.068	-0.056	17.025	0.588
		20	0.054	0.020	17.450	0.624
		21	-0.012	0.049	17.471	0.682
		22	-0.066	-0.104	18.129	0.698
		23	0.111	0.067	20.004	0.642
		24	-0.021	0.041	20.072	0.693
		25	-0.049	-0.069	20.449	0.723
		26	0.064	0.034	21.102	0.737
		27	-0.044	0.032	21.415	0.766
		28	-0.010	-0.067	21.432	0.807
		29	0.017	-0.025	21.479	0.841
		30	-0.118	-0.035	23.764	0.783
		31	0.013	-0.014	23.792	0.819

만일 특히 단기시차(예: 1, 2, 3 등)에서 눈에 띄게 신뢰한계선 밖으로 튀어나온 스파이크를 발견하게 되면, 고려한 모형을 재검토해야 하며 식별 단계로 다시 돌아가서 재분석해야 한다(재식별). 다시 말해서 잔차 자기상관함수의 단기시차(들)에서 두드러진 스파이크가 발견되면, 이는 고려한 자기회귀요소(이 경우 AR(1) 모형)에 이동평균요소를 추가시켜 ARIMA(1,1, q) 모형을 고려한다. 물론 이때 차수 q는 신뢰한계선 밖으로 튀어나온 단기시차들 중 가장 큰 스파이크를 갖는 시차가 된다.

4. 다음으로 모형진단을 하기 위한 또 다른 도구로 잔차도표(residual plot)를 고려할 수 있다. 풀다운 메뉴 중 **Quick → Graph...**를 선택하면, "Series List" 대화상자가 나타난다. 주어진 디폴트를 그대로 놓은 후 〈OK〉 버튼을 누르면 다음과 같은 잔차도표를 얻을 수 있다.

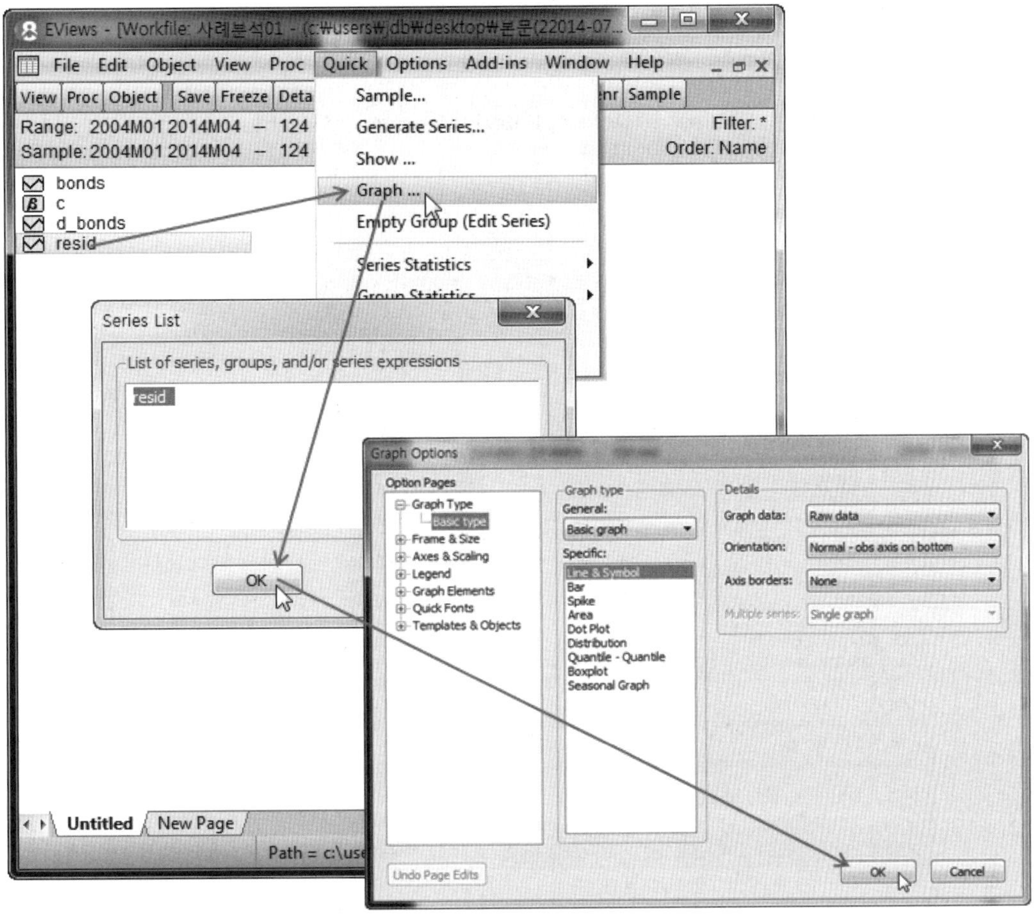

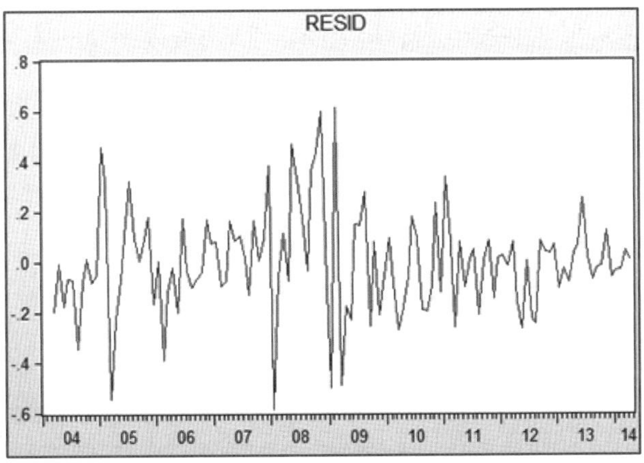

[그림 C1.10] ARIMA(1,1,0) 모형을 적합 후 잔차도표

잔차도표 [그림 C1.10]을 살펴보면, 눈에 띄게 나타나는 패턴을 찾을 수 없으며 각 잔

차들이 임의로 흩어져 있다. 이러한 사실을 감안하면 잔차의 독립성과 등분산성이 보장됨을 시각적으로 판단할 수 있다.

참고로 풀다운 메뉴 중 View → Actual, Fitted, Residual → Residual Graph를 선택하여 잔차도표를 그릴 수도 있다.

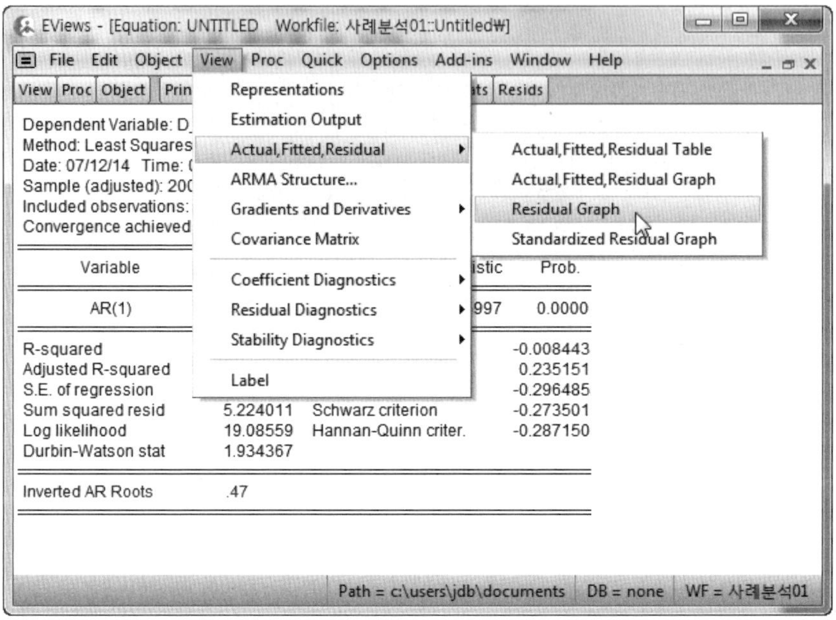

또한 고려한 ARIMA(1,1,0) 모형이 주어진 시계열자료에 얼마나 잘 적합하는지 여부를 시각적으로 판단하기 위해서는, 풀다운 메뉴에서 View → Actual, Fitted, Residual → Actual, Fitted, Residual Graph를 선택한다.

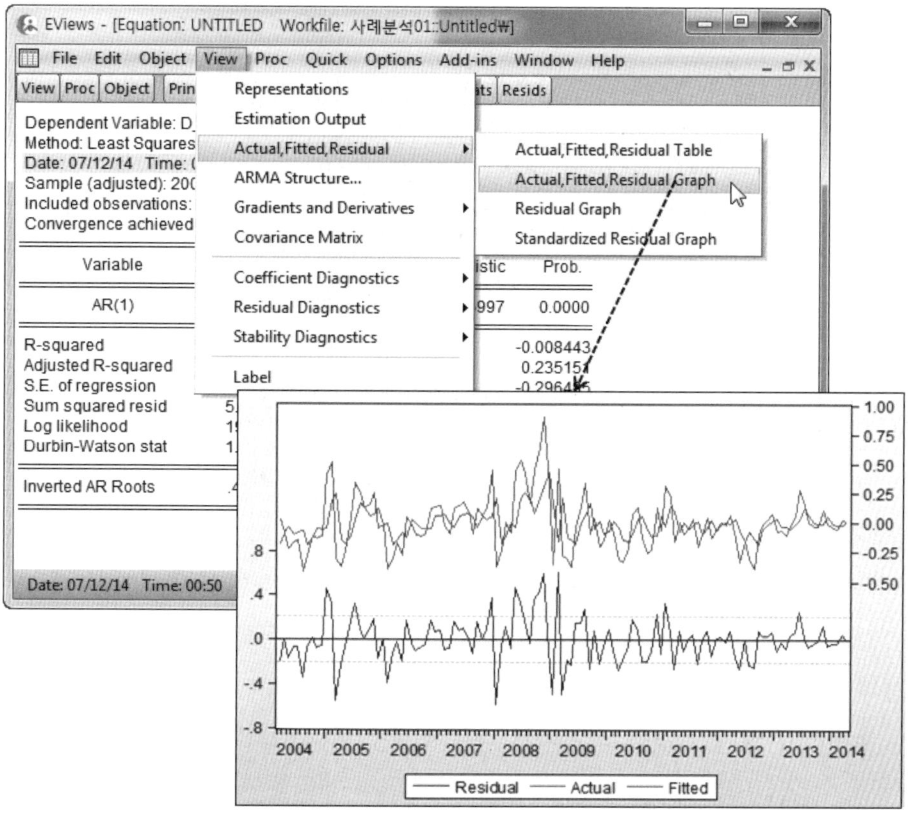

[그림 C1.11] 관측값과 적합값

그 결과 거의 두 시계열(Actual과 Fitted)이 어느 정도 일치하는 것을 확인할 수 있으며, 앞에서 고려한 잔차도표는 자동적으로 산출하게 된다.

C1.3.3 대체모형: ARIMA(0,1,1) 모형

C1.3.1절에서 모형식별을 ARIMA(1,1,0) 모형과 함께 ARIMA(0,1,1) 모형을 다음과 같이 고려하였다.

$$(1-B)\widetilde{y_t} = (1-\theta_1 B)\epsilon_t \qquad [C1.2]$$

여기에서 $\widetilde{y_t} = y_t - \mu$ 이다.

C1.3.2절과 동일한 방법으로 ARIMA(0,1,1) 모형을 추정한 결과, C를 모형에서 제외시킨 후(p값 = 0.7749), 추정결과는 다음과 같다. 참고로 “Equation Estimation” 대화상자의 ‘Specification’란에 “d_bonds ma(1)”을 입력한다.

[표 C1.12] C를 제거한 ARIMA(0,1,1) 추정결과

Variable	Coefficient	Std. Error	t-Statistic	Prob.
MA(1)	0.464689	0.080020	5.807165	0.0000

R-squared	0.206488	Mean dependent var	-0.008049
Adjusted R-squared	0.206488	S.D. dependent var	0.234226
S.E. of regression	0.208647	Akaike info criterion	-0.288251
Sum squared resid	5.311084	Schwarz criterion	-0.265388
Log likelihood	18.72745	Hannan-Quinn criter.	-0.278964
Durbin-Watson stat	1.901975		
Inverted MA Roots	-.46		

MA(1)에 해당하는 p값이 0.0001보다 작기 때문에 5% 유의수준에서 이 계수는 통계적으로 '0'이 아니다. 즉, 추정계수 $\widehat{\phi_1} = 0.46$이 된다(표 C1.12 참고).

모형검진을 하기 위해서 두 개의 잔차 상관함수와 잔차도포 및 Q-통계량을 살펴보면, 95% 신뢰상한선과 신뢰하한선 밖으로 튀어나온 스파이크를 하나도 발견할 수 없으며, Q-통계량의 31개의 각 시차에 해당하는 p값 모두가 유의수준 5%보다 크기 때문에 "백색잡음이 통계적으로 독립이다"라는 귀무가설을 채택하게 된다(표 C1.13 참고). 더 이상 설명할 요소가 존재하지 않다는 것을 의미하기 때문에 추정된 ARIMA(0,1,1) 모형이 타당하다.

Autocorrelation	Partial Correlation		AC	PAC	Q-Stat	Prob
		1	0.048	0.048	0.2936	0.588
		2	0.147	0.145	3.0485	0.218
		3	0.039	0.026	3.2384	0.356
		4	-0.048	-0.074	3.5359	0.472
		5	0.102	0.100	4.8880	0.430
		6	0.050	0.060	5.2101	0.517
		7	-0.072	-0.108	5.9015	0.551
		8	-0.015	-0.035	5.9301	0.655
		9	0.013	0.057	5.9514	0.745
		10	-0.110	-0.111	7.5902	0.669
		11	0.134	0.118	10.057	0.525
		12	0.050	0.093	10.409	0.580
		13	-0.107	-0.149	12.010	0.527
		14	0.026	-0.014	12.102	0.598
		15	-0.053	0.031	12.504	0.641
		16	-0.040	-0.056	12.739	0.692
		17	0.064	0.015	13.335	0.713
		18	-0.050	0.010	13.708	0.748
		19	-0.051	-0.047	14.094	0.778
		20	0.028	0.001	14.207	0.820
		21	-0.001	0.070	14.208	0.861
		22	-0.061	-0.097	14.771	0.872
		23	0.095	0.039	16.153	0.849
		24	-0.023	0.066	16.235	0.879
		25	-0.037	-0.075	16.449	0.901
		26	0.050	0.007	16.851	0.914
		27	-0.049	0.039	17.242	0.925
		28	-0.020	-0.078	17.309	0.942
		29	0.001	-0.039	17.309	0.957
		30	-0.104	-0.011	19.084	0.938
		31	-0.021	-0.031	19.155	0.952

[표 C1.13] 잔차 자기상관함수와 잔차 편자기상관함수 및 Q-통계량

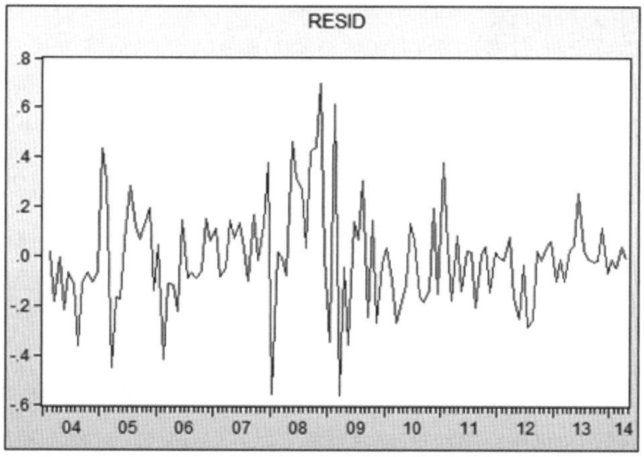

[그림 C1.14] ARIMA(0,1,1) 모형을 적합 후 잔차도표

잔차도표 [그림 C1.14]를 통해서 대체적으로 잔차의 등분산성 및 독립성이 만족함을 시각적으로 확인할 수 있다. 아래 주어진 [그림 C1.15]에서 추정한 ARIMA(0,1,1) 모형이 관측값에 어느 정도 일치하지만, 중간 부분에서는 변동의 폭이 서로 차이가 있음을 확인할 수 있을 것이다. 이는 2008년도 국제 금융위기, 즉 외적사건(external event)에 기인한 것으로 짐작할 수 있다.

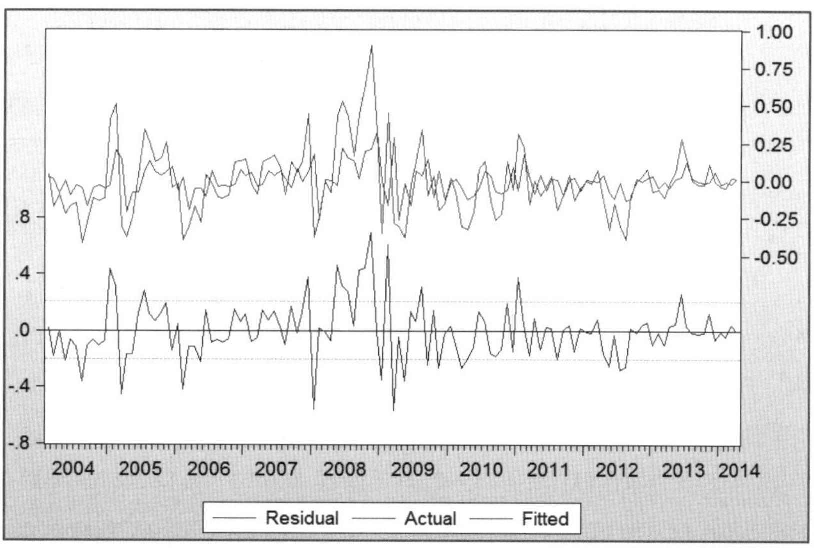

[그림 C1.15] 관측값과 적합값

보다 정확도 있는 모형을 구축하기 위해서는 ARIMA 모형에 외적사건 또는 개입(intervention)의 효과를 포함시킨 개입모형을 고려하는 것도 좋을 것이다.

C1.4 최적모형 및 예측

C1.3절에서 ARIMA(1,1,0) 모형과 ARIMA(0,1,1) 모형을 사용하여 회사채 시계열자료을 적절하게 적합할 수 있었다. 그렇다면 이 두 모형 중 어느 모형이 예측모형으로 더 타당할까? 최종 예측값을 산출하기 위해서는 하나의 모형만을 선택해야 할 것이다. 그렇다면 좋든 싫든 간에 타당한 통계적인 선택기준에 근거하여 이를 수행하는 것이 합당할 것이다.

1부 6.2절에서 다룬 모형적합도 통계량을 사용하여, 적합한 모형이 자료를 얼마만큼을 설명하는지를 비교할 수 있다. 이 통계량들은 이미 모형을 추정할 때 추정계수와 함께 출력되었으며 다음과 같이 정리할 수 있다(표 C1.16 참고).

[표 C1.16] 모형적합통계량 비교

모형통계량	ARIMA(1,1,0) 모형	ARIMA(0,1,1) 모형
R 제곱	0.2192	0.2065
수정 R 제곱	0.2192	0.2065
SE Reg	0.2078	0.2086
Akaike	-0.2965	-0.2883
Schwartz	-0.2735	-0.2654
Hannan-Quinn	-0.2872	-0.2790

모형통계량의 관점에서 ARIMA(1,1,0) 모형이 ARIMA(0,1,1) 모형에 비해서 모두 우위에 있음을 확인할 수 있다. 다시 말해서 R제곱과 수정 R제곱값이 크며, 나머지 4개의 통계량은 작기 때문이다. 따라서 고려한 두 개의 ARIMA 모형 중 모형적합통계량에 관점에서 보면, ARIMA(1,1,0) 모형이 우위에 있다고 판단할 수 있다.

또한 백색잡음항 간의 독립성 정도를 측정하는 'Q-Stat' 검정통계량을 고려하면, ARIMA(1,1,0) 모형이 ARIMA(0,1,1) 모형보다 다소 우위에 있다는 것을 재확인할 수 있다. 왜냐하면, ARIMA(1,1,0) 모형에 근거한 p값들이 ARIMA(0,1,1) 모형에 근거한 것보다 전반적으로 크기 때문이다.

EViews 8을 사용하여 최적의 모형으로 선정된 ARIMA(1,1,0) 모형을 사용하여 향후 1년(2014년 5월부터 2015년 4월까지) 12개 예측값을 구하기 위해서는

1. 우선 풀다운 메뉴 중 **Proc → Structure/Resize Current Page...**를 선택한 후 아래 주어진 "Workfile Structure" 대화상자에서 예측 마지막 시점인 '2015M04'로 수정한다.

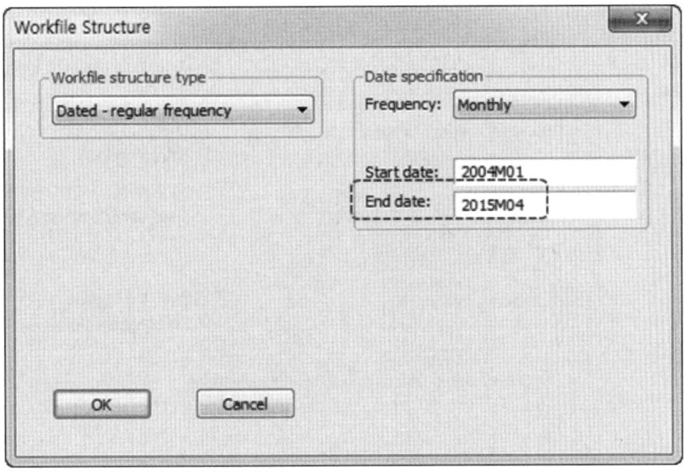

2. 풀다운 메뉴 중 **Quick → Estimation Equation**을 선택한 후에 "Equation Estimation" 대화상자에 추정할 방정식인 'd(bonds) ar(1)'을 입력한다.

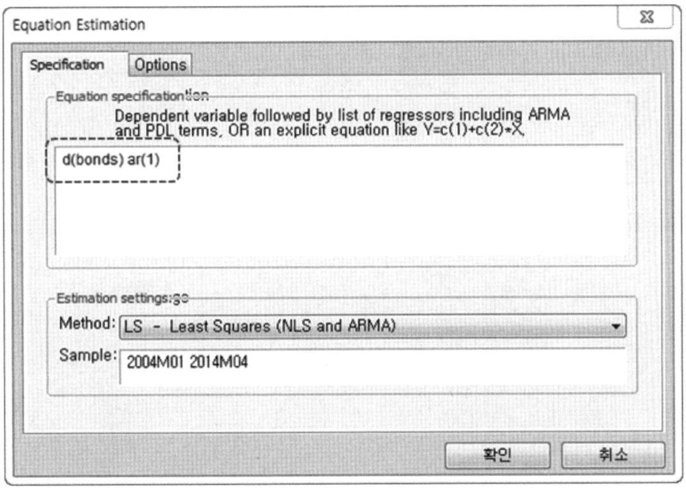

3. 풀다운 메뉴 중 **Proc → Forecast...**를 선택한 후에 Forecast sample란의 두 번째 시점을 '2015m04'로 수정한 후 실행한다.

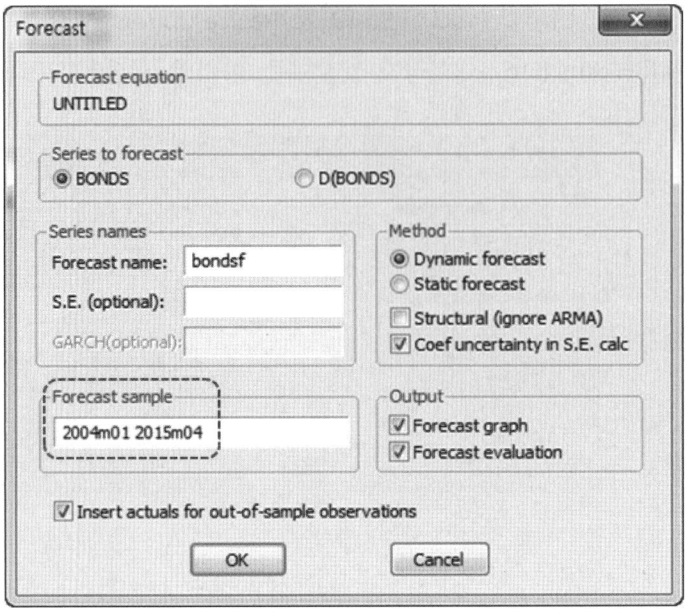

그 결과 'bondsf'라는 이름으로 Workfile에 예측값이 생성되며, 예측값은 모두 '10.06536'임을 알 수 있다. 만일 "Forecast" 대화상자의 Method란에 'Static forecast'를 선택하면, 첫 예측 시점인 2014년 5월의 하나의 예측값인 '9.004692'만이 출력된다. 참고로 이 예측값은 'dynamic' 예측값보다 낫다.

풀다운 메뉴 중 **Quick → Graph...**를 선택한 후 "Series List" 대화상자에 두 개의 계열을 입력하면,

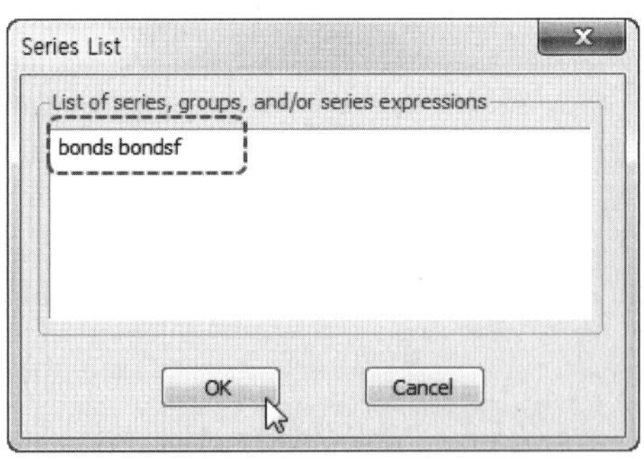

아래와 같이 관측값과 예측값이 거의 일치함을 알 수 있다. 물론 여기에서 'bondsf'는 Static 예측값이다.

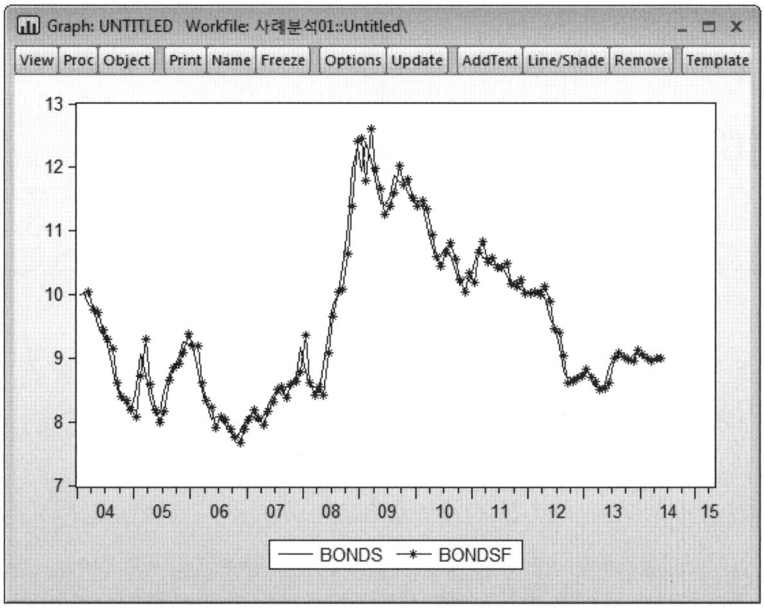

[그림 C1.17] 관측값과 ARIMA(1,1,0) 모형 예측값의 시계열도표

C1.5 [사례분석 1]을 마치며…

본 사례분석에서는 계절성이 존재하지 않는 시계열자료를 예측하기 위해서, 두 가지 ARIMA 모형 중 ARIMA(1,1,0) 모형을 최적모형으로 선택하였다. 최종모형을 판가름하는 척도로서 '모수절약의 원칙'과 '모형적합통계량'을 사용하였다.

09

주기성이 존재하는 ARIMA 모형

9.1 주기성 및 계절적 변동을 감지하는 방법

경제 및 경영에 관련된 자료를 시계열도표로 표현하여 관찰할 때 흔히 주기적 패턴을 발견할 수 있다. 예를 들면, 에어컨 매출액을 예측할 경우 다른 계절에 비해 여름에 판매량이 급증하는 패턴을 매년 발견할 수 있을 것이다. 여러 주류 중에서 맥주의 경우 여름에, 소주의 경우는 겨울에 각각 다른 계절에 비해 소비량이 많을 것이다. 이러한 형태는 주기성이 존재하는 것으로, 흔히 '계절적 변동이 존재한다'고 표현한다. 물론 이러한 주기성은 기후, 사회적인 관습, 취향 및 기호 등에 따라 시계열자료에 다양하게 나타난다.

그렇다면 이러한 계절성을 판단하기 위한 도구는 무엇이며, 이 도구를 통해 어떻게 판단할 수 있을까? 우선 앞에서 언급한 바와 같이, 1차적인 방법으로 시계열도표를 그린 후 일정 간격의 주기를 나눈다. 예를 들어 월별 자료의 경우 주기의 길이(s)는 12개, 분기별 자료는 4개, 반기별 자료는 2개를 하나의 주기로 간주한다. 그리고 각 주기마다 다른 시점에 비해 규칙적으로 월등히 크거나 작은 값을 갖는 시점을 발견할 수 있으면 주기성이 존재한다고 말할 수 있을 것이다.

다음 주어진 두 개의 시계열자료를 통해서 계절성 존재 여부를 파악하는 방법을 습득하기 바란다.

예제 1.5 다음은 1999년 1월에서 2008년 12월에 걸친 특정 모피의류회사의 매출액 시계열자료(총 120개)를 시계열도표로 나타낸 것이다(의료매출액.wf).

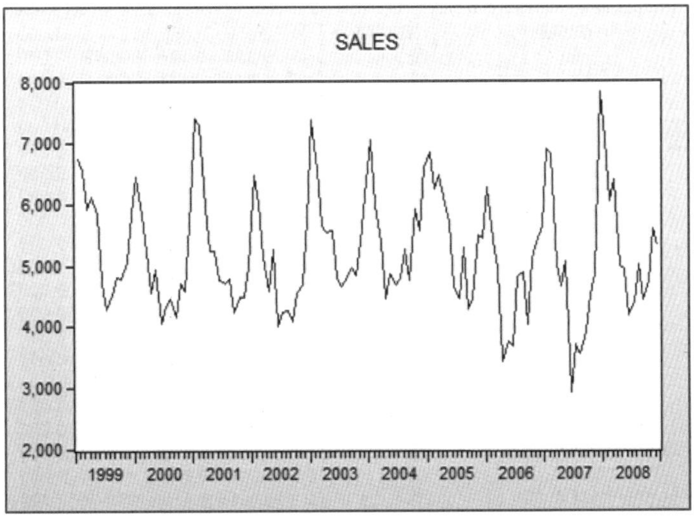

[그림 1.26] 의료매출액의 시계열도표

주기(s)를 12개월로 고려할 때 매년 11월과 12월의 매출액이 다른 달에 비해서 많다는 사실을 알 수 있다. 이를 통해서 이 시계열에 계절적 변동이 존재 가능성이 있다.

시계열도표에 비해 좀 더 객관적으로 주기성의 존재 여부를 파악할 수 있는 또 다른 도구는 바로 자기상관함수이다. 우선 예약건수 시계열자료에 대한 자기상관함수를 살펴보자(표 1.27 참고).

부호가 번갈아 바뀌면서 사인곡선의 형태가 반복되는 패턴을 발견할 수 있다. 이는 주기의 길이(12)의 분수시차(1/2, 1/3, 1/4 등) 중 이 경우 1/2에 해당하는 시차들(6, 12, 18, 24 등)에 해당하는 스파이크가 밖으로 튀어나와 있다고 표현할 수 있다. 분명한 것은 계절시차인 시차 12와 24에 해당하는 스파이크가 신뢰한계선 밖으로 튀어나와 있음을 알 수 있다. 즉, 주기의 길이가 12일 때 이것의 배수(12, 24) 시차에 해당하는 자기상관계수가 통계적으로 유의하며, 이는 계절적인 변동이 존재함을 의미한다.

[표 1.27] 의료매출액의 자기상관함수

Sample: 1999M01 2008M12
Included observations: 120

Autocorrelation	Partial Correlation		AC	PAC	Q-Stat	Prob
		1	0.659	0.659	53.476	0.000
		2	0.329	-0.187	66.919	0.000
		3	0.041	-0.171	67.132	0.000
		4	-0.266	-0.316	76.090	0.000
		5	-0.434	-0.124	100.06	0.000
		6	-0.530	-0.227	136.18	0.000
		7	-0.422	0.074	159.22	0.000
		8	-0.289	-0.148	170.11	0.000
		9	-0.106	0.022	171.60	0.000
		10	0.184	0.173	176.10	0.000
		11	0.448	0.275	203.11	0.000
		12	0.556	0.058	244.94	0.000
		13	0.381	-0.267	264.77	0.000
		14	0.162	-0.112	268.39	0.000
		15	-0.062	-0.035	268.92	0.000
		16	-0.256	0.097	278.12	0.000
		17	-0.369	-0.031	297.49	0.000
		18	-0.415	-0.102	322.21	0.000
		19	-0.365	-0.132	341.55	0.000
		20	-0.249	0.049	350.64	0.000
		21	-0.020	0.176	350.70	0.000
		22	0.204	-0.052	356.94	0.000
		23	0.417	0.041	383.23	0.000
		24	0.534	0.140	426.70	0.000
		25	0.363	-0.104	447.06	0.000
		26	0.124	-0.136	449.46	0.000
		27	-0.103	-0.087	451.15	0.000
		28	-0.241	0.114	460.39	0.000
		29	-0.367	-0.066	482.11	0.000
		30	-0.404	0.056	508.65	0.000

따라서 시계열도표와 자기상관함수를 통해서 매출액 자료 내에 계절적인 변동이 분명히 존재하는 것을 알 수 있다.

예제 1.6 다음에 주어진 시계열도표는 1969년 1월부터 1978년 12월까지 항공기로 수송한 월별 화물량을 나타낸 것이다(화물선적량.wf).

매년 8월의 화물수송량은 다른 달에 비해 상대적으로 많은 반면에, 매년 2월은 상대적으로 적다는 것을 알 수 있다. 이는 계절적인 변동이 존재함을 암시한다. 추가로 아래 주어진 자기상관함수를 살펴보면, 계산된 자기상관계수 모두가 양의 부호를 하며 스파이크들이 여러 개의 봉우리 모양을 한다.

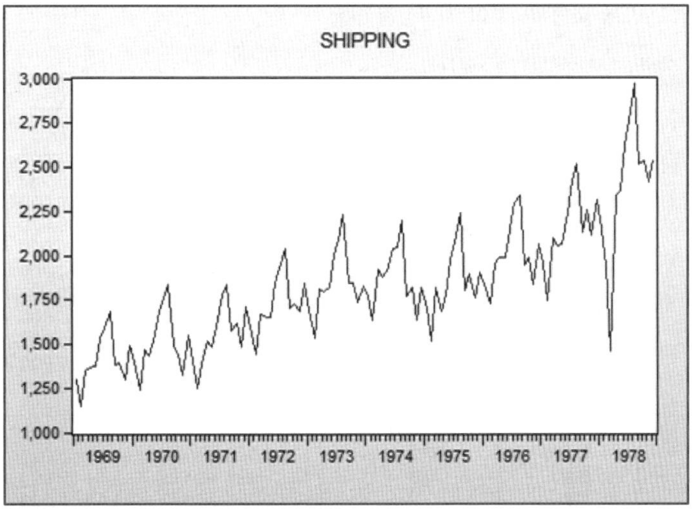

[그림 1.28] 화물선적량의 시계열도표

[예제 1.5]에서 다룬 자기상관함수와 다소 다른 양상이지만, 시차 12와 24에 해당하는 스파이크가 다른 시차의 것들과 달리 유난히 큰 값(봉우리)을 가지고 있다. 눈여겨보아야 할 점은 '시차 12'에 해당하는 스파이크가 신뢰한계선 밖으로 튀어나와 있음을 알 수 있다(표 1.29 참고). 계절시차(12, 24 등)에 해당하는 스파이크가 통계적으로 유의하기 때문에 계절적인 변동이 분명히 존재함을 확신할 수 있다. 역시 시계열도표와 자기상관함수를 사용하여 화물선적량 자료 내에 계절적인 변동이 존재함을 알 수 있다.

지금까지 특히 자기상관함수를 사용하여 계절적 변동이 존재하는 두 개의 시계열자료에 대해서 살펴보았으며, 이때 자기상관함수가 부호가 모두 양(+)이면서 봉우리 형태가 반복되거나, 부호가 번갈아 바뀌는 사인곡선의 패턴인 형태를 하고 있었다. 그러나 무엇보다도 '자기상관함수의 계절적인 시차의 배수(월별 자료인 경우 12, 24 등) 중 하나 이상에 통계적으로 유의한 스파이크가 발견되면 계절적인 변동이 존재한다'는 점을 주목하자.

[표 1.29] 화물선적량의 자기상관함수

Sample: 1969M01 1978M12
Included observations: 120

Autocorrelation	Partial Correlation		AC	PAC	Q-Stat	Prob
		1	0.815	0.815	81.799	0.000
		2	0.716	0.151	145.32	0.000
		3	0.605	-0.042	191.09	0.000
		4	0.545	0.086	228.62	0.000
		5	0.447	-0.102	254.00	0.000
		6	0.375	-0.013	272.11	0.000
		7	0.390	0.253	291.81	0.000
		8	0.415	0.128	314.31	0.000
		9	0.419	0.004	337.47	0.000
		10	0.490	0.281	369.46	0.000
		11	0.529	0.039	407.04	0.000
		12	0.620	0.236	459.07	0.000
		13	0.508	-0.391	494.36	0.000
		14	0.427	-0.186	519.54	0.000
		15	0.351	0.020	536.70	0.000
		16	0.322	0.108	551.29	0.000
		17	0.250	-0.018	560.17	0.000
		18	0.171	-0.115	564.36	0.000
		19	0.194	0.116	569.80	0.000
		20	0.214	-0.020	576.54	0.000
		21	0.232	0.084	584.48	0.000
		22	0.264	-0.099	594.87	0.000
		23	0.305	0.028	608.87	0.000
		24	0.393	0.189	632.46	0.000
		25	0.296	-0.234	645.96	0.000
		26	0.235	-0.031	654.56	0.000
		27	0.173	-0.035	659.27	0.000
		28	0.145	-0.008	662.63	0.000
		29	0.078	-0.016	663.61	0.000
		30	0.008	0.033	663.62	0.000

그렇다면 계절적인 변동 또는 주기성이 존재하는 시계열자료에 대해서는 어떻게 ARIMA 모형을 구축할까? 계절형 ARIMA 모형 역시 비계절형 자료에서 사용했던 반복적인 모형 구축 단계(식별, 추정, 모형진단)를 그대로 적용하면 된다. 그리고 주기의 길이를 s (예: 월별 자료의 경우는 12, 분기별 자료의 경우는 4)로 표시하며, 차분을 할 경우 s만큼 하게 된다. 즉, 주기성 차분을 수식으로 나타내면 $y_t - y_{t-s}$가 된다. 식별 단계에서 시차 s의 배수들$(s, 2s, 3s, \cdots)$에 해당하는 추정된 자기상관계수들과 추정된 편자기상관계수에 주목한다. 물론 비계절형 ARIMA 모형을 식별할 때 두 상관함수의 단기시차(예: 1, 2, 3, 4)에만 신경을 쓴다.

그러나 대부분 경제 및 경영에 관련된 자료의 경우, ARIMA 모형을 구축할 때 계절적 변동과 비계절적 변동이 동시에 존재한다. 이 경우 모수절약의 원칙에 입각하여 두 패턴을 분리시켜 실현값을 통계적으로 적절히 표현할 수 있는 모형을 찾는데 노력해야 한다.

9.2 계절적 프로세스에 대한 이론적 자기상관함수와 편자기상관함수

계절형 ARIMA 모형을 구축하는 과정은 비계절형 ARIMA 모형의 경우와 거의 동일하다. 다시 말해서 식별 단계에서 자료계열에 근거한 두 개의 추정된 상관함수를 계산하고, 이들과 두 개의 이론적인 상관함수를 각각 비교하여 한 개 이상의 임시모형을 선택한다. 모형 내에 포함된 모수(들)를 추정한 후 잔차 자기상관함수를 통하여 백색잡음들의 독립성 여부를 검정한다. 만일 귀무가설이 기각되면 잔차 자기상관함수를 통해 또 다른 모형을 임시로 재식별할 수 있다.

비계절형 시계열자료와는 달리, 계절형 시계열자료가 갖는 특성은 주기성 길이(s)만큼 간격을 둔 관측값($y_t, y_{t-s}, y_{t+s}, y_{t-2s}, y_{t+2s}, \cdots$)들이 서로 상관되었다는 것이다. 그래서 계절형 계열에 대해 시차 s의 배수들 중 하나 내지 두 개의 시차에 해당하는 추정된 자기상관계수와 편자기상관계수는 '0'이 아니다.

계절형 계열이 갖는 두 개의 상관계수는 시차들($s, 2s, 3s, \cdots$)에서 두드러진 값을 갖는 반면에 비계절형 계열에 근거하는 두 개의 상관계수는 단기시차 1, 2, 3,$\cdots$ 에서 두드러진다. 예를 들어 계수 $\phi_1 = 0.7$인 비계절형 AR(1) 프로세스가 갖는 이론적 자기상관함수는 다음 주어진 표와 같이 지수함수 형태로 서서히 감소한다.

k	ρ_k
1	0.7
2	0.49
3	0.34
$\cdots$	$\cdots$

반면에 s=4인 계절형 자기회귀 프로세스에 근거한 이론적 자기상관함수 역시 지수함수 형태로 서서히 감소하지만, 옆의 표와 같이 계절시차(4, 8, 12,$\cdots$)에만 해당하는 자기상관계수들에서 두드러진 값을 갖는다.

그렇다면 계절형 ARIMA 프로세스에 대응하는 두 개의 상관함수 형태는 어떨까? 우선 두 개의 간단한 형태의 계절형 ARIMA 프로세스를 ARIMA 표기법으로 나타내보자.

첫째, 주기성의 길이가 s인 계절형 AR 프로세스는

$$y_t = C + \Phi_s y_{t-s} + \epsilon_t$$

또는

$$(1-\Phi_s B^s)\widetilde{y_t} = \epsilon_t \tag{1.51}$$

이다. 반면에 주기성의 길이가 s인 계절형 MA 프로세스는

$$y_t = C - \Theta_s \epsilon_{t-s} + \epsilon_t$$

또는

$$\widetilde{y_t} = (1-\Theta_s B^s)\epsilon_t \tag{1.52}$$

이다.

다음 주어진 [그림 1.30]은 식 (1.51)과 (1.52)에 해당하는 두 개의 이론적인 상관함수의 형태이다. 시차 1, 2, 3,⋯ 대신 시차 s의 배수$(s, 2s, 3s, \cdots)$에 해당하는 상관계수값들이 '0'이 아니라는 것을 제외하고는 비계절형 AR(1) 프로세스와 MA(1) 프로세스의 상관함수와 각각 동일하다. 즉, 식 (1.51)에 주어진 프로세스에 해당하는 이론적인 자기상관함수는 시차 $s, 2s, 3s, \cdots$에서 지수함수 형태로 감소하거나 사인곡선 형태로 부호가 바뀌면서 감소한다. 반면에 식 (1.52)의 프로세스 경우, 시차 s에 해당하는 이론적인 자기상관계수에서 두드러진 스파이크가 나타나며, 나머지 계절시차들$(s, 2s, 3s, \cdots)$에 해당하는 자기상관계수 모두 '0'으로 절단되는 형태이다.

계절형 ARIMA 프로세스에 대응하는 이론적인 편자기상관함수 역시 앞에서 언급한 자기상관함수와 마찬가지로 시차 1, 2, 3, ⋯ 대신에 시차 s의 배수$(s, 2s, 3s, \cdots)$에 해당하는 상관계수값들이 '0'이 아니라는 것을 제외하고는, 비계절형 AR(1) 프로세스와 MA(1) 프로세스의 이론적인 편자기상관함수의 형태와 같다.

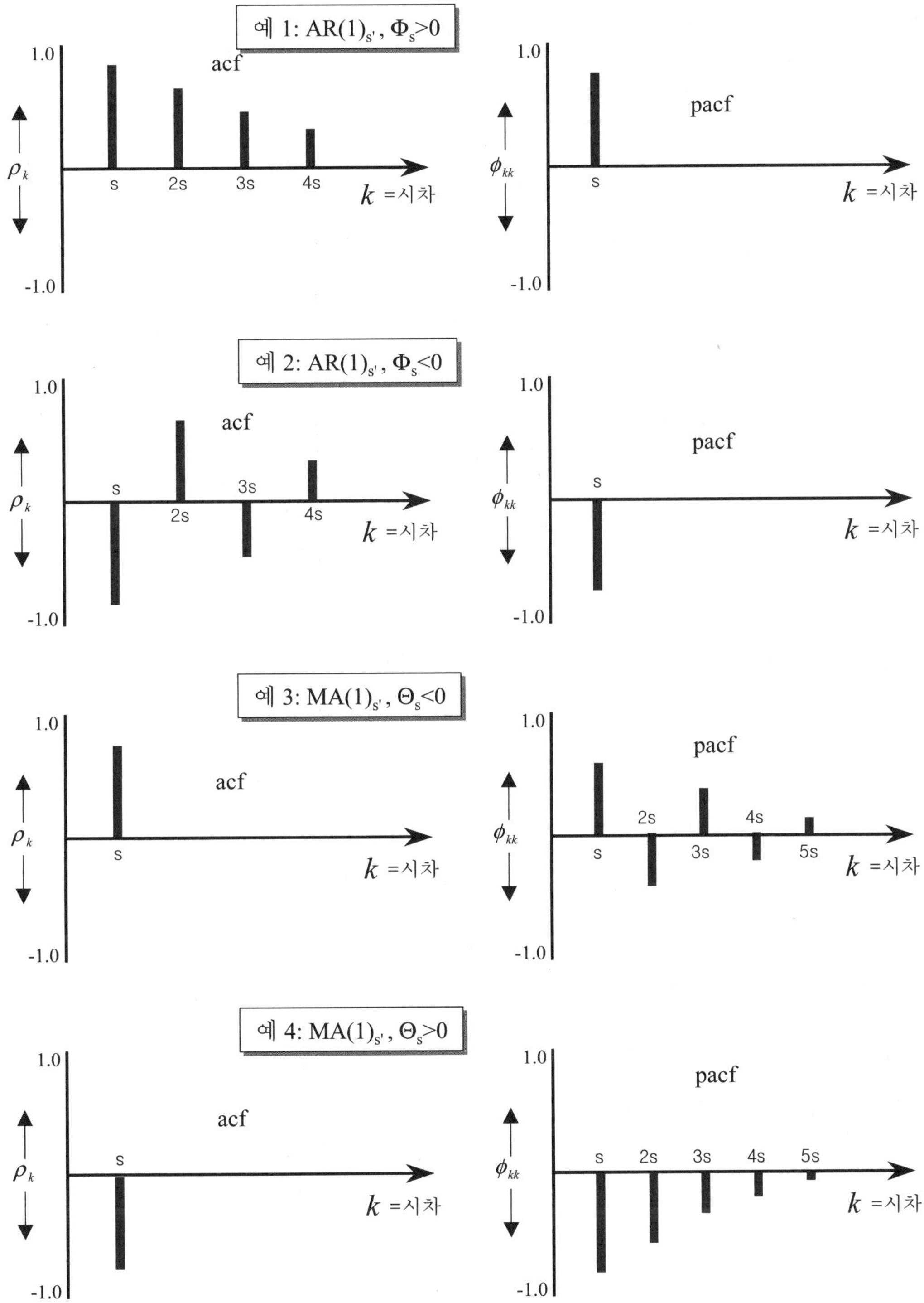

[그림 1.30] 4개의 정상적 계절형 프로세스의 이론적 acf와 pacf

9.3 계절적 차분(seasonal differencing)

비정상적 계절형 프로세스가 갖는 자기상관함수는 비정상적 비계절형의 것과 유사하다는 것이다. 즉, 만일 계절형 프로세스의 평균이 비정상적이면, 다음 주어진 [그림 1.31]과 같이 계절시차($s, 2s, 3s, \cdots$)에 해당하는 자기상관계수들이 특별히 클 필요는 없지만 서서히 '0'으로 감소한다는 점에 초점을 두어야 한다.

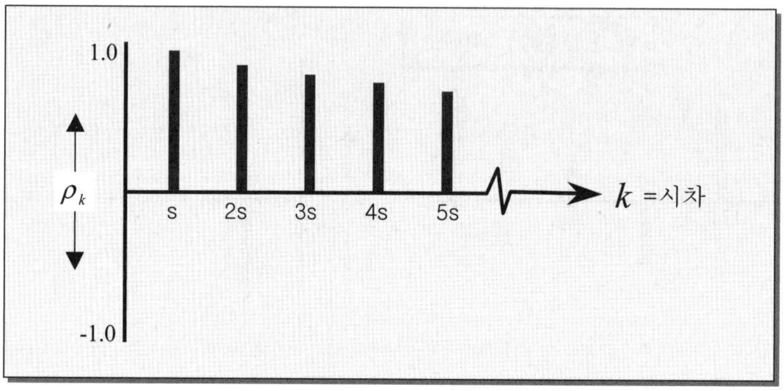

[그림 1.31] 비정상적 계절형 프로세스의 이론적인 자기상관함수

예를 들어 다음 주어진 의류 매출액에 대한 계절적인 시차(12, 24, 36 등)에 해당하는 자기상관함수 [표 1.27]을 고려해보자.

시차 12와 24에 해당하는 자기상관계수 모두가 신뢰한계선 밖으로 튀어나와 있다. 이는 여전히 계절적인 변동이 존재함을 암시하고 있다. 시차 12와 24만을 보면 서서히 감소하는 패턴을 보여주기 때문에, 의류매출액 시계열자료는 비정상적 계절형임을 알 수 있다.

이 경우 계절적인 변동에 대해 정상성을 만족시키기 위해서 계절적인 차분을 실시해야 할 것이다. 계절적 차분은 실현값의 평균이 계절적 패턴에 따라 변할 때 필요하며, 계절적 1차 차분은 $y_t - y_{t-s}$로 표현된다. 이는 4.1절에서 다룬 비계절적 차분과 같은 개념으로 이해하면 된다.

매출액자료에 대해서 계절적 1차 차분(D_t^s)을 하기 위해서는 각 관측값에서 12시점 앞당겨 있는 관측값을 빼면 된다.

$$D_{13}^s = y_{13} - y_1 = 1403 - 1299 = 104$$

$$D_{14}^s = y_{14} - y_2 = 1243 - 1148 = 95$$

$$\cdots$$

계절적 1차 차분을 실시한 결과 총 12개의 관측값이 자동적으로 제거되었다. 이는 12개 관측값의 정보가 손실되었다는 의미이다. 이런 면에서 경험적으로 ARIMA 모형을 적용하기 위해서 적어도 50개 관측값이 필요하다.

[표 1.32] 화물선적량의 1차 계절차분 후 자기상관함수

Sample: 1969M01 1978M12
Included observations: 108

Autocorrelation	Partial Correlation		AC	PAC	Q-Stat	Prob
		1	0.510	0.510	28.840	0.000
		2	0.454	0.262	51.940	0.000
		3	0.331	0.039	64.350	0.000
		4	0.221	-0.047	69.916	0.000
		5	0.148	-0.030	72.436	0.000
		6	0.146	0.065	74.915	0.000
		7	0.148	0.075	77.505	0.000
		8	0.124	0.006	79.342	0.000
		9	0.106	-0.017	80.689	0.000
		10	0.109	0.025	82.135	0.000
		11	0.060	-0.031	82.578	0.000
		12	-0.058	-0.163	82.991	0.000
		13	-0.011	0.047	83.006	0.000
		14	-0.060	-0.014	83.466	0.000
		15	-0.102	-0.072	84.783	0.000
		16	-0.039	0.058	84.976	0.000
		17	-0.054	-0.016	85.356	0.000
		18	-0.075	-0.049	86.096	0.000
		19	-0.061	0.006	86.589	0.000
		20	-0.100	-0.062	87.934	0.000
		21	-0.088	0.007	88.997	0.000
		22	-0.108	-0.005	90.617	0.000
		23	-0.117	-0.045	92.523	0.000
		24	-0.034	0.086	92.690	0.000
		25	-0.069	-0.015	93.378	0.000
		26	-0.039	-0.018	93.594	0.000
		27	-0.014	0.012	93.622	0.000
		28	-0.048	-0.024	93.969	0.000
		29	-0.058	-0.037	94.478	0.000
		30	-0.059	-0.014	95.017	0.000

계절시차(12, 24)의 자기상관계수는 통계적으로 유의하지 않을 만큼 현저하게 감소하였다. 즉, 계절적 차분된 시계열이 정상적이 되었다(표 1.32 참고).

3.1~3.2절에서 소개한 후향연산자(B)와 차분연산자(∇)를 사용하여 주기의 길이가 s인

계절적 차분을 표기하면, $\nabla_s^D y_t \equiv (1-B^s)^D y_t$가 된다.

예를 들어 계절적 1차 차분($D=1$)은 다음과 같다.

$$\begin{aligned}\nabla_s y_t &= (1-B^s)y_t \\ &= y_t - y_t B^s \\ &= y_t - y_{t-s}\end{aligned}$$

여기에서 y_t 대신에 $\widetilde{y_t}(=y_t-\mu)$를 사용하더라도 앞과 똑같은 결과를 얻는다. 다시 말해서

$$\begin{aligned}\nabla_s \widetilde{y_t} &= (1-B^s)(y_t-\mu) \\ &= y_t - y_t B^s - \mu + \mu B^s \\ &= y_t - y_{t-s} - \mu + \mu \\ &= y_t - y_{t-s}\end{aligned}$$

이다.

9.4 승법(multiplicative) ARIMA 모형

경제와 경영에 관련된 대부분의 실현값은 계절적 패턴 및 비계절적 패턴을 동시에 포함하고 있다. 물론 이런 형태의 시계열자료를 ARIMA 모형으로 구축하기 위해서는 비계절적 변동와 계절적 요소를 각각 분리시켜야 할 것이다. 이를 하기 위해 필요한 도구는 역시 실현값에 근거하여 추정된 자기상관함수와 편자기상관함수이다.

우선 계절적 요소와 비계절적 요소를 동시에 포함하는 승법 ARIMA$(p,d,q)(P,D,Q)_s$ 모형을 다음과 같이 표현할 수 있다.

$$\phi_p(B)\Phi_P(B^s)\nabla^d\nabla_s^D\widetilde{y_t} = \Theta_Q(B^s)\theta_q(B)\epsilon_t \tag{1.53}$$

여기에서 $\Phi_P(B^s) = (1-\Phi_s B^s - \Phi_{2s}B^{2s} - \cdots - \Phi_{Ps}B^{Ps})$,

$\nabla_s^D = (1-B^s)^D$

$\Theta_Q(B^s) = (1-\Theta_s B^s - \Theta_{2s}B^{2s} - \cdots - \Theta_{Qs}B^{Qs})$

$$\nabla^d = (1-B)^d$$

$$\phi(B) = (1-\phi_1 B - \phi_2 B^2 - \cdots - \phi_p B^p)$$

$$\theta(B) = (1-\theta_1 B - \theta_2 B^2 - \cdots - \theta_q B^q)$$

여기에서 (p,d,q)는 비계절적 차수를, $(P,D,Q)_s$는 계절적 차수를 나타낸다.

승법 ARIMA 모형의 이해를 돕기 위해서, 다음과 같이 두 개의 모형을 수학적인 식으로 나타낼 수 있다.

1) ARIMA(0,1,1)(1,1,0)12모형 :

$$(1-\Psi_{12} B^{12})(1-B)(1-B^{12})\widetilde{y_t} = (1-\theta_1 B)\epsilon_t$$

2) ARIMA(0,1,1)(0,1,1)12모형 :

$$(1-B)(1-B^{12})\tilde{y}_t = (1-\Theta_{12} B^{12})(1-\theta_1 B)\epsilon_t$$

9.5 승법 ARIMA 모형의 정상성과 가역성

4.1절과 4.3절에서 비계절형 ARIMA 모형의 정상성 조건과 가역성 조건에 대해 알아보았다. 계절형 ARIMA 모형에 대한 두 가지 조건은 언급하지 않았지만, 비계절형 ARIMA 모형과 동일하다. 다음 고려할 승법 ARIMA 모형의 정상성 조건과 가역성 조건을 습득하여 부가적으로 계절형 ARIMA 모형에 해당하는 이 두 가지 조건을 쉽게 이해할 수 있다.

승법 ARIMA 모형을 표현하는 식 (1.53)을 통해 계절적 부분과 비계절적 부분에 각각 해당하는 정상성 조건과 가역성 조건을 손쉽게 점검할 수 있다. 즉, 계절적 요소의 계수(들)와 비계절적 요소의 계수(들)를 따로 분리하여 두 조건을 각각 점검한다.

다음 주어진 $\text{ARIMA}(2,0,1)(1,0,2)_s$ 모형을 예를 들어 설명해보자. 승법 ARIMA 모형 형태로 표현하면,

$$(1-\phi_1 B - \phi_2 B^2)(1-\Phi_s B^s)\widetilde{y_t} = (1-\Theta_s B^s - \Theta_{2s} B^{2s})(1-\theta_1 B)\epsilon_t$$

이다. 정상성 조건은 계절적 요소와 비계절적 요소에 해당하는 자기회귀계수에만 적용하므로, 비계절적 요소에 대한 정상성 조건은 4.1절에서 언급한 AR(2)의 정상성 조건과 동

일하다. 즉, $|\phi_2| < 1$, $\phi_2 + \phi_1 < 1$, $\phi_2 - \phi_1 < 1$이다. 그리고 계절적 요소에 대한 정상성 조건은 비계절적 AR(1) 모형과 마찬가지로 $|\Phi_s| < 1$이다.

가역성 조건은 계절적 요소와 비계절적 요소에 해당하는 이동평균(MA)계수에만 적용하므로, 비계절적 요소에 대한 가역성 조건은 4.3절에서 언급한 MA(1)의 가역성 조건 ($|\theta_1| < 1$)과 같다. 반면에 계절적 요소에 대한 가역성 조건은 비계절적 MA(2) 모형과 같이, $|\Theta_{2s}| < 1$, $\Theta_{2s} + \Theta_s < 1$, $\Theta_{2s} - \Theta_s < 1$ 이다.

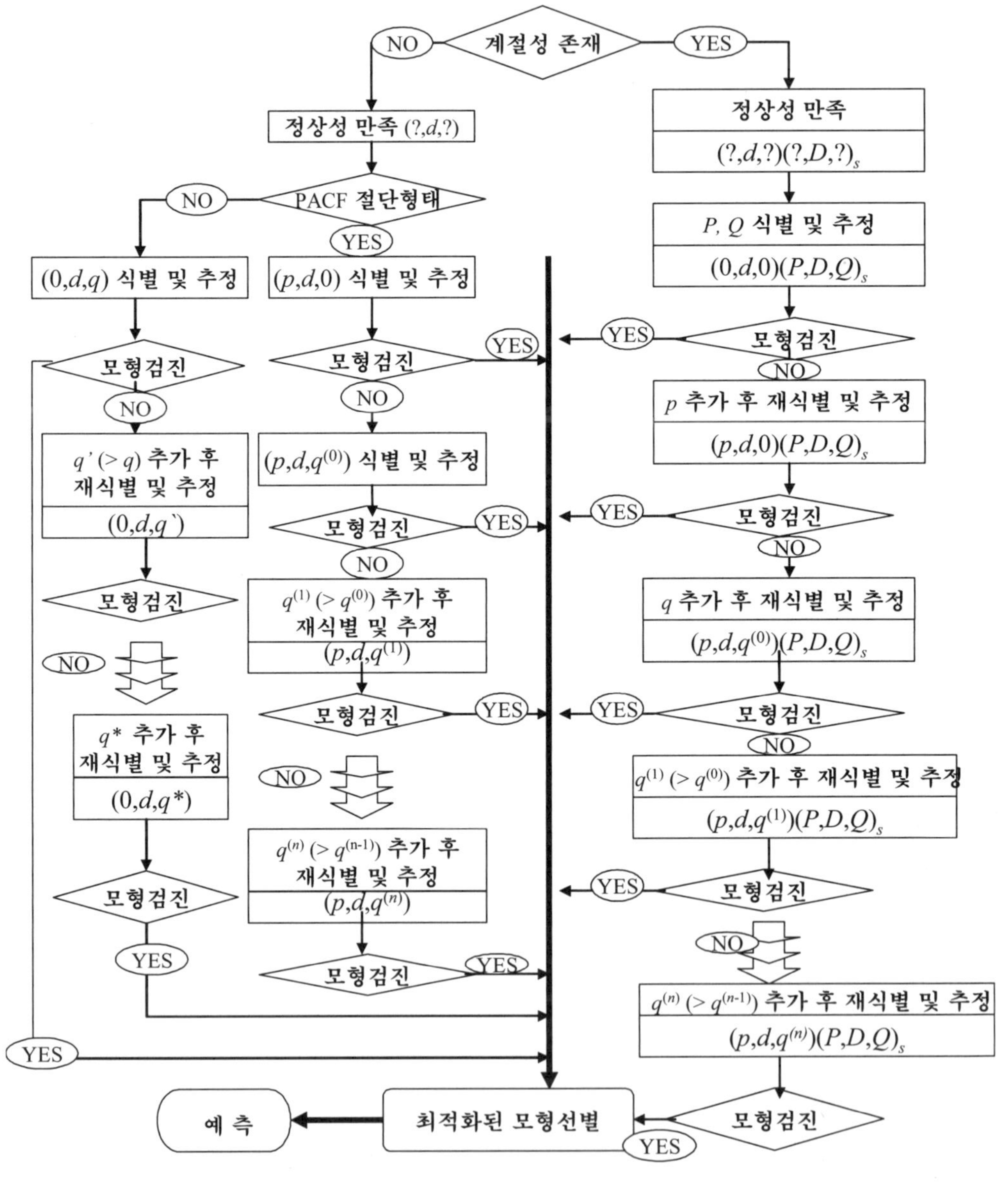

[그림 1.33] 실전적 ARIMA 모형 구축의 로드맵

사례분석 2

광공업 생산지수

C2.1 자료 설명

[그림 C2.1]은 2007년 1월부터 2014년 3월까지(총 87개) 월별 광공업생산지수(index of industrial product, 鑛工業生産指數)를 시계열도표로 나타낸 것이다(사례분석02.wf).

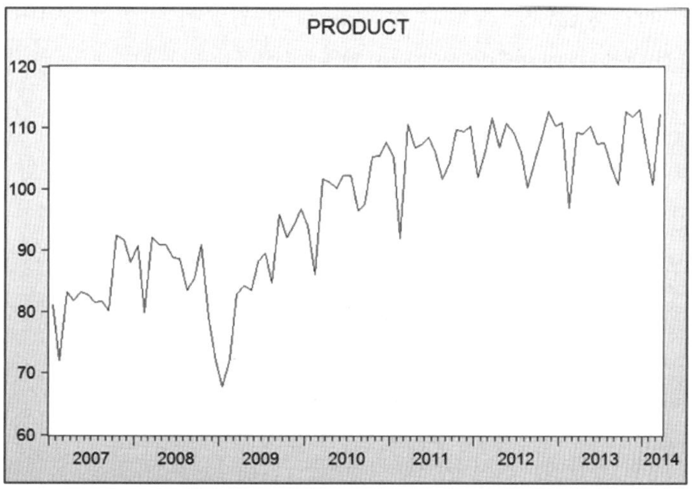

[그림 C2.1] 광공업생산지수 시계열도표

광공업생산지수는 광공업 생산량의 시간적 변화를 통계비례수로 나타낸 것으로, 월간 또는 연간 생산량의 경우 실제 생산량만을 가지고는 변화를 알 수가 없기 때문에 어느 특정한 해를 100으로 기준하여 그 해의 생산량을 비교하는 방식으로 지수가 산출된다. 산업생산지수는 광업·철강·기계·섬유·화학제품·식료·펄프 등 종류가 서로 다른 상품의 종합생산지수이며 단순 산술평균이 아닌 가중평균치로 계산된다. 전체 경기의 흐름과 거의 유사하게 움직이는 대표적인 동행지표로서 경기를 예측하는 대표적인 경제지표이므로 경기동향을 파악할 때 GDP와 더불어 핵심적인 지표로 사용된다(매일경제).

우선 시계열의 평균수준이 시간의 흐름의 따라 상승하며, 매년 8월에 가장 작은 값을 갖는 동일한 패턴이 반복하여 발생하는 것을 알 수 있다. 이는 수준(평균)을 정상적으로 만들기 위해서 비계절적 차분이 필요하며, 계절적 변동이 존재하는 것으로 추측할 수 있다. 월별 자료이므로 계절성 주기의 길이는 '12'이며, 12의 배수시차의 추정된 자기상관함수와 편자기상관함수에 특별한 관심을 가져야 할 것이다.

2008년도 국제금융위기에 기인하여 갑작스럽게 생산지수가 하강하였지만, 시각적으로 시간의 흐름에 따라 시계열의 분산은 거의 일정해 보인다. 이는 분산을 일정하게 만들기 위해 대수변환과 같은 변수변환을 반드시 실시할 확실한 근거는 없다.

C2.2 예비 단계(정상성 및 계절성 점검)

다음 추정된 자기상관함수(표 C2.2 참고)를 통해 평균이 비정상적이며 비계절적 1차 차분($d=1$)이 필요하다는 것을 알 수 있다. 왜냐하면 단기시차들에 해당하는 자기상관함수가 서서히 감소하며(예: 0.843,0.775,0.740,0.707,0.714, 0.702), 단위근검정(표 C2.3 참고)에서 p값(0.2062)이 5%보다 훨씬 크기 때문에 "시계열자료의 평균이 비정상적이다"라는 귀무가설을 채택한다.

[표 C2.2] 원자료에 대한 자기상관함수

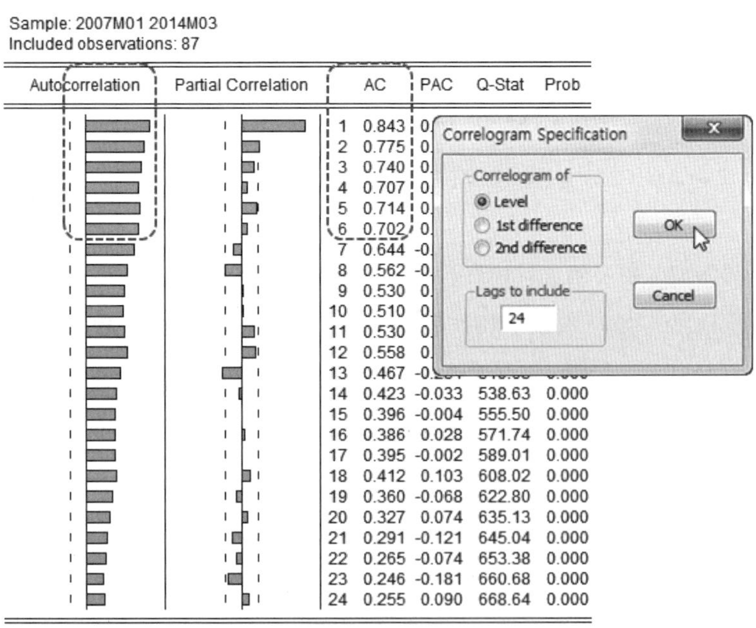

[표 C2.3] 원자료에 대한 단위근검정

Null Hypothesis: PRODUCT has a unit root
Exogenous: Constant
Lag Length: 1 (Automatic - based on SIC, maxlag=11)

		t-Statistic	Prob.*
Augmented Dickey-Fuller test statistic		-2.204823	0.2062
Test critical values:	1% level	-3.509281	
	5% level	-2.895924	
	10% level	-2.585172	

*MacKinnon (1996) one-sided p-values.

[그림 C2.1]～[표 C2.3]을 통해서 평균의 정상성을 만족시키기 위해서 비계절 차분을 실시함을 알 수 있으며, [그림 C2.4]～[표 C2.6]은 각각 비계절적 1차 차분 후 자료를 시계열도표, 자기상관함수, 단위근검정을 나타낸 것이다. 참고로 PRODUCT를 비계절적 1차 차분($d=1$)한 변수 d_product를 생성하기 위해서 “Generate Series by Equation” 대화상자의 ‘Enter equation’란에 명령문인 ‘d_product=d(product) 또는 d_product=d(product,1)’를 입력한다.

[그림 C2.4] 비계절적 1차 차분(d=1) 후 시계열도표

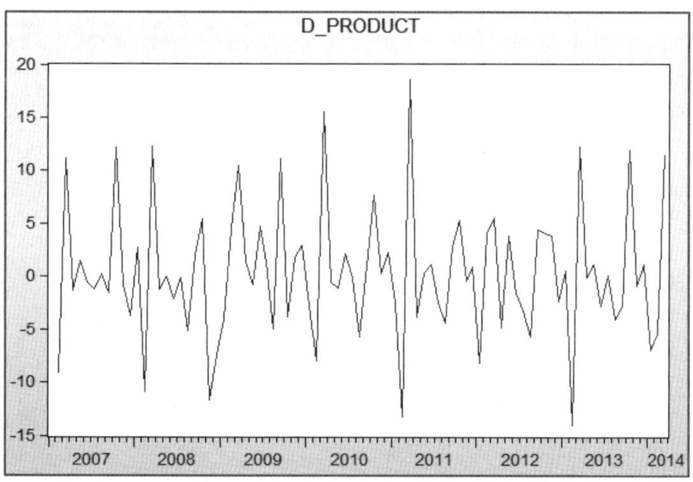

[그림 C2.4]에서 더 이상 평균이 감소하는 추세를 발견할 수 없다. 또한 비계절적 1차 차분($d=1$)을 하기 전과는 달리, [표 C2.5]의 단기시차들의 자기상관함수가 급속히 ‘0’으로 감소하며, [표 C2.6]을 통해서 더 이상의 비계절차분은 불필요함을 알 수 있다.

계절적 변동을 나타내는 계절시차(12, 24)에 해당하는 자기상관계수 중 하나 이상이

신뢰한계선 밖으로 튀어나와 있기 때문에 계절적 변동이 존재함을 알 수 있다(표 C2.5 참고). 또한 두 계절적 시차에 해당하는 자기상관계수들(0.441, 0.364)이 급격히 감소한다고 단정 지을 수 없기 때문에 비계절 1차 차분($D=1$)을 고려해야 할 것이다.

[그림 C2.5] 비계절적 1차 차분(d=1)후 자기상관함수

Sample: 2007M01 2014M03
Included observations: 86

Autocorrelation	Partial Correlation		AC	PAC	Q-Stat	Prob
		1	-0.322	-0.322	9.2246	0.002
		2	-0.093	-0.220	10.008	0.007
		3	-0.049	-0.183	10.224	0.017
		4	-0.140	-0.300	12.038	0.017
		5	0.063	-0.199	12.405	0.030
		6	0.214	0.092	16.727	0.010
		7	0.076	0.229	17.286	0.016
		8	-0.217	-0.040	21.861	0.005
		9	0.020	0.019	21.899	0.009
		10	-0.170	-0.164	24.789	0.006
		11	-0.041	-0.293	24.958	0.009
		12	0.441	0.205	44.864	0.000
		13	-0.167	0.007	47.754	0.000
		14	-0.070	-0.042	48.271	0.000
		15	-0.068	-0.050	48.767	0.000
		16	-0.085	-0.060	49.556	0.000
		17	-0.021	-0.163	49.605	0.000
		18	0.264	-0.016	57.339	0.000
		19	-0.072	-0.152	57.924	0.000
		20	-0.010	0.083	57.936	0.000
		21	-0.029	0.045	58.034	0.000
		22	-0.093	0.102	59.062	0.000
		23	-0.125	-0.217	60.953	0.000
		24	0.364	0.031	77.098	0.000

[표 C2.6] 비계절적 1차 차분(d=1)후 단위근검정

Null Hypothesis: D(PRODUCT) has a unit root
Exogenous: Constant
Lag Length: 3 (Automatic - based on SIC, maxlag=11)

		t-Statistic	Prob.*
Augmented Dickey-Fuller test statistic		-7.807431	0.0000
Test critical values:	1% level	-3.512290	
	5% level	-2.897223	
	10% level	-2.585861	

*MacKinnon (1996) one-sided p-values.

다음은 비계절적 1차 차분과 계절적 1차 차분을 동시에 행한($d=1$, $D=1$) 후 추정한 자기상관함수와 편자기상관함수를 구하기 위한 절차와 결과이다.

계열 PRODUCT를 비계절적 1차 차분($d=1$)과 계절적 1차 차분($D=1$)한 변수 dd_product

를 생성하기 위해서 “Generate Series by Equation” 대화상자의 ‘Enter equation’란에 명령문인 ‘dd_product=d(product,1,12)’ 또는 ‘dd2_product= d(d_product,0,12)’를 입력한다. 그리고 변수 dd_product에 대해 두 개의 상관함수를 계산한다.

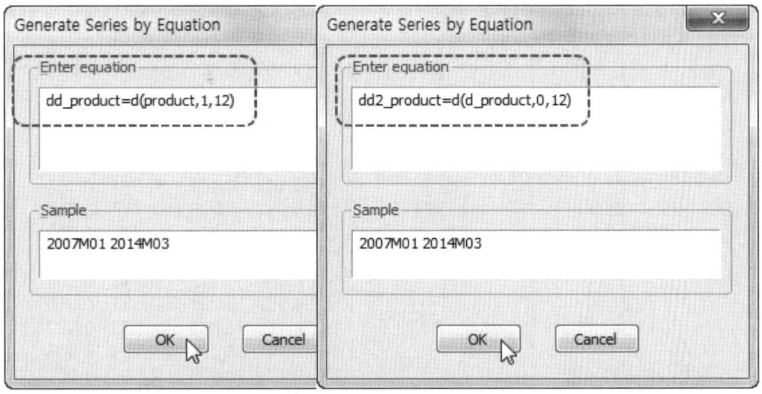

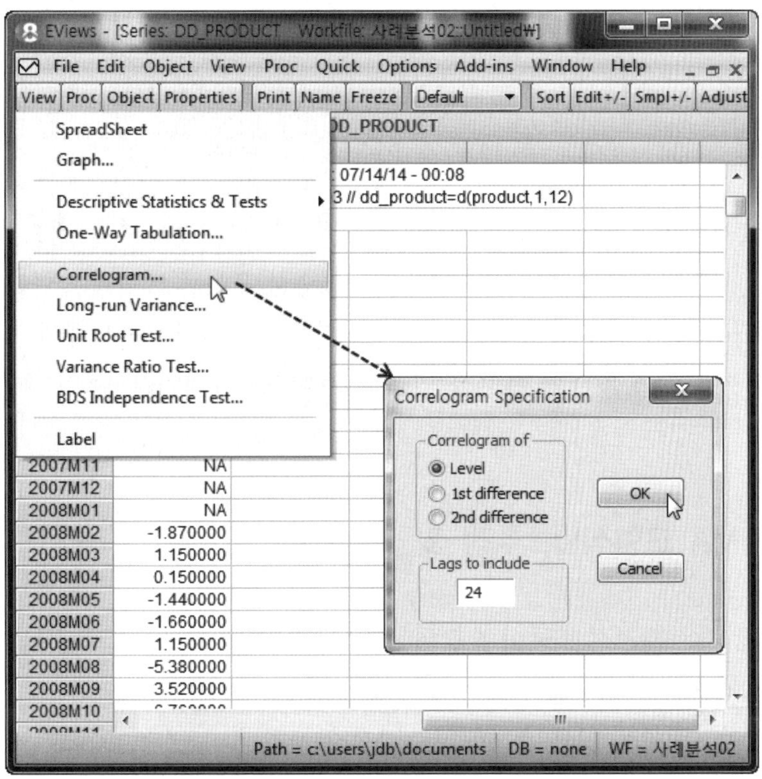

[표 C2.7] 비계절적(d=1) 및 계절적 1차 차분(D=1) 후 상관함수들

Sample: 2007M01 2014M03
Included observations: 74

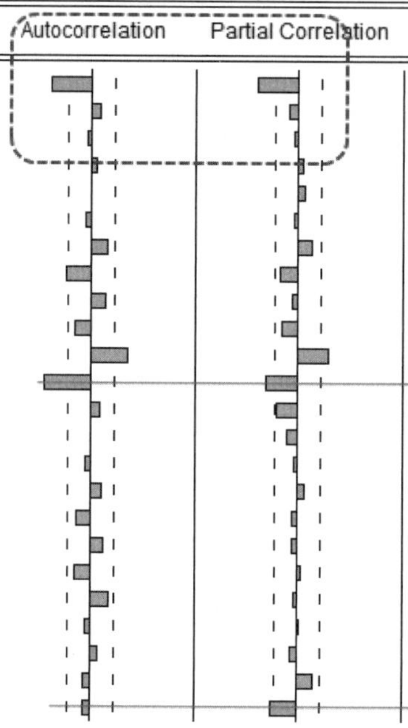

	AC	PAC	Q-Stat	Prob
1	-0.413	-0.413	13.133	0.000
2	0.096	-0.089	13.859	0.001
3	-0.030	-0.028	13.929	0.003
4	0.065	0.060	14.267	0.006
5	0.003	0.066	14.268	0.014
6	-0.058	-0.039	14.549	0.024
7	0.160	0.142	16.708	0.019
8	-0.262	-0.180	22.558	0.004
9	0.138	-0.054	24.199	0.004
10	-0.164	-0.162	26.567	0.003
11	0.353	0.299	37.717	0.000
12	-0.490	-0.332	59.472	0.000
13	0.097	-0.219	60.336	0.000
14	0.006	-0.113	60.340	0.000
15	-0.057	-0.027	60.653	0.000
16	0.111	0.081	61.853	0.000
17	-0.152	-0.050	64.129	0.000
18	0.123	-0.058	65.644	0.000
19	-0.167	0.035	68.481	0.000
20	0.174	-0.045	71.638	0.000
21	-0.062	0.011	72.050	0.000
22	0.077	-0.073	72.695	0.000
23	-0.072	0.171	73.261	0.000
24	-0.071	-0.266	73.832	0.000

단기시차들에 해당하는 자기상관계수들과 계절시차(12, 24)에 해당하는 자기상관계수들 모두 급격하게 감소하는 형태이기 때문에 비계절적 부분과 계절적 부분에 대해 더 이상의 차분이 불필요하다. 또한 '시차 12'에 해당하는 자기상관계수가 통계적으로 유의하기 때문에 여전히 시계열 내에 계절적 변동이 존재함을 재확인할 수 있다(표 C2.7 참고).

C2.3 ARIMA 모형식별, 추정 및 모형검진

계절적 변동과 비계절적 변동이 혼합된 ARIMA 모형을 효율적으로 구축하기 위해 다음 주어진 실전전략을 적용한다.

"우선 계절적 요소(P,Q)만을 추정하는 전략을 채택한 후, 계절적 요소만 포함된 모형에 근거한 잔차 자기상관함수와 잔차 편자기상관함수를 사용하여 비계절적 요소(p,q)를 식별한다."

즉, 본 사례분석의 경우 [표 C2.7]에서 계절적 요소를 식별하기 위해서 계절시차들(12, 24)에 해당하는 두 종류의 상관계수를 살펴보자. 자기상관함수의 '시차 12'에서 뚜렷한

스파이크를 발견할 수 있고 '시차 24'에서는 거의 '0'에 가깝게 절단형태이며, 잔차 편자기상관함수의 '시차 12'와 '시차 24'에 해당하는 계수들의 절대값(0.332,0.266)이 감소하는 형태이므로 $\mathrm{MA}(1)_{12}$ 모형을 고려할 수 있다. 따라서 앞에서 언급한 비계절적 1차 차분($d=1$)과 계절적 1차 차분($D=1$) 취해진 시계열자료에 계절적 이동평균항을 조합시키면 다음의 $\mathrm{ARIMA}(0,1,0)(0,1,1)_{12}$ 모형을 추정할 수 있다.

$$(1-B)(1-B^{12})\tilde{y}_t = (1-\Theta_{12}B^{12})\epsilon_t, \quad \tilde{y}_t = y_t - \mu \tag{C2.1}$$

EViews 8에서 계절적 이동평균항만을 포함한 $\mathrm{ARIMA}(0,1,0)(0,1,1)_{12}$ 모형만을 추정하기 위해서는 아래와 같이 "Equation Estimation" 대화상자의 'Specification'란에 'd(product,1,12) c sma(12)' 또는 'dd_product c sma(12)'를 입력한다. 여기에서 sma(12)는 $\mathrm{MA}(1)_{12}$를 표현한 것이다. 추정계수 c의 p값(0.8217)이 유의수준 5%보다 훨씬 크기 때문에 모형에서 제외시킨 후 재추정해야 한다. 즉, 'Specification'란에 'd(product,1,12) sma(12)' 또는 'dd_product sma(12)'를 입력한다. [표 C2.8]의 추정결과 추정계수 Θ_{12}는 통계적으로 유의함을 알 수 있다(p값 < 0.0001).

이제 계절적 요소인 $\mathrm{MA}(1)_{12}$로 추정된 모형 식 (C2.1)에 근거한 잔차 자기상관함수와 잔차 편자기상관함수를 사용하여 비계절적 요소(p, q)를 식별해보자. C를 제거한 $\mathrm{ARIMA}(0,1,0)(0,1,1)_{12}$ 모형을 추정한 후 계산한 상관함수 [표 C2.9]에서 잔차 자기상관함수의 '시차 1'에서 뚜렷한 스파이크를 발견할 수 있으며 그 이후 단기시차에서 '0'으로 절단하는 형태이므로, 비계절적 요소를 MA(1) 모형으로 고려할 수 있다.

따라서 시계열자료에 비계절적 이동평균항인 MA(1)을 포함시키면 다음의 ARIMA $(0,1,1)(0,1,1)_{12}$ 모형을 추정할 수 있다.

$$(1-B)(1-B^{12})\tilde{y}_t = (1-\Theta_{12}B^{12})(1-\theta_1 B)\epsilon_t, \quad \tilde{y}_t = y_t - \mu \tag{C2.2}$$

[표 C2.8] C를 제거한 ARIMA$(0,1,0)(0,1,1)_{12}$ 모형추정

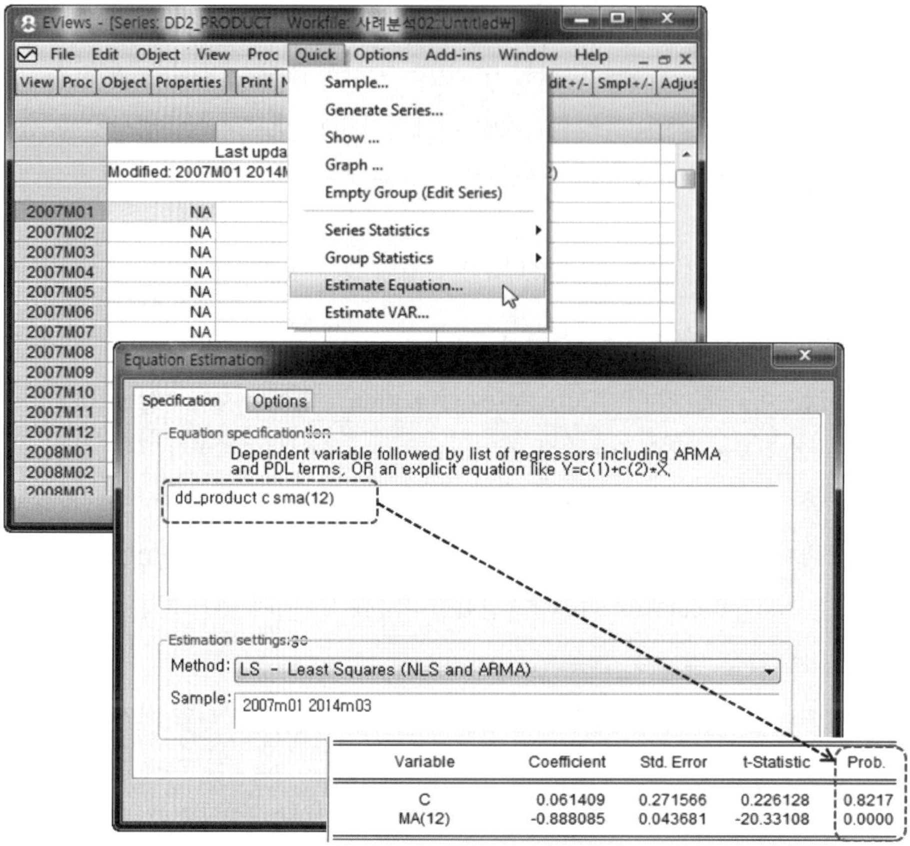

Variable	Coefficient	Std. Error	t-Statistic	Prob.
MA(12)	-0.887847	0.043687	-20.32293	0.0000

[표 C2.9] C를 제거한 ARIMA$(0,1,0)(0,1,1)_{12}$ 모형추정 후 상관함수

Included observations: 74

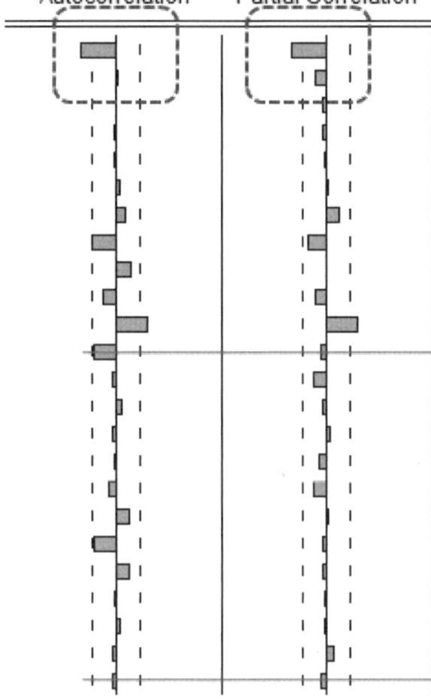

Autocorrelation	Partial Correlation		AC	PAC	Q-Stat	Prob
		1	-0.337	-0.337	8.7391	0.003
		2	0.013	-0.113	8.7522	0.013
		3	-0.001	-0.039	8.7522	0.033
		4	-0.012	-0.027	8.7635	0.067
		5	-0.008	-0.024	8.7690	0.119
		6	0.031	0.021	8.8486	0.182
		7	0.093	0.126	9.5671	0.214
		8	-0.240	-0.186	14.469	0.070
		9	0.144	0.007	16.259	0.062
		10	-0.122	-0.105	17.557	0.063
		11	0.309	0.297	26.080	0.006
		12	-0.217	-0.060	30.346	0.002
		13	-0.034	-0.118	30.453	0.004
		14	0.042	-0.028	30.616	0.006
		15	-0.026	0.029	30.682	0.010
		16	-0.013	-0.076	30.697	0.015
		17	-0.072	-0.133	31.209	0.019
		18	0.126	0.020	32.803	0.018
		19	-0.215	-0.029	37.550	0.007
		20	0.129	-0.039	39.277	0.006
		21	-0.015	-0.013	39.302	0.009
		22	0.038	-0.015	39.461	0.012
		23	-0.027	0.081	39.544	0.017
		24	-0.049	-0.050	39.811	0.022

C가 포함되지 않는 ARIMA$(0,1,1)(0,1,1)_{12}$ 모형인 식 (C2.2)를 Eviews 8에 적용하기 위해 "Equation Estimation" 대화상자의 'Specification'란에 명령문 **d(product,1,12) ma(1) sma(12)**를 입력한다.

[표 C2.10] C를 제거한 ARIMA$(0,1,1)(0,1,1)_{12}$ 모형추정

Sample (adjusted): 2008M02 2014M03
Included observations: 74 after adjustments
Convergence achieved after 9 iterations
MA Backcast: 2007M01 2008M01

Variable	Coefficient	Std. Error	t-Statistic	Prob.
MA(1)	-0.395133	0.106667	-3.704352	0.0004
SMA(12)	-0.895246	0.041810	-21.41233	0.0000

R-squared	0.607563	Mean dependent var	-0.089189
Adjusted R-squared	0.602112	S.D. dependent var	6.286148
S.E. of regression	3.965198	Akaike info criterion	5.619644
Sum squared resid	1132.041	Schwarz criterion	5.681916
Log likelihood	-205.9268	Hannan-Quinn criter.	5.644485
Durbin-Watson stat	1.981503		

[표 C2.10]의 추정결과, 두 개의 추정계수(θ_1, Θ_{12}) 모두 5% 수준에서 통계적으로 유의하다. 또한 $|\widehat{\theta_1}| = 0.3951 < 1$, $|\widehat{\Theta}_{12}| = 0.8952 < 1$이기 때문에 가역성 조건을 만족한다.

이제 잔차 자기상관함수와 Q-검정통계량을 사용하여 ARIMA$(0,1,1)(0,1,1)_{12}$ 모형이 적절한지 여부를 검진해보자.

[표 C2.11] ARIMA$(0,1,1)(0,1,1)_{12}$ 모형적합 후 잔차 상관함수

Sample: 2007M01 2014M03
Included observations: 74
Q-statistic probabilities adjusted for 2 ARMA terms

Autocorrelation	Partial Correlation		AC	PAC	Q-Stat	Prob
		1	0.007	0.007	0.0033	
		2	0.014	0.014	0.0184	
		3	-0.001	-0.001	0.0185	0.892
		4	-0.017	-0.017	0.0413	0.980
		5	0.000	0.001	0.0413	0.998
		6	0.042	0.043	0.1886	0.996
		7	0.031	0.031	0.2717	0.998
		8	-0.225	-0.227	4.5750	0.599
		9	0.037	0.042	4.6924	0.697
		10	-0.040	-0.033	4.8338	0.775
		11	0.242	0.258	10.073	0.345
		12	-0.135	-0.179	11.729	0.304
		13	-0.087	-0.090	12.428	0.332
		14	0.003	0.022	12.429	0.412
		15	-0.037	0.005	12.558	0.482
		16	-0.039	-0.106	12.706	0.550
		17	-0.065	-0.086	13.129	0.592
		18	0.050	0.051	13.378	0.645
		19	-0.159	-0.022	15.976	0.526
		20	0.058	-0.029	16.329	0.570
		21	0.027	0.002	16.406	0.630
		22	0.037	-0.003	16.553	0.682
		23	-0.044	0.020	16.768	0.725
		24	-0.084	-0.116	17.554	0.732

[표 C2.11]에 나타난 잔차 두 개의 상관함수에서 95% 신뢰한계선 밖으로 뚜렷하게 튀어나온 스파이크를 하나도 발견할 수 없으며, 각 시차의 Q-통계량에 해당하는 p값 모두가 5% 수준보다 훨씬 크기 때문에 귀무가설인 '백색잡음항의 독립성'을 보장할 수 있다. 이는 ARIMA$(0,1,1)(0,1,1)_{12}$ 모형 내에 추가로 설명할 수 있는 비계절적 요소 및 계절적 요소가 더 이상 남아 있지 않음을 의미한다. 즉, ARIMA$(0,1,1)(0,1,1)_{12}$ 모형은 타당한 모형으로 채택할 수 있다.

추가로 아래 주어진 잔차도표에서 뚜렷한 패턴을 발견할 수 없으며 임의로 흩어져 있어 잔차의 등분산성과 독립성이 만족하는 것을 시각적으로 확인할 수 있다(그림 C2.12 참고).

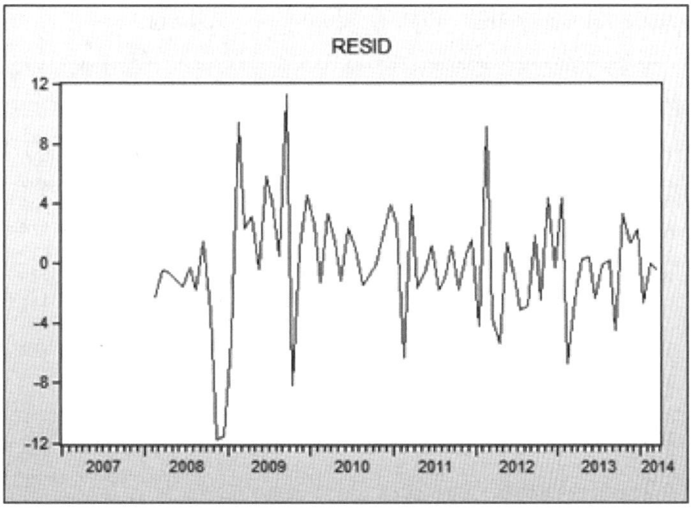

[그림 C2.12] ARIMA$(0,1,1)(0,1,1)_{12}$ 모형적합 후 잔자도표

C2.4 대체모형 및 최적모형

C를 제거한 ARIMA$(0,1,0)(0,1,1)_{12}$ 모형 추정 후 계산된 잔차 편자기상관함수의 '시차 1'에서 뚜렷한 스파이크를 발견할 수 있으며 그 이후 단기시차에서 '0'으로 절단하는 형태라고 간주한다면, 비계절적 부분을 AR(1) 모형으로 식별할 수 있다(표 C2.9 참고). 따라서 ARIMA$(1,1,0)(0,1,1)_{12}$ 모형을 추정할 수 있다.

참고로 추정계수 C의 p값(0.7294)이 유의하지 않기 때문에 모형에서 제외시켰으며, Specification란에 'd(product,1,12) ar(1) sma(12)'를 입력한다. [표 C2.13]의 추정결과 추정계수(ϕ_1, Θ_{12})는 통계적으로 유의하며, 두 추정계수의 절대값이 1보다 훨씬 작기 때문에 가역성을 만족한다.

[표 C2.14]에 주어진 잔차 자기상관함수와 잔차 편자기상관함수 역시 만족스럽다. 즉, 모든 시차에 해당하는 자기상관계수와 편자기상관계수 모두 신뢰한계선 안에 있으며, Q-통계량에 해당하는 p값 역시 모두 매우 유의하지 않다. 더 나아가 잔차도표 [표 C2.15]에서도 등분산성과 독립성을 만족시키지 못할 근거를 찾을 수 없다. 다시 말해서 '0'을 중심으로 임의로 퍼져 있는 있으며, 눈에 띄는 패턴을 발견할 수 없기 때문이다.

[표 C2.13] C를 제거한 $\text{ARIMA}(1,1,0)(0,1,1)_{12}$ 모형추정

Variable	Coefficient	Std. Error	t-Statistic	Prob.
AR(1)	-0.336041	0.110669	-3.036441	0.0033
MA(12)	-0.889172	0.043471	-20.45424	0.0000

R-squared	0.603792	Mean dependent var	-0.064795
Adjusted R-squared	0.598212	S.D. dependent var	6.326124
S.E. of regression	4.009924	Akaike info criterion	5.642437
Sum squared resid	1141.644	Schwarz criterion	5.705189
Log likelihood	-203.9489	Hannan-Quinn criter.	5.667445
Durbin-Watson stat	2.089765		

[표 C2.14] $\text{ARIMA}(1,1,0)(0,1,1)_{12}$ 모형적합 후 잔차 상관함수

Q-statistic probabilities adjusted for 2 ARMA terms

Autocorrelation	Partial Correlation		AC	PAC	Q-Stat	Prob
		1	-0.046	-0.046	0.1602	
		2	-0.115	-0.118	1.1859	
		3	-0.002	-0.013	1.1861	0.276
		4	-0.022	-0.036	1.2229	0.543
		5	-0.009	-0.014	1.2299	0.746
		6	0.074	0.067	1.6826	0.794
		7	0.036	0.042	1.7931	0.877
		8	-0.225	-0.210	6.0487	0.418
		9	-0.004	-0.017	6.0498	0.534
		10	-0.028	-0.077	6.1155	0.634
		11	0.252	0.263	11.710	0.230
		12	-0.126	-0.152	13.128	0.217
		13	-0.105	-0.069	14.137	0.225
		14	0.037	0.019	14.263	0.284
		15	-0.022	0.001	14.308	0.353
		16	-0.028	-0.075	14.382	0.422
		17	-0.038	-0.099	14.525	0.486
		18	0.055	0.026	14.821	0.538
		19	-0.138	-0.017	16.742	0.472
		20	0.038	-0.026	16.888	0.531
		21	0.042	-0.002	17.070	0.585
		22	0.052	0.008	17.360	0.629
		23	-0.031	0.037	17.467	0.682
		24	-0.096	-0.110	18.498	0.676

[그림 C2.15] ARIMA(1,1,0)(0,1,1)$_{12}$ 모형적합 후 잔차도표

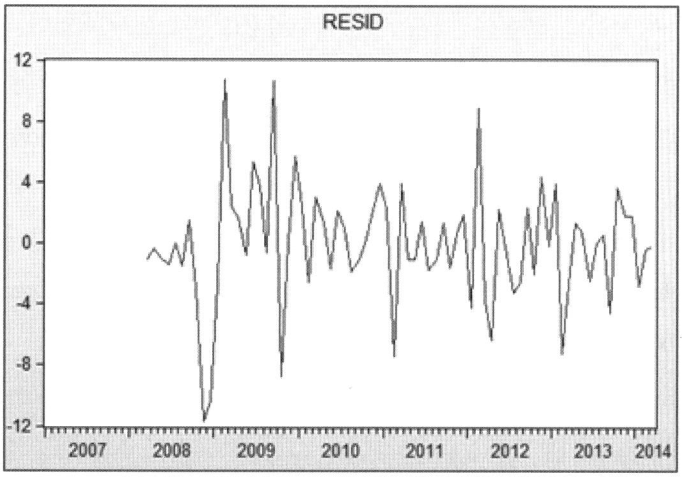

앞에서 언급한 바와 같이 "시계열자료 내에 존재하는 계절적 패턴을 우선적으로 제거한다. 그러면 잔차 자기상관함수와 편자기상관함수를 통해 비계절적 패턴을 좀 쉽게 발견할 수 있다"라는 실전분석전략을 염두에 두며 계절성과 비계절성 요소가 동시에 포함된 ARIMA 모형을 효율적으로 구축할 수 있을 것이다.

[사례분석 1]과 마찬가지로 최종 예측값을 산출하기 위해서는 모형적합도 통계량을 사용하여, 적합한 모형이 자료를 얼마만큼을 설명하는지를 비교할 수 있다(표 C2.16 참고).

[표 C2.16] 모형적합통계량 비교

모형통계량	ARIMA(0,1,1)(0,1,1)$_{12}$	ARIMA(1,1,0)(0,1,1)$_{12}$
R 제곱	0.6076	0.6038
수정 R 제곱	0.6021	0.5982
SE Reg	3.9652	4.0100
Akaike	5.6196	5.6424
Schwartz	5.6819	5.7052
Hannan-Quinn	5.6445	5.6674

모형통계량의 관점에서 ARIMA(0,1,1)(0,1,1)$_{12}$ 모형이 ARIMA(1,1,0)(0,1,1)$_{12}$ 모형에 비해서 우위에 있음을 확인할 수 있다. 또한 백색잡음항 간의 독립성 정도를 측정하는 'Q-Stat' 검정통계량을 고려하면, ARIMA(0,1,1)(0,1,1)$_{12}$ 모형에 근거

한 p값들이 ARIMA$(1,1,0)(0,1,1)_{12}$ 모형에 근거한 것보다 전반적으로 크기 때문에 ARIMA$(1,1,0)(0,1,1)_{12}$ 모형이 역시 우위에 있다고 판단할 수 있다.

이제 EViews 8에서 최종모형인 ARIMA$(0,1,1)(0,1,1)_{12}$ 모형에 근거한 향후 1년(2015년 3월까지) 예측값을 산출하기 위해서는 우선 풀다운 메뉴 중 **Proc → Structure/Resize Current Page...**를 선택한 후, 아래 주어진 "Workfile Structure" 대화상자에서 예측 마지막 시점인 '2015M03'으로 수정한다. 그러고 나서 "Equation Estimation" 대화상자에 추정할 방정식인 'd(product,1,12) ma(1) sma(12)'를 입력한다. 마지막으로 **Proc → Forecast...**를 선택한 후 'Method'란에 'Dynamic forecast'를 체크한 후 실행한다.

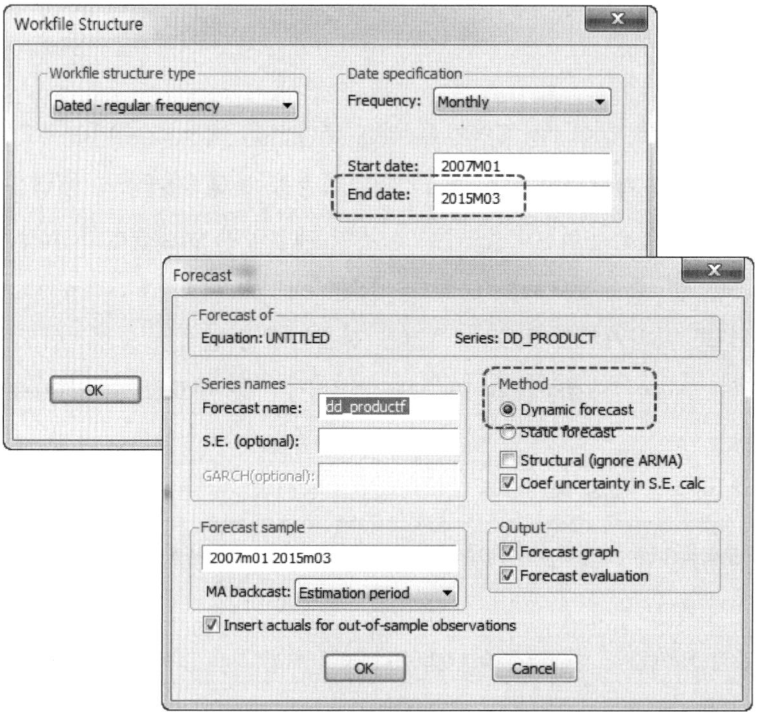

그 결과 아래와 같은 예측값을 얻을 수 있다.

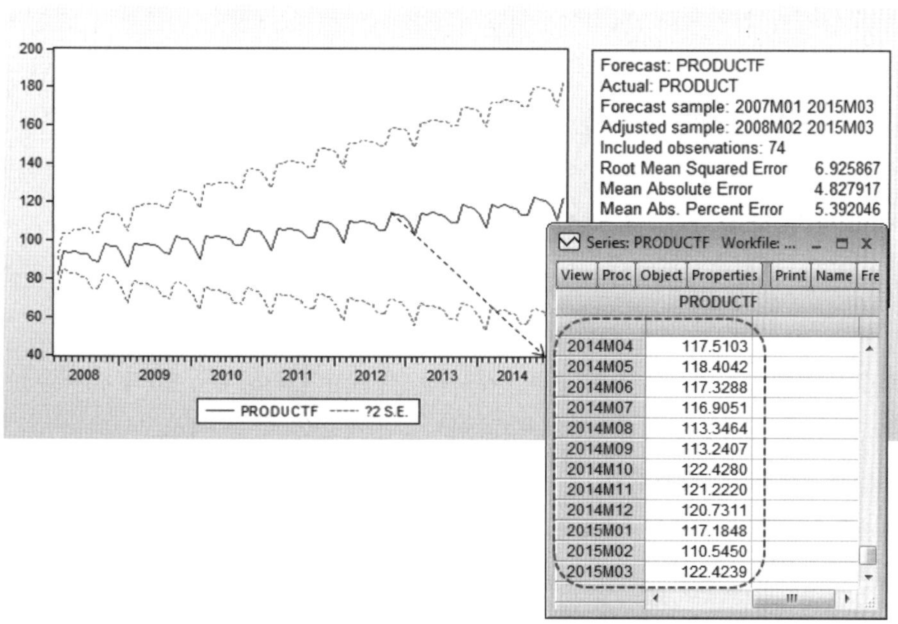

C2.5 [사례분석 2]를 마치며…

본 사례분석에서는 비계절적 변동과 계절적 변동이 동시에 존재하는 시계열자료를 살펴보았다. 특히 계절적인 변동의 존재성 여부는 "자기상관함수의 계절시차의 배수(월별자료인 경우 12, 24 등)의 자기상관계수 중 어느 하나 이상에서 통계적으로 유의한 스파이크가 발견되면 계절적인 변동이 존재한다"라는 점에 주목하면 될 것이다.

때때로 주어진 시계열자료에 계절적인 패턴이 존재하더라도 원자료에 대한 시계열도표나 자기상관함수에 계절성이 명확하게 나타나지 않을 수 있다. 이 경우 비록 원자료의 평균이 정상적이라도, 계절적인 패턴을 쉽게 식별하기 위해서는 비계절적 1차 차분($d=1$) 후 추정된 자기상관함수와 편자기상관함수를 조사하는 것이 좋다.

비계절적인 요소와 계절적 요소가 혼합된 시계열자료를 ARIMA 모형으로 효율적으로 구축하는 데 다음 몇 가지 실전분석전략이 필요하다.

1) 초기 고려한 모형이 매우 부적절하면, 원래의 자기상관함수와 편자기상관함수로 돌아가서 다시 생각한다.
2) 1)의 방법이 더 이상 적용이 되지 않을 때, "계절적 요소만을 먼저 모형화한 후,

이 모형에 근거한 잔차 자기상관함수와 잔차 편자기상관함수를 통해서 얻는 비계절적 패턴의 정보는 원자료에 근거한 자기상관함수와 편자기상관함수에서 얻는 것보다 더 명확하고 유익하다"를 긴요하게 적용시킬 수 있다. 다시 말해서 "계절적인 요소를 먼저 모형화하면 비계절적인 패턴을 쉽게 식별할 수 있다"를 일반화하여 ARIMA 모형을 구축하는 데 두루 적용시킬 수 있다.

3) 고려하는 모형에 한 번에 하나씩 차수가 작은 항부터 추가시켜 모형을 구축한다. 즉, 모수절약의 원칙을 철저히 따른다.
4) 단기시차(예:1, 2, 3 등), 계절시차(12, 24 등), 계절시차에 인접한 시차(11, 13 등), 계절적 주기의 분수시차(3, 6 등)에 해당하는 상관계수에 주시한다.
5) 식별 단계에서 단기시차와 첫 몇 개의 초기 계절시차를 제외한 나머지 시차들의 상관계수 및 이 계수들의 유의성을 무시한다. 한 예로, 계절적 및 비계절적 차분을 동시에 행한 후 '시차 11'에 해당하는 자기상관계수는 통계적으로 유의하였지만, 몇 차례의 반복된 모형식별 및 진단과정을 통해 '시차 11'에 해당하는 계수를 추정할 필요가 없어졌다.

실전전략인 "먼저 계절적 요소를 식별 및 추정한 후 비계절적 패턴에 관한 잔차 자기상관함수를 조사하면 ARIMA 모형을 쉽게 구축할 수 있다. 이는 원자료에 근거한 추정된 자기상관함수에서 두드러진 계절성을 발견할 때 특히 효과적이다"를 적용시켜 문제를 해결할 수 있었다. 또한 비계절적 요소와 계절적인 요소가 동시에 존재하는 ARIMA 모형을 구축할 때 최적의 ARIMA 모형을 찾는 데 도움이 될 수 있다.

2장 / 지수평활법

지수평활법(Exponential Smoothing Method)은 비교적 단순한 시계열분석방법으로, 시계열을 평활하는 목적은 확률적인 변동을 떼어버리는 것이다. 이를 통해서 관측된 시계열 내에 명백히 드러나는 패턴을 이용하여 미래값을 예측하게 된다. 시계열에서 미래값을 예측할 때 고려해야 할 것은 다음과 같다.

- **가장 최근 관측된 값**: 대부분의 시계열은 양의 자기상관을 나타낸다. 이는 각각의 관측값들이 선행하는 관측값들과 양의 상관관계를 갖는 것을 의미한다.
- **수준(또는 전반적인 평균)**: 계열에서 특정적인 패턴을 찾을 수 없을 때 때때로 가장 좋은 단서가 될 수 있다.
- **추세(또는 기울기)**: 만일 고려한 시계열변수가 매일 10단위씩 감소한다면 예측값을 이러한 추세에 맞추어 조정시켜야 할 것이다.
- **계절적인 평균**: 만일 가을에 장난감의 재고량을 예측한다면 추석, 크리스마스 및 신정 등 각각의 앞 시점과 뒤 시점에 따르는 계절적인 패턴을 주목해야 할 것이다.

앞에서 다룬 여러 기준에 근거하여 다음과 같이 두 가지 극단적인 예측접근방법을 고려할 수 있다.

- 시계열의 과거 자료를 무시하고 가장 최근 관측값에 지속되는 관측값으로 예측할 수 있다. 이 접근방법은 양의 시계열상관이 앞에 주어진 여러 패턴들을 압도할 때 정당화된다.
- 가장 최근 관측값을 무시하고 시계열의 평균, 추세, 계절성에 근거하여 예측한다. 이 접근방법은 시계열상관을 무시할 만큼 시점이 충분히 길 때 의미가 있다. 이 경우 가장 최근에 관측된 관측값은 다른 것들보다 훨씬 유용하지 않게 되어, 시계열의 과거 관측값들에 근거한 패턴들(평균, 추세, 계절성)에 근거하여 예측을 해야 할 것이다.

일반적인 상황에서는 앞에서 다른 두 접근방법을 혼합하여 미래값들을 예측하길 원할 것이다. 즉, 관측값들의 평균, 추세, 계절성을 사용하면서 추가로 최근 관측값에 더 많은 가중치를 주고 싶을 것이다. 바로 이러한 전략을 투영시킨 것이 지수평활법이다. 최근 관측값에 가중치를 주는 전략은 계열수준, 추세 및 계절성에 적용할 수 있다. 일반적으로 최근 관측값들은 다음과 같은 상황에서 신뢰성이 있는 지침이 된다.

- 계열의 총체적 수준이 서서히 변할 때
- 계열의 추세가 서서히 변할 때
- 계절적 변동의 강도가 변할 때(한 예로, 휴일의 효과가 더 크거나 더 작을 때 추가로 가중치를 최근 휴일이 포함된 계절에 부여한다).

2.1 단순지수평활법(Single Smoothing with 1 parameter)

추세와 계절성의 존재 여부에 따라 각기 사용할 수 있는 여러 개의 지수평활법이 있다. 한 예로 아래 주어진 시계열자료 INVENTORY를 살펴보자.

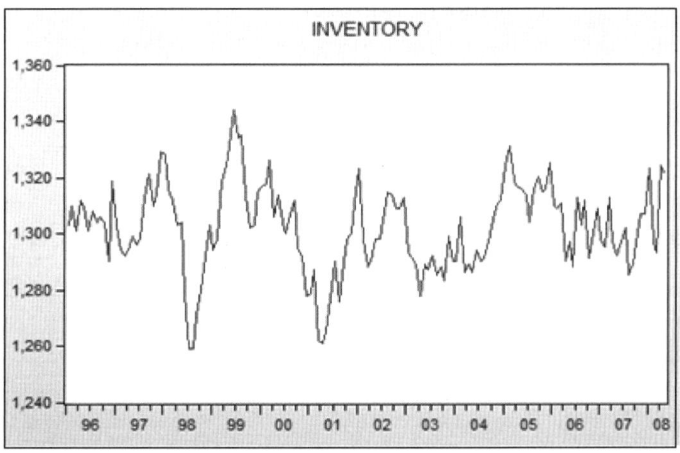

[그림 2.1] 재고량에 대한 시계열도표

[그림 2.1]을 통해 뚜렷한 추세와 계절성 모두 시계열 내에 존재하지 않는 것으로 판단된다. 즉, 이때 주어진 시계열을 대표하는 모형으로 기울기가 없는 방정식인 $y_t = b + \epsilon_t$를 고려할 수 있으며, 이 경우 b가 시간의 흐름에 따라 서서히 변한다는 가정을 하면 소위 단순지수평활법을 적용할 수 있을 것이다. 즉, 단순지수평활법은 추세와 계절적인 변동이 존재하지 않고 고정된 평균을 중심으로 위아래로 임의로 움직이는 계열에 적절한 예측방법이다. y_t의 평활계열인 $\hat{y_t}$는 아래와 같이 반복(recursively) 계산하여 얻을 수 있다.

$$\hat{y_t} = \alpha y_t + (1-\alpha)\hat{y}_{t-1} = \alpha \sum_{s=0}^{t-1} (1-\alpha)^s y_{t-s},\ k > 0 \tag{2.1}$$

여기에서 α는 $0 < \alpha \leq 1$인 평할계수이다. 여기에서 α가 작을수록 추정된 시계열($\hat{y}_t$)은 더 평편해진다. 특히 식 (2.1)에서 y_t의 예측값은 y_t의 과거값들의 가중평균이며, 이 가중치는 시간의 흐름에 따라 지수적으로 감소하는 형태임을 알 수 있다.

예측값은 모든 미래 관측값에 대해 상수인 $\hat{y}_{T+k} = \hat{y}_T$이며, 여기에서 T는 예측표본의 마지막 값, 즉 표본의 관측값의 수이다.

Eviews 8은 반복계산을 위해서 초기값을 첫 $(T+1)/2$개의 관측값들의 평균을 사용한다. 참고로 Bowerman과 O'connell(1979)은 평활상수인 α를 '0.01에서 0.03'이 단순지수평활법을 잘 적합시키는 것으로 제안하였으며, EViews 8은 1단계 예측오차의 제곱합을 최소화함으로써 평활계수를 추정한다.

Eviews 8의 풀다운 메뉴 중 PROC → Exponential Smoothing...을 선택하면, "Exponential Smoothing" 대화상자가 나타난다.

[표 2.2] 단순지수평활법의 평활계수 추정 (계속)

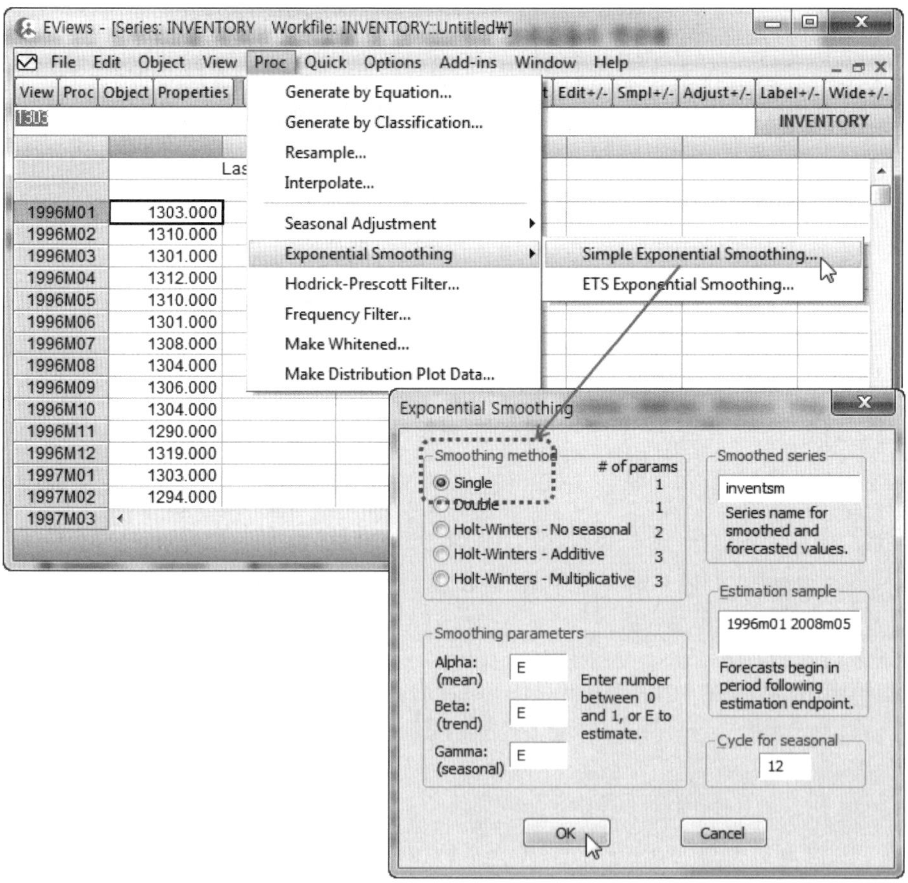

[표 2.2] 단순지수평활법의 평활계수 추정

Sample: 1996M01 2008M05
Included observations: 149
Method: Single Exponential
Original Series: INVENTORY
Forecast Series: INVENTSM

Parameters:	Alpha	0.8040
Sum of Squared Residuals		17292.66
Root Mean Squared Error		10.77303
End of Period Levels:	Mean	1320.461

추정된 일반평활계수 $\hat{\alpha} = 0.804$이며, 최대값이 '1'이라는 사실을 감안하면 상당히 크다. 이는 먼 과거 관측값들에 비해 가장 최근 관측값에 매우 큰 비중을 둘 때 INVENTORY에 대한 예측을 잘 할 수 있음을 시사한다.

만일 추정된 일반평활계수 $\hat{\alpha} = 0.1$을 지정한 후 계산된 잔차제곱합과 제곱근평균제곱오차는 [표 2.2]보다 큰 값을 갖는다.

[표 2.3] 단순지수평활법의 평활계수 추정($\hat{\alpha} = 0.1$ 지정)

Parameters:	Alpha	0.1000
	Beta	0.0000
Sum of Squared Residuals		33505.49
Root Mean Squared Error		14.99564
End of Period Levels:	Mean	1303.589
	Trend	-0.202703

그 결과 $\alpha = 0.1$인 단순지수평활법에 근거한 예측값들은 이에 대응하는 관측값들과 큰 차이가 나며(즉, 잔차가 크며), 모든 시점에 걸쳐 시계열평균에 가까운 값을 갖게 된다. 즉, 적절한 평활계수보다 작은 평활계수를 적합시키면, 생성된 예측값들은 비탄력적으로 되며, 시계열의 변동에 민첩하게 반응하지 못하게 된다.

지수평활법은 단기예측, 즉 1시점 후 예측에 사용할 수 있다. 적절한 평활계수를 선택하면, 최근에 더 가까운 관측값에 대해 더 많은 정보를 뽑아내어 예측력을 좋게 한다. 물론 더 먼 미래를 예측할수록 최근 정보가 급속히 동나게 된다. 지수평활법은 자료를 통계적인 이론에 근거해서 고려하지 않는다. 대신에 한꺼번에 한 시점을 예측하고, 이 예측값을 새로운 자료로 조정한다. 특히 한꺼번에 한 시점을 예측할 때와 INVENTORY 자료와 같이 많은 계열을 정기적으로 반복해서 예측할 때 유용하다.

그렇다면 추정된 단순지수평활법에 근거하여 산출된 예측값이 얼마나 관측값에 잘 적합하는지를 시각적으로 어떻게 표현할 수 있을까? 우선 원자료인 INVENTORY에 대한 관측값과 단순(SINGLE) 지수평활법을 이용하여 산출된 예측값(INVENTSM)을 아래와 같이 동시에 선택한 후, 마우스 오른쪽 버튼을 한 번 누른 후, **Open → as Group**을 선택한다. 다음으로 풀다운 메뉴에서 **View → Graph...**를 선택한다. "Graph Options" 대화상자의 디폴트를 그대로 놓은 채 **〈OK〉** 버튼을 누르면 두 개의 시계열자료를 동시에 겹쳐 그릴 수 있다.

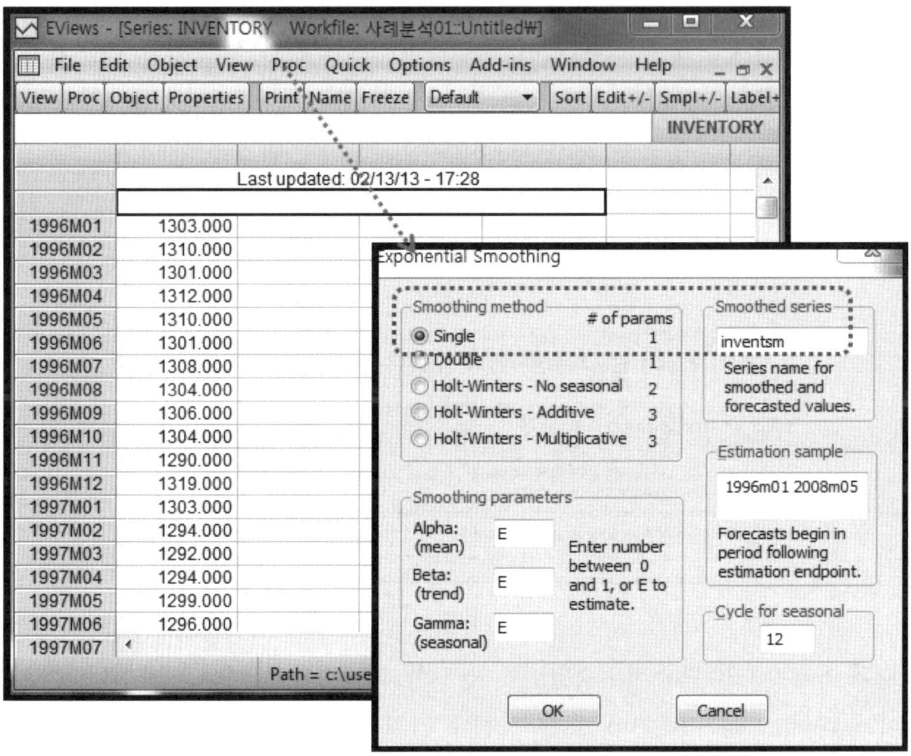

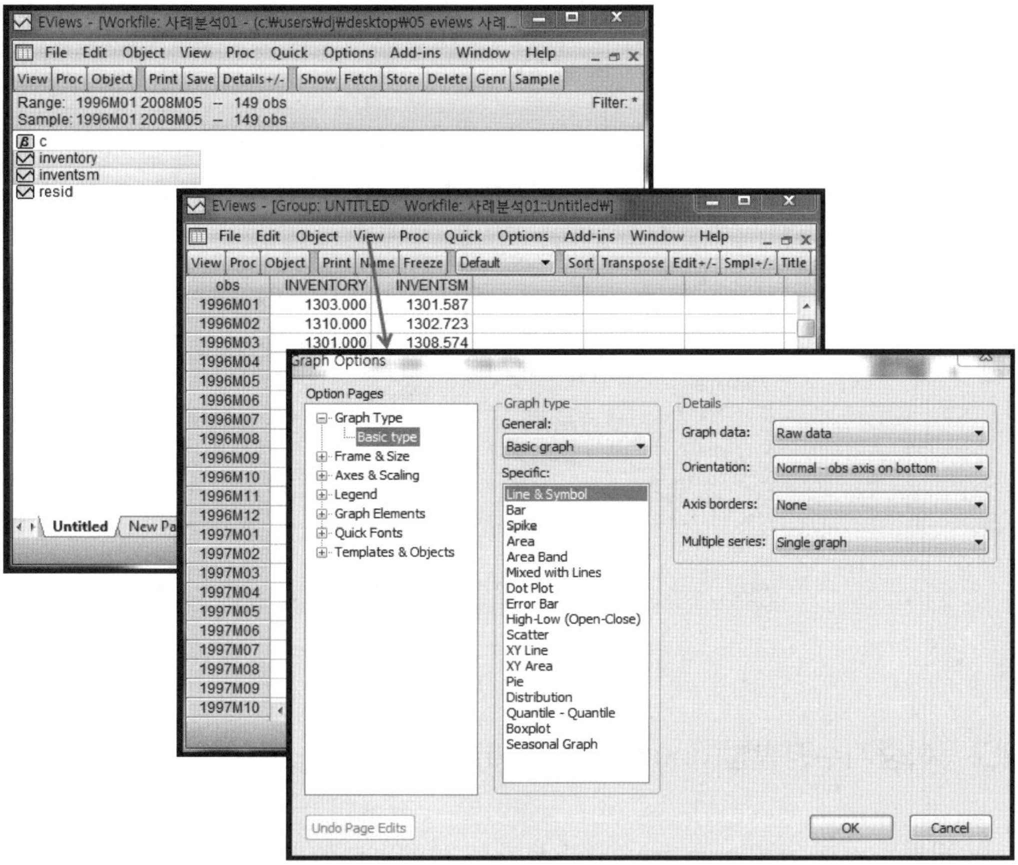

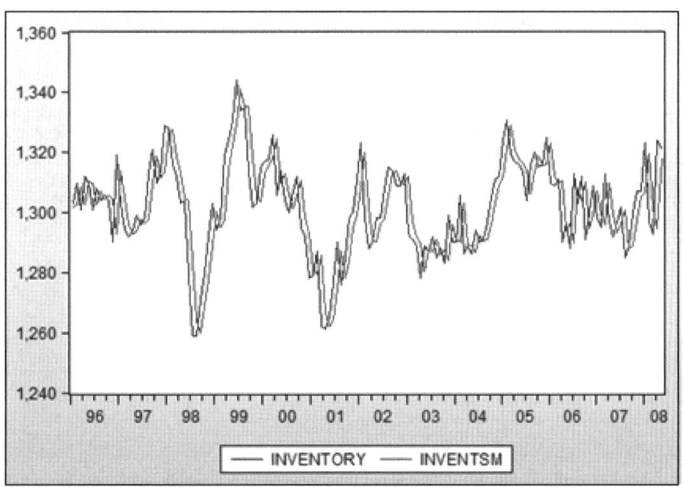

[그림 2.4] 관측값과 예측값에 대한 시계열도표

두 시계열자료가 거의 일치하는 것을 눈으로 확인할 수 있다.

Eviews 8에서 사용할 수 있는 아래에 주어진 나머지 4가지 지수평활법에 대해 살펴보자.

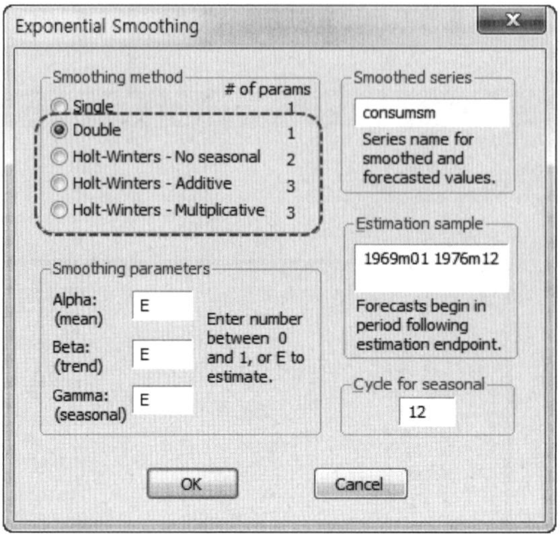

2.2 이중지수평활법(double Smoothing)

이 방법은 선형추세(linear trend)패턴을 가진 시계열에 적합할 수 있는 지수평활법으로 다음과 같이 반복계산함으로써 정의된다.

$$S_t = \alpha y_t + (1-\alpha) S_{t-1}, \quad D_t = \alpha S_t + (1-\alpha) D_{t-1} \tag{2.2}$$

여기에서 S는 단순평활계열, D는 이중평활계열이다. 참고로 이중지수평활법은 $0 < \alpha \le 1$을 만족하는 평활계수(α)를 가진 단일모수평활법이다. 예측값은 다음과 같이 계산된다.

$$\begin{aligned} \hat{y}_{T+k} &= \left(2 + \frac{\alpha k}{1-\alpha}\right) S_T - \left(1 + \frac{\alpha k}{1-\alpha}\right) D_T \qquad (2.3) \\ &= \left(2S_T - D_T + \frac{\alpha}{1-\alpha}(S_T - D_T)k\right) \end{aligned}$$

식 (2.3)의 두 번째 식에서 예측값($\hat{y}_{T+k}$)은 절편이 $(2S_T - D_T)$, 기울기가 $\frac{\alpha}{1-\alpha}(S_T - D_T)$인 선형추세임을 확인할 수 있다.

2.3 비계절적(no seasonal) Holt-Winters

이 지수평활법은 이중지수평활법과 마찬가지로 계절적 변동은 존재하지 않고 선형추세패턴만을 가진 시계열에 적합한 지수평활법이다. 이중지수평활법의 경우 단지 하나의 평활계수(α)만을 사용하는 반면에 이 지수평활법은 두 개의 평활계수(α, β)를 사용한다는 차이점이 있다. 평활계열은 다음과 같이 계산된다.

$$\hat{y}_{t+k} = a + bk$$

여기에서 a는 절편, b는 추세이다. 그리고 이 두 개의 계수는 다음과 같이 다음과 같이 반복계산함으로써 정의된다.

$$a(t) = \alpha y_t + (1-\alpha)\{a(t-1)+b(t-1)\}$$

$$b(t) = \beta\{a(t)-a(t-1)\} + (1-\beta)b(t-1)\}$$

여기에서 $0 < \alpha, \beta < 1$ 은 감쇄(damping)요소이다.

따라서 예측값은 아래와 같이 절편이 $a(T)$, 기울기가 $b(T)$인 선형추세선상에 놓이게 된다.

$$\hat{y}_{T+k} = a(T) + b(T)k$$

2.4 Holt-Winters 가법(additive) 지수평활법

이 방법은 선형추세패턴과 가법적 계절변동이 동시에 존재하는 시계열에 적합한 지수평활법으로, 다음과 같이 평활계열이 계산된다.

$$y_{t+k} = (a+bk)c_{t+k}$$

여기에서 a는 절편, b는 추세, c_t는 가법계절인자이다. 그리고 이 세 개의 계수는 다음과 같이 다음과 같이 반복계산함으로써 정의된다.

$$a(t) = \alpha\{y_t - c_t(t-s)\} + (1-\alpha)\{a(t-1) + b(t-1)\}$$

$$b(t) = \beta\{a(t) - a(t-1)\} + (1-\beta)b(t-1)\}$$

$$c_t(t) = \gamma\{y_t - a(t+1) - \gamma c_t(t-s)$$

여기에서 $0 < \alpha, \beta, \gamma < 1$은 감쇄요소이며, s는 계절주기이다. 예측값은 $\hat{y}_{T+k} = \{a(T) + b(T)k\}c_{T+k-s}$이며, 계절인자들은 최근 s개의 추정값들로부터 사용된다.

2.5 Holt-Winters 승법(multiplicative) 지수평활법

이 방법은 선형추세패턴과 승법 계절변동이 동시에 존재하는 시계열에 적합한 지수평활법으로, 평활계수는 다음과 같이 계산된다.

$$\hat{y}_{t+k} = (a + bk)c_{t+k}$$

여기에서 a는 절편, b는 추세, c_t는 승법계절인자이다. 그리고 이 세 계수는 다음과 같이 다음과 같이 반복계산함으로써 정의된다.

$$a(t) = \alpha\frac{y_t}{c_t(t-s)} + (1-\alpha)\{a(t-1) + b(t-1)\}$$

$$b(t) = \beta\{a(t) - a(t-1)\} + (1-\beta)b(t-1)\}$$

$$c_t(t) = \gamma\frac{y_t}{a(t)} + (1-\gamma)c_t(t-s)$$

여기에서 $0 < \alpha, \beta, \gamma < 1$은 감쇄요소이며, s는 계절주기이다. 예측값은 $\hat{y}_{T+k} = \{a(T) + b(T)k\}c_{T+k-s}$이며, 계절인자들은 최근 s개의 추정값들로 사용된다.

다음 주어진 시계열자료(hs)는 EViews 8, Users Guide I에서 발췌한 것으로, 1959년 1월부터 1984년 12월까지 월별 주택착공건수(housing starts)에 대한 것이다.

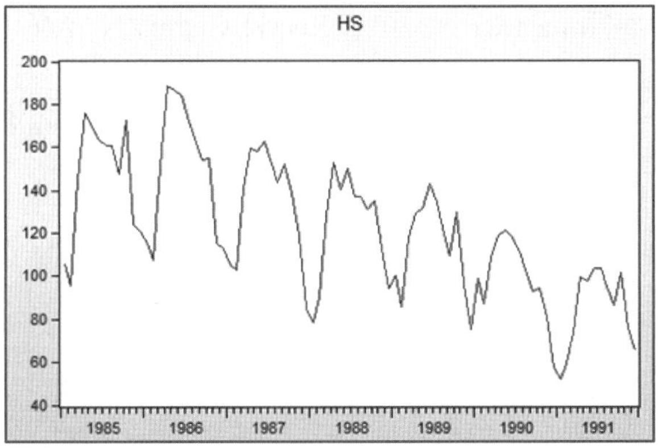

[그림 2.5] 주택착공건수에 대한 시계열도표

위에 주어진 시계열도표(그림 2.5)에서 시간의 흐름에 따라 전반적인 추세가 선형으로 감소하며, 매년 동일한 패턴이 반복되는 계절적 변동이 존재하는 것을 발견할 수 있다. 여기에서 계절적 변동의 폭이 감소하는 패턴인지 계절적 주기 내의 변동이 일정한지 여부를 시각적으로 명확하게 단정할 수 없기 때문에 각각 Holt-Winters 승법 및 Holt-Winters 가법 지수평활법을 동시에 고려할 수 있다.

Holt-Winters 승법과 Holt-Winters 가법 지수평활법을 실행하기 위해서 "Exponential Smoothing" 대화상자에서 'Holt-Winters-Multiplicative'와 'Holt-Winters-Additive'를 선택한다.

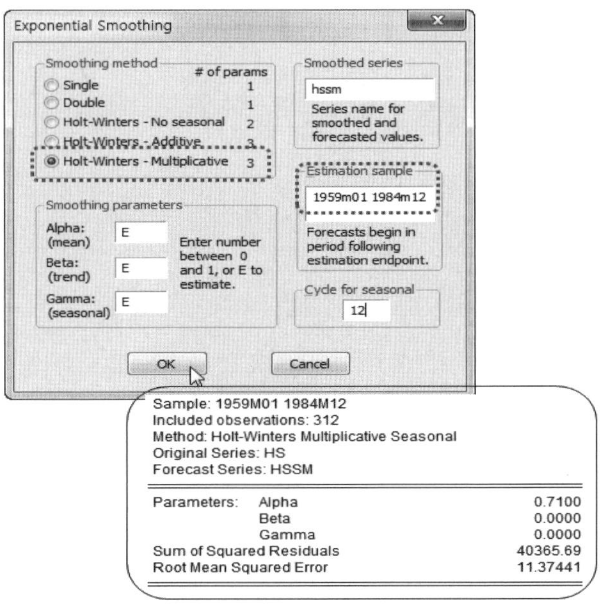

[표 2.6] Holt-Winters-Multiplicative 추정결과

우선 추정된 평활계수(parameter) 중 '0'인 Beta와 Gamma는 추세 및 계절적 요소가 고정되고 변하지 않는다는 의미한다.

[표 2.7] Holt-Winters-Additive 추정결과

Sample: 1959M01 1984M12
Included observations: 312
Method: Holt-Winters Additive Seasonal
Original Series: HS
Forecast Series: HSSM

Parameters:	Alpha	0.7600
	Beta	0.0000
	Gamma	0.0000
Sum of Squared Residuals		43593.18
Root Mean Squared Error		11.82039

그리고 계산된 잔차제곱합(sum of squared residuals)과 평균제곱오차(root mean squared error)이 작을수록 적합도가 좋은 지수평활법이므로, Holt-Winters 승법 지수평활법을 최종 선택할 수 있다.

사례분석 3

담배소비량

다음은 1969년 1월부터 1976년 12월까지(총 96개) 월별 담배소비량을 시계열도표로 나타낸 것이다(사례분석03.wf). 우선 먼저 눈에 띄는 것은 시계열의 평균수준이 시간의 흐름의 따라 선형추세패턴으로 감소하며, 또한 월별 자료이므로 계절성 주기의 길이는 '12' 임을 감안하면 매년 10월에 가장 큰 값, 12월에는 작은 값을 갖는 명백한 계절성이 존재한다.

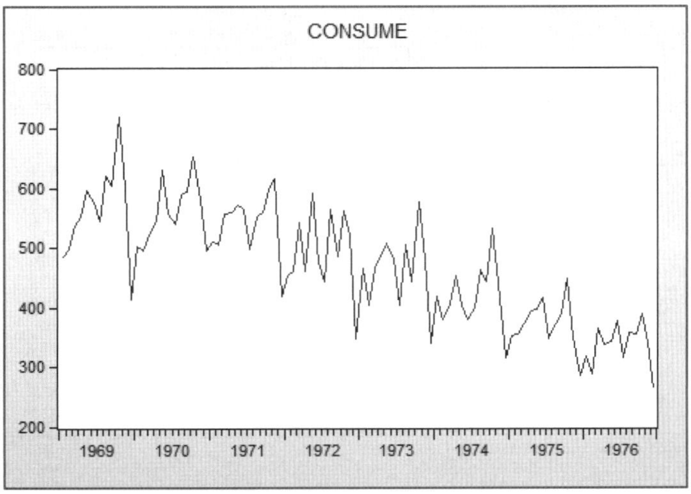

[그림 C3.1] 담배소비량의 시계열도표

시간의 흐름에 따라 전반적으로 분산이 일정해 보이지만, 1969년 동안의 자료의 변동은 1975년과 1976년 동안의 변동보다 크며 그 밖의 나머지 시계열의 분산은 거의 일정한 양태를 고려하면, 한마디로 가법 또는 승법으로 딱 잘라 판정하기가 어렵다.

따라서 Eviews 8에서 지수평활법을 적합시키기 위해서는 Holt-Winters 가법(additive) 또는 Holt-Winters 승법(multiplicative) 지수평활법을 동시에 고려해서 최적인 모형을 선택하는 것이 좋을 것이다. 이를 위해 잔차제곱합(sum of squared residuals)과 평균제곱오차(root mean squared error)를 도구로 사용하여 이들의 값이 작을수록 주어진 자료에 보다 잘 적합하는 지수평활법으로 판단하면 될 것이다. 그 결과 아래와 같이 Holt-Winters 승법 지수평활법이 담배판매량 시계열자료를 보다 적절하게 설명할 수 있는 최적인 방법임을 알게 되었다.

[표 C3.2] Holt-Winters 승법 지수평활법

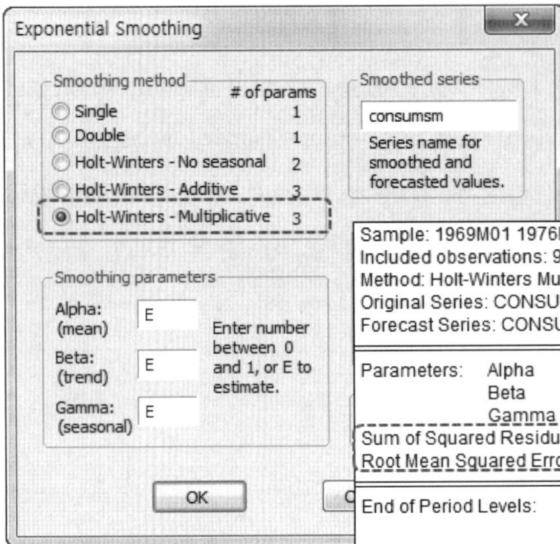

Sample: 1969M01 1976M12
Included observations: 96
Method: Holt-Winters Multiplicative Seasonal
Original Series: CONSUME
Forecast Series: CONSUMSM

Parameters:	Alpha		0.1600
	Beta		0.0000
	Gamma		0.0000
Sum of Squared Residuals			63581.40
Root Mean Squared Error			25.73531
End of Period Levels:	Mean		323.7326
	Trend		-2.681548
	Seasonals:	1976M01	0.908689
		1976M02	0.879274
		1976M03	0.988928
		1976M04	0.998498
		1976M05	1.063817
		1976M06	1.023611
		1976M07	0.932626
		1976M08	1.081239
		1976M09	1.048029
		1976M10	1.220613
		1976M11	1.062672
		1976M12	0.792004

[표 C3.3] Holt-Winters 가법 지수평활법

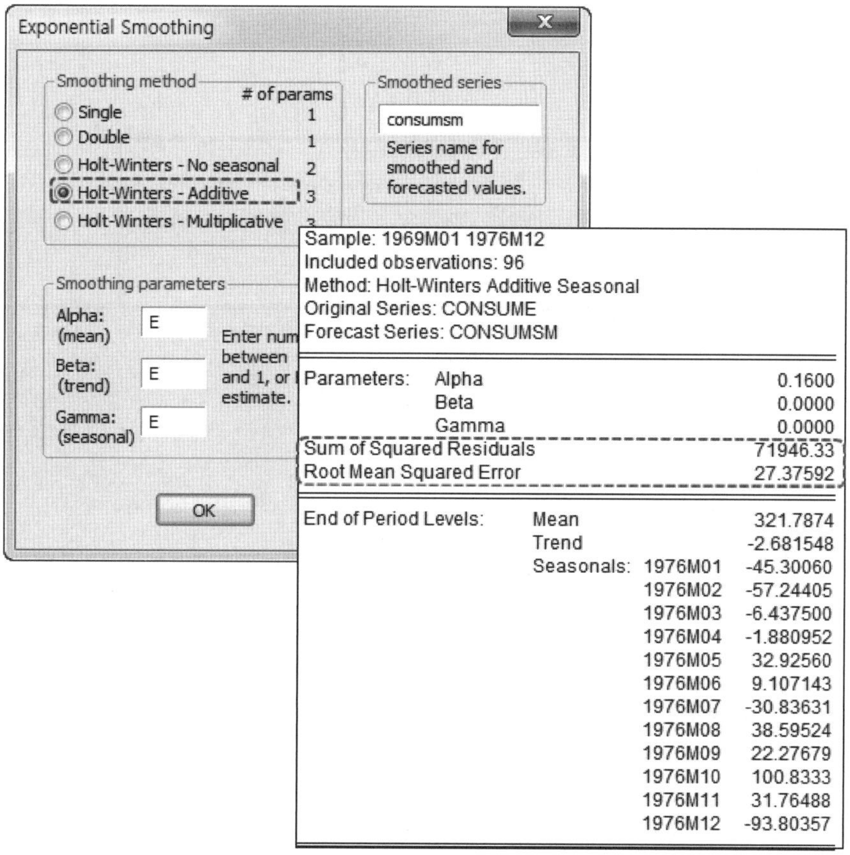

본서에서는 제시하지는 않지만 최적의 모형을 탐색하는 또 다른 방법으로 시계열자료의 대략 10%에 해당하는 10개의 최근 관측값(1976년 3월부터 1976년 12월까지)을 제거한 후, 고려한 두 개 이상의 모형(ARIAM모형과 지수평활법)을 사용하여 제거된 관측값을 예측한다(forecast history). 그리고 고려한 모형에 근거하여 산출된 예측값과 제거된 관측값 간의 차이가 작을수록 예측력(ability to forecast)이 우위에 있다고 판단할 수 있다.

다음으로 Holt-Winters 승법 지수평활법을 이용하여 산출된 예측값과 원래의 관측값을 겹쳐 동시에 시계열도표에 나타내 그 적합 정도를 시각적으로 확인할 수 있다.

우선 원자료인 consume과 Holt-Winters 승법 지수평활법을 이용하여 산출된 예측값(cosumsm)을 아래와 같이 동시에 선택한 후, 마우스 오른쪽 버튼을 한 번 누른 후, **Open → as Group**을 선택한다. 다음으로 풀다운 메뉴에서 **View → Graph...**를 선택한다. "Graph Options" 대화상자의 디폴트를 그대로 놓은 채 〈OK〉 버튼을 누르면 두 개의 시계열자료를 동시에 겹쳐 그릴 수 있다.

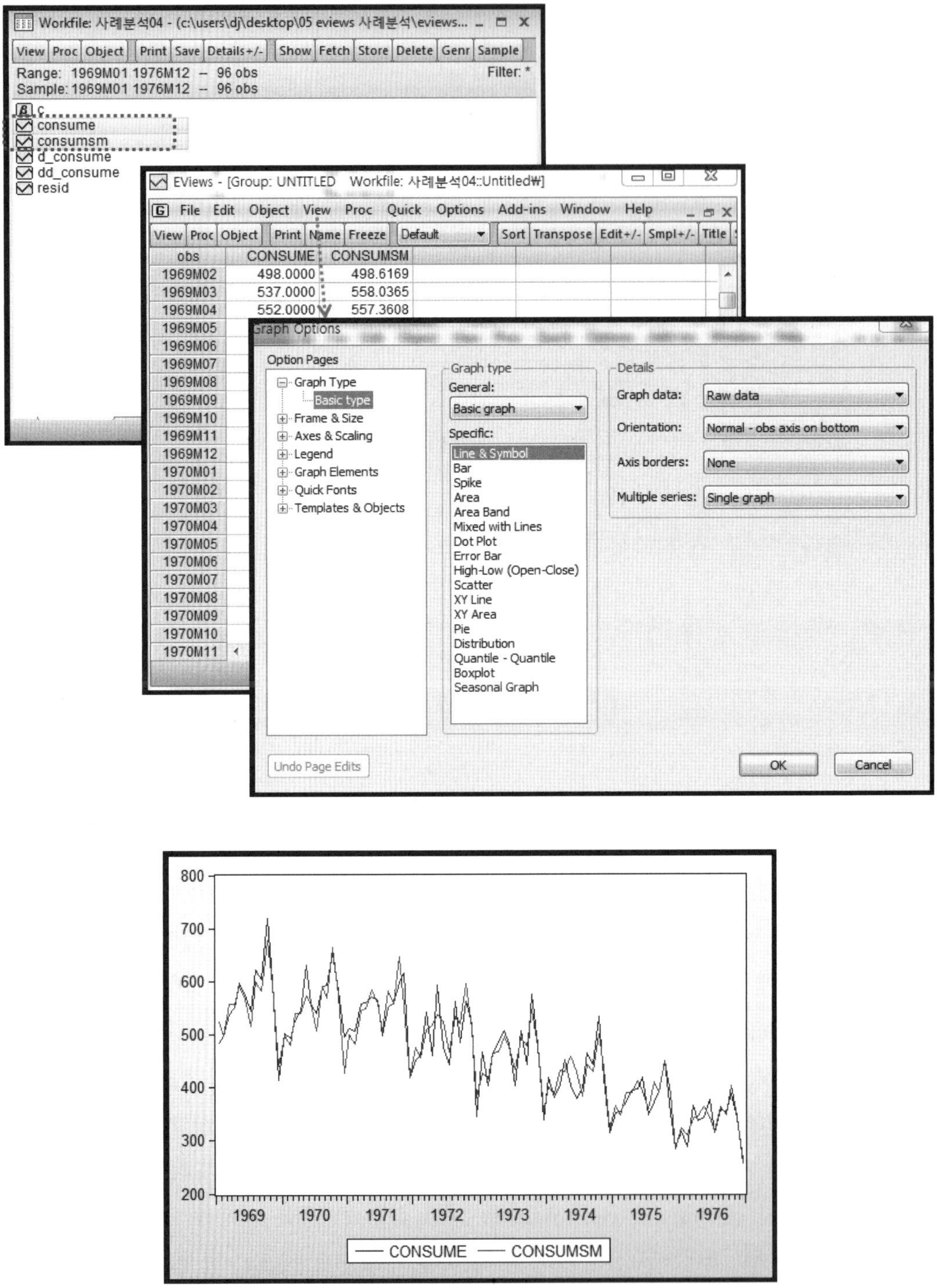

[그림 C3.4] 관측값과 예측값에 대한 시계열도표

시계열도표와 자기상관함수를 사용하여 일정한 주기성의 존재 여부를 명확하게 규명할 수 있으나, 계절적 패턴유형(가법 또는 승법), 추세의 형태(선형, 지수적, 진폭감소)를 시각적으로 판단하기가 모호할 경우에는 가능성이 있는 여러 지수평활법을 적합시킨 후, '예측력'과 '모형적합통계량'을 비교함으로써 최적의 지수평활법을 선택할 수 있다.

마지막으로 향후 6개월(1977년 6월까지) 예측값을 산출하기 위해서는 우선 풀다운 메뉴 중 Proc → Structure/Resize Current Page...를 선택한 후, 아래 주어진 "Workfile Structure" 대화상자에서 예측 마지막 시점을 '1977M06'으로 수정한다.

그리고 풀다운 메뉴 중 Quick → Series Statistics → Exponential Smoothing...을 선택한 후 "Exponential Smoothing" 대화상자에서 'Holt-Winters-Multiplicative'를 체크한 후 실행한다.

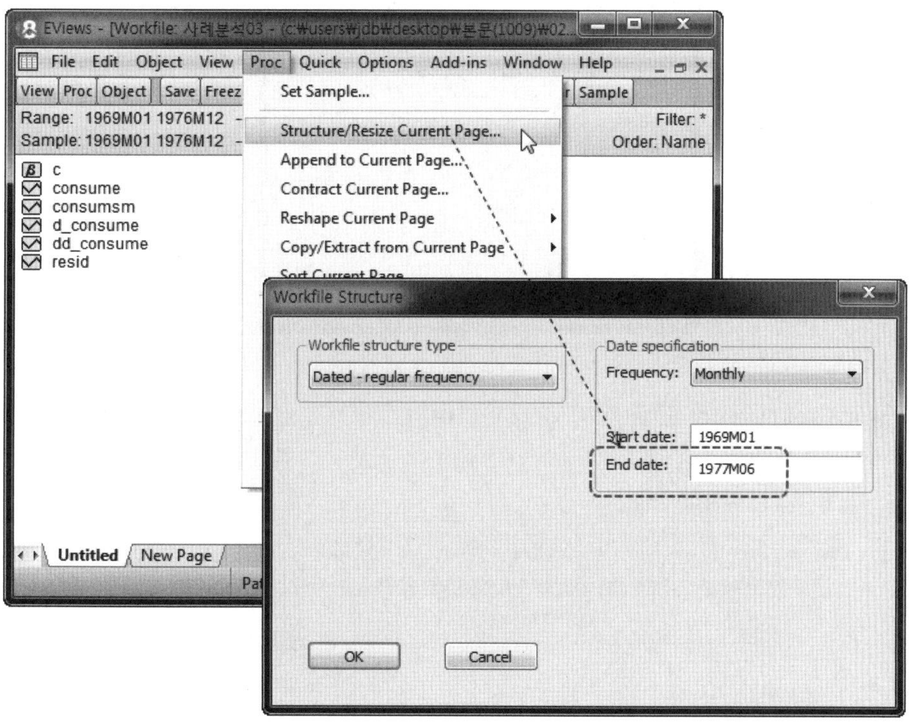

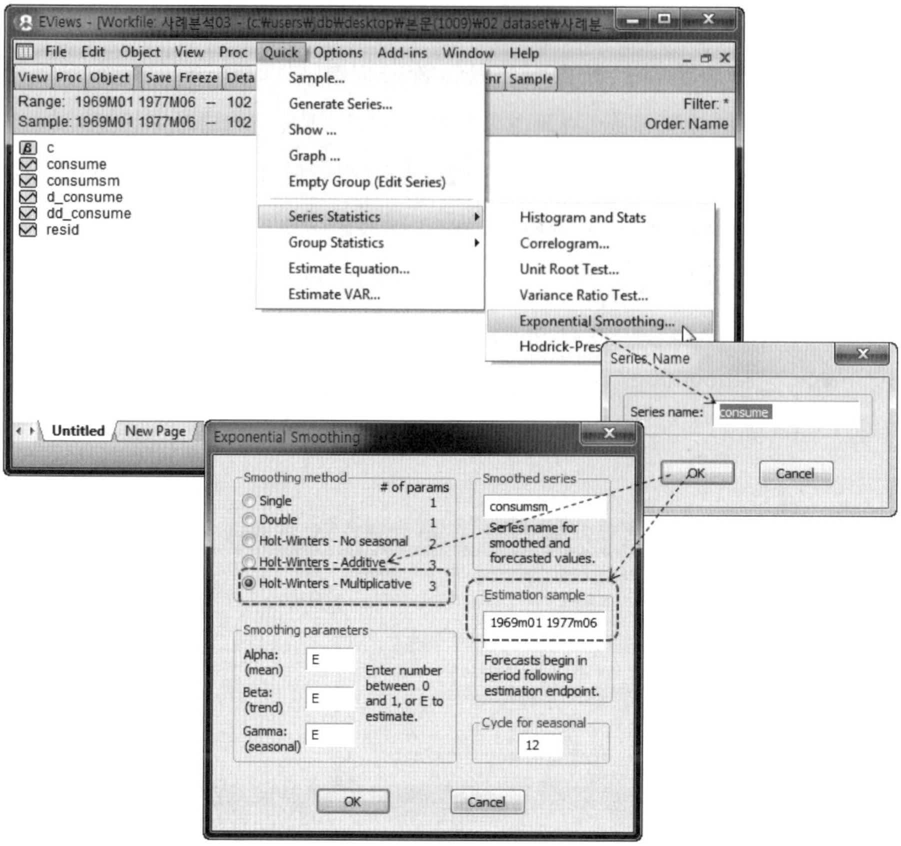

그 결과 아래와 같은 예측값을 얻을 수 있다.

[표 C3.5] 예측값 산출

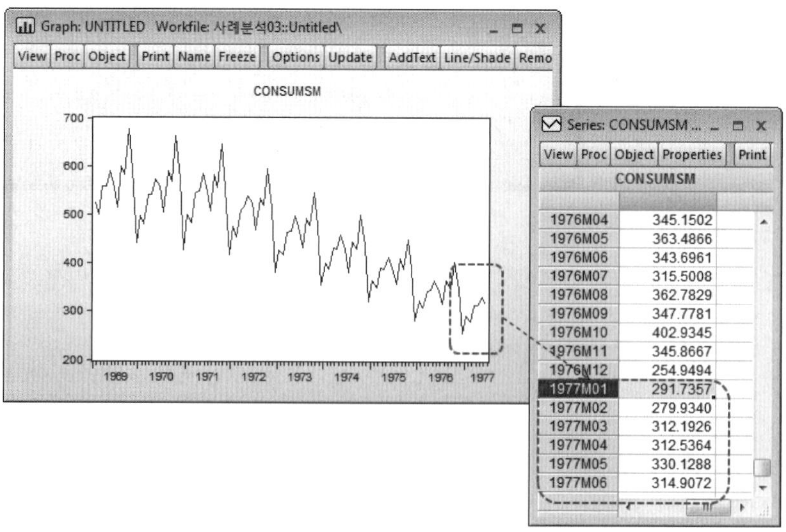

Part 2

다변량 시계열자료분석

1부에서는 예측할 변수 하나를 선정한 후 해당 변수의 과거 자료를 근거로 미래값을 예측하는 단변량 시계열분석방법인 두 개의 모형(ARIMA 모형과 지수평활법)을 다루었다. 이때 단변량 시계열에 영향을 줄 수 있는 사건(예: 파업, 자연재해, 정책변경, 전쟁, 유가인상, 바겐세일 등)이 발생하였을 경우, 이러한 외적인 요인(들)의 효과를 단변량 시계열에 포함시켜 모형을 구축하는 소위 '개입모형(intervention model)'에 대해 3장에서 다룬다. 예상치 못한 사건이 발생하거나 자료를 기재할 때 오류 등으로 이상값이 발생할 경우, 이상값의 효과를 개입모형에 추가시키면 모형의 정확도를 높일 수 있다.

4장에서는 동적회귀모형(dynamic regression model)에 대해서 다룬다. 통상적으로 사용하는 선형회귀모형의 가정은 입력변수와 출력변수 동일 시점에서만 출력과 입력의 선형관계에 관심을 갖는다. 이때 오차항들은 평균이 '0'이며 분산이 상수인 정규분포를 하는 확률변수이며, 독립이라고 가정한다(백색잡음). 물론 여기에서 출력변수는 입력변수에 의해 영향을 받지만, 입력변수는 출력변수에 영향을 받지 않는다는 가정이 숨겨져 있다. 그러나 이러한 기존 회귀모형의 가정을 좀 더 완화시켜, 출력변수(Y_t)가 하나 이상의 입력변수의 동일한 시점의 값($X_{1t}, X_{2t}, \cdots$)뿐만 아니라 과거시점 값($X_{1,t-1}, X_{1,t-2}, \cdots, X_{2,t-1}, X_{2,t-2}, \cdots$)과의 관계를 선형함수식으로, 또한 오차항 계열끼리의 관계를 서로 독립이 아닌 시간구조관계(즉, ARIMA 모형)로 표현할 수 있다. 이때 두 가지 요소를 합한 것을 소위 '동적회귀모형' 또는 '전이함수모형(transfer function model)'이라 부른다. 4장에서 이러한 모형을 구축하는 방법에 대해 자세히 다루기로 한다. 동적회귀모형에서 개입의 효과를 표현하는 개입변수를 입력변수로 간주하면, 개입모형 역시 넓은 의미에서 동적회귀모형의 특수한 형태로 이해하면 될 것이다.

마지막으로 5장에서는 벡터자기회귀모형(vector autoregression model)에 대해서 다룬다. 변수들 간에 형태적 관계를 모형화한 구조방정식이 갖는 문제점을 해결하기 위한 한 방법으로 제안된 벡터자기회귀모형은 다변량 시계열분석을 위해서 사용되는 모형 중 가장 사용하기 간편하며 융통성이 있는 모형으로, 단변량 자기회귀모형을 다변량 버전으로 확장시킨 것이다. 벡터자기회귀모형은 특정 시계열의 현시점의 움직임이 자신의 과거시점 값뿐만 아니라, 다른 시계열의 과거시점 값에 영향을 받아 결정되는 경우와 고려하는 시계열자료를 각각 독립적으로 분석하는 것보다 서로 연관성이 있는 것으로 판단되는 다른 시계열(들)과 관계를 동시에 고려할 때 사용된다. 다시 말해서 두 개 이상의 시계열 사이에 나타나는 선형 상호종속관계로 포착하는 모형이다. 특히 경제 시계열 또는 금융 시계열의 동적인 양태를 표현하거나 예측하는 데 유용한 모형으로 알려져 있으며, 정교한 연립방정식모형에 근거하기 때문에 단변량 시계열모형에 비해 월등히 나은 예측값을 산출할 수 있다.

벡터자기회귀모형은 모형 내 변수들의 시차관계를 이용하여 예측뿐만 아니라 충격반응함수를 이용한 정책변수의 파급효과분석도 가능하다는 장점이 있다. 따라서 벡터자기회귀모형은 거시경제변수에 영향을 미치는 다양한 충격들의 상대적 중요성과 동학적 효과 그리고 미래 예측치를 추정하기 위한 도구로서 널리 사용되고 있다. 또한 경제구조에 관한 선험적 주관이나 사전적인 특정 경제이론을 배제한 분석이라는 점에서 많은 지지를 받고 있다. 반면에 모형을 설정할 때 이용되는 변수들의 선정, 배열순서, 시차길이 등에 의해 예측 및 파급효과 분석결과가 달라진다는 문제점이 있다. 즉 벡터자기회귀모형은 구조모형에 비해 용이하게 활용할 수 있지만 경제이론에 근거하지 않고 있어 추정해야 할 모수가 과도하게 많아 예측력이 저하될 수 있다. 따라서 최근에는 벡터자기회귀모형의 예측력과 설명력을 높이기 위해서 Bayesian VAR 모형과 Structural VAR 모형 등 보다 정교한 방식이 제안되고 있다(허익구 & 김경수, 2006).

3장 / 개입모형

3.1 언제 개입모형을 사용하는가?

다음에 주어진 몇 가지 사례를 통해서 개입모형이 요구되는 상황을 살펴보기로 하자.

[배경예제 3.1]

전세자금대출은 우리나라의 독특한 주거형태인 전세제도에서 기인한 대출로서 임차인이 전세보증금 마련을 위해 은행으로부터 받는 대출이다. 아래 주어진 2010년 2월부터 2014년 3월까지 우리나라 시중은행(국민주택기금 포함) 전세자금대출 월별 공급액 관측값의 시계열도표로 살펴보자.

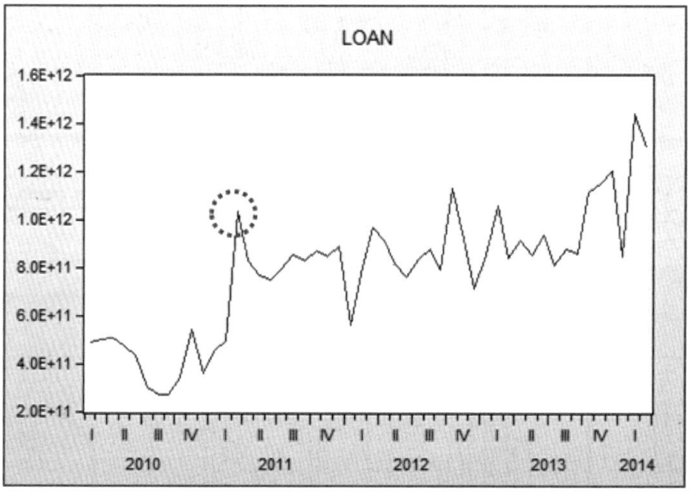

2011년 3월(점선 원 표시 부분)부터 급격히 증가하여 지속적으로 어느 수준을 중심으로 일정한 값을 유지하며 더 이상 2011년 3월 이전의 수준으로 복귀하지 않는 양상을 발견할 수 있다. 이 시점에서 은행재원 전세대출에 대한 정부보증이 시작되어 주어진 시계열이 급격히 상승한 것으로 판단된다.

[배경예제 3.2]

환율은 여러 가지 경제 측면, 즉 국제수지, 물가, 경제성장 등에 큰 영향을 미치는 변수로 간주되고 있으며, 경제정책의 수립이나 경제 예측과정에서 매우 중요한 비중을 차지하고 있다. 다음 주어진 자료는 2006년 1월부터 2014년 4월까지의 대미달러 환율을 시계열도표로 나타낸 것이다. 이는 미국발(發) 글로벌 금융위기의 방아쇠를 당기게 되어 세계적인 신용경색을 가져왔고 실물경제에 악영향을 주어 세계 경제시장에 타격을 주게 되었다.

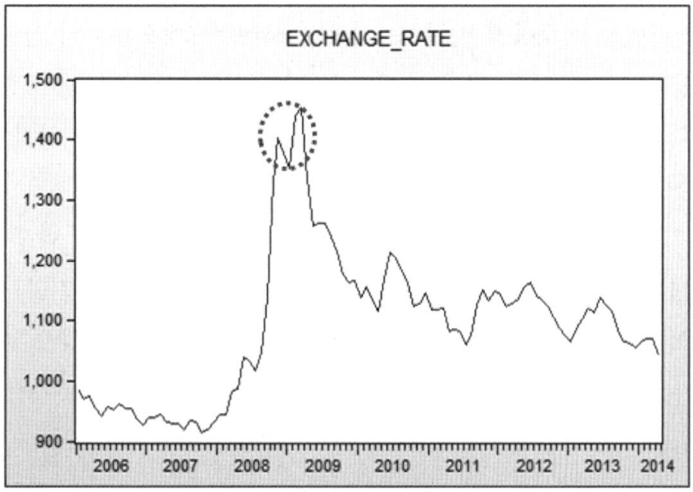

이로 인해 2008년부터 대미환율이 걷잡을 수 없을 정도로 치솟고, 그 이후의 전반적인 수준이 그 전에 비해서 월등히 증가하고 있다.

[배경예제 3.3]

다음에 주어진 시계열도표는 2001년 1월부터 2014년 3월까지 철강제 생산량을 나타낸 것이다(철강재생산량.wf). 전반적으로 수준이 증가하고, 특히 2008년 말부터 2009년 초까지 잠시 생산량이 급속하다가 다시 원래의 패턴으로 복귀되는 것을 확인할 수 있다. 세계적인 경기 침체가 그 원인으로 설명할 수 있다.

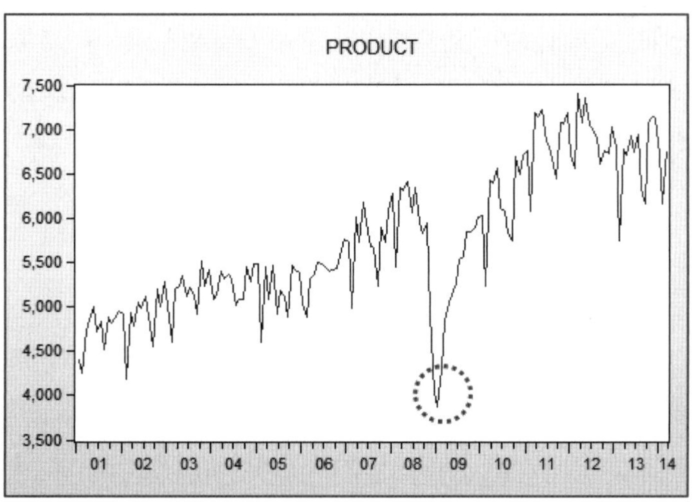

앞에서 다룬 3개의 배경예제를 통해서 소위 외적사건(예: 파업, 자연재해, 정책변경, 전쟁, 유가인상, 바겐세일 등)으로 인해 주어진 시계열이 영향을 받을 수 있다. 다시 말해서 시계열 내 존재하는 패턴을 심각하게 바꿀 수 있으며 시계열모형으로부터 산출된 예측값들의 정확도에 영향을 미칠 수 있을 것이다. Glass(1972)는 이러한 요인을 '개입(intervention)'이라 명명하였다. 개입은 차후에 다룰 이상값(outlier)과는 달리 시계열자료에 영향을 미칠 사건의 발생시점과 그 원인이 분명하게 규명되어야 한다.

일단 개입이 발생하면, 개입에 해당하는 시점의 관측값이 개입이 발생 전에 해당하는 관측값들에 비해 월등히 큰 값 또는 작은 값을 갖는 경향을 쉽게 발견할 수 있다. 더불어 개입으로 인해서 개입이 발생시점 이후에 발생하는 관측값들에 영향을 미칠 수 있게 된다. 또한 개입이 시계열의 정상적인 패턴을 변화시켜 시계열모형을 구축하는 데 어려움을 줄 수 있다.

Box와 Tiao(1975)는 이러한 개입요소의 영향을 모형에 포함시켜 보다 더 현실적이며 예측의 정확도를 높일 수 있는 개입모형(intervention model)을 처음으로 제시하였다. 그렇다면 개입은 어떤 형태가 있을까?

3.2 개입의 유형

3.2.1 펄스개입

시계열 변수들은 수많은 개입들을 포함할 수 있다. 여기에서 자주 사용되는 몇 가지 형태에 초점을 맞추도록 한다. 처음 다룰 형태는 '펄스(pulse)개입'이다. 펄스개입은 [배경예제 3.3]에서 살펴본 바와 같이, 출력변수의 수준에서 일시적으로 영향을 주는 사건을 의미한다. 만일 펄스개입이 $t=i$시점 동안 발생한다고 가정하면 펄스입력변수 X_t는 다음과 같이 정의된다.

$$X_t = \begin{cases} 0, & t \neq i \\ 1, & t = i \end{cases} \tag{3.1}$$

여기에서 X_t는 이분형 변수이며, i시점에만 X_t가 'on'되는 것을 의미한다.

펄스개입의 간단한 예로서 학교에 매일 출석하는 학생 수를 들 수 있다. 만일 폭설과 같은 자연재해가 발생하면 당일 등교학생 수는 현격히 감소할 것이며, 폭설이 멈춘 다음

날 등교학생 수는 평상시처럼 될 것이다. 이 경우 학생 출석에 영향을 미친 폭설의 효과를 이분형인 펄스 개입변수로 표현할 수 있다. 다음은 대표적으로 고려할 수 있는 펄스개입의 유형들이다.

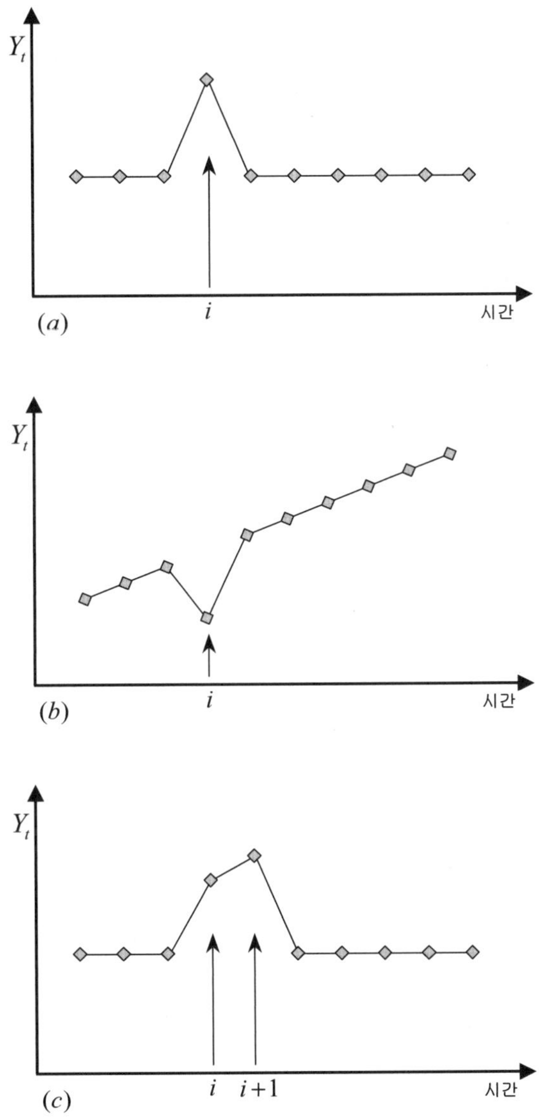

[그림 3.1] 펄스개입의 여러 가지 형태 (계속)

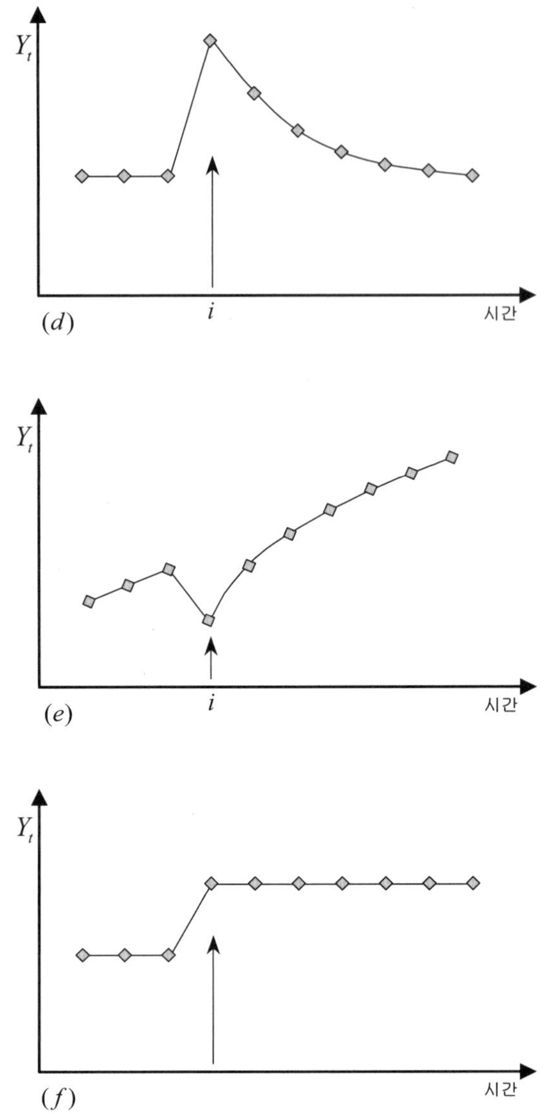

[그림 3.1] 펄스개입의 여러 가지 형태

1) 1시점의 일시적 반응

[그림 3.1(*a*)]는 시계열 Y_t에 펄스개입 효과를 나타낸 것 중 하나이며, Y_t는 $t=i$시점에서 펄스개입 효과를 제외하고는 평균이 정상적이다. 참고로 [그림 3.1]에서 제시한 6개 형태 모두는 Y_t의 수준에 대해 개입의 효과에 초점을 두기 위해 Y_t의 확률적 변동을 무시하기로 한다. $t=i$시점에서 Y_t는 고정된 수준에서 위(또는 아래)로 이동한다. 그리고 i시점 이후부터는 앞과 같이 고정된 수준으로 되돌아간다. 즉, 1시점 반응이다.

[그림 3.1(b)]는 평균이 비정상적인 시계열에서 펄스개입이 발생한 형태이다. $t=i$ 시점 전까지 시계열 Y_t가 증가(또는 감소)하다가 i시점에서 펄스개입으로 인하여 아래(또는 위)로 내려간다. i 시점 이후 시계열의 수준이 비정상적인 특징을 그대로 유지한다.

2) 여러 시점의 일시적 반응

펄스개입은 여러 시점에서 발생할 수 있다. 즉, $t=i$시점에서 펄스개입이 일어나 i 시점뿐만 아니라 i 시점 이후에서도 반응을 일으킬 수 있다. [그림 3.1(c)]는 개입의 효과를 제외하고는 평균이 정상적인 예이다.

시계열 Y_t가 $(i+1)$시점까지 개입이 계속 반응한다는 점을 제외하고는 [그림 3.1(a)]와 동일하다. 더불어 $t=i+1$시점의 반응이 $t=i$시점보다 더 큰 (또는 작은)값을 갖는다.

[그림 3.1(d)]에 나타난 시계열은 i 시점 이후에도 동적인 반응이 지속되는 형태이다. [그림 3.1(e)]의 시계열 Y_t는 $t=i$시점 이후 펄스개입에 동적으로 반응하여 $i+1, i+2, \cdots$ 시점 이후 반응이 감소하는 패턴을 갖는 점을 제외하고는 [그림 3.1(b)]와 같이 평균이 비정상적이 된다. 그리고 펄스개입에 대한 Y_t 의 반응이 소멸될 때 Y_t의 수준이 비정상적인 특징을 다시 유지한다. 마지막으로 [그림 3.1(f)]에 나타난 펄스개입은 펄스(일시적 변화)라기보다는 계단(지속적 변화)형태를 갖는다.

3.2.2 계단개입

개입에서 자주 사용되는 또 다른 유형은 '계단(step)개입'이다. 이 개입은 Y_t의 수준에서 지속적인 변화를 일으킨다고 간주된다. $t=i$시점에서 계단개입은 다음과 같이 정의된다.

$$X_t = \begin{cases} 0, & t < i \\ 1, & t \geq i \end{cases} \tag{3.2}$$

계단개입의 지속적인 특징은 i 시점에서 시작해 지속적으로 X_t가 'on'되는 것이다. 즉, X_t는 i 시점과 그 이후의 시점들에서 '1'의 값을 갖는다.

편의상 펄스개입과 계단개입을 구분하기 위해 '지속적'이란 용어를 사용한다. 그러나 계단개입이 말 그대로 반드시 지속적일 필요는 없다. 예를 들어 '계엄령'이라는 개입이 i 시점에서 발생할 때 주류소비량의 형태는 [그림 3.2(a)]와 [그림 3.2(b)]에 나타난 것과 같을 것이다. 그러나 $t=i+3$시점에서 계엄령이 해제되면 계단개입의 효과는 [그림 3.2(b)]와 같은 형태로 소멸된다. 이를 개입변수(X_t)로 정의하면 다음과 같다.

$$X_t = \begin{cases} 0, & i > t > i+2 \\ 1, & t = i, i+1, i+2 \end{cases}$$

이 경우 개입을 정책실행이 바뀔 때까지 Y_t 에 미치는 지속적 효과로 간주할 수 있다. 다음 주어진 예들에서 각 계단개입을 문자 그대로 '지속적'이라고 가정하자.

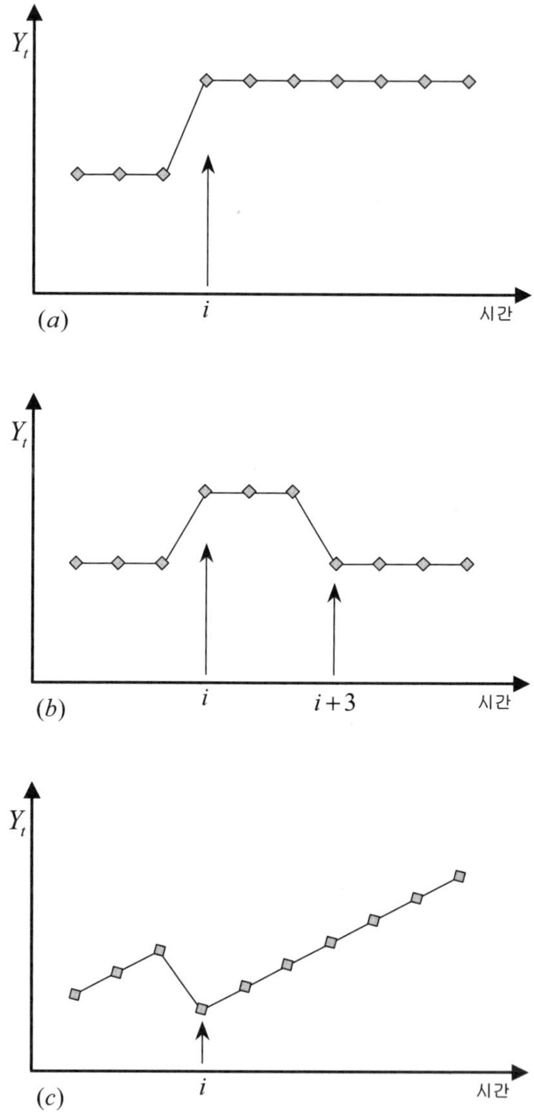

[그림 3.2] 계단개입의 여러 가지 형태 (계속)

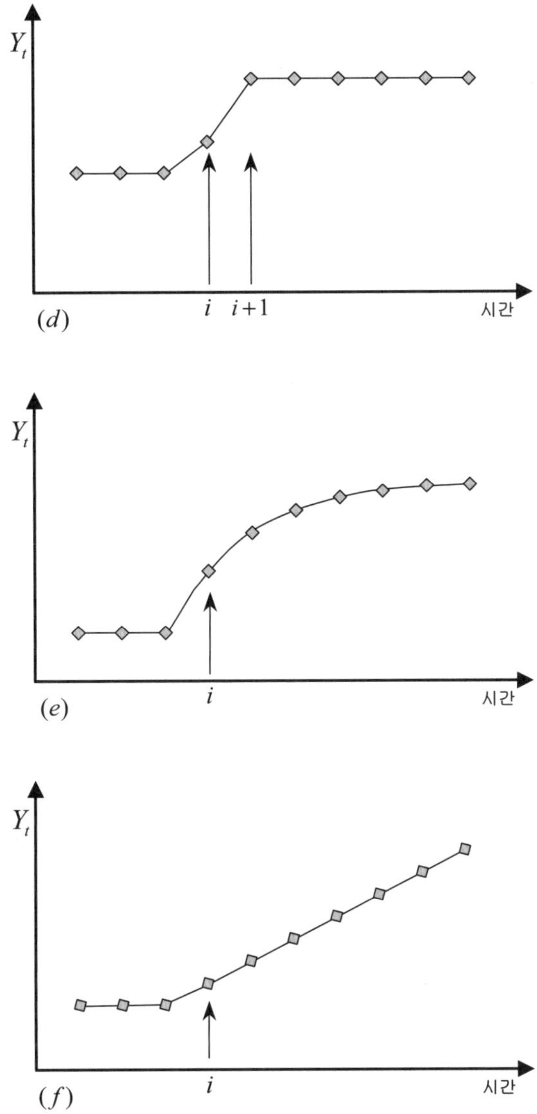

[그림 3.2] 계단개입의 여러 가지 형태

1) 1시점의 지속적 반응

평균이 정상적인 시계열은 [그림 3.2(*a*)]와 같이 계단개입에 영향을 받을 수 있다. i시점 전까지 수준이 고정되고, i시점부터 위로 상승(또는 아래로 하강)한다. 이 상승하는 형태가 '지속적'이므로 Y_t는 i시점 이후부터 새로운 수준에 놓이게 된다.

[그림 3.2(*c*)]는 평균이 비정상적인 시계열에 계단개입이 발생한 경우이다. i시점 전까지의 수준이 증가(또는 감소)하다가 i시점에서 일어난 개입 때문에 아래로 떨어진다(또는

위로 오른다). i시점 이후 비정상적 패턴이 계속되지만 i시점 전보다 낮은(또는 높은) 새로운 수준이 계속 지속된다. 이는 펄스개입이 Y_t 수준의 단지 한 시점에만 영향을 주는 [그림 3.2(*b*)]와 차이가 있다.

2) 여러 시점의 지속적 반응

계단개입은 동적인 효과를 나타낸다. [그림 3.2(*d*)]는 이를 보여주는 예이다. 즉, Y_t는 i시점에서 발생한 계단개입을 제외하면 평균이 정상적이다. 계단개입에 관련된 또 다른 동적인 반응으로 [그림 3.2(*e*)]를 고려할 수 있다. 즉, Y_t가 i시점에서 증가(또는 감소)한 후 계열 수준의 평균이 비정상적으로 증가(또는 감소)한다. 마지막으로 [그림 3.2(*f*)]는 계단이라기보다는 경사모양을 한다. 일반적으로 경사모양은 흔하지 않고 자료계열을 재정의할 때 발생한다. $t=i$시점에서 경사효과가 시작할 때, 다음과 같은 개입변수를 정의한다.

$$X_t = \begin{cases} 0\,, & t < 1 \\ t-i+1, & t \le i \end{cases}$$

다시 말해서 X_t는 $t=i$시점부터 선형으로 증가한다.

3.3 개입모형의 표기법

개입이 M번 발생했다는 가정에서 개입모형을 다음과 같이 표현할 수 있다. 참고로 개입모형은 4장에서 다룰 동적회귀모형의 특수한 형태이다.

$$Y_t = C + \sum_{i=1}^{M} \alpha_i X_{i,t} + N_t \tag{3.3}$$

이때 C는 상수항, α_i는 $X_{i,t}$의 계수, N_t는 오차항 시계열이다.

N_t는 ARIMA$(p,d,q)(P,D,Q)_s$ 메커니즘으로 다음과 같이 나타낼 수 있다.

$$\phi_p(B)\Phi_P(B^s)\nabla^d\nabla_s^D N_t = \Theta_Q(B^s)\theta_q(B)\epsilon_t$$

여기에서 $\Phi_P(B^s) = (1-\Phi_s B^s - \Phi_{2s}B^{2s} - \cdots - \Phi_{Ps}B^{Ps})$

$\nabla_s^D = (1 - B^s)^D$

$\Theta_Q(B^s) = (1 - \Theta_s B^s - \Theta_{2s} B^{2s} - \cdots - \Theta_{Qs} B^{Qs})$

$\nabla^d = (1 - B)^d$

$\phi(B) = (1 - \phi_1 B - \phi_2 B^2 - \cdots - \phi_p B^p)$

$\theta(B) = (1 - \theta_1 B - \theta_2 B^2 - \cdots - \theta_q B^q)$

ϵ_t 는 백색잡음이다.

또는

$$N_t = \frac{\Theta_Q(B^s)\theta_q(B)}{\phi_p(B)\Phi_P(B^s)\nabla^d \nabla_s^D}\epsilon_t \tag{3.4}$$

이다. 식 (3.4)를 식 (3.3)에 대입하여 다시 정리하면 다음과 같다.

$$Y_t = C + \sum_{i=1}^{M} \alpha_i X_{i,t} + \frac{\Theta_Q(B^s)\theta_q(B)}{\phi_p(B)\Phi_P(B^s)\nabla^d \nabla_s^D}\epsilon_t \tag{3.5}$$

예제 3.1 주어진 시계열에서 시점 t_1, t_2 $(t_1 < t_2)$에서 각각 펄스개입(X_{1t}, X_{2t})이 발생하고 오차항이 MA(1) 메커니즘을 따를 때, 이를 개입모형으로 다음과 같이 표현할 수 있다.

$$Y_t = C + \alpha_1 X_{1t} + \alpha_2 X_{2t} + (1 - \theta_1 B)\epsilon_t$$

3.4 다중개입과 혼합개입

1) 다중개입(multiple intervention)

우선 다른 시간대들에서 여러 개의 개입이 발생하는 다중개입에 대해 고려해보자. 예를 들어 주어진 시계열자료에 대해 $t = i1$ 시점에서 펄스개입, $t = i2$ 시점에서 계단개입, $t = i3$ 시점에서 펄스개입이 발생했다고 하자. 다음 그림은 이 세 개의 개입에 대해 Y_t의 반응을 나타내고 있다.

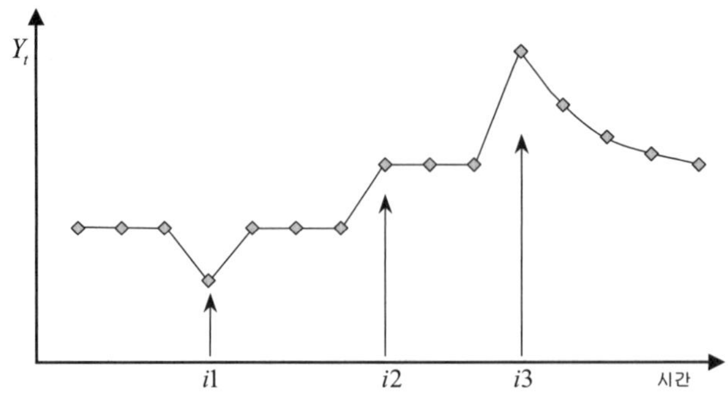

[그림 3.3] 다중개입의 예

첫 번째 개입과 세 번째 개입은 펄스개입이므로 다음과 같이 정의한다.

$$X_{1,t} = \begin{cases} 0, & t = i1 \\ 1, & t = i1 \end{cases}$$

$$X_{3,t} = \begin{cases} 0, & t \neq i3 \\ 1, & t = i3 \end{cases}$$

두 번째 개입은 계단개입이므로 다음과 같이 정의한다.

$$X_{2,t} = \begin{cases} 0, & t < i2 \\ 1, & t \geqq i2 \end{cases}$$

앞 그림에서 보는 바와 같이, $t = i1$ 시점에서 일어난 첫 번째 펄스개입은 한 시점의 효과를 나타내며, $t = i2$ 시점에서 일어난 계단개입은 즉각적인 반응이 나타나며 그 효과가 지속되고, $t = i3$ 시점에서 일어난 두 번째 펄스개입은 지수적으로 감소시키는 동적인 영향을 미친다. 3개의 개입이 포함된 개입모형을 다음과 같이 표현할 수 있다.

$$Y_t = C + \alpha_1 X_{1,t} + \alpha_2 X_{2,t} + \alpha_3 X_{3,t} + N_t$$

물론 시계열자료에서 서로 다른 형태의 개입들의 조합을 갖는 다중개입이 발생할 수 있다. 어떤 형태의 다중개입에 관계없이 이에 관련된 개입모형을 다루는 방법은 동일하다. 즉, 다중개입을 구성하는 개입들 각자의 형태를 파악한 후, 개입모형에 개입을 하나씩 포함시켜 가법적 형태를 만들면 된다.

2) 혼합개입

다중개입의 특이한 형태로 혼합개입을 들 수 있다. 주어진 사건 하나가 몇 개의 개입 효과를 유발시킬 수 있다. 예를 들어 특정 샴푸회사에서 판매촉진을 위해 6월 한 달 동안 A 샴푸를 염가판매를 한다고 하자. 이때 서로 다른 형태의 세 가지 그룹을 고려할 수 있다.

- 새롭게 형성된 지속적 구매자

이 형태의 구매자들은 6월 이전에 A 샴푸를 구매하지 않았지만, 염가판매 때문에 6월 한 달 동안 30,000개를 구매한다. 이들은 6월 이전에 사용한 다른 샴푸보다 A 샴푸를 선호하여, 6월 이후에도 A 샴푸의 가격이 원래가격으로 인상되더라도 계속해서 30,000개의 샴푸를 구매한다. 이 형태는 계단 개입변수로 표현되는 지속적인 반응이다.

$$X_{1,t} = \begin{cases} 1, & t \geqq i \\ 0, & t < i \end{cases}$$

여기에서 i 는 6월을 나타낸다.

- 새롭게 형성된 일시적 구매자

이 형태의 구매자들은 6월 한 달 동안 80,000개의 A 샴푸를 구매하고, 그 후 몇 달 동안 계속 A 샴푸를 구매하다가 이전에 사용한 샴푸로 서서히 구매 위치로 이동한다. 6월 이후에 이 그룹에 속한 구매자들은 전 달 판매량의 50%만을 A 샴푸를 구매한다. 이는 펄스 개입변수로 표현되는 일시적 반응이다.

$$X_{2,t} = \begin{cases} 1, & t = i \\ 0, & t \neq i \end{cases}$$

여기에서 i 는 6월을 나타낸다.

- 기존 구매자

이 그룹에 속한 구매자들은 6월 한 달 동안 A 샴푸를 염가로 구매하여 비축한다. 구매자들이 향후 세 달($t=i+3$ 시점)까지 샴푸를 사들여 재고에 쌓아두므로 구입량이 적어진다. 만일 구매자들이 6월 한 달 동안 75,000개를 추가로 구매하고, 7월($i+1$ 시점)부터 10

월($i+3$시점)까지 구매량이 25,000개를 덜 구매한다고 가정하자. 이는 일시적 반응이므로, 새롭게 형성된 일시적 구매자와 같이 펄스개입함수로 간주할 수 있다.

$$X_{2,t}=\begin{cases}1, & t=i\\ 0, & t\neq i\end{cases}$$

여기에서 i는 6월을 나타낸다.

[그림 3.4]는 앞에서 언급한 세 개의 유형을 나타내 주는 예이다.

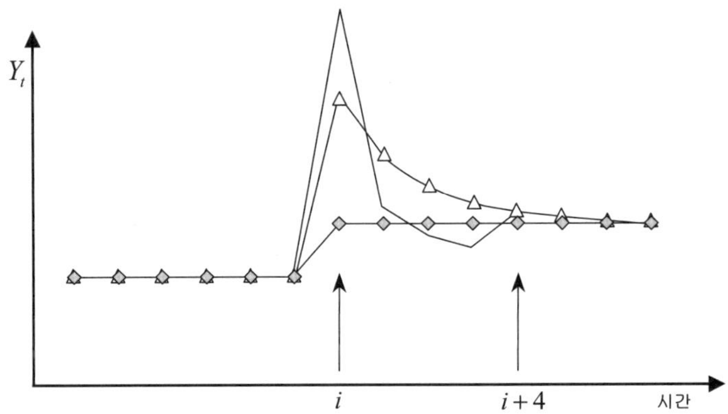

[그림 3.4] 혼합개입의 예

새로운 지속적 구매자에 대한 반응은 6월($t=i$)에서 맨 아래에 그려진 계단개입을 나타낸다. 5월($t=i-1$시점) 이후의 수준이 6월($t=i$시점) 이전 달들의 수준보다 30,000개 높다. 새롭게 형성된 일시적 구매자의 반응은 6월($t=i$시점)에서 가운데 놓여 있는 선으로 나타난 시계열이다. 6월($t=i$시점) 동안의 수준이 그 이전의 수준보다 80,000개 높고, 그 이후의 시점($t>i$) 수준은 새로운 지속적 구매자의 최고값을 향해 감소한다. 기존 구매자의 반응은 6월($t=i$)에서 맨 위에 놓여 있는 계열을 나타낸다. 6월($t=i$시점)에서 가장 큰 값을 가지며, 이 시점에서 새롭게 형성된 일시적 구매자의 반응보다 75,000개 더 많은 값을 갖는다. 7월($t=i+1$시점)에 구매한 양은 6월($t=i$시점)의 것보다 75,000개만큼 감소하고, 그 이후에 구매자의 재고량이 감소하기 때문에 25,000개씩 계속 감소한다. 따라서 관측된 자료계열은 새롭게 형성된 일시적 구매자의 반응과 같이 지수적 감소형태를 따르지 않는다(설명을 단순화하기 위해 확률적 변동은 무시한다). 즉, 7월($t=i+1$시점)에서 새롭게 형성된 일시적 구매자의 반응보다 25,000개 더 적어진다. 8월($t=i+2$시점)에서 25,000개가 추가로 감소하며, 9월($t=i+3$시점)에서 25,000개가 또 감소한다. 이 계열은 새롭게 형성된 일시적 구매자의 반응형태를 따르지 않고, $t=i+2$, $t=i+3$시점에서 새롭게 형성된 일시적 구매자의 반응보다 더 작은 값을 갖는다. 마지막으로, $t=i+4$시점에 해당하는 관측값은 새롭게 형성된 일시적 구매자의 반응과 같이 감소하는 패턴을 따른다. 결과적으로 관측된 계열이 새롭게 형성된 지속적 구매자의 반응에 나타난 계단함수 값에 수렴한다.

혼합개입 역시 다중개입의 경우와 마찬가지로 각 개입요소에 대한 개입유형을 파악하고, 이 요소들을 개입모형에 포함시키면 된다.

사례분석 4

KOSPI 200옵션 일거래량

C4.1 자료 설명 및 개입형태의 식별

2010년 8월 30일 한국거래소(KRX)와 유럽파생상품거래소(Eurex Exchange)는 Eurex 연계 코스피 200옵션(KOSPI 200 Options) 야간시장을 개장하였다. KOSPI 200옵션은 KRX 주식시장에 상장된 200대 블루칩 종목으로 구성된 KRX 시가총액을 지수화한 KOSPI 200 종합주가지수에 기반을 두고 있으며, 한국 자본시장의 기준지표를 나타낸다.

2000년 이후 2013년 KOSPI 200옵션 거래량이 세계 2위로 한 계단 하락한 것은 이례적이다. 또한 이와 같은 주가지수 파생상품의 거래 부진으로 한국거래소의 파생상품 거래량 순위는 전년보다 4계단 하락한 9위를 기록했다. 낮은 비용과 높은 유동성의 강점을 가진 옵션거래는 현대 금융시장에 지대한 영향을 미치는 파생상품으로서 시장 전체의 효율성을 제고하는 데 중요한 역할을 하지만, 높은 위험성과 투기성으로 인해 이를 부정적으로 바라보는 시각도 존재한다. 따라서 옵션거래량은 금융업계에 종사하는 사람들뿐만 아니라 시장효율성 측면에 관심 있는 사람들에게도 중요한 의미가 될 것이다.

본 사례분석에서는 2007년 1월부터 2014년 4월까지의 월별 자료를 다루며, 이 자료는 국가통계포털(KOSIS)에서 발췌하였다. 다음은 총 88개의 관측값들을 시계열도표로 나타낸 것이다(그림 C4.1 참고).

시계열 내에서 본 관측값들은 2012년 중반까지 약간의 상승 추세를 나타내며 추세선을 중심으로 임의로 위아래로 움직이고 있지만, 이후 급격한 감소 폭을 보이며 하락한 후 위아래 이동 폭 또한 눈에 띄게 감소했음을 알 수 있다. 즉, 평균이 정상적이지 않으며 월별 자료이기 때문에 1년 단위로 주기를 고려하면 주기의 길이는 '12'가 된다. 매 주기마다 어느 특정한 달에서 다른 달들에 비해 월등히 큰 값 또는 작은 값을 갖는 규칙을 찾을 수 없다.

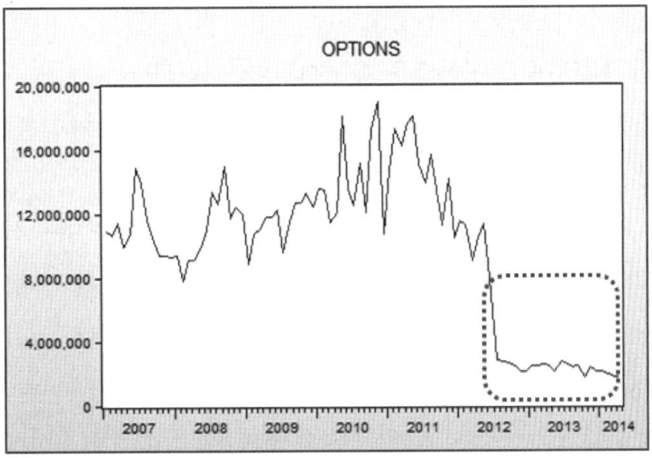

[그림 C4.1] 옵션 일거래량 시계열도표

시계열도표 [그림 C4.1]에서 옵션 거래량이 2012년 6월을 기점으로 급격히 감소하는 것을 발견할 수 있다(점선으로된 둥근사각형 참고). 이 시점에 한국거래소는 코스피 200옵션의 거래승수를 10만 원에서 50만 원으로 인상하는 정책안을 시행하였고 이러한 정책 변경이 2012년 6월부터 지속적으로 영향을 주고 있음을 알 수 있다. 따라서 앞서 분석한 상승추세 중 '계단개입'을 근간으로 개입모형을 활용한 식별, 추정 및 모형검진을 우선 시행하는 것이 적합하다는 것을 알 수 있다.

우선 2012년 6월($t=66$)부터 끝까지 '1'로 지정하고 나머지 시점은 '0'으로 지정한 새로운 가(dummy)변수 X_t를 아래와 같이 생성한다.

$$X_t = \begin{cases} 0, & t < 66 \\ 1, & t \geq 66 \end{cases}$$

여기에서 $t=66$은 '2012년 6월'을 나타낸다.

EViews 8에서 개입변수 X를 생성하기 위해서는 처음부터 2012년 5월까지는 '0', 2012년 6월부터 2014년 4월(마지막 달)까지는 '1'로 입력한다.

C4.2 오차항에 대한 ARIMA 모형식별

본 사례분석과 같이 개입의 효과가 계열 전반을 크게 압도할 경우에는 우선 '오차항들끼리 서로 독립이다'는 가정에서 다음과 같은 2단계 분석전략으로 개입모형을 구축한다.

"우선 개입함수와 오차항을 동시에 모형에 포함시켜($y_t = v_t + N_t$) 모형을 적합시킨다. 즉, 오차항에 대한 ARIMA 모형식별을 유보시킨다. 그리고 $y_t = v_t + N_t$ 에 근거하여 계산된 잔차 자기상관함수와 잔차 편자기상관함수를 사용하여 자기회귀요소 또는 이동평균요소를 개입모형 내의 오차항에 추가시킨다."

따라서 실시할 첫 작업은 오차항에 대한 ARIMA 모형식별을 유보하고 개입변수(X_t)와 옵션일거래량(Y_t) 사이의 선형회귀모형을 적합시킨다. 물론 이 단계에서 오차항에 대한 ARIMA 모형을 구축하기 위해서는 반드시 잔차를 생성시킨다. 이를 EViews 8에 적용하기 위해서는 **Quick → Estimate Equation...**을 선택한 후, "Equation Estimation" 대화상자에 'options c x'를 순차적으로 입력시킨다. 참고로 맨 왼쪽의 변수는 반응변수를, 나머지 두 번째 변수부터는 방정식의 등호 오른쪽에 해당하는 상수 및 변수를 의미한다.

따라서 고려한 방정식은

$$Options_t = C_1 + C_2 X_t + N_t \tag{C4.1}$$

이며, C_1 와 C_2 를 추정하는 방정식이 되며, 대화상자에 입력한 c는 상수항인 C_1을, x는 X_t를 나타낸다. [표 C4.2]의 추정결과에서 상수(C_1)와 개입변수 X의 계수(C_2) 모두 유의수준 5%에서 유의함을 알 수 있다.

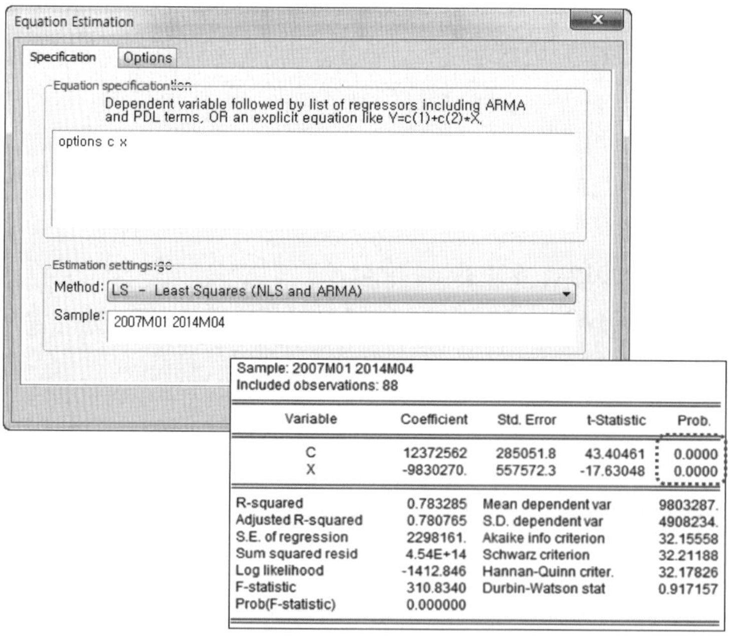

Sample: 2007M01 2014M04
Included observations: 88

Variable	Coefficient	Std. Error	t-Statistic	Prob.
C	12372562	285051.8	43.40461	0.0000
X	-9830270.	557572.3	-17.63048	0.0000

R-squared	0.783285	Mean dependent var	9803287.
Adjusted R-squared	0.780765	S.D. dependent var	4908234.
S.E. of regression	2298161.	Akaike info criterion	32.15558
Sum squared resid	4.54E+14	Schwarz criterion	32.21188
Log likelihood	-1412.846	Hannan-Quinn criter.	32.17826
F-statistic	310.8340	Durbin-Watson stat	0.917157
Prob(F-statistic)	0.000000		

[표 C4.2] 선형회귀모형의 추정결과

다음으로 개입변수(X_t)와 옵션일거래량(Y_t) 사이의 선형회귀모형을 적합시킨 후 생성된 잔차를 사용하여 오차항에 대한 ARIMA 모형을 식별한다. 즉, 잔차 자기상관함수와 잔차 편자기상관함수를 통해 ARIMA 모형의 자기회귀요소 또는 이동평균요소를 식별한다.

EViews 8에서 아래와 같이 방정식 (C4.1)을 추정 후 생성된 잔차(RESID)를 바탕으로 View → Correlogram...을 선택하거나, 방정식을 추정한 결과를 바탕으로 View → Residual Diagnostics... → Correlogram-Q-statistics...를 선택하여 두 개의 잔차 상관함수를 계산한다.

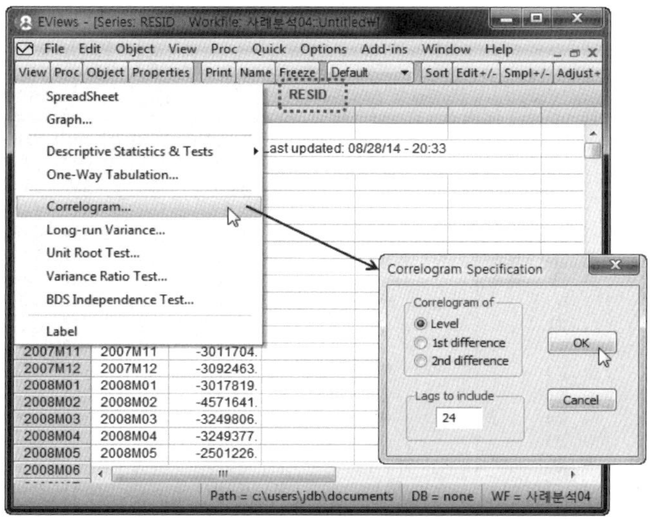

또는

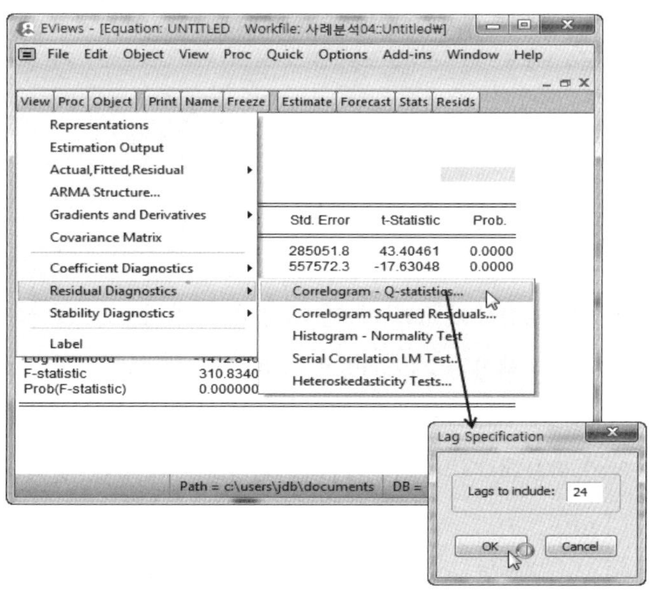

다음에 주어진 잔차 자기상관함수에서 지수적으로 감소하는 패턴을, 잔차 편자기상관함수는 '시차 1' 이후에 절단형태를 발견할 수 있으므로, 오차항(N_t)에 AR(1) 요소가 내재되어 있음을 알 수 있다([표 C4.3] 참고). 이를 방정식으로 표현하면 다음과 같다.

$$Options_t = C_1 + C_2 X_t + \frac{1}{1-\phi_1 B}\epsilon_t \qquad \text{(C4.2)}$$

[표 C4.3] 잔차 자기상관함수와 잔차 편자기상관함수

Sample: 2007M01 2014M04
Included observations: 88

Autocorrelation	Partial Correlation		AC	PAC	Q-Stat	Prob
		1	0.538	0.538	26.362	0.000
		2	0.400	0.155	41.097	0.000
		3	0.462	0.283	60.957	0.000
		4	0.270	-0.130	67.825	0.000
		5	0.283	0.134	75.474	0.000
		6	0.310	0.053	84.727	0.000
		7	0.140	-0.115	86.637	0.000
		8	0.093	-0.077	87.494	0.000
		9	0.212	0.182	92.004	0.000
		10	0.106	-0.056	93.155	0.000
		11	0.072	-0.017	93.692	0.000
		12	0.184	0.106	97.216	0.000
		13	0.152	0.102	99.659	0.000
		14	0.137	-0.009	101.67	0.000
		15	0.144	-0.079	103.93	0.000
		16	0.007	-0.142	103.94	0.000
		17	0.002	0.020	103.94	0.000
		18	-0.059	-0.221	104.33	0.000
		19	-0.062	0.079	104.77	0.000
		20	-0.015	0.082	104.80	0.000
		21	-0.111	-0.095	106.27	0.000
		22	-0.094	0.007	107.32	0.000
		23	-0.061	0.039	107.78	0.000
		24	-0.111	-0.045	109.31	0.000

C4.3 개입모형의 추정 및 모형진단

마찬가지로 모형 식 (C4.2)를 EViews 8에 적용하기 위해서는 풀다운 메뉴에서 Quick → Estimate Equation...을 선택한 후, Equation Estimation 대화상자에 'options c x AR(1)'를 순차적으로 입력시킨다. 그 결과 세 개의 계수들(C_1, C_2, ϕ_1) 모두 매우 유의하며(표 C4.4 참고), 이를 식 (C4.2)에 대입하면 다음과 같다.

$$Options_t = 12166295 - 8993108\, X_t + \frac{1}{1-0.562382\, B}\epsilon_t \qquad \text{(C4.3)}$$

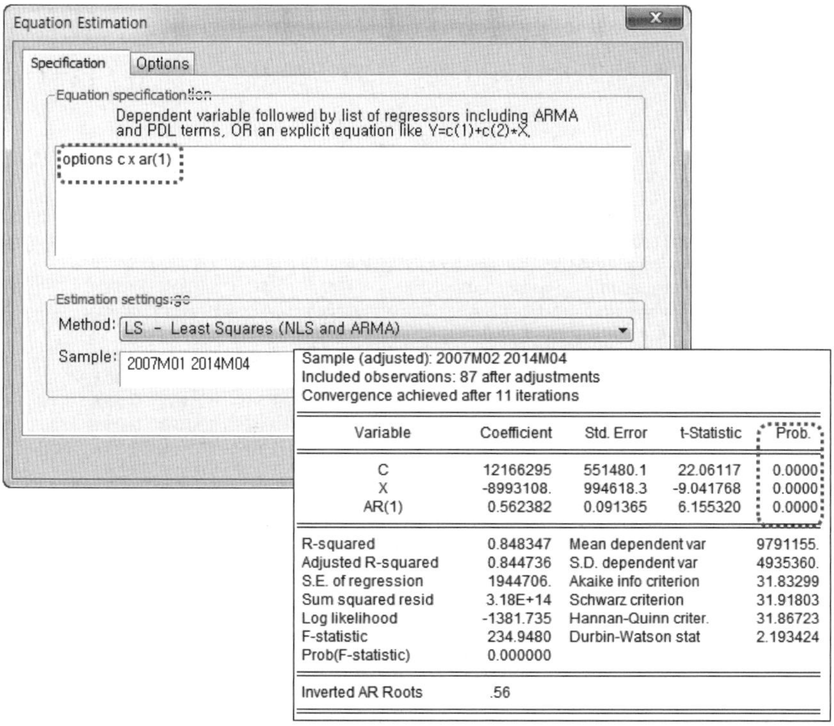

Sample (adjusted): 2007M02 2014M04
Included observations: 87 after adjustments
Convergence achieved after 11 iterations

Variable	Coefficient	Std. Error	t-Statistic	Prob.
C	12166295	551480.1	22.06117	0.0000
X	-8993108.	994618.3	-9.041768	0.0000
AR(1)	0.562382	0.091365	6.155320	0.0000

R-squared	0.848347	Mean dependent var	9791155.
Adjusted R-squared	0.844736	S.D. dependent var	4935360.
S.E. of regression	1944706.	Akaike info criterion	31.83299
Sum squared resid	3.18E+14	Schwarz criterion	31.91803
Log likelihood	-1381.735	Hannan-Quinn criter.	31.86723
F-statistic	234.9480	Durbin-Watson stat	2.193424
Prob(F-statistic)	0.000000		

Inverted AR Roots	.56

[표 C4.4] 개입모형 식 (C4.1)의 추정결과

다음으로 모형 식 (C4.3)을 적합한 후 생성된 잔차에 대한 자기상관함수와 Q-통계량의 p값을 구해보자. 이러한 작업은 잔차 내에 여전히 자기회귀 또는 이동평균요소가 남아 있는지 여부를 확인할 수 있으며, 만일 두 상관함수를 통해 두 개의 요소 중 하나라도 남아 있다면 모형 (C4.3)에 발견한 요소를 추가시켜야 할 것이다.

모형진단을 하기 위한 주요 도구는 잔차 자기상관함수이다. 물론 여기에서 잔차 자기상관함수는 AR(1) 모형을 추정하여 얻어진 잔차들을 계산한 것이다. 이때, 잔차($\hat{\epsilon_t}$)는 관측할 수 없는 백색잡음(ϵ_t)을 추정한 값이다. 이 백색잡음항들은 통계적으로 독립이라고 가정하였다. 그래서 AR(1) 모형을 추정하여 얻은 백색잡음들, 즉 잔차들의 독립성 가설을 검정한다. 만일 잔차 자기상관함수들이 통계적으로 유의하지 않으면 AR(1) 모형이 적절하다고 판정한다.

다음에 주어진 [그림 C4.5] 잔차 자기상관함수에서 두드러지게 나타난 특징은 '시차 3'에서 두드러진 스파이크가 있다는 것이다. 이는 AR(1) 모형을 적합한 후 생성된 시차가 3개씩 떨어진 잔차들 간 상관관계가 존재함을 나타낸다. 다시 말해서 AR(1) 모형에 근거한 잔차 자기상관함수 중 '시차 3'의 잔차 자기상관계수는 통계적으로 유의하지만,

나머지 시차들의 잔차 자기상관계수들은 통계적으로 유의하지 않기 때문에 절단형태로 간주할 수 있다. 이는 '시차 3'에서 고려해야 할 요소는 차수가 '3'인 이동평균요소이다.

[표 C4.5] 잔차 자기상관함수와 잔차 편자기상관함수

Included observations: 87
Q-statistic probabilities adjusted for 1 ARMA term

Autocorrelation	Partial Correlation		AC	PAC	Q-Stat	Prob*
		1	-0.098	-0.098	0.8703	
		2	-0.040	-0.050	1.0174	0.313
		3	0.339	0.334	11.606	0.003
		4	-0.077	-0.018	12.163	0.007
		5	0.095	0.121	13.024	0.011
		6	0.262	0.189	19.568	0.002
		7	-0.060	0.019	19.920	0.003
		8	-0.100	-0.185	20.903	0.004
		9	0.245	0.114	26.883	0.001
		10	-0.027	0.014	26.954	0.001
		11	-0.093	-0.078	27.836	0.002
		12	0.172	0.012	30.874	0.001
		13	0.020	0.120	30.914	0.002
		14	0.017	0.097	30.946	0.003
		15	0.151	0.038	33.413	0.003
		16	-0.113	-0.133	34.804	0.003
		17	0.035	0.064	34.936	0.004
		18	-0.045	-0.223	35.160	0.006
		19	-0.070	-0.116	35.722	0.008
		20	0.104	0.090	36.961	0.008
		21	-0.140	-0.076	39.245	0.006
		22	-0.052	-0.047	39.573	0.008
		23	0.027	0.024	39.663	0.012
		24	-0.110	-0.006	41.152	0.011

*Probabilities may not be valid for this equation specification.

따라서 AR(1) 모형만으로 잡음항(N_t)을 설명하는 것은 적절하지 않으며, AR(1) 모형에 잔차들 간의 관계를 설명할 수 있는 또 다른 요소인 MA(3)을 추가시켜야 한다. 즉, 고려할 방정식은 다음과 같다.

$$Options_t = C_1 + C_2 X_t + \frac{1-\theta_3 B^3}{1-\phi_1 B}\epsilon_t \qquad \text{(C4.4)}$$

[표 C4.6] 개입모형 식 (C4.4)의 추정결과

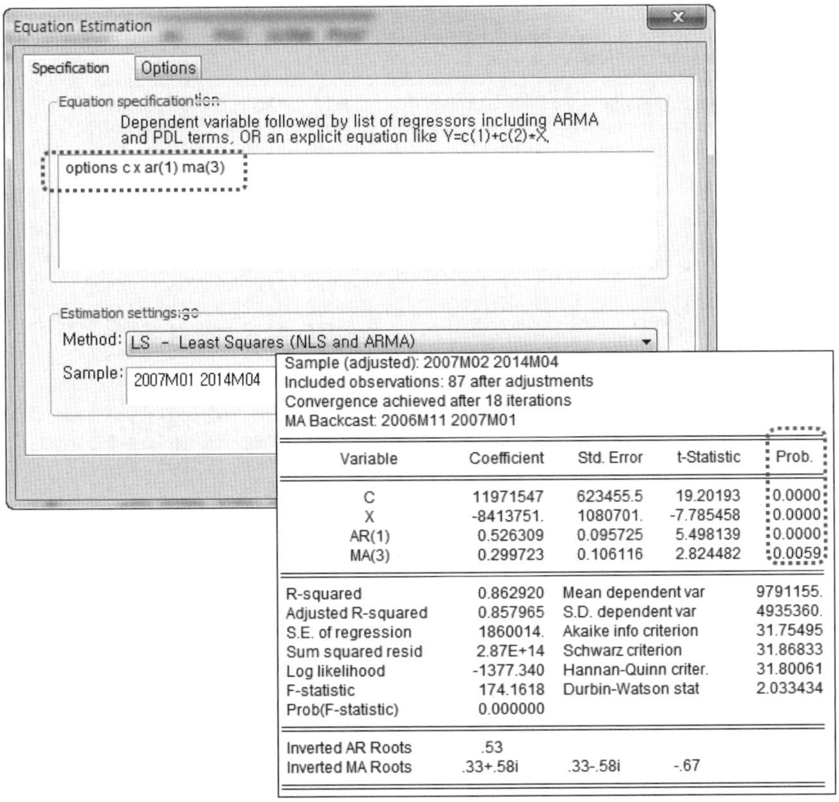

Sample (adjusted): 2007M02 2014M04
Included observations: 87 after adjustments
Convergence achieved after 18 iterations
MA Backcast: 2006M11 2007M01

Variable	Coefficient	Std. Error	t-Statistic	Prob.
C	11971547	623455.5	19.20193	0.0000
X	-8413751.	1080701.	-7.785458	0.0000
AR(1)	0.526309	0.095725	5.498139	0.0000
MA(3)	0.299723	0.106116	2.824482	0.0059

R-squared	0.862920	Mean dependent var	9791155.
Adjusted R-squared	0.857965	S.D. dependent var	4935360.
S.E. of regression	1860014.	Akaike info criterion	31.75495
Sum squared resid	2.87E+14	Schwarz criterion	31.86833
Log likelihood	-1377.340	Hannan-Quinn criter.	31.80061
F-statistic	174.1618	Durbin-Watson stat	2.033434
Prob(F-statistic)	0.000000		

Inverted AR Roots	.53		
Inverted MA Roots	.33+.58i	.33-.58i	-.67

모형 식 (C4.4)를 추정하기 위해서 Eviews 8의 "Equation Estimation" 대화상자에 'options c x ar(1) ma(3)'을 입력하며, 그 결과 추정된 4개의 계수가 모두 통계적으로 매우 유의하였다(표 C4.6 참고).

$$Options_t = 11971547 - 8413751\,X_t + \frac{1-0.299723\,B^3}{1-0.526309\,B}\,\epsilon_t \qquad \text{(C4.5)}$$

마찬가지로 모형 (C4.5)에 근거하여 생성된 잔차에 대한 두 개의 상관함수를 살펴본 결과, 단기시차에서 신뢰한계선 밖으로 튀어나온 스파이크를 하나도 발견할 수 없고(유의한 상관계수는 존재하지 않는다), Q-통계량의 p값 모두 유의수준 5%에서 유의하지 않으므로, "백색잡음항들이 통계적으로 독립이다"라는 귀무가설을 채택하게 된다(표 C4.7 참고). 따라서 모형 (C4.5)에 자기회귀요소 또는 이동평균요소가 더 이상 남아 있지 않다.

[표 C4.7] 잔차 자기상관함수와 잔차 편자기상관함수

Sample: 2007M01 2014M04
Included observations: 87
Q-statistic probabilities adjusted for 2 ARMA terms

Autocorrelation	Partial Correlation		AC	PAC	Q-Stat	Prob*
		1	-0.019	-0.019	0.0310	
		2	-0.029	-0.030	0.1092	
		3	0.041	0.040	0.2652	0.607
		4	-0.020	-0.019	0.3014	0.860
		5	0.167	0.169	2.9244	0.403
		6	0.235	0.245	8.1870	0.085
		7	-0.021	0.009	8.2293	0.144
		8	-0.099	-0.107	9.1835	0.164
		9	0.175	0.167	12.221	0.094
		10	-0.021	-0.035	12.265	0.140
		11	-0.054	-0.144	12.566	0.183
		12	0.101	0.033	13.621	0.191
		13	0.076	0.152	14.228	0.221
		14	0.048	0.048	14.470	0.272
		15	0.145	0.077	16.720	0.212
		16	-0.120	-0.078	18.298	0.194
		17	-0.007	0.049	18.303	0.247
		18	-0.046	-0.187	18.540	0.293
		19	-0.027	-0.131	18.621	0.351
		20	0.085	0.076	19.460	0.364
		21	-0.119	-0.148	21.133	0.330
		22	-0.064	-0.084	21.627	0.361
		23	-0.002	0.081	21.627	0.421
		24	-0.063	-0.017	22.115	0.453

*Probabilities may not be valid for this equation specification.

[표 C4.8] 개입모형 식 (C4.5)의 잔차도표

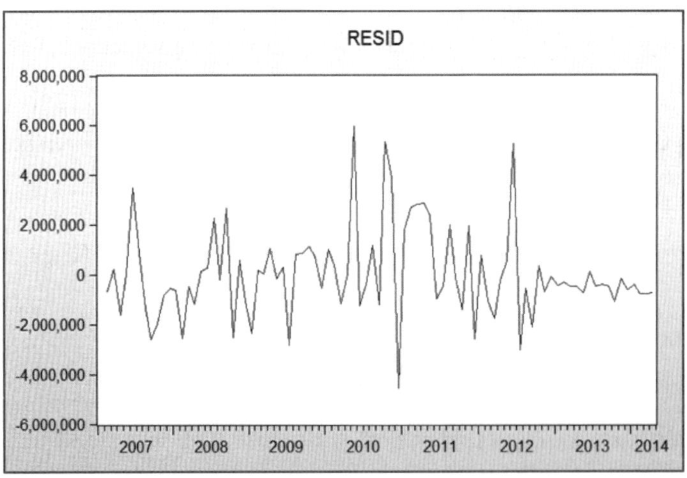

[표 C4.8]은 개입모형 식 (C4.5)에 근거하여 계산된 잔차도표이다. 더 이상의 이상값을 발견할 수 없으며, 임의로 고루 분포된 형태이므로 잔차의 독립성과 등분산성을 만족함을 확인할 수 있다.

C4.4 개입모형의 예측

최종모형 식 (C4.5)에 근거한 향후 6개월(2014년 10월)까지의 예측값을 산출하기 위해서는 우선 풀다운 메뉴 중 **Proc → Structure/Resize Current Page...**를 선택한 후 아래 주어진 "Workfile Structure" 대화상자에서 'End date'를 예측 마지막 시점인 '2014M10'으로 수정한다.

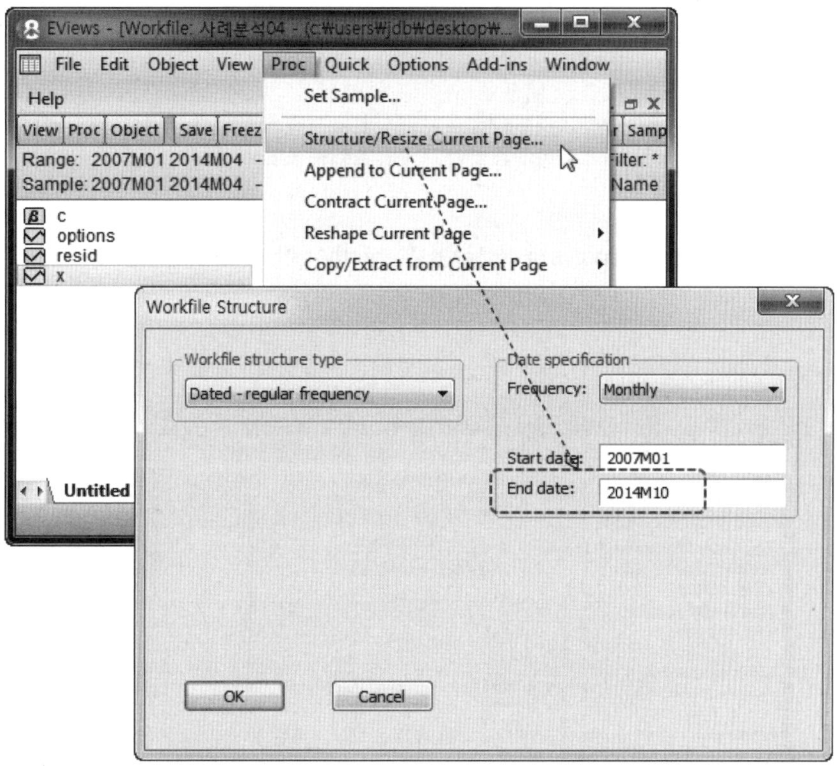

그 결과 2014년 5월부터 10월에 해당하는 모든 변수의 값이 'NA'로 표시된다. 만일 2016년 6월 개입이 발생한 후 지속적으로 2014년 10월까지 개입효과가 발생할 것으로 예상된다면, 개입변수 X에 NA로 표기된 란에 '1'을 입력한다. 그리고 "Equation Estimation" 대화상자에 추정할 방정식인 'options c x ar(1) ma(3)'을 입력하며, 'sample'란에 '2007M01 2014M10'을 확인한다.

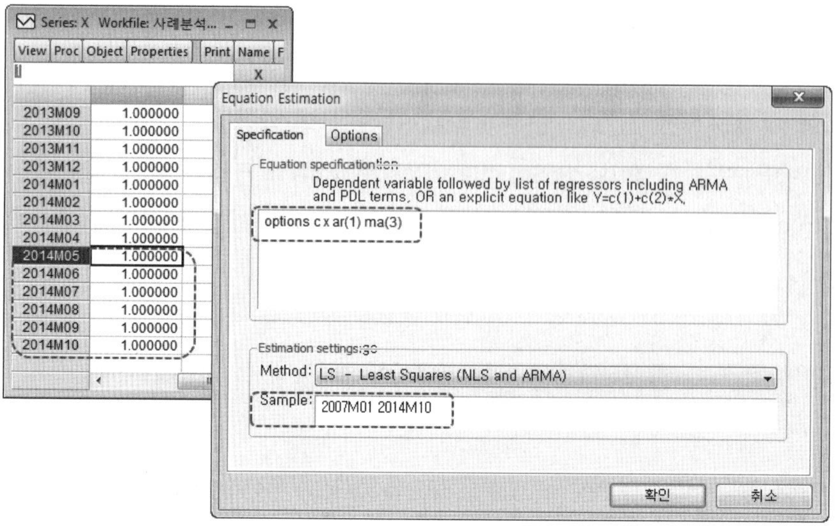

마지막으로 Proc → Forecast...를 선택한 후 Method란에 'Dynamic forecast'를 체크한 후 실행한다.

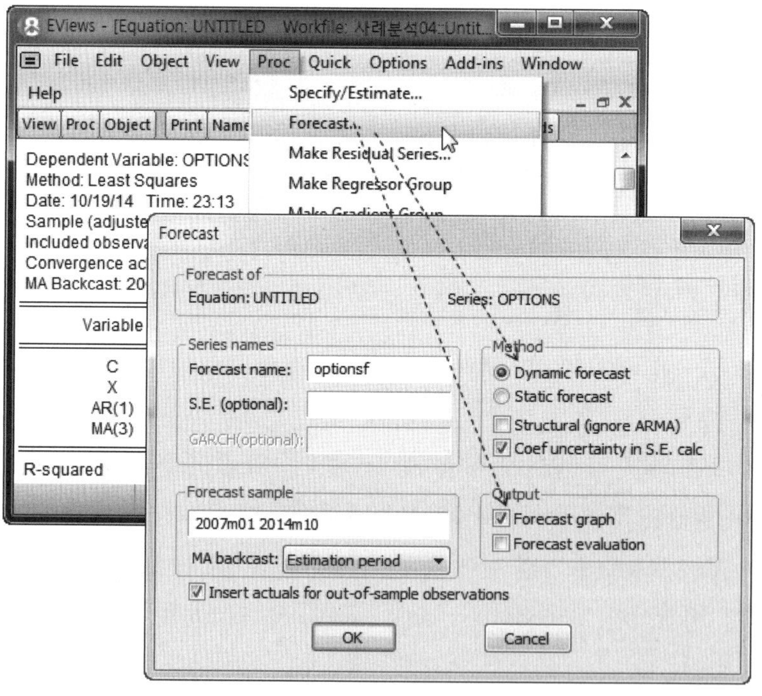

그 결과 아래와 같은 예측값을 얻을 수 있다.

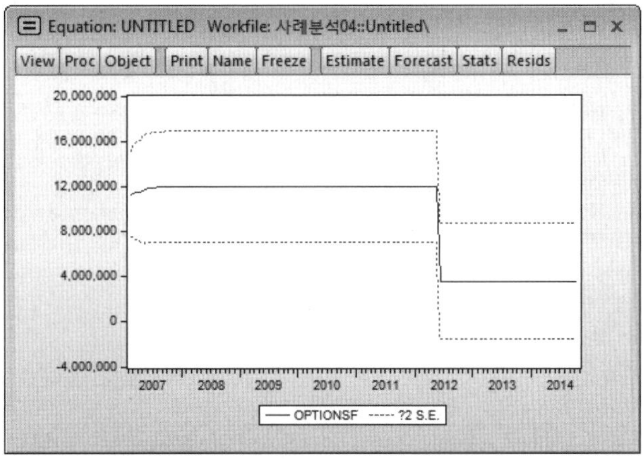

[그림 C4.9] 개입모형 식 (C4.5)에 근거한 'dynamic forecast'

만일 'Method'란에 'Static forecast'를 체크한 후 실행하면, 2014년 5월 예측값이 '2341223'임을 알 수 있다.

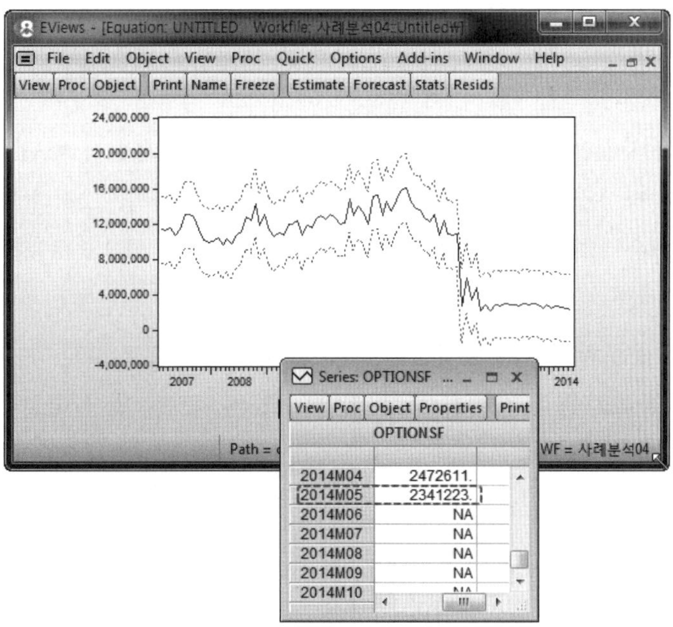

[그림 C4.10] 개입모형 식 (C4.5)에 근거한 'static forecast'-1

다음은 개입모형 식 (C4.5)에 근거하여 얻은 'Static forecast'와 관측값들을 겹쳐서 시계열도표로 나타낸 것으로, 두 개의 선이 거의 일치하는 것을 확인할 수 있다. 물론 향후 개입효과가 발생하지 않는다면 예측값은 훨씬 큰 값을 가질 것으로 예상된다.

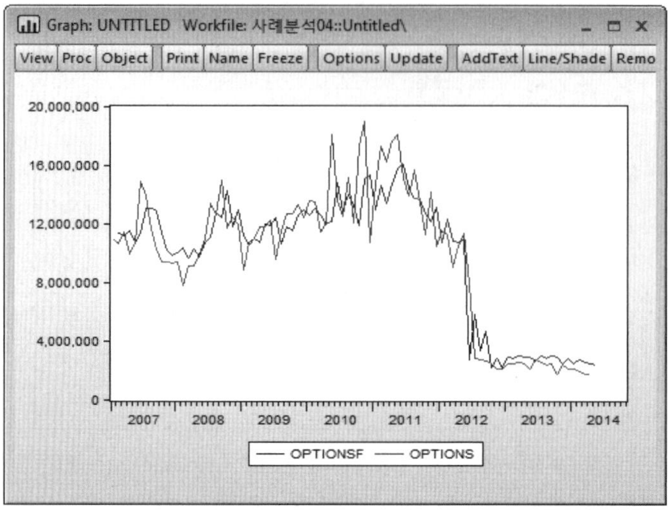

[그림 C4.11] 개입모형 식 (C4.5)에 근거한 'static forecast'과 관측값

C4.5 [사례분석 4]를 마치며…

1) 주어진 시계열을 예측할 때 시계열자료에 외적으로 영향을 줄 사건을 명백하게 규명할 수 있으면, 이 사건을 표현할 수 있는 가(dummy)변수로 포함시켜 단변량 ARIMA 모형을 수정하여 확장시킬 수 있다. 이를 '개입모형'이라고 한다. 그러나 모형을 분석하기 전에 이러한 사건을 인지할 수 없거나 또는 설명할 수 없는 이유로 인해 탐색할 수 없는 경우가 있다. 이러한 경우에 모형을 추정한 후 생성된 잔차를 검토함으로써 상대적으로 매우 작거나 큰 값에 해당하는 관측값을 이상값(outliers)으로 간주할 수 있다. 이때 주어진 모형에 이상값 효과를 추가시켜 보다 정확도 있는 예측값을 산출할 수 있을 것이다.

2) 본 사례분석에서는 갑작스런 개입이 발생한 뒤 이 개입의 효과가 지속되는 상황, 즉 전형적인 계단개입을 사용하는 경우를 살펴보았다. 계단개입을 근거로 하여 얻어진 예측값들은 개입이 발생 전 패턴과 유사한 형태를 가진다는 사실을 착안한다면, 개입모형은 단변량 ARIMA 모형에 개입요소의 효과를 포함시켜 보다 정밀한 분석을 행하는 기법임을 재확인할 수 있다.

3) 주어진 시계열에 다중개입이 존재하면, 다중개입을 구성하는 개입 각자의 유형(계단개입 또는 펄스개입)을 파악한 후 개입모형에 각자의 개입(또는 가)변수를 포함시켜 가법적인

형태를 만든다.

예를 들어 세 개의 펄스개입이 시계열에 포함되어 있다면 다음과 같이 개입모형을 고려한다.

$$Y_t = C_0 + C_1 X_{1,t} + C_2 X_{2,t} + C_3 X_{3,t} + N_t$$

여기에서 세 개의 펄스 개입변수는 다음과 같이 표현할 수 있다.

$$X_{1,t} = \begin{cases} 1, t = t_1 \\ 0, \text{나머지 모든 시점} \end{cases}$$

$$X_{2,t} = \begin{cases} 1, t = t_2 \\ 0, \text{나머지 모든 시점} \end{cases}$$

$$X_{3,t} = \begin{cases} 1, t = t_3 \\ 0, \text{나머지 모든 시점} \end{cases}$$

적절한 개입모형을 구축하기 위해서 다음과 같이 2단계 분석방법을 적용시켰다. 즉 '오차항들이 독립이다'는 가정에서 우선 개입변수를 모형화시킨 후, 모형 내에 여전히 존재하는 ARIMA 구성요소들(자기회귀와 이동평균)을 잔차 자기상관함수와 잔차 편자기상관함수를 통해 식별시키는 전략을 사용하였다. 특히 이 실전적 분석전략은 개입의 효과가 계열 전반을 차지할 때 유용하게 사용할 수 있으며 다음과 같은 모형 구축 로드맵으로 요약할 수 있다.

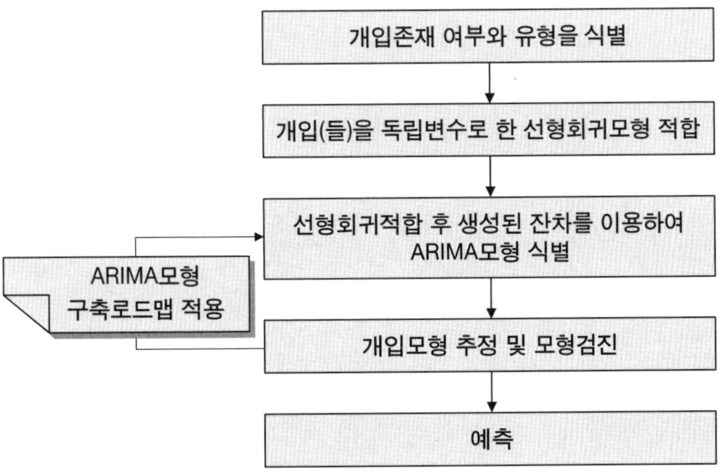

[그림 C4.12] 실전적 개입모형 구축 로드맵

4장 / 동적회귀모형

본 장에서는 예측할 수요예측 변수(Y_t)는 하나이고, 변수 Y_t의 미래의 움직임을 예측하거나 과거 움직임을 설명하는 데 도움이 되는 하나 이상의 변수들($X_{1t}, X_{2t}, \cdots$)이 존재하는 상황을 고려한다. 편의상 변수 Y_t를 출력변수(output), 그리고 변수들($X_{1t}, X_{2t}, \cdots$)을 입력변수(input)라고 한다.

이때 출력변수(Y_t)와 하나 이상의 입력변수들(X_{1t}, X_{2t}, $\cdots$) 사이의 관계를 선형인 수학식으로 나타낸 동적회귀모형(dynamic regression model)을 다루기로 하자. 물론 여기에서 다룰 출력변수와 입력변수(들) 모두 등간격인 이산형 시간구간(equally spaced, discrete time intervals)으로 이뤄진 관측값들이다.

동적회귀모형은 피드백이 존재하지 않는다고 가정한다. 즉, 입력변수(들)의 현재시점의 값(X_t)이 출력변수의 과거시점의 값($Y_{t-1}, Y_{t-2}, \cdots$)과 아무런 관련이 없고, 출력변수가 입력변수와 동일한 시점에서 관계가 있다면 입력변수(들)가 출력변수에 영향을 주지만 역은 성립하지 않는다는 의미이다. 이를 그림으로 표현하면 다음과 같다.

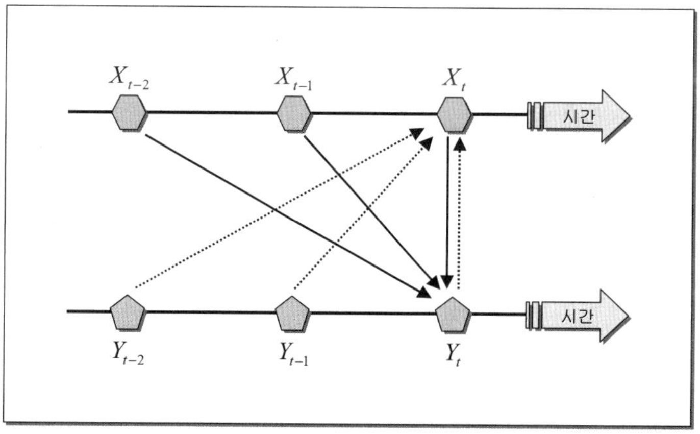

[그림 4.1] 동적회귀모형에서 입력(X_t)과 출력(Y_t)의 시간구조관계

직선은 X의 현재시점의 값(X_t) 또는 과거시점 값(X_{t-1}, X_{t-2}, $\cdots$)이 Y의 현재시점의 값(Y_t)에 대해 통계적으로 영향을 미친다는 표시이며, 점선은 Y의 현재시점의 값(Y_t)과 과거시점 값(Y_{t-1}, $Y_{t-2}, \cdots$)이 X의 현재시점의 값인 X_t에 영향을 미치지 않는다는 표시이다.

참고로 3장에서 다룬 개입모형 역시 개입변수(가변수)를 출력변수에 영향을 미치는 입력변수로 간주하면, 동적회귀모형의 특수한 형태가 된다.

여기에서 동적회귀모형이라는 용어는 오차항이 ARIMA 모형으로 표현되는 회귀모형을 말한다. 왜냐하면 Y_t 가 부분적으로 오차항의 과거시점의 값들에 따라 달라질 수 있기 때문이다. 또한 동적회귀모형은 입력변수의 과거시점의 값들과 관련이 있을 수 있다.

입력변수의 현재시점의 값과 과거 관측값들이 출력변수와 관계가 있다는 근거는 기술적, 심리적 및 인습적인 이유에 기인한다. 예를 들어 은행금리(입력변수)가 떨어지면 기업 경영자들은 은행에서 융자금을 늘려 투자를 할 것이다. 경영자들은 우선 입력변수의 변화를 인식하고, 적절한 양의 투자액 및 건설계약을 결정하고 신상품이 생산 및 유통될 때까지 기다려야 할 것이다. 따라서 현재시점의 투자비(출력변수)는 은행금리(입력변수)의 앞 시점 변화량들에 서서히 반응할 것이다. 이는 출력변수의 현재시점의 값은 입력변수의 과거시점의 값들과 연관이 있음을 의미한다.

4.1 전이함수와 임펄스 반응함수

우선 설명을 단순화하기 위해 입력변수가 하나만 존재하는 경우를 다루기로 하자. 즉, Y_t가 X_t에 따라 달라진다면 다음과 같이 표현할 수 있다.

$$Y_t = f(X_t) \tag{4.1}$$

이때 X_t의 변화의 효과가 $f(\cdot)$로 표현되어 Y_t에 전이된다고 하여 함수 $f(\cdot)$를 '전이함수(transfer function)'라고 하며, Y_t가 입력변수의 현재시점 값(X_t)과 과거시점의 값$(X_{t-1}, X_{t-2}, \cdots)$의 선형결합으로 표현된다고 가정하자. 만일 X_t의 값과 함수 $f(\cdot)$가 알려져 있으면, Y_t의 값들은 식 (4.1)에 따라 오차없이 예측할 수 있다. 그러나 일반적으로 입력변수(들)의 변화뿐만 아니라 Y_t의 변동을 일으키는 여러 요인들이 존재한다. 이러한 요인들을 자기상관이 존재하는 확률적인 오차항계열(N_t)로 포착할 수 있다. N_t는 Y_t의 변동을 설명하는데 입력변수(들)를 제외한 나머지 모든 효과이다. 입력과 출력관계에 가법적으로 상수항(C)을 포함시킬 수 있다. 상수항은 제거된 모든 입력변수(들)를 제외한 Y_t의 전반적 수준에 주는 효과를 포착하는 완충작용을 하는 항이다. 따라서 다음과 같은 회귀모형을 고려할 수 있다.

$$Y_t = C + f(X_t) + N_t \tag{4.2}$$

식 (4.2)에서 X_t가 변할 때, Y_t의 반응이 특정 시점에서 모두 나타날 이유는 없다. 대신에 Y_t는 여러 시점들에 걸친 X_t의 변화에 반응할 수 있다. 시차들끼리의 관계를 선형 함수로 가정하면, 전이함수 $f(X_t)$는 다음과 같이 현재시점 및 과거시점들의 입력변수의 선형결합으로 나타낼 수 있다.

$$\begin{aligned} Y_t &= f(X_t) \\ &= \nu_0 X_t + \nu_1 X_{t-1} + \nu_2 X_{t-2} + \cdots \end{aligned} \tag{4.3}$$

또한, 후향연산자(B)를 사용하여 식 (4.3)은 다음과 같이 나타낼 수 있다.

$$Y_t = \nu(B) X_t \tag{4.4}$$

여기에서

$$\nu(B) = \nu_0 + \nu_1 B + \nu_2 B^2 + \nu_3 B^3 + \cdots \tag{4.5}$$

이며, 후향연산자는 $B^k X_t = X_{t-k}$로 정의된다. 따라서 자동적으로 $\nu(B) X_t$가 전이함수가 된다. 식 (4.4)는 X_t의 변화와 Y_t의 변화 사이의 관계를 입력시차들의 선형결합으로 간단히 표현한 것이다.

$\nu(B)$에서 각각의 ν가중값들 $(\nu_0, \nu_1, \cdots)$를 '임펄스 반응가중값(impulse response weight)', ν 가중값들 전부를 '임펄스 반응함수(impulse response function)'라 부르며, $\nu(B)$는 시간의 흐름에 따라 주어진 X_t의 변화에 대해 Y_t가 어떻게 반응하는지를 나타낸다. ν 가중값들 각각은 주어진 시차들에서 Y_t가 X_t의 변화에 어떻게 반응하는지를 나타낸다. ν 가중값들의 부호와 크기는 이를 나타낸다. 즉, X_t가 변할 때 Y_t가 증가(ν가 양의 부호) 또는 감소(ν가 음의 부호), 많이(큰 ν 가중값들) 또는 적게(작은 ν 가중값들)함을 의미한다.

이제 후향연산자를 이용하여 임펄스 반응함수를 나타내보자. 임펄스 반응함수인 $\nu(B)$의 일반 형태는 다음과 같다.

$$\nu(B) = \frac{\omega(B) B^b}{\delta(B)} \tag{4.6}$$

여기에서

$$\omega(B) = \omega_0 + \omega_1 B + \omega_2 B^2 + \cdots + \omega_h B^h \tag{4.7}$$

$$\delta(B) = 1 - \delta_1 B - \delta_2 B^2 - \cdots - \delta_r B^r \tag{4.8}$$

이며, B^b는 무반응시간을 반영하는 구성요소이다.

무반응시간에 대해 살펴보도록 하자. Y_t가 X_t의 변화에 즉각적으로 반응하지 않을 수 있다. 즉, 첫 몇 개의 ν 가중값들이 '0'이 될 수 있다. 예를 들어 X_t를 아스피린 복용량, Y_t는 두통의 상태라고 하자. 일반적으로 아스피린은 복용하자마자 두통을 멈추는 데는 아무런 효능이 없다. 아스피린이 몸에 흡수된 지 한 시간 정도 지나야 두통수준에 영향을 미친다. 매 5분마다 Y_t를 측정한다면, 아스피린을 복용한 바로 그 시점에서 통증에 아무런 변화가 없고($\nu_0 = 0$), 역시 5분 후 또는 10분 후에도 두통의 수준에 영향을 주지 않았다($\nu_1 = \nu_2 = 0$). 나머지 ν 가중값들도 이런 형태로 표현할 수 있다. ν_0부터 시작하여 ν 가중값들이 '0'인 가중값들의 수를 '무반응시간(dead time)'이라고 하며, 이를 b로 나타낸다. 아스피린 예에서는 $\nu_0 = \nu_1 = \nu_2 = 0$이고 $\nu_3 \neq 0$이므로 b는 '3'이 된다.

임펄스 반응함수 식 (4.6)을 사용하여 다양한 임펄스 반응패턴을 단지 몇 개의 모수만으로 포착할 수 있다. 실제 상황에서 자주 발생하는 다음 주어진 몇 개의 인펄스 반응함수를 예를 들어 살펴보도록 하자.

(a) $\dfrac{\omega_0}{1-\delta_1 B}$, $b=0$, $h=0$, $r=1$

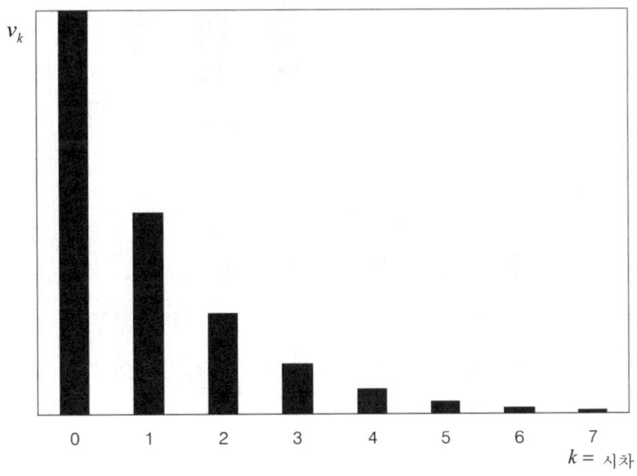

[그림 4.2] 대표적인 임펄스 반응함수의 예 (계속)

(b) $(\omega_0 + \omega_1 B)\, B,\ b=1,\ h=1,\ r=0$

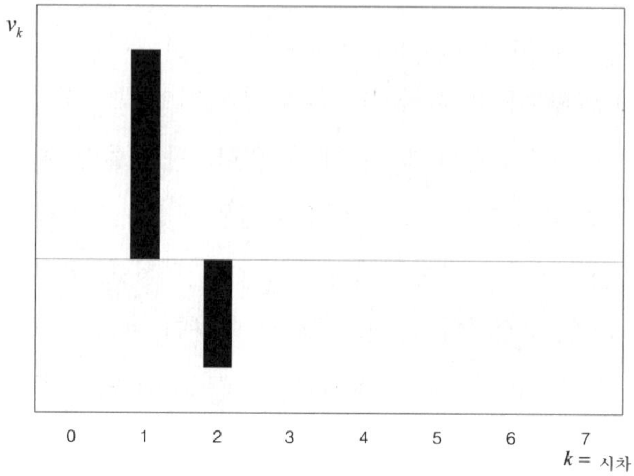

(c) $\dfrac{(\omega_0 + \omega_1 B)\, B}{1-\delta_1 B - \delta_2 B^2},\ b=1,\ h=1,\ r=2$

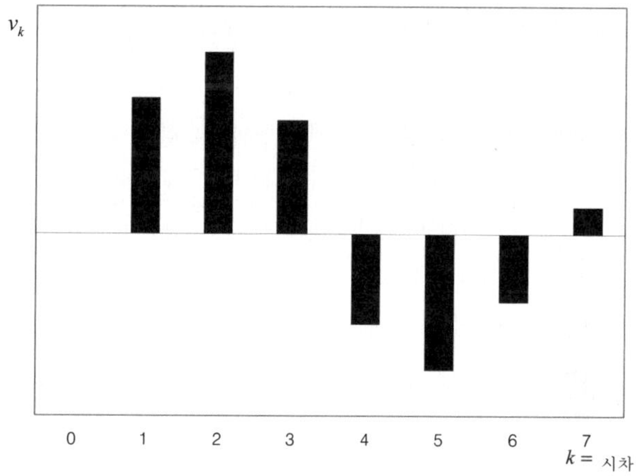

[그림 4.2] 대표적인 임펄스 반응함수의 예

[그림 4.2]에 나타난 바와 같이 식 (4.7)의 분자($\omega(B)\,B^b$)와 식 (4.8)의 분모인 ($\delta(B)$)를 사용하여 임펄스 반응패턴을 명확하게 표현할 수 있다.

1) 분자요소들 중 B^b는 무반응시간을 포착한다. [그림 4.2(a)]에서 무반응시간은 '0'이다. 따라서 ν 가중값들 중 '0'인 것은 하나도 없다. 즉, '0'이 아닌 가중값을 갖는 첫 시차는 '0'이다($\nu_0 \neq 0$). [그림 4.2(b)]와 [그림 4.2(c)]에서 무반응시간은 '1'이다.

따라서 '0'을 갖는 가중값은 하나이며($\nu_0 = 0$), 첫 번째 0이 아닌 가중값을 갖는 시차는 '1'에서 발생한다($\nu_1 \neq 0$).

2) 분자요소들 중 $\omega(B)$는 임펄스 반응함수 그래프에서 (감소하는 패턴이 아닌) 패턴이 없는 스파이크들과 감소하는 패턴의 시작값(들)을 포착한다. [그림 4.2(a)]는 처음부터 끝까지 감소하는 패턴을 발견할 수 있다. 이 경우 계수 $v_0(=\omega_0)$는 감소패턴의 시작값이다. [그림 4.2(b)]에는 패턴이 없는 스파이크가 두 개 있고 감소하는 패턴은 발견할 수 없다. 즉, 임펄스 반응함수의 분자요소들 중 $\omega(B)$는 두 개의 패턴이 없는 스파이크를 표현하기 위해 두 개의 계수(ω_0, ω_1)가 필요하다. 반면에 [그림 4.2(c)]에서는 패턴이 없는 값들을 발견할 수 없다. 시차 1과 2에 해당하는 첫 두 개의 ν 가중값들은 다음 시차들부터 나타나는 감소형태에 대해 시작값(들)이 된다. 즉, 이들은 전이함수의 분자에서 계수 ω_0와 ω_1으로 표현된다.

3) 식 (4.6)의 분모 부분인 ($\delta(B)$)는 감소하는 패턴을 나타낸다. [그림 4.2(a)]에서 $r=1$이다. 이는 임펄스 반응가중값들이 단순 지수적 감소패턴이라는 사실을 의미한다. 계수 δ_1은 감소율을 나타내는 반면에 [그림 4.2(b)]에서는 $r=0$이다. 이는 ν 가중값들에 감소패턴이 존재하지 않음을 나타낸다. 따라서 식 (4.6)의 분모항은 '1.0'이 된다. [그림 4.2(c)]에서 $r=2$이다. 이것은 나머지 ν 가중값들이 혼합(compound) 지수적 감소패턴 또는 진폭이 감소하는(damped) 사인곡선의 형태를 의미한다.

4.2 완전 동적회귀모형

앞 절에서 다룬 식 (4.4)는 입력변수가 하나만 존재하는 전이함수를 고려한 방정식이었다. 이를 입력변수가 2개 이상인 다중입력변수로 쉽게 확장시킬 수 있다. 예를 들어 입력변수가 두 개($X_{1,t}$, $X_{2,t}$)인 경우를 고려하면 다음과 같은 전이함수를 얻을 수 있다.

$$Y_t = \nu_1(B)X_{1,t} + \nu_2(B)X_{2,t} \tag{4.9}$$
$$= \frac{\omega_1(B)B^{b_1}}{\delta_1(B)}X_{1,t} + \frac{\omega_2(B)B^{b_2}}{\delta_2(B)}X_{2,t}$$

앞 식 (4.9)를 확장시켜 $M, (i=1,2,\ldots,M)$개의 입력변수를 고려하면 다음과 같은 식을 얻게 된다.

$$Y_t = \sum_{i=1}^{M} \nu_i(B) X_{i,t} \tag{4.10}$$

$$= \sum_{i=1}^{M} \frac{\omega_i(B) B^{b_i}}{\delta_i(B)} X_{i,t}$$

식 (4.10)은 입력변수가 M개, 전이함수가 M개 포함된 모형이다. 완전 동적회귀모형은 단지 상수항(C)과 오차항을 식 (4.10)에 포함시키면 된다.

$$Y_t = C + \sum_{i=1}^{M} \frac{\omega_i(B) B^{b_i}}{\delta_i(B)} X_{i,t} + N_t \tag{4.11}$$

여기에서 오차항은 ARIMA 메커니즘으로 표현되는 시간구조를 갖기 때문에

$$\Phi(B^s)\phi(B)\nabla_s^D \nabla^d N_t = \Theta(B^s)\theta(B)\epsilon_t$$

또는

$$N_t = \frac{\Theta(B^s)\theta(B)}{\Phi(B^s)\phi(B)\nabla_s^D \nabla^d} \epsilon_t \tag{4.12}$$

가 된다. 여기에서 ϵ_t는 백색잡음이다. 식 (4.13)을 식 (4.11)에 대입하면 다음과 같이 완전 동적회귀모형을 얻을 수 있다.

$$Y_t = C + \sum_{i=1}^{M} \frac{\omega_i(B) B^{b_i}}{\delta_i(B)} X_{i,t} + \frac{\Theta(B^s)\theta(B)}{\Phi(B^s)\phi(B)\nabla_s^D \nabla^d} \epsilon_t \tag{4.13}$$

완전 동적회귀모형은 다음과 같이 여러 형태의 모형을 포함한다. 여기에서 C는 상수항, B^b는 무반응시간이며,

$$\omega(B) = \omega_0 + \omega_1 B + \omega_2 B^2 + \cdots + \omega_h B^h$$

$$\delta(B) = 1 - \delta_1 B - \delta_2 B^2 - \cdots - \delta_r B^r$$

$$\Phi_P(B^s) = (1 - \Phi_s B^s - \cdots - \Phi_{Ps} B^{Ps})$$

$$\nabla_s^D = (1 - B^s)^D$$

$$\Theta_Q(B^s) = (1 - \Theta_s B^s - \cdots - \Theta_{Qs} B^{Qs})$$

$$\nabla^d = (1-B)^d$$

$$\phi_p(B) = (1-\phi_1 B - \cdots - \phi_p B^p)$$

$$\theta_q(B) = (1-\theta_1 B - \cdots - \theta_q B^q)$$ 이다.

● 다중회귀모형

우선 시계열자료에 대해 두 개의 독립변수($M=2$)를 포함하는 다중회귀모형을 고려할 수 있다.

$$Y_t = C + \omega_{1,0} X_{1,t} + \omega_{2,0} X_{2,t} + \epsilon_t \tag{4.14}$$

통상적으로 다중회귀모형을 만족하기 위해서는 $b_1 = b_2 = h_1 = h_2 = r_1 = r_2 = 0$, $N_t = \epsilon_t$ (즉, 자기상관패턴이 존재하지 않음)이면 된다.

● 입력변수의 시차들과 관련된 회귀모형

하나의 독립변수의 시차들과 종속변수와의 관계를 나타낸 회귀모형으로, 흔히 계량경제분야에서 고려되는 모형이다. 이를 식으로 표현하면

$$Y_t = C + \omega_0 X_t + \omega_1 X_{t-1} + \omega_2 X_{t-2} + \cdots + \epsilon_t \tag{4.15}$$

가 된다. 즉, 입력변수가 하나(M=1), $N_t = \epsilon_t$인 동적회귀모형이 된다. 이때 $b=0$, $r=0$이 되고, h는 식 (4.15)의 우변에서 $\omega_0 X_t$를 제외한 입력변수의 시차수가 된다.

● 오차항이 자기상관된 회귀모형

예를 들어 모형 식 (4.15)에서 오차항계열(N_t)이 AR(1) 프로세서를 따르면 다음과 같은 식으로 표현된다.

$$Y_t = C + \omega_0 X_t + \omega_1 X_{t-1} + \omega_2 X_{t-2} + \cdots + N_t \tag{4.16}$$

여기에서

$$(1-\phi_1 B) N_t = \epsilon_t \quad \text{또는} \quad N_t = \frac{1}{1-\phi_1 B}\epsilon_t \tag{4.17}$$

가 된다. N_t에 대해 식 (4.17)을 식 (4.16)에 대입하면 다음과 같다.

$$Y_t = C + \omega_0 X_t + \omega_1 X_{t-1} + \omega_2 X_{t-2} + \cdots + \frac{1}{1-\phi_1}\epsilon_t \tag{4.18}$$

이는 동적회귀모형에서 $\phi(B) = (1-\phi_1 B)$, $\theta(B) = 1$, $\phi(B^s) = 1$, $\theta(B^s) = 1$, $b = r = d = D = 0$, h는 식 (4.18)의 h와 동일하다.

4.3 동적회귀모형의 구축: 모형식별

입력변수가 하나만이(X_t) 포함된 동적회귀모형은 다음과 같이 표현된다.

$$Y_t = C + \nu(B) X_t + N_t \tag{4.19}$$

여기에서 X_t는 입력변수, Y_t는 출력변수, C는 상수항, $\nu(B)X_t$는 전이함수, N_t는 확률적인 오차항계열이다. 이때 N_t는 서로 자기상관되어 있고, X_t와 독립이라는 가정에 유의한다.

이때 적절한 모형을 찾기 위해 필요한 작업은 다음과 같다.

1) 모수를 절약한 임펄스 반응함수$\left(\nu(B) = \frac{\omega(B)B^b}{\delta(B)}\right)$를 구한다.

2) 오차항계열(N_t)에 대해 모수가 절약된 ARIMA 모형

$$\left(\frac{\theta(B^s)\theta(B)}{\phi(B^s)\phi(B)\nabla_s^D \nabla^d}\epsilon_t\right)$$

을 구한다. 물론 여기에서 ϵ_t는 평균이 '0'이고 정규분포를 따르는 백색잡음이다.

1)과 2)를 만족하는 모형을 구축하기 위한 첫 작업은 자료패턴에 근거하여 하나 이상의 동적회귀모형을 임시로 식별하는 것이다. 두 번째 작업은 식별된 모형(들)의 모수들을 추정하고, 마지막으로 모형의 타당성을 검진한다. 만일 임시로 식별된 모형이 타당하지 않으면, 고려한 다른 임시모형을 재식별한다. 만족스러운 모형을 찾으면, 이 모형을 사용하여 예측값을 구한다.

본 절에서는 모형 구축의 첫 단계인 모형식별에 초점을 둔다. 그리고 4.4절에서는 모

형검진과 재식별, 4.5절에서는 모형추정 및 예측을 다룬다. 모형식별을 하기 전에 우선 짚고 넘어가야 할 몇 가지 예비절차를 고려해보자.

4.3.1 동적회귀모형식별 전 예비작업

● 이상값(들) 탐색 및 자료입력오류 수정

첫 단계로 주어진 자료를 플롯하여 눈에 띄는 이상값(들)을 조사한다. 이상값은 전반적인 자료패턴에서 벗어난 자료점(들)을 의미한다. 이상값은 자료를 잘못 기재하거나 3장에서 다룬 '개입'(즉, 식별 가능한 외적인 사건) 때문에 발생한다. 이미 3장에서 다룬바와 같이, 개입은 노동파업, 공학의 프로세서에서 발생하는 제어장치의 손상, 경영상의 정책결정, 자연재해, 법안의 변경 등을 예로 들 수 있다. 출력계열의 이상값은 또한 입력변수들의 변화에 의해 발생할 수 있다.

이상값에 관한 사항은 시계열분석에서 중요하다. 이상값은 자료의 움직임에서 발생하는 변화의 원인들을 규명하는 단서가 된다. 이를 통해 모형과 예측값들을 향상시킬 수 있다. 어떤 모형 구축 단계에서든지 이상값을 찾고 처리하는 데 고심해야 한다. 모형식별 전 준비작업으로 특이한 관측값(들)을 탐색하는 데 촉각을 곤두세워야 한다.

잘못 기재된 관측값들은 수정해야 한다. 반면에 입력변수들의 변화에 의해 발생된 출력계열 내 이상값은 동적회귀모형으로 설명하면 된다. 즉, 출력변수가 갖는 값이 입력변수로 설명되면, 더 이상 이상값이 아니다.

입력계열에서 이상값이 발생하거나 또는 수준이 변한 것을 출력계열과 동일한 방법으로 다룰 수 있다. 그러나 이러 현상을 설명하기 위해 동적회귀모형에 매달릴 수는 없다. 왜냐하면 쌍방향이 아닌 일방 관계를 가정하기 때문이다. 다시 말해서 "입력계열의 변동은 출력계열의 변동을 설명할 수 있지만, 반대는 성립하지 않는다"라는 가정 때문이다. 따라서 입력계열에서 발생한 이상값을 설명하기 위해서는 3장에서 다룬 개입분석에 더 큰 비중을 두어야 할 것이다.

● 정상적인 분산을 만들기 위한 변수변환

계열의 분산이 자료의 전반적인 수준에 대해 일정한지 여부를 조사해야 한다. 매출액계열 및 선행지표계열을 보면 이들의 분산은 일정해 보인다. 반면에 다음 주어진 정부예산자료를 살펴보면 시간의 흐름에 따라 분산이 증가하는 것을 알 수 있다.

분산을 정상적으로 만들기 위해 자료를 변환시킨다. 예를 들어 원계열에 자연로그 또는 근호를 취해 정상적인 분산을 만든다. 이런 형태의 변수변환은 다음 주어진 Box-Cox 멱변환(Box와 Cox, 1964)의 특별한 경우이다. 이것에 대한 사항은 이미 1부 1장에서 다룬 바 있다.

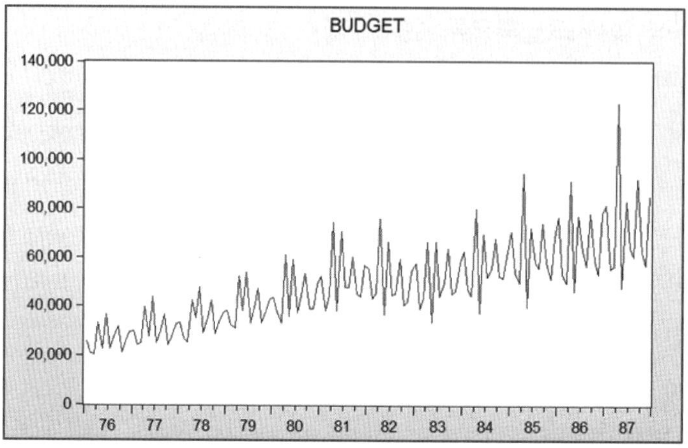

[그림 4.3] 정부예산에 대한 시계열도표

● ARIMA 모형

동적회귀모형을 구축하기 전에 출력계열과 입력계열에 대해 ARIMA 모형을 구축할 필요가 있다. 이때 ARIMA 모형을 고려하는 점은 다음과 같다.

1) ARIMA 모형을 사용하여 출력계열의 예측값을 얻을 수 있다. 만일 동적회귀모형이 출력자료를 적합시키지 못하거나 ARIMA 모형보다 더 좋은 예측값을 갖지 못하면 동적회귀모형을 고려할 가치가 없다. 물론 몇몇 경우에서 예측하는 것보다 출력변수의 행태를 설명하기 위해 입력변수들의 역할을 평가하는 데 더 관심이 있다. 이 경우 동적회귀모형이 자료를 잘 적합시키지 못하거나 ARIMA 모형보다 더 좋은 예측값을 얻지 못하더라도 동적회귀모형을 사용한다.
2) 출력계열을 예측하는 데 입력계열의 예측값들이 필요하므로, ARIMA 모형은 입력계열을 예측하는 데 사용된다.
3) 입력계열에 대해 ARIMA 모형을 구축하여 동적회귀모형을 진단하고, 예측표준오차, 신뢰구간을 계산하는 데 필요한 정보를 얻을 수 있다.

● 관련된 이론을 고려

동적회귀모형에 어떤 입력변수를 포함시킬지 여부를 결정하는 데 자료에 관련된 이론 또는 경험이 필요할 수도 있다. 중요하게 관련되어 있다고 판단되는 모든 입력변수를 모형에 포함시켜야 한다. 만일 출력변수와 관련된 입력변수(들)를 제외시키고 모형 내에 포함된 입력변수 간에 서로 상관되었다면, 동적회귀모형에 근거하여 얻어진 추정된 계수들은 추정값이 갖는 불편성과 일치성을 만족하지 못한다.

몇몇 경우에 있어서 우선적으로 입력변수와 출력변수 사이의 관계가 갖는 성질에 대해 알고 있어야 한다. 이는 물리학 또는 공학에서 자주 언급하는 "출력변수와 입력변수를 연결시키는 물리적 메커니즘을 이해한다"라는 것을 의미한다. 또한 경제이론 역시 이런 관계의 성질을 제시한다. 즉, 적어도 출력변수의 수준이 입력변수의 수준과 관련이 있거나 출력변수의 수준이 입력변수의 변화에 관련이 있다는 것을 확신할 수 있어야 한다.

● 피드백 점검

동적회귀모형을 구축하는 데 중요시 여기는 가정은 출력변수의 과거값들부터 입력변수들의 현재시점의 값까지 연관되는 피드백이 없다는 것이다. 입력변수들이 확률적일 때 피드백이 발생할 가능성이 있다. 예를 들어 특정 기업의 분기별 생산품의 매출액(Y_t)이 다음과 같은 메커니즘으로 현재시점과 과거시점의 분기별 광고지출비(X_t, X_{t-1}, X_{t-2})에 관련되어 있다고 하자.

$$Y_t = C + \nu_0 X_t + \nu_1 X_{t-1} + \nu_2 X_{t-2} + N_t \tag{4.20}$$

매출액을 올리기 위해 다음과 같이 광고지출비를 늘릴 수 있다.

$$X_t = C^* + w_1 Y_{t-1} + M_t \tag{4.21}$$

앞 식과 마찬가지로 X_t가 Y의 과거시점의 값(Y_{t-1})에 반응한다면, Y의 과거시점부터 현재시점(X_t)까지 연관되는 피드백이 존재한다. 이때 추정된 동적회귀모형의 계수들이 일치성을 만족하지 못한다. 피드백은 매출액과 광고비 자료 예에서 제시한 바와 같이 논리적인 인과관계를 반영한다. 피드백이 포함된 다중방정식 형태의 모형 중 하나인 벡터자기회귀모형은 5장에서 다루기로 한다.

4.3.2 선형전이함수의 식별방법

본 절에서는 현재시차와 과거시차가 포함된 입력변수와 출력변수와의 관계를 고려할 때, 모형에 필요한 입력시차(들)가 생략되거나 오차항 간에 자기상관될 때 발생하는 문제를 포함한 모형식별방법에 대해 다루기로 한다. 여기에서 고려하는 방법은 Box 외 2인(1994)가 제시하는 방법과 차이는 있지만 근본적인 개념은 같다. 특히, 입력변수가 두 개 이상 존재할 때 비교적 쉽게 사용할 수 있는 장점이 있다.

여기에서 제시하는 실전적 분석전략은 단일식 형태의 선형전이함수를 사용하여 식 (4.5)의 ν 가중값들과 오차항의 상관 패턴을 파악하기 위해 임시로 사용할 하나 이상의 자기회귀항을 추정하는 것이다. 이 분석전략은 다음 주어진 로드맵으로 간단히 요약할 수 있다.

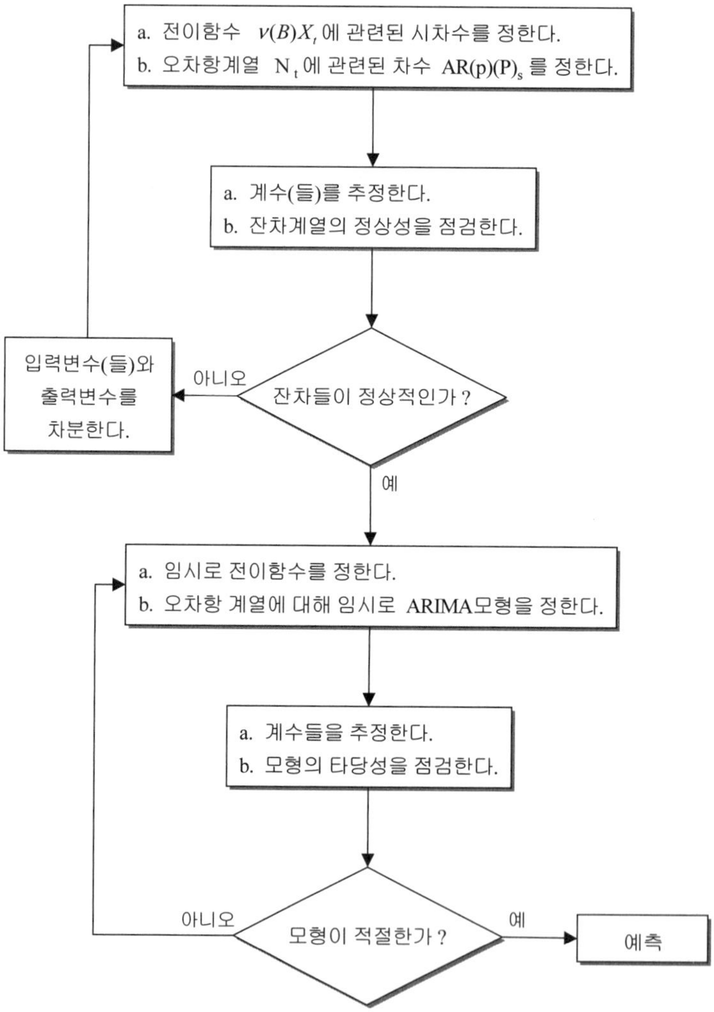

[그림 4.4] 선형전이함수모형 구축 로드맵

동적회귀모형을 식별하는 방법은 1장의 ARIMA 모형을 식별하는 것과 유사하다. 우선 자료의 패턴에 대한 단서를 줄 수 있는 여러 개의 통계량, 즉 추정된 ν 가중값들과 추정된 오차항계열에 대한 자기상관함수와 편자기상관함수를 계산한다. 그리고 전이함수는 모수가 절약된 현재시차와 과거시차(들)가 포함된 입력변수로, 오차항 계열은 모수가 절약된 ARIMA 모형으로 임시로 선택한다. 추정 단계(4절) 및 모형검진 단계(5절)에서 얻은 정보에 근거하여 임시로 구축된 모형을 필요에 따라 수정한다.

1) 선형전이함수

선형전이함수를 식별하는 첫 단계는 입력변수의 최대시차(k)까지 포함한 임시모형을 다음과 같이 추정한다.

$$\begin{aligned} Y_t &= C + \nu(B) + N_t \\ &= C + \nu_0 X_t + \nu_1 X_{t-1} + \nu_2 X_{t-2} + \cdots + \nu_k X_{t-k} + N_t \end{aligned} \tag{4.22}$$

식 (4.22)를 '선형전이함수(linear transfer function)'라고 부르며, 일반적으로 이 접근방법에서 $\nu(B)$의 차수(k)는 임의로 선택한다. 어느 정도의 ν 가중값들이 모형을 설명하는데 중요한지를 모르기 때문에 선형전이함수 방법은 잠재적 약점이 있다. k 는 X_t가 변할 때 Y_t가 반응할 것이라고 예상되는 가장 긴 시차를 의미한다. $(k+1)$개의 모수가 포함되어 있기 때문에, 모형 식 (4.22)를 추정하는 것은 모수가 절약된 전이함수를 추정하는 것에 비해 더 많은 자유도가 손실된다. 그러나 모형식별을 시작할 때 어떤 모형이 적절한지 모르는 경우가 흔히 있다. 모형 식 (4.22)를 추정함으로써 ν 가중값들의 추정값을 구한 후, 추정된 ν 가중값 패턴과 몇 개의 이론적인 ν 가중값 패턴들을 비교하여 임시로 전이함수를 식별한다. 이는 4.3.3항에서 다루기로 한다.

2) 오차항을 자기회귀구조로 대신 사용

선형전이함수를 구축하는 방법으로 다음과 같이 자기상관패턴이 존재하는 오차항계열 (N_t)을 가능한 한 차수가 낮은 자기회귀모형으로 근사시킨다.

$$(1-\Phi_s B^s)(1-\phi_1 B) N_t = \epsilon_t \quad \text{또는} \quad N_t = \frac{1}{(1-\Phi_s B^s)(1-\phi_1 B)}\epsilon_t \tag{4.23}$$

식 (4.23)에서 $p = P = 1$이다. 대표본일 경우 차수가 높은 자기회귀모형으로 대신 사용할 수 있다(예: $p=2$와 $P=1$ 또는 $p=P=2$). 식 (4.23)에서 ϵ_t는 서로 상관되지 않은 백색잡음이지만, 오차항의 시간구조를 단지 대용시킨 것에 불과하기 때문에 실제로 잔차계열 $\hat{\epsilon_t}$는 여전히 자기상관되어 있을 수 있다.

임시로 고려한 선형전이함수모형 내의 오차항계열(N_t)을 ARIMA 모형으로 표현하면 몇 가지 장점이 있다. 만일 오차항이 서로 자기상관되었다면 회귀계수의 추정값은 비효율적(inefficient)이며 t-검정통계량 값은 무의미하다. 그러나 이때 계산된 t-검정통계량 값을 사용하여 입력변수의 어떤 시차들을 모형에 포함시킬지 여부를 결정한다. N_t를 ARIMA 모형으로 표현하면 ν 가중값들의 추정값을 더 효율적으로 만들고 더 정보를 갖는 t-검정통계량 값을 얻을 수 있다.

그렇다면 왜 ARIMA 모형에서 유독 $AR(p)(P)_s$ 모형을 대신 사용할까? 만일 N_t의 평균이 비정상적이면 적어도 추정된 자기회귀계수(들)를 사용하여 평균이 비정상임을 부분적이라도 포착할 수 있을 것이다. 결국 차분연산자 $\Delta=(1-B)$와 $\Delta^s=(1-B^s)$는 $\phi_1=\Phi_s=1$인 자기회귀 연산자이다. 이 경우 모형 식 (4.23)을 사용하여 오차항을 ARIMA 모형으로 나타냄으로써, 임시로 고려한 동적회귀모형에 이를 포함시킨다. 실제로 오차항이 정상적일 때 대부분 자기회귀모형의 차수가 작기 때문에, 모형 식 (4.23)과 같이 차수가 작은 자기회귀모형을 사용하여 오차항의 구조를 적절하게 표현할 수 있다. 만일 오차항 패턴을 차수를 작은 이동평균으로 나타낼 수 있다면, 자기회귀항으로 대체할 수 있다. 왜냐하면, 가역적인 이동평균 프로세서는 무한 고차를 갖는 자기회귀 프로세서와 동일하기 때문이다. 가역적 모형을 자기회귀형태로 전환된 모형의 계수들은 먼 과거값으로 감에 따라 값이 매우 작아진다. 따라서 이동평균모형은 차수가 큰 자기회귀모형으로 잘 근사된다.

식 (4.23)을 식 (4.22)에 대입하면 다음과 같이 임시로 고려한 선형전이함수모형으로 표현된다.

$$Y_t = C + \nu_0 X_t + \nu_1 X_{t-1} + \cdots + \nu_k X_{t-k} + \frac{1}{(1-\Phi_s B^s)(1-\phi_1 B)}\epsilon_t \quad (4.24)$$

식 (4.24)에서 ϵ_t는 백색잡음이지만, 만일 N_t가 $AR(1)(1)_s$ 프로세서 이외의 다른 프로세서를 따른다면, 잔차계열($\hat{\epsilon_t}$)은 어느 정도 자기상관될 수 있다.

3) 차분

만일 오차항계열(N_t)의 평균이 비정상적이면 출력변수와 입력변수(들) 모두 차분을 취한다. N_t의 추정값($\widehat{N_t}$)의 자기상관함수를 조사함으로써 N_t의 비정상성 여부를 결정한다. 이때 추정된 오차항계열($\widehat{N_t}$)은 다음과 같이 계산한다.

$$\widehat{N_t} = Y_t - \widehat{C} - \widehat{\nu}(B) X_t \tag{4.25}$$

예를 들어 식 (4.24)에서 X의 최대시차(k)가 2인 경우, 3개의 추정값이 각각 $\widehat{C} = 10$, $\widehat{C} = 10$, $\widehat{\nu_0} = 4$, $\widehat{\nu_1} = -3$, $\widehat{\nu_2} = 2$ 라고 하자. 물론 이 추정값들을 식 (4.25)에 대입시켜 다음과 같이 $\widehat{N_t}$ 값들을 구한다.

$$\widehat{N_1} = Y_1 - 10 - 4X_1 - 3X_0 - 2X_{-1}$$

$$\widehat{N_2} = Y_2 - 10 - 4X_2 - 3X_1 - 2X_0$$

$$\widehat{N_3} = Y_3 - 10 - 4X_3 - 3X_2 - 2X_1$$

$$\cdots$$

$$\widehat{N_n} = Y_n - 10 - 4X_n - 3X_{n-1} - 2X_{n-2}$$

이 경우 X_0와 X_{-1}이 관측되지 않기 때문에 $\widehat{N_1}$과 $\widehat{N_2}$를 계산할 수 없다. 따라서 $(n-k)$개의 값들만을 얻을 수 있다. d, D, p, P의 값에 따라 $(n-k)$개보다 훨씬 적은 오차항 값들을 얻을 수 있다.

$\widehat{N_t}$에 대한 자기상관함수를 계산하고, 이 함수가 '0'으로 어느 정도 빨리 감소하는지를 검토해야 한다. 만일 자기상관함수가 '0'으로 서서히 감소하는 패턴이면, 오차항계열의 평균이 비정상적임을 암시한다. N_t의 평균이 비정상적이라고 판단되면 출력계열을 포함하여 모든 입력계열을 차분한다. 예를 들어 N_t의 평균이 비정상적이어서 정상적으로 만들기 위해 비계절적 1차 차분($d=1$)이 필요하다고 가정하자. 이때 차분된 오차항인 $\eta_t = \triangle N_t$를 고려한다. 이를 다시 쓰면 $N_t = \eta_t / \triangle$가 된다. 이를 식 (4.22)에 대입하여 다시 표현하면,

$$\triangledown Y_t = C + \nu(B) \triangledown X_t + \eta_t \tag{4.26}$$

가 된다. 계열이 차분되었기 때문에 식 (4.26)의 C는 식 (4.22)의 C와 다르지만, $\nu(B)$는

모형을 차분하더라도 동일하다. 그러나 차분되었을 때 ν 가중값들의 추정값은 달라진다.

차분 후에 임시로 고려한 선형 전이함수모형을 재추정해 보자. 이때 차분된 오차항 ARIMA 패턴에 자기회귀항을 포함시킨다. 이제 차분된 출력계열 및 입력계열에 대해 분석해보자. 예를 들어 비계절적 1차 차분된 오차항계열($\eta_t = \Delta N_t$)을 $AR(1)(1)_s$ 모형으로 적합시키면 다음과 같다.

$$(1-\Phi_s B^s)(1-\phi_1 B)\eta_t = \epsilon_t \quad \text{또는} \quad \eta_t = \frac{1}{(1-\Phi_s B^s)(1-\phi_1 B)}\epsilon_t \tag{4.27}$$

이다. 식 (4.27)을 식 (4.26)에 대입하여 다음과 같이 임시로 고려한 선형 전이함수모형을 얻을 수 있다.

$$\Delta Y_t = C + \nu_0 \Delta X_t + \nu_1 \Delta X_{t-1} + \cdots + \nu_k \Delta X_{t-k} + \frac{\epsilon_t}{(1-\Phi_s B^s)(1-\phi_1 B)} \tag{4.28}$$

임시로 식 (4.28)의 백색잡음항(ϵ_t)끼리는 서로 독립이지만 잔차계열($\hat{\epsilon}_t$)은 여전히 자기상관될 수 있다. 자료가 차분되었기 때문에 식 (4.28)의 C, ϕ_1, Φ_s 값들은 달라질 수 있다.

식 (4.28)의 계수들을 추정한 후 차분된 자료에 대한 추정된 오차항계열을 다음과 같이 구축한다.

$$\hat{\eta}_t = \nabla Y_t - \hat{C} - \hat{\nu}(B)\nabla X_t$$

그리고 자기상관함수가 급격히 감소하는지 여부를 조사한다. 만일 오차항계열(η_t)의 평균이 여전히 정상적이지 않으면(즉, 자기상관함수가 서서히 감소하는 형태이면), 출력계열 및 입력계열들을 추가로 차분을 실시한다.

$\hat{\eta}_t$의 자기상관함수에서 계절시차($s, 2s, 3s, \cdots$)의 스파이크들이 서서히 감소하는 형태이면, 비계절적 차분($d=1$)뿐만 아니라 계절적 차분($D=1$)을 실시한다. 이 경우 오차항계열은 새로운 차분 형태인 $\eta_t = \Delta_s \Delta N_t$가 된다. 이를 다시 표현하면 $N_t = \frac{\eta_t}{\Delta_s \Delta}$가 되며, 이를 식 (4.22)에 대입하면 다음과 같다.

$$\nabla_s \nabla Y_t = C + \nu(B)\nabla_s \nabla X_t + \eta_t \tag{4.29}$$

차분된 오차항계열(η_t)을 $AR(1)(1)_s$ 모형으로 나타내면,

$$(1-\Phi_s B^s)(1-\phi_1 B)\eta_t = \epsilon_t \quad \text{또는} \quad \eta_t = \frac{1}{(1-\Phi_s B^s)(1-\phi_1 B)}\epsilon_t \tag{4.30}$$

가 된다. 식 (4.30)을 식 (4.29)에 대입하여 다음과 같이 또 다른 선형 전이함수모형을 얻을 수 있다.

$$\nabla_s \nabla Y_t = C + \nu_0 \nabla_s \nabla X_t + \nu_1 \nabla_s \nabla X_{t-1} + \cdots + \nu_k \nabla_s \nabla X_{t-k} \tag{4.31}$$

$$+ \frac{1}{(1-\Phi_s B^s)(1-\phi_1 B)}\epsilon_t$$

식 (4.28)에 계절적 1차 차분($D=1$)을 취했기 때문에, 식 (4.31)의 C, ϕ_1, Φ_s 값들은 식 (4.28)의 것들과 다르다. 모형 식 (4.31)을 추정한 후, 새롭게 추정된 오차항($\hat{\eta}_t = \nabla_s \nabla Y_t - \hat{C} - \hat{\nu}(B)\nabla_s \nabla X_t$)의 자기상관함수가 서서히 감소하는지 여부를 확인한다. 만일 추정된 오차항이 비정상적이면 추가적인 차분을 실시한다. 오차항이 정상적으로 될 때까지 이와 같은 작업을 반복 실행한다.

일단 오차항계열이 정상적이 되면, 임펄스 반응함수인 $\nu(B) = \frac{\omega(B)B^b}{\delta(B)}$을 임시로 식별하기 위해 추정된 가장 최근의 ν 가중값들을 조사한다. 또한 정상적인 오차항계열(η_t)을 ARIMA 모형으로 임시로 식별하기 위해 가장 최근에 추정된 오차항($\hat{\eta}_t$)의 자기상관함수와 편자기상관함수 등을 조사한다.

4.3.3 전이함수를 식별하는 데 필요한 실전적 분석전략

앞 4.1절에서 추정된 임펄스 반응가중값함수($\hat{\nu}$ 가중값들)와 이론적 임펄스 반응가중값함수([그림 4.2] 참고)를 시각적으로 비교하여 전이함수를 결정짓는 (b, r, h)를 식별하였다. 이와 같이 시각적으로 비교하는 방법은 실전분석에서 자주 사용되며 잘 들어맞는다. 경제학, 경영학 및 다른 사회과학 분야에 관련된 자료는 대개 다음에 주어진 두 가지 경우 중 하나에 해당된다.

1) $r=0$: [그림 4.5(b)]와 비슷하며 첫 몇 개의 임펄스 반응가중값이 '0'이 아니며 절단형태이다.
2) $r=1$: [그림 4.5(a)]와 비슷하며, 단순 감소패턴이다.

이와 같은 패턴들은 시각적으로 식별하기 쉽다. 그러나 물리적 메커니즘과 같은 상황에서 발생된 자료는 더 복잡한 구조형태인 $r > 1$를 갖기도 한다. 때때로 경제자료 또는 사회과학자료에서 이론적 임펄스 반응함수와 일치하지 않는 추정된 임펄스함수의 형태를 발견할 수 있다. 이 경우 체계적으로 차수 (b, r, h)를 선택하는 실전적 식별전략이 필요하다.

본 절에서는 전이함수의 차수(b, r, h)를 식별하는 데 필요한 5개의 실전적 분석전략을 소개한다. 이 분석전략은 상대적으로 단순한 전이함수모형을 식별할 때는 필요하지 않지만, 복잡한 전이함수를 식별할 때는 특히 유용하게 적용시킬 수 있다.

1) 실전적 식별전략

시각적으로 그래프를 사용하여 이론적인 임펄스 반응함수에 관한 식별전략을 다뤄보도록 하자. 물론 추정된 임펄스 반응함수를 조사하여 이론적 임펄스 반응함수와 비교한다. 추정된 임펄스 반응함수를 점검할 때 표집변동을 고려해야 하므로, 반드시 추정된 임펄스 반응함수는 이에 대응하는 이론적 임펄스 반응함수와 정확하게 일치하지 않을 수 있다. 우선 실전적 분석전략을 설명하고, [그림 4.5(a)]에 나타난 $\nu(B)$ 함수에 관해 설명하도록 한다.

모형식별의 분석전략을 다루기 전에 몇 가지 사항을 피력하도록 한다.

1) 다른 실전적 분석전략과 마찬가지로 이 전략들 역시 절대시할 수 없다. 이 분석전략들은 전이함수를 식별하는 데 유용한 시발점이 된다.
2) 2장에서 논의한 바와 같이, 전이함수의 분자에 해당하는 부분$(\omega(B)B^b)$은 3가지 요소를 포착한다. 즉, 무반응시간(b값), 패턴이 없는 ν 가중값항, 감소가 시작하는 ν 가중값항이 이에 해당한다.
3) 분모에 해당하는 부분인 $\delta(B)$는 ν 가중값 감소패턴을 포착한다.
4) 이와 같은 분석전략은 패턴이 없는 형태와 감소가 시작하는 ν 가중값들이 혼합된 상황에 적용한다.

$$(a)\ \nu(B) = \frac{\omega_0}{1-\delta_1 B};\ b=0,\ h=0,\ r=1$$

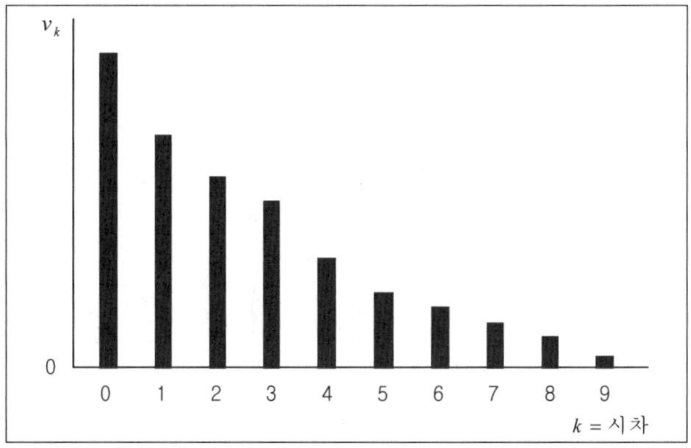

$$(b)\ \nu(B) = (\omega_0 + \omega_1 B)B;\ b=1,\ h=1,\ r=0$$

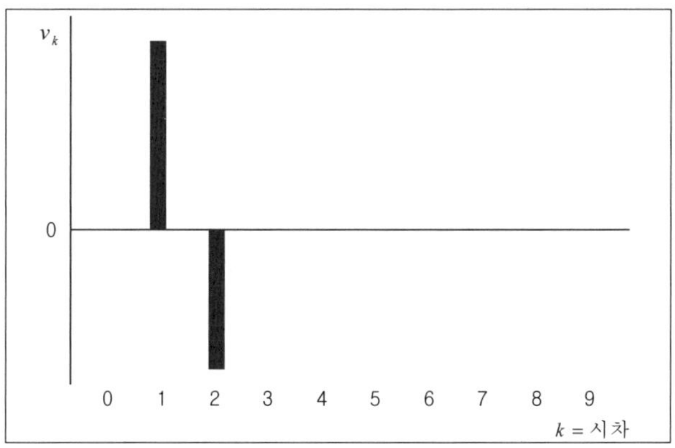

$$(c)\ \nu(B) = \frac{\omega_0 + \omega_1 B}{1-\delta_1 B};\ b=0,\ h=1,\ r=1$$

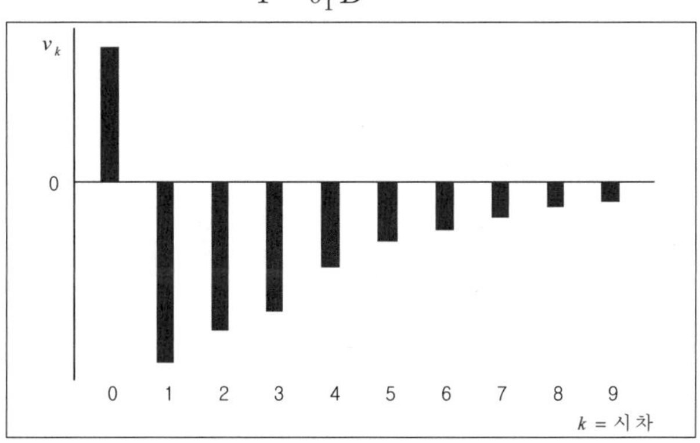

[그림 4.5] 임펄스 반응함수($\nu(B)$)와 이에 관련된 그래프 (계속)

$$(d)\ \nu(B) = \frac{(\omega_0 + \omega_1 B)B^3}{1 - \delta_1 B - \delta_2 B^2}; b = 3,\ h = 1,\ r = 2$$

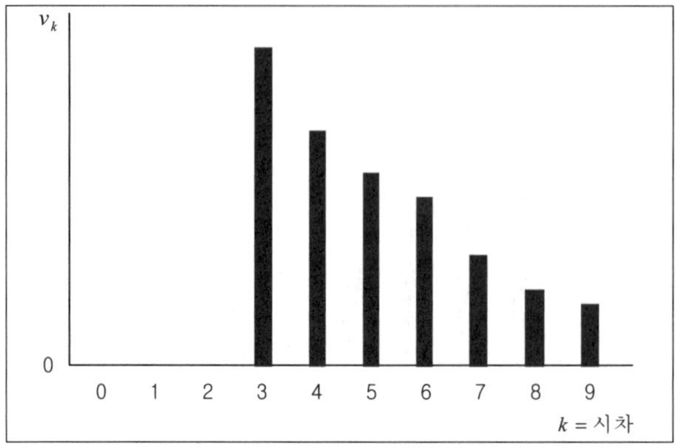

$$(e)\ \nu(B) = \frac{(\omega_0 + \omega_1 B)B}{1 - \delta_1 B - \delta_2 B^2}; b = 1,\ h = 1,\ r = 2$$

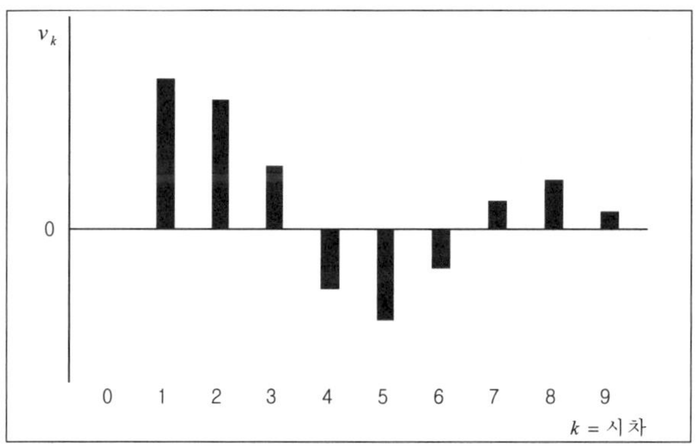

$$(f)\ \nu(B) = \frac{\omega_0 + \omega_1 B + \omega_2 B^2}{1 - \delta_1 B - \delta_2 B^2};\ b = 0, h = 2, r = 2$$

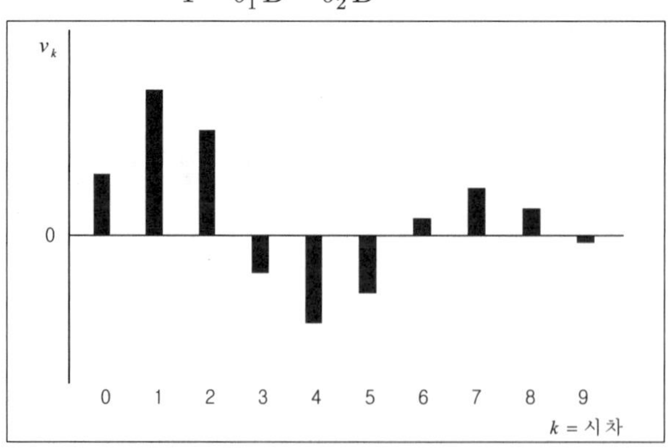

[그림 4.5] 임펄스 반응함수($\nu(B)$)와 이에 관련된 그래프

[분석전략 1]

무반응시간인 b를 결정한다. 이는 ν_0부터 시작하여 통계적으로 '0'인 ν 가중값들의 수와 동일하다. 즉, 임펄스 반응함수에서 '0'값을 갖는 ν 가중값들인 $(\nu_0, \nu_1, \cdots, \nu_{b-1})$을 찾는다. [그림 4.5(*a*)]에서는 첫 '0'값을 갖는 ν 가중값들($\nu_0 \neq 0$이므로)은 찾을 수 없기 때문에 무반응시간은 '0'이다.

[분석전략 2]

분모 연산자 $\delta(B)$의 차수인 r을 결정한다. r은 다음과 같이 선택한다.

1) 감소패턴이 전혀 없고 오히려 '0'으로 절단형태를 가지면, $r=0$이다.
2) (ν 가중값들이 감소형태가 없다가 갑자기 또는 결국) 단순 지수적으로 감소하는 형태이면 $r=1$이다.
3) ν 가중값들이 혼합 지수적으로 감소하는 패턴 또는 진폭이 감소하는 사인곡선 형태를 따르면 $r=2$이다. 경험상 $r \geq 2$를 갖는 모형은 드물다. [그림 4.5(*a*)]에서 ν 가중값들은 단순 지수적으로 감소하므로, $\delta(B)$의 차수인 r은 '1'이다. 따라서 감소가 시작하는 계수 또한 하나이다.

[분석전략 3]

$r > 0$이면 감소가 시작하는 시차들을 결정한다. 모든 감소하는 패턴들은 하나 이상의 시작값이 존재한다. 감소형태가 발생하는 가중값 중 절대값이 가장 큰 가중값($\max|\nu|$)을 찾는다. $r=2$이면 절대값이 가장 큰 가중값이 시작값이며, $r=2$이면 절대값들 중 가장 큰 가중값과 그 다음 큰 가중값 2개가 시작값이 된다. [그림 4.5(*a*)]에서 $r=1$, $\max|\nu| = \nu_0$ 이다. 즉, ν_0 는 감소형태가 발생하는 ν 가중값들 중 절대값이 가장 큰 값이다. 따라서 감소형태는 '시차 0'에서 시작한다.

[그림 4.5]에 소개된 이론적 임펄스 반응함수에서 $\max|\nu|$를 찾는 것은 어렵지 않았다. 실제 상황에서는 추정된 임펄스 반응함수를 조사하므로 $\max|\nu|$를 식별하는 것은 어려울 수 있다.

다음 주어진 [그림 4.5]의 추정된(또는 표본) 임펄스 반응함수를 고려해보자.

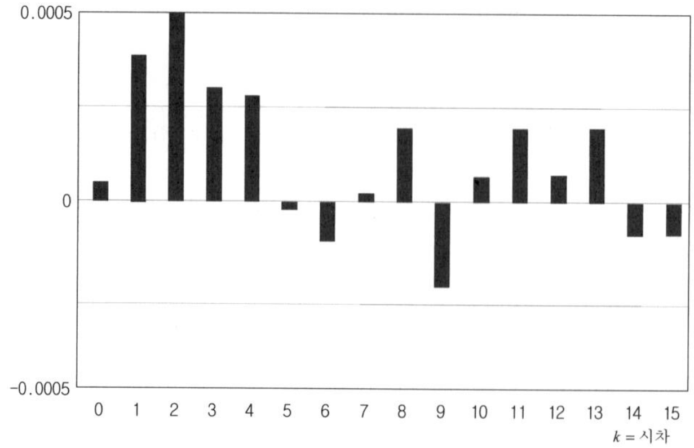

[그림 4.6] 특이한 임펄스 반응함수의 그래프

[분석전략 3]을 엄격히 따르면, $\max|\nu|$는 $\hat{\nu}_2$로 선택해야 한다. 그러나 표집변동을 참작하면 모수 ν_1이 추정값 $\hat{\nu}_1$보다 약간 크고, 모수 ν_2가 추정값 $\hat{\nu}_2$보다 약간 작다고 추측할 수 있다. 따라서 $\max|\nu| = \hat{\nu}_2$라기보다는 $\max|\nu| = \hat{\nu}_1$으로 고려하는 것이 나을 것이다. 또한 ν_1 바로 앞 가중값인 ν_0가 통계적으로 유의하지 않기 때문에 '0'으로 간주하면, 패턴이 없는 단순한 모형이 될 것이다. 표집변동을 고려하면 [분석전략 3]을 완고하게 고집할 필요는 없다. 이 분석전략의 목적은 몇 개의 타당성 있는 임시모형들을 식별하는 데 있다.

[분석전략 4]

패턴이 없는 ν 가중값들의 수인 u를 결정한다.

1) $r > 0$이면 u는 시차 0부터 감소형태가 시작하는 바로 앞 시차까지 '0'이 아닌(즉, 유의한) ν 가중값들의 수와 동일하다.
2) $r = 0$이면 '0'이 아닌(즉, 유의한) 모든 ν 가중값들은 패턴이 없는 값들이 된다.

[그림 4.5(*a*)]에서 $r = 1 > 0$이며 감소가 시작하는 시차는 '0'이므로, ν_0 앞에 존재하는 '0'이 아닌 가중값은 하나도 없다. 따라서 패턴이 없는 ν 가중값들은 존재하지 않고, $u = 0$이 된다.

[분석전략 5]

분자연산자 $\omega(B)$의 차수인 $h(=u+r-1)$를 결정한다. h는 $\omega(B)$의 차수이지 $\omega(B)$의 ν 가중값들의 수가 아니다. 첫 가중값이 항상 ω_0이기 때문에 ω 가중값들의 총 개수는 $(h+1)$개이다. [그림 4.5(*a*)]에서 $h=u+r-1=0+1-1=0$이다. 따라서 $\omega(B)=\omega_0$이 된다. [그림 4.5(*a*)]에서 차수가 $(b,r,h)=(0,1,0)$인 전이함수를 식별했다.

2) 실전적 분석전략을 사용한 전이함수 식별의 예

[그림 4.5]에서는 5개의 이론적인 임펄스 반응가중값과 이와 관련된 그래프들을 살펴보았다. [그림 4.5]에 주어진 5개의 그래프에 대해 앞에서 언급한 5개의 식별전략을 어떻게 적용할지 설명해보자.

[그림 4.5(*a*)]는 이미 다루었다. 이 임펄스 반응함수에 대해 다음과 같이 몇 가지 의문사항을 고려해볼 수 있다. 즉, 이 예에서 ω_0은 양수, 음수 중 어느 것일까? 어떻게 이것을 알 수 있을까? δ_1은 양수, 음수 중 어느 것일까? 이를 어떻게 아는가? 만일 모든 계수들의 부호가 정반대로 바뀌면 그래프는 어떻게 달라질까?

[그림 4.5(*b*)]에서 첫 번째 ν 가중값(ν_0)이 '0'이므로 $b=1$이다. 감소하는 패턴이 없고 절단형태이기 때문에 $\delta(B)$의 차수인 r은 '0'이다. 따라서 감소하는 패턴의 시작계수는 존재하지 않는다$(r=0)$. 따라서 ν_1과 ν_2 모두 패턴이 없는 항(즉, 감소하는 시작값들이나 감소하는 패턴에 해당하는 부분도 아님)이므로 $u=2$이다. 따라서 $h=u+r-1=2+0-1=1$이며, $\omega(B)=\omega_0+\omega_1 B$는 $h+1(=1+1)=2$개의 항이 존재한다.

[그림 4.5(*c*)]에서 $b=0$이다. 결국은 단순 지수적 감소패턴이므로 $r=1$이다. $r=1$이므로 감소하는 패턴의 시작값 역시 하나이다. 감소형태가 나타나는 ν 가중값 중 가장 절대값이 큰 것은 시차 1에서 발생하였기 때문에, $\nu_1(=\max|\nu|)$이 시작값이 된다. (이 예에서 $|\nu_0|$가 $|\nu_1|$보다 크더라도 지수적 감소형태가 ν_0가 아닌 ν_1부터 시작하기 때문에 여전히 시작값을 $\nu_1\ (=\max|\nu|)$으로 선택한다.) 시차 0에서 ν_1의 바로 앞까지(즉, 시차 0) '0'이 아닌 ν 가중값은 하나만 존재하므로, 패턴이 없는 스파이크는 하나뿐이다$(u=1)$. 따라서 $h(=u+r-1=1+1-1)=1$이며, $\omega(B)=(\omega_0+\omega_1 B)$가 된다.

[그림 4.5(*d*)]의 ν 가중값들 중 첫 3개의 값이 '0'이기 때문에 $b=3$이다. 감소하는 패턴이 혼합 지수적 감소형태(즉, 단순 지수적 감소형태보다 감소속도가 느리다)이므로 $r=2$이다. 따라서 ν_3은 감소패턴이 발생하는 ν 가중값들 중 가장 절대값이 크기 때문에$(=\max|\nu|)$ 시작값이 된다. $r=2$이므로 감소하는 패턴의 시작값은 2개가 존재한다. ν_4는

ν_3 다음으로 큰 ν 가중값이며, ν_3과 함께 감소하는 패턴의 시작값이 된다. 두 개의 시작값 바로 앞까지(즉, 시차 0부터 시차 2까지) ν 가중값들 중 '0'이 아닌 것은 하나로 없기 때문에 $u=0$이다. 따라서 $h(=u+r-1=0+2-1)=1$이며, $\omega(B)=(\omega_0+\omega_1 B)$가 된다.

[그림 4.5(e)]에서 무반응시간인 b는 '1'이다. 진폭이 감소하는 사인곡선 형태를 따르기 때문에 $r=2$이다. 분모의 차수가 '2'이므로($r=2$) 감소하는 패턴의 시작값은 2개가 된다. 이 경우 $\max|\nu|=\nu_1$이며, ν_1 다음으로 큰 ν 가중값은 ν_2이므로, 감소하는 시작값은 ν_1과 ν_2이다. ν_1의 바로 앞까지(즉, ν_0) '0'이 아닌 ν 가중값들 중 패턴이 없는 것은 하나도 없기 때문에 $u=0$이다(즉, 이 경우 $\nu_0=0$). 마지막으로 $h(=u+r-1=0+2-1)=1$이므로 $\omega(B)$는 두 개의 항, 즉 $(\omega_0+\omega_1 B)$의 형태를 갖는 다항식이 된다.

[분석전략 3]을 이용하여 많은 모수를 포함하는 모형을 추정하는 대신 더 융통성 있는 모형을 찾을 수 있다. [그림 4.5(e)]를 $h=0$, 즉 $\omega(B)=\omega_0$으로 고려해보자. 감소하는 패턴이 존재하므로($r>0$), 마지막 ω 가중값(ω_0)이 반드시 마지막 감소하는 패턴의 시작항이 된다. ω_0가 $\omega(B)$의 유일한 항이라면 이것이 (이 경우 $b=1$이므로 ν_1에 대응하는) 마지막 시작값이 틀림없을 것이다. $r=2$이므로 감소하는 시작항은 두 개가 존재한다. 따라서 첫 시작값은 $\nu_0=0$이 된다. 이런 제약으로 $h=1$로 놓은 것이 더 융통성이 있다. 이 경우 [분석전략 3]을 따르면서 $h=1$로 놓아 실제로 두 개의 시작값을 추정한다.

[그림 4.5(f)]는 시차 '0'에 해당하는 ν 가중값인 ν_0이 '0'이 아니라는 것을 제외하고는 [그림 4.5(e)]와 흡사하다. 따라서 $b=0$이다. 진폭이 감소하는 사인곡선이라는 사실을 고려하면 $r=2$이며, 이 때문에 시작항은 2개가 된다. $\max|\nu|=\nu_1$과 ν_1을 제외한 가장 큰 가중값은 ν_2라는 사실을 고려하면, 감소하는 패턴의 시작값은 이 2개의 가중값이 된다. 두 개의 감소하는 패턴의 시작값 바로 앞에 '0'이 아닌 ν 가중값들은 단지 하나이므로(ν_0), $u=0$이다.

따라서 $h(=u+r-1=1+2-1)=2$가 되며, $\omega(B)$는 $h+1(=2+1)=3$개의 항, 즉 $(\omega_0+\omega_1 B+\omega_2 B^2)$의 형태를 갖는 다항식이 된다.

[그림 4.5(f)]와 닮은 추정된 임펄스 반응함수를 모수가 절약된 모형인 $h=1$ 즉 $\omega(B)=(\omega_0+\omega_1 B)$로 고려할 수 있다. 따라서 ($\nu_1$에 대응하는) ω_1은 마지막 감소하는 패턴의 시작항이며, (ν_0에 대응하는) ω_0는 첫 시작항이 된다. 따라서 ω_0는 패턴이 없는 항이 아니며 대신 감소가 시작하는 항이 된다. [분석전략 3]과는 달리 $\max|\nu|$ 외에 다른

것을 첫 감소가 시작하는 항으로 고려할 수 있다.

실제로 [그림 4.5(f)]의 ν_0와 같은 항을 패턴이 없는 항 또는 감소가 시작하는 항 중 어느 것으로 취급할지 여부는 쉽지 않다. [분석전략 3]과 같이 ν 가중값들 중 '0'이 아닌 모든 가중값을 패턴이 없는 항으로 다루고, $\max|\nu|$부터 감소가 시작하는 것으로 생각하면 이와 같은 딜레마를 해결할 수 있다. 다른 경험적인 모형전략과 마찬가지로 [분석전략 3]은 무시할 수 없다. 특히 추정된 ν 가중값들을 조사할 때 표집변동을 참작해야 한다. 앞에서 다룬 5개의 식별전략과 6개의 이론적 임펄스 반응함수를 통해서 식별 단계에서 선택할 모형을 면밀히 조사해야 한다.

3) 응용사례 I

다음은 고려한 전이함수식에 근거하여 얻은 $\hat{\nu}$ 가중값들(입력변수의 추정계수)을 그래프로 나타낸 것이다.

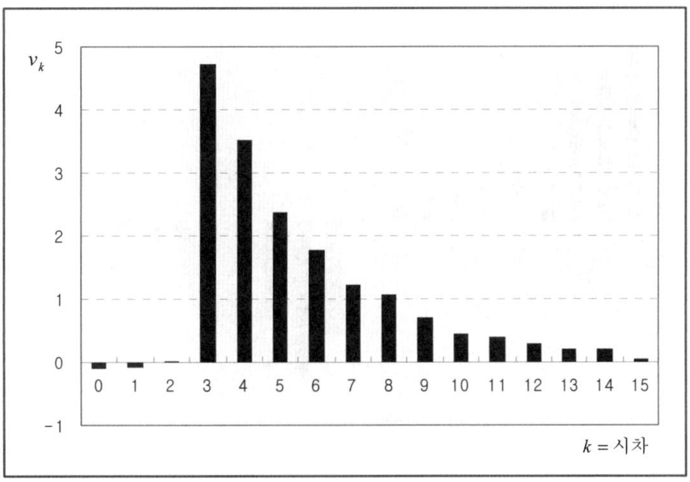

[그림 4.7] 임펄스 반응함수에 대한 그래프

물론 추정된 ν 가중값들에 표집변동이 존재한다. 즉 $\widehat{\nu_0}, \widehat{\nu_1}, \widehat{\nu_2}$는 '0'이 아니지만, 이 추정값들은 각각의 표준오차에 비해 작기 때문에 '0'으로 간주할 수 있다. 무반응시간은 첫 '0'값을 갖는 ν 가중값들의 수와 동일하다. 따라서 첫 3개의 $\hat{\nu}$ 가중값들(ν_0, ν_1, ν_2)은 '0'(유의하지 않음)으로 간주할 수 있기 때문에 $b=3$이다. 결국 단순 지수적인 감소 형태이므로 $r=1$이다. 이 때문에 감소가 시작하는 항은 하나이다. 이 경우 $\max|\nu|=\widehat{\nu_3}$

이므로 $\hat{\nu_3}$는 감소가 시작하는 항이 된다. $\hat{\nu_3}$의 바로 앞까지의 모든 $\hat{\nu}$ 가중값(ν_0, ν_1, ν_2)은 통계적으로 '0'이고, 패턴이 없는 항은 하나도 없기 때문에 $u=0$이 된다. 따라서 $h=(u+r-1)=0+1-1=0$이며, $\omega(B)$는 하나의 항, 즉 ω_0만이 포함된다($\omega(B)=\omega_0$). 따라서 식별된 모형은 $\omega_0 B^3/(1-\delta_1 B)$가 되며, 무반응시간인 $b=0$이 아니고 $b=3$인 사실을 제외하면 [그림 4.5(*a*)]와 비슷하다.

4) 응용사례 II

때때로 추정된 임펄스 반응함수에 뚜렷한 패턴이 없는 형태나 감소형태가 몇 개의 뭉치씩 혼합되어 있는 것을 발견할 수 있다. 그러나 이런 형태의 임펄스 반응함수는 자주 발생하지 않는다. 만일 이와 같은 임펄스 반응함수가 발생하면 $\hat{\nu}$ 가중값 뭉치를 개별적으로 고려하면 된다.

다음 주어진 임펄스 반응함수를 고려해보자.

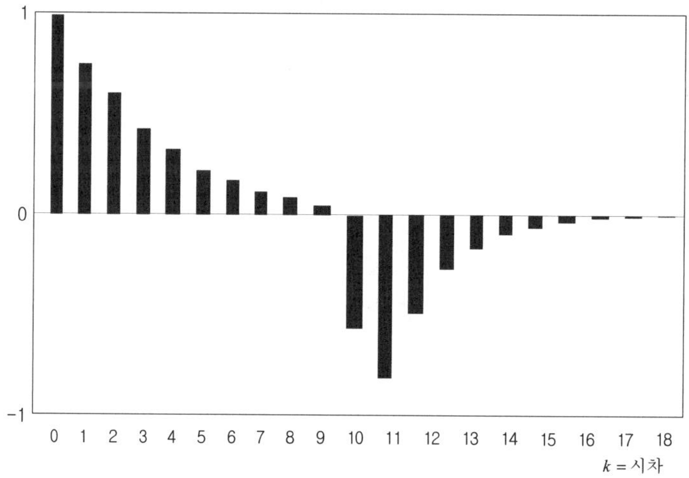

[그림 4.8] 두 개의 감소패턴이 존재하는 임펄스 반응함수

임펄스 반응함수($\nu(B)$)를 다음과 같이 식별할 수 있다.

$$\nu(B) = \frac{\omega_0 + \omega_{10} B^{10} + \omega_{11} B^{11}}{1-\delta_1 B} \tag{4.32}$$

여기에서 ω_0는 '시차 0' 이후 지수적으로 감소하는 패턴에서 감소가 시작하는 항이며, ω_{10}은 패턴이 없는 항, ω_{11}은 '시차 11' 이후 지수적으로 감소하는 패턴에서 감소가 시작하는 항이다. 그러나 식 (4.32)를 고려하면 두 개의 감소패턴 모두가 똑같은 감소율(δ_1)을 갖게 된다. 이는 바람직하지 못하다. 대신 2개의 감소패턴을 개별적인 가법형태로 다루면 된다. 2개의 감소패턴에 대한 식별전략을 개별적으로 작용시키면 다음과 같은 전이함수를 식별할 수 있다.

$$\omega(B) X_t = \frac{\omega_0}{1-\delta_1^{\dagger}} X_t + \frac{\omega_{10} B^{10} + \omega_{11} B^{11}}{1-\delta_1^{*} B} X_t \tag{4.33}$$

여기에서 두 개의 감소율 $\delta_1^{\dagger}$과 δ_1^{*}은 서로 다르다. 즉, 각각 시차 0과 시차 11에서 시작값이 발생한다.

4.3.4 사전백색화와 교차상관함수를 이용한 전이함수 식별방법

여기에서 다룰 식별방법은 Box 외 2인(1994)가 제시한 것으로서 소위 '사전백색화(prewhitening)와 교차상관함수(cross correlation function)'를 이용한다. 이 방법은 동적회귀모형에서 자주 언급되지만 입력변수가 2개 이상일 때 적용하는 데 어려움이 있다. 반면에 앞 절에서 다룬 선형전이함수방법은 입력변수를 2개 이상 고려할 때 용이하게 사용된다.

입력변수가 하나인 동적회귀모형을 고려해보자. X_t와 Y_t의 분산을 각각 정상적으로 만들기 위해 적절히 변수변환하였다고 가정하자. 또한 평균을 정상적으로 만들기 위해 차분이 필요하다면, 이때 차분된 계열을 각각 x_t와 y_t이라고 할 때, 이때 차분된 x_t와 y_t의 고정된 평균을 각각 μ_x와 μ_y라고 표현해보자. y_t에 대한 동적회귀모형, x_t에 대한 ARIMA 모형을 다음과 같이 고려할 수 있다.

$$\begin{aligned} y_t &= \frac{\omega(B) B^b}{\delta(B)} x_t + \frac{\theta(B)}{\phi(B)} \epsilon_t \\ x_t &= \frac{\theta_x(B)}{\phi_x(B)} \alpha_t \end{aligned} \tag{4.34}$$

여기에서 ϵ_t와 α_t는 각각 평균이 '0'이며, 서로 상관되지 않은 정규분포를 따르는 백색잡음들이다. 모형을 단순화시키기 위해 동적회귀모형의 상수항은 '0'이고, x_t에 대한 ARIMA 모형과 동적회귀모형 내 오차항계열에 대한 ARIMA 모형에 계절적 요소가 존재하지 않는다고 가정하자. 물론 상수항과 계절적 요소를 각 모형에 포함시켜 확장시킬 수 있다. 우선 교차상관함수와 사전백색화에 대해 살펴보자.

교차상관함수(cross correlations function)

사전백색화 식별방법에서 주로 사용되는 도구는 교차상관함수이며, 이는 시차에 따라 교차상관계수를 계산하여 나열한 것이다. 변수 x_t 와 y_t 에 대한 모집단 교차상관함수는 다음과 같이 정의된다.

$$\rho_{xy}(k) = \frac{r_{xy}}{\sigma_x \sigma_y}, \quad k = 0, \pm 1, \pm 2, \cdots \tag{4.35}$$

여기에서 $r_{xy}(k)$는 시차 k 에서 x_t와 y_t 사이의 모집단 교차공분산이며, σ_x와 σ_y는 x_t와 y_t 각각의 모집단 표준편차를 나타낸다. 따라서 교차상관계수는 표준화된 교차공분산이다. 참고로 교차공분산은 다음과 같이 기대값으로 정의된다.

$$r_{xy}(k) = E[(x_t - \mu_x)(y_{t+k} - \mu_y)], \quad k = 0, \pm 1, \pm 2, \cdots \tag{4.36}$$

추정된 교차상관함수

계열을 차분한 후 n개의 관측값이 존재한다고 가정하자. 식 (4.36)의 교차공분산의 추정값 $c_{xy}(k)$은 다음과 같이 정의된다.

$$\begin{aligned} c_{xy}(k) &= \frac{\sum_{t=1}^{n-k}(x_t - \bar{x})(y_{t+k} - \bar{y})}{n}, \quad k = 0, 1, 2, \cdots \\ &= \frac{\sum_{t=1}^{n+k}(y_t - \bar{y})(x_{t-k} - \bar{x})}{n}, \quad k = 0, -1, -2, \cdots \end{aligned} \tag{4.37}$$

여기에서 $\bar{x}$와 $\bar{y}$는 x_t와 y_t 각각의 표본평균이다. $s_x = \sqrt{c_{xx}(0)}$와 $s_y = \sqrt{c_{yy}(0)}$는 σ_x와 σ_y 각각의 표본추정값이다. $\rho_{xy}(k)$의 추정값인 $r_{xy}(k)$를 얻기 위해서 이 추정값들을 식 (4.36)에 대입하면,

$$r_{xy}(k) = \frac{c_{xy}}{s_x s_y}, \quad k = 0, \pm 1, \pm 2, \cdots \tag{4.38}$$

가 된다.

$r_{xy}(k)$ 값은 표본통계량이므로, 이들 중 어느 것이 통계적으로 '0'인지 여부를 검정하기 위해서는 이들에 대응하는 각각의 표준오차가 필요하다. 만일 x_t와 y_t가 교차상관되

지 않고 이 계열들 중 하나가 백색잡음이면, 정규성 가정을 사용하여 표준오차를 다음과 같이 근사적으로 구할 수 있다.

$$s.e.[r_{xy}(k)] = \sqrt{\frac{1}{n-k}} \tag{4.39}$$

사전백색화(prewhitening)

정상적인 입력변수에 대한 ARIMA 프로세서는 식 (4.34)에 나타나 있다. 이를 다시 표현하면 다음과 같이 x_t를 방정식에 적용시켰을 때 자기회귀 연산자 및 이동평균 연산자를 서로 상관되지 않는 잔차계열을 생성하는 필터로 간주할 수 있다.

$$\alpha_t = \theta_x^{-1}(B)\phi_x(B)x_t \tag{4.40}$$

이때 계열 α_t(실제로 $\hat{\alpha}_t$)를 사전백색화된 x_t 계열이라 부른다. 이제 동일한 필터를 y_t에 적용시키면 다음과 같이 다른 잔차계열(a_t)을 얻을 수 있다.

$$a_t = \theta_x^{-1}(B)\phi_x(B)y_t \tag{4.41}$$

이제 식 (4.34)를 사용하여 식 (4.41)에 대입하면 다음과 같은 식을 얻는다.

$$a_t = \nu(B)\alpha_t + \mu_t \tag{4.42}$$

여기에서 $\nu(B) = \dfrac{\omega(B)B^b}{\delta(B)}$, $\mu_t = \theta_x^{-1}(B)\phi_x(B)\phi^{-1}(B)\epsilon_t$이다. α_t와 a_t 사이의 교차공분산을 구하기 위해서 식 (4.42)의 양변에 α_{t-k}를 곱한 후 기대값을 취한다. 시차 $+k$에서 α_t와 a_t 사이의 교차상관함수를 구하기 위해 σ_α와 σ_a로 나누면,

$$\rho_{\alpha a}(k) = \nu_k\sigma_\alpha/\sigma_a, \quad k = 0,1,2,\cdots \tag{4.43}$$

가 된다. 따라서 식 (4.43)으로부터

$$\nu_k = \frac{\rho_{\alpha a}(k)\sigma_a}{\sigma_\alpha}, \quad k = 0,1,2,\cdots \tag{4.44}$$

가 된다. 식 (4.44)를 사용하여 입력변수를 사전백색화시키고, 동일한 필터를 출력변수에 적용하면 ν 가중값은 두 개의 필터 절차로부터 생성된 잔차들의 교차상관함수에 비례하

게 된다는 것을 알 수 있다. 따라서 Y_t와 X_t 사이 관계에 대한 전이함수를 식별하기 위해서 식 (4.44)의 추정된 교차상관함수를 사용하여 ν 가중값들의 추정값을 구할 수 있다. 식 (4.44)의 우변에 있는 모수들은 알 수 없지만, 다음 주어진 식과 같이 추정된 ν 가중값들을 얻기 위해 모수들을 그들의 추정값으로 각각 대치시킨다.

$$\widehat{v_k} = \frac{r_{\alpha a}(k)\widehat{\sigma_a}}{\widehat{\sigma_\alpha}}, \quad k = 0, 1, 2, \cdots \tag{4.45}$$

4.4 동적회귀모형의 구축: 모형검진, 재식별 및 평가

본 절에서는 고려한 동적회귀모형이 타당한지 여부를 결정하기 위해 몇 가지 검진방법을 살펴보기로 한다. 만일 식별된 모형이 타당하지 않으면 다른 모형을 재식별해야 할 것이다.

4.4.1 식별검진 및 모형의 재식별

다음 소개할 방법들은 동적회귀모형의 통계적인 타당성을 검진하는 데 유용하다. 그러나 이 도구들을 사용하여 검진함으로써 적절한 입력변수를 선택했다든지 혹은 적절한 입력변수들을 모두 모형에 포함시켰다는 것을 보장할 수는 없다. 이를 해결하기 위해서는 출력변수의 성질에 관련된 이론(경제학, 경영학, 생물학, 산업공학, 심리학 등)을 참고해야 할 것이다.

1) 잔차 교차상관함수

검진 단계에서 주로 사용되는 도구는 잔차 교차상관함수이다. 이 함수는 동적회귀모형에서 생성된 잔차($\hat{\epsilon_t}$)와 입력계열(들)을 ARIMA 모형으로 모형화할 때 생성된 현재시차와 과거시차들의 잔차($\widehat{\alpha_t}, \widehat{\alpha_{t-1}}, \widehat{\alpha_{t-2}}, \cdots$) 사이의 관계를 나타낸다.

예를 들어 적절한 전이함수가 $(\omega_0 + \omega_1 B + \omega_2 B^2) X_t$ 인데 $(\omega_0 + \omega_1 B) X_t$로 추정되었다고 가정하자. $(\omega_2 B^2) X_t$가 모형으로부터 제외되었기 때문에, 두 개 시차를 앞선 입력변수(X_{t-2})와 출력변수(Y_t) 사이에 관련된 변동 부분이 추정된 전이함수로 설명되지 않는다. 대신 Y_t의 설명되지 않은 부분이 동적회귀모형의 잔차계열에 나타날 수 있다. 즉, 동적회귀모형에 근거하여 생성된 잔차계열($\hat{\epsilon_t}$)과 X_t의 ARIMA 모형에 근거하여 생성된 두 시점 앞의 잔차($\hat{\alpha}_{t-2}$) 사이의 상관관계를 살펴봐야 할 것이다. 따라서 잔차 교차상관함수를 사용하여 전이함수를 평가할 수 있으며, 동시에 적절한 전이함수를 찾을 수 있는 단서를 구할 수 있다.

잔차 교차상관함수는 다음과 같이 정의한다.

$$r_k^* = \frac{c_{\alpha\epsilon}(k)}{\widehat{\sigma_\alpha}\widehat{\sigma_\epsilon}}, \quad k = 1, 2, 3, \cdots \tag{4.46}$$

여기에서 $\widehat{\sigma_\alpha}$와 $\widehat{\sigma_\epsilon}$는 각각 $\widehat{\alpha_t}$와 $\widehat{\epsilon_t}$의 잔차의 표준편차이며, $c_{\alpha\epsilon}$는 두 계열의 표본공분산으로 다음과 같이 계산된다.

$$c_{\alpha\epsilon}(k) = \sum_{t=1}^{n-k} (\widehat{\alpha_t} - \overline{\alpha})(\hat{\epsilon}_{t+k} - \overline{\epsilon})/n, \quad k = 1, 2, 3, \cdots \tag{4.47}$$

여기에서 $\bar{}$는 표본평균을 나타낸다.

잔차 교차상관계수들은 단지 모수(ρ_k^*)의 추정값이며 표집변동에 좌우된다. 잔차 교차상관계수가 통계적으로 유의한지 여부를 결정하기 위해서는 다음과 같이 두 개의 가설을 설정한다.

$$H_1: \ \rho_k^* \neq 0 \text{에 대해 } H_0: \ \rho_k^* = 0, \quad k = 1, \cdots, K$$

만일 α_t와 ϵ_t가 서로 독립이며 정규분포를 따르고 이 계열들 중 하나가 백색잡음이면, r_k^*는 근사적으로 다음과 같은 표준오차를 갖는다(Box 외 2인, 1994).

$$s.e.(r_k^*) = n^{-\frac{1}{2}} \tag{4.48}$$

여기에서 n은 $\hat{\alpha}_t$와 $\hat{\epsilon}_t$를 얻기 위해 사용된 표본 수 중 작은 것이다[참고로 식 (4.48)을 사용하면, 단기시차(예: $k=0,1,2,3$)에서 표준오차를 과도추정하는 경향이 있다].

총체적 검정

또 다른 검정방법으로는 k개의 잔차 교차상관계수를 하나의 덩어리로 간주하여 검정한다. 이때 대립가설 "$H_a: \rho^*$값들 모두가 '0'은 아니다"에 대해 귀무가설은 "$H_0: \ \rho_0^* = \rho_1^* = \cdots = \rho_k^* = 0$이다"이다. Ljung과 Box(1978)는 이 검정을 하기 위해 다음과 같은 검정통계량을 제시하였다.

$$S^* = n^2 \sum_{k=0}^{k} \frac{(r_k^*)^2}{n-k} \tag{4.49}$$

여기에서 n 은 $\widehat{\alpha_t}$ 또는 $\hat{\epsilon_t}$를 얻기 위해 사용된 관측값 수 중 작은 것을 나타낸다. 귀무가설에서 S^*는 근사적으로 자유도가 $(k+1-m)$인 χ^2 분포를 따른다. 이때 m 은 동적회귀모형의 전이함수부분에서 추정된 모수의 수이다. m 은 오차항 ARIMA 모형의 모수를 포함하지 않는다. ϵ_t와 α_t 사이의 모집단에 근거한 모든 교차상관계수가 '0'이면, S^*는 작아져야 할 것이다.

모형의 재식별

잔차 교차자기함수를 사용하여 전이함수모형을 곧바로 재식별하기가 어려울 수 있다. 예를 들어 적절한 전이함수가 $(\omega_0 + \omega_1 B)X_t$라 할 때 $\omega_0 X_t$로 추정할 수 있다. 실제로 잔차 교차상관함수의 시차 0 또는 1 아니면 두 시차 모두에서 유의한 값을 가질 수 있다. 심지어 감소패턴을 나타낼 수 있다. 다음 주어진 몇 가지 분석전략을 고려하면, 전이함수를 재식별하는 데 도움이 될 수 있다.

1) 기본적으로 잔차 교차자기상관함수를 사용하여 적절하지 못한 모형을 찾을 수 있으며, 추가로 대안으로 사용할 모형을 고려할 수 있다.
2) 만일 잔차 교차자기상관함수를 사용하여 전이함수가 적절하지 않다고 생각되면, 선형전이함수의 식별 단계에서 얻은 추정된 임펄스 반응함수로 다시 돌아가서 대안으로 사용할 모형을 고려한다.
3) 만일 고려된 전이함수가 적절하지 않아 표본 임펄스 반응함수를 재고려해도 여전히 별다른 정보를 얻지 못하면, 전이함수에 한 번에 한 항씩 추가시킨다. 보통 분모요소인 $\delta(B)$에 항을 추가시키는 것보다 분자요소인 $\omega(B)$에 항을 추가시키는 것이 더 효과적인 경우가 많다.

2) 자기상관함수 점검

잔차계열($\hat{\epsilon_t}$)의 잔차 자기상관함수를 조사하여 동적회귀모형의 오차항계열에 대한 ARIMA 모형의 적합성을 점검한다. 또한 잔차계열에 추가된 정보를 얻기 위해 추정된 편자기상관함수를 조사한다. 추정된 자기상관함수를 사용하여 $H_1: \rho_k(\epsilon) \neq 0$에 대해 $H_0: \rho_k(\epsilon) = 0$, $k = 1, \cdots, K$를 검정한다. 이때 $\rho_k(\epsilon)$는 시차 k에서 잔차계열(ϵ_t)의 모집단 자기상관계수이다. 검정통계량은 $k = 1, 2, \cdots, K$에 대해 잔차 자기상관계수인 $r_k(\hat{\epsilon})$이다.

오차항 ARIMA 모형이 설사 적절하더라도, 전이함수모형이 잘못 구축되면 잔차 자기상관함수에 예의 주시해야 한다. 따라서 잔차 교차상관함수와 잔차 자기상관함수 모두를 사용하여 모형이 부적절하다고 판단되면, 동적회귀모형의 전이함수 부분을 먼저 재식별하는 것이 좋다. 이 재식별 방법을 통해 오차항 ARIMA 모형 부분을 손대지 않고 상관되지 않은 잔차계열($\hat{\epsilon}_t$)을 얻을 수도 있다.

총체적인 검정

귀무가설 $H_0: \rho_1(\epsilon) = \rho_2(\epsilon) = \cdots = \rho_k(\epsilon) = 0$을 검정하기 위해 근사된 χ^2 통계량을 사용한다. 물론 대립가설은 "ρ 모두가 '0'이 아니다"이다. 개별적으로 모든 계수들이 표준오차보다 훨씬 작더라도 한 덩어리로서 잔차 자기상관함수에 특정적인 패턴이 존재할지도 모르므로 이 검정은 유용하다. 더구나 잔차 자기상관함수의 표준오차공식

$$s(r_k) = (1 + 2\sum_{j=1}^{k-1} r_j^2)^{1/2} / \sqrt{n^*}, \quad n^* \text{는 표본의 크기}$$

은 단기시차(예: 시차 1,2,3)에서 표준오차들이 더 크게 계산되는 경향이 있다. 따라서 총체적인 검정을 통해 부적절한 오차항 ARIMA 모형을 탐색할 수 있다.

다음 주어진 검정통계량은 Ljung과 Box(1978)이 제시한 것이다.

$$Q^* = n(n+2)\sum_{k=1}^{k} \frac{r_k^2(\hat{\epsilon})}{(n-k)} \tag{4.50}$$

귀무가설하에서 Q^*는 근사적으로 자유도가 $(K-m)$인 χ^2 분포를 따른다. 여기에서 m은 오차항 ARIMA 모형에서 추정할 모수의 수이다. 참고로 추정할 전이함수 모수의 수는 m에 포함되지 않는다. 즉, Q^*의 값이 작을수록 전이함수모형에서 오차항계열을 표현하는 ARIMA 모형이 부적절하다고 말할 수 없다.

3) 이상값 점검

이상값을 점검하기 위해 표준화된 동적회귀모형의 잔차들을 플롯하면 도움이 된다. '표준화된 잔차'는 잔차($\hat{\epsilon_t}$)를 각각의 잔차 표준편차($\hat{\sigma_\epsilon}$)로 나눠서 구할 수 있다. '표준화된 잔차'의 절대값이 어느 특정값(예: 3.0, 3.5, 4.0)보다 크면 이를 중요시 여겨야 한다. 물론 몇 개의 잔차는 우연히 클 수도 있다.

만일 이상값이 알려진 외적인 사건과 관련이 있다면, 사건을 나타낼 이분형(0 또는 1) 입력변수를 동적회귀모형에 포함시켜 수정해야 할 것이다. 3장에서 소개한 개입모형이 이에 해당하는 경우이다.

4) 정규성 점검

동적회귀모형에 근거하여 얻어진 잔차들이 근사적으로 정규분포를 따르는지 여부를 점검해야 한다. 동적회귀모형에서 추정된 계수들이 갖는 정당성은 백색잡음들(ϵ_t)이 정규분포를 따른다는 가정에 있다. 모형에 근거하여 얻어진 잔차들을 통해서 백색잡음의 정규성을 진단하는 방법으로 우선 그래프를 이용하는 방법이 있다.

잔차들의 히스토그램을 그려서 대략적으로 정규성을 조사할 수 있다. 추가로 정규 Q-Q도표(또는 정규 P-P도표)를 조사할 수 있다. 즉, 표준화된 잔차를 순서대로 나열시킨 뒤 순위로 순서 매겨진 표준정규자료에서 뽑은 정규값들과 대응시켜 플롯시킨다. 만일 잔차들이 대략 정규성을 만족시키면, 정규 Q-Q도표(또는 정규 P-P도표)는 거의 직선형태가 된다.

그러나 종종 이렇게 그래프에 의존한 방법으로는 어느 정도 직선형태를 가져야만 백색잡음의 정규성이 만족하는지를 판단하는 데 어려움이 있다. 이를 보다 계량화시켜 객관적으로 판단하기 위해서 두 개의 검정통계량, 즉 Kolmogorov-Smirnov 검정과 Shapiro-Wilk 검정을 사용할 수 있다. 물론 여기에서 귀무가설이 만족하면 정규성을 만족하는 것을 의미한다.

4.4.2 추정결과를 평가

추정결과를 통해 동적회귀모형을 평가하는 데 필요한 정보를 얻을 수 있으며 더 개선할 점을 판단할 수 있다. 모형을 진단하는 목적은 고려한 모형을 평가하고 가능한 더 나은 모형을 찾는 데 있기 때문에 본 절에서는 4.1절을 보충하는 데 초점을 둔다.

1) 모수절약의 원칙

좋은 모형은 모수가 절약되어야 한다. 식별 단계에서 자료를 적절하게 표현할 수 범위 내에서 모형을 단순화시키는 데 특히 신경을 쓴다. 모수절약의 원칙은 계수중복성 문제와 관련이 있다.

2) 계수의 유의성

동적회귀모형 내의 추정된 계수들은 통계적으로 유의해야 한다. 계수의 유의성검정을 하기 위해서 H_1: 모수$\neq 0$에 대해서 H_0: 모수$= 0$을 검정한다. 만일 백색잡음항(ϵ_t)이 정규분포를 따른다면, 동적회귀모형의 추정된 계수값(들)은 반복표집에서 근사적으로 t-분포를 따르는 것으로 취급한다.

경험적으로 대표본에서 추정된 계수값을 계수들 각각의 표준오차로 나눈 절대값(즉, 근사된 t-통계량의 절대값)이 '2.0' 이상이면 귀무가설을 기각한다. 이 방법은 a) 일반적으로 t-통계량값이 다만 근사된 것에 불과하며 b) 계수에 대한 t-통계량의 절대값이 '2.0' 이하라도 주어진 항이 모형 내에서 차지하는 비중을 나타내기 때문에 엄격히 따를 필요는 없다.

3) 안정성, 정상성 및 가역성

X_t가 유한(finite)하고 지속적으로 변화할 때, Y_t 역시 유한하게 변하는 안정적인 모형을 고려하는 것이 합당하다. $g = \nu_0 + \nu_1 + \nu_2 + \cdots$가 수렴할 때만 g는 유한하며, 이를 전이함수관계가 안정하다고 한다. 이를 일반화하여 표현하면, $|B| \leq 1$에 대해 $\nu(B) = \nu_0 + \nu_1 B + \nu_2 B^2 + \cdots$이 수렴하면 g는 유한하다. $\nu(B) = \dfrac{\omega(B)B^b}{\delta(B)}$이므로, 안정성을 만족하기 위해서는 $|B| \leq 1$에 대해 $\dfrac{\omega(B)B^b}{\delta(B)}$는 유한해야만 한다. 따라서 임펄스 반응함수식의 분모에서 안정성을 만족시키기 위해 어떤 조건들이 δ 계수들 사이에서 필요한지를 알아보아야 할 것이다. 따라서 안정성 조건을 살펴보기 위해서 특성방정식 $\delta(B) = 0$을 고려한다. 안정성 조건을 만족하기 위해서는 특성방정식의 모든 근들이 단위원 바깥에 놓여야만 한다. $r = 1$인 모형에서 안정성을 만족하기 위한 조건은 $|\delta_1| < 1$이다. $r = 2$에 대한 안정성 조건은 다음 주어진 세 가지 조건을 모두 만족해야만 한다.

$$|\delta_1| < 1, \quad \delta_2 + \delta_1 < 1, \quad \delta_2 - \delta_1 < 1$$

동적회귀모형에서 출력변수는 입력변수의 변화에 안정하게 반응해야 한다. 이를 수학적으로 표현하면, 각 특성방정식($\hat{\delta}_i(B)=0$)의 모든 근이 단위원 바깥에 존재함을 의미한다. $r=1$에 대해 안정성 조건은 $|\hat{\delta}_1|< 1.0$이다.

동적회귀모형에 포함된 ARIMA 모형의 자기회귀계수(들)를 통해 정상성을 점검한다. 특성방정식 ($\hat{\phi}(B)=0$과 $\hat{\Phi}_s(B^s)=0$)의 모든 근이 단위원 바깥에 놓여 있어야 한다.

동적회귀모형 내 오차항 ARIMA 모형에서 이동평균계수(들)를 통해 가역성을 점검할 수 있다. 가역성을 만족하기 위해서는 특성방정식($\hat{\theta}(B)=0$과 $\hat{\Theta}_s(B^s)=0$)의 모든 근이 단위원 바깥에 놓여 있어야 한다. 오차항 ARIMA 모형이 가역적이라는 것은 "동적회귀모형의 예측함수 내에 먼 과거 오차항값들보다 현재시점에 가까운 오차항값($\hat{N}_t$)이 더 가중값을 갖는다"는 것을 의미한다. 만일 자료를 차분하여 비가역적이 되면, 모형에 결정적인 패턴이 존재함을 의미한다. 이때 동적회귀모형을 수정해야 한다. 예를 들어 자료를 계절적 차분하여 $\hat{\Theta}_s=1.0$ 값을 얻게 되면, 계절적 가변수들을 사용하여 Y_t 내에 존재하는 계절적 패턴을 모형화한다. $q=1$에 대한 가역성 조건은 $|\hat{\theta}_1|< 1.0$이다.

4) 추정계수의 상관성

동적회귀모형 내 추정된 계수들은 서로 크게 상관되는 것은 바람직하지 못하다. 추정된 계수들끼리 서로 상관되지 않을 수는 없다. 상관계수가 크다는 사실은 추정된 계수들이 특정적인 표본에 매우 민감하여 신뢰성이 적어진다는 것을 의미한다. 또한 모형 내에서 모수를 절약하지 않았다는 점을 내포한다. 이때 더 적은 수의 추정된 계수들을 사용하여 자료를 적절하게 표현할 수 있는 대체모형을 신중히 고려해야 할 것이다.

경험상 상관계수의 절대값이 '0.9'보다 큰 경우에 주의를 기울여야 한다. 그러나 몇몇 경우에 있어서 특히 적절한 모형이 식별했을 때 여러 조건들을 만족하지만 상관계수가 클 수가 있다. 이는 특히 자기회귀계수들 사이의 상관계수가 클 경우 발생한다. 자기회귀계수들은 자주 크게 상관되지만, 이들이 모형 내에서 중요한 역할을 할 수 있다. 예를 들어 오차항계열이 $p=2$, $P=2$인 ARIMA 모형을 따르고, 이 계수들이 확률적 주기를 나타나는 데 중요할 수 있다. 이 경우 상관계수들의 절대값이 '0.9'보다 크더라도 고려한 모형을 채택해야 한다.

5) 계수중복성

때때로 전이함수의 구성요소 또는 ARIMA의 구성요소에서 불필요하거나 중복된 계수(들)를 발견할 수 있다. 이 경우 모수절약의 원칙에 위배되며 불안전한 추정값을 가질 수 있다. 다음 주어진 모형은 중복된 계수들을 나타낸 예이다.

$$Y_t = 5X_t + \frac{1-0.5B}{(1-0.5B)\nabla}\epsilon_t \tag{4.51}$$

식 (4.51)에서 분자의 이동평균 연산자 $(1-0.5B)$는 분모의 자기회귀 연산자 $(1-0.5B)$와 같기 때문에 이들을 제거하면, 다음과 같이 더 단순한 모형을 얻을 수 있다.

$$Y_t = 5X_t + \frac{1}{\nabla}\epsilon_t \tag{4.52}$$

예를 들어 다음 주어진 모형을 통해 계수의 중복성을 알아보자.

$$Y_t = \frac{2-0.33B-0.75B^2}{1-0.72B}X_t + \frac{1-0.48B}{1+0.28B-0.41B^2}\epsilon_t \tag{4.53}$$

전이함수의 분자와 ARIMA구성요소 중 분모를 근사적으로 인수분해하면,

$$Y_t = \frac{(2+1.1B)(1-0.7B)}{(1-0.72B)}X_t + \frac{(1-0.48B)}{(1-0.5B)(1+0.8B)}\epsilon_t \tag{4.54}$$

가 된다. 여기에서 계수들이 서로 비슷한 두 개의 항, 즉 $(1-0.7B)$와 $(1-0.72B)$, $(1-0.48B)$와 $(1-0.5B)$를 제거할 수 있다.

계수중복성을 피하는 방법 중 하나는 가장 단순하며 합당한 모형부터 식별을 시작하며 필요하다면 한 번에 하나씩 계수를 추가시킨다. 특히 계수들을 분모와 분자를 동시에 추가시키지 않는 것이 좋다.

6) 적합도

추가로 점검해야 할 것은 동적회귀모형의 적합도이다. 특히 동적회귀모형에 근거하여 얻은 잔차의 표준오차를 고려하여, 출력변수를 ARIMA 모형으로 적합시킨 후 생성된 잔차의 표준오차와 비교한다. 만일 Y_t에 대해 고려한 ARIMA 모형을 동적회귀모형과 비교하여 Y_t의 형태와 거의 비슷하게 설명할 수 있다면 동적회귀예측모형을 고려할 가치는

없다. 반면에 예측보다는 오히려 입력변수들의 역할을 평가하는 데 관심이 있다면, Y_t에 대한 동적회귀모형과 ARIMA 모형의 적합도를 비교하는 데 덜 신경을 써도 될 것이다.

잔차의 표준오차는 예측오차에 대한 표준편차의 크기와 관련이 있기 때문에 유용하다. 따라서 잔차의 표준오차는 예측값에 대한 신뢰구간의 크기와 관계가 있다. 동적회귀모형의 예측값에 대한 신뢰구간은 4.5절에서 다루기로 한다. 예를 들어 $b > 0$이거나 입력변수들이 결정적이면, 1시점 후 예측값의 표준편차는 동적회귀모형의 잔차 표준오차($\hat{\sigma_\epsilon}$)와 동일하게 된다. 이 경우 미래값(Y_{n+1}) 에 대한 근사된 95% 신뢰구간은 $\widehat{Y_n}(1) \pm 2\hat{\sigma_\epsilon}$가 된다. 이때 $\widehat{Y_n}(1)$은 원점 $t = n$으로부터 미래값(Y_{n+1})의 1시점 후 예측값이다.

7) 예측 정확도

동적회귀모형이 "주어진 자료에 얼마나 잘 적합할까?"라는 의문점은 모형이 잠재적으로 얼마나 유용한지를 나타내주는 정보이다. 그러나 동적회귀예측모형의 최종 검정방법은 실제로 예측을 얼마나 정확하게 하는가 하는 능력(예측력)이다. 이를 측정하기 위해서는 고려한 동적회귀모형에 근거하여 산출된 예측값을 계속해서 예의 주시해야 한다. 만일 상대적으로 표본크기가 작은 상황에서 동적회귀모형을 구축하였다면 이러한 점검은 특히 중요할 것이다. 이 경우 자료를 추가시킬 때 동적회귀모형이 변할 수 있기 때문이다. 시간이 흐름에 따라 실제 발생한 관측값들이 계속해서 모형에 근거한 신뢰한계선 밖에 있으면, 식별된 동적회귀모형이 적절하지 않음을 나타내는 중요한 단서가 된다.

분석자의 의도에 맞고 본 절에서 언급한 기준들을 충실히 이행하여 얻은 동적회귀모형일지라도 만족할 만큼 정확히 예측을 못할 수 있다. 이 경우 분석자는 만족스러운 수준까지 예측 정확도를 개선할 수 있도록 추가로 필요한 입력계열(들) 및 다른 정보를 찾아야 할 것이다.

4.5 동적회귀모형의 구축: 추정 및 예측

4.5.1 동적회귀모형의 추정

식별 단계에서 전이함수모형의 차수 (b, r, h)와 오차항계열에 대한 ARIMA 모형의 차수인 $(p,d,q)(P,D,Q)$를 임시로 지정한 후, 주어진 자료에 근거하여 식별한 동적회귀모형의 모수를 추정해야 한다.

표기법을 단순화하기 위해 추정된 계수에 circumflex(^)를 붙이지 않기로 한다. 입력변수가 2개($M=2$)이며, 입력변수들과 출력변수 모두 차분된(평균이 정상적이 됨) 형태를 각각 y_t, $x_{1,t}$, $x_{2,t}$으로 표현할 때 다음 주어진 동적회귀모형을 고려해보자.

$$y_t = \frac{\omega_1(B)B^{b_1}}{\delta_1(B)}x_{1,t} + \frac{\omega_2(B)B^{b_2}}{\delta_2(B)}x_{2,t} + \frac{\theta(B)}{\phi(B)}\epsilon_t \tag{4.55}$$

여기에서 $\omega_1(B)$, $\omega_2(B)$, $\delta_1(B)$, $\delta_2(B)$, $\theta(B)$, $\phi(B)$의 차수는 각각 h_1, h_2, r_1, r_2, q, p이며, 입력변수들($x_{1,t}$, $x_{2,t}$)에 대한 무반응시간은 각각 b_1과 b_2이다. 모형을 단순화시키기 위해 오차항에 대한 ARIMA 모형의 승법적 계절항 (P,D,Q)는 무시하기로 한다.

1) 계수들의 초기값들

식 (4.55)를 추정하기 위해 우선 계수들에 몇 개의 초기값들을 부여해야 한다. 여기에서 '초기값'은 계수들의 값을, 후에 사용할 '시작값'은 시계열 변수들에 대해 계산될 값을 의미한다. 초기 계수값들은 자주 식별 단계에서 정보를 얻을 수 있다. 예를 들어 $\omega_1(B)$와 $\delta(B)$의 추정값들은 임시로 식별된 선형전이함수의 ν 가중값들($\nu_{1,0}$, $\nu_{1,1}$, $\cdots$, ν_{1,K_1})에 대한 추정값으로부터 구한다. 이때 K_i는 선형전이함수 추정에서 $x_{i,t}$에 대한 최대 시차길이를 나타낸다. ARIMA 모형 내 계수를 찾는 데 여의치 않으면 초기값 '0.1'을 사용하면 잘 들어맞는다.

2) 전이함수의 출력변수

다음은 초기 계수값들을 사용하여 시점 $t, t+1, t+2, \cdots$에 대해 2개의 계열들을 되풀이하여(recursively) 계산한다.

$$\begin{aligned} y^*_{1,t} &= [\omega_1(B)B^{b_1}/\delta_1(B)]x_{1,t} \\ &= \delta_{1,1}y^*_{1,t-1} + \cdots + \delta_{1,r_1}y^*_{1,t-r_1} + \omega_{1,0}x_{1,t-b_1} + \cdots + \omega_{1,h_1}x_{1,t-b_1-h_1} \end{aligned} \tag{4.56}$$

$$\begin{aligned} y^*_{2,t} &= [\omega_2(B)B^{b_2}/\delta_2(B)]x_{2,t} \\ &= \delta_{2,1}y^*_{2,t-1} + \cdots + \delta_{2,r_2}y^*_{2,t-r_2} + \omega_{2,0}x_{2,t-b_2} + \cdots + \omega_{2,h_2}x_{2,t-b_2-h_2} \end{aligned} \tag{4.57}$$

모형 식 (4.55)에서 보는 바와 같이, 두 계열은 계수들의 초기값들이 주어진 상황에서 $M=2$인 전이함수 구성요소로부터 산출된 출력계열이다. 즉, $y^*_{1,t}$는 초기계수값이 주어져 있을 때 식 (4.55)의 전이함수$\left[\frac{\omega_1(B)B^{b_1}}{\delta_1(B)}\right]x_{1,t}$에 의해 예측된 값들이고, $y^*_{2,t}$ 역시 초기계수값이 식 (4.55)의 전이함수 $\left[\frac{\omega_2(B)B^{b_2}}{\delta_2(B)}\right]x_{2,t}$에 의해 예측된 값들이다.

식 (4.56)에서 값들이 반복적으로 계산되므로, $y^*_{1,t}$를 계산하기 위해서는 $t=k_1$보다 앞서($k_1=\max[r_1+1, b_1+h_1+1]$), $y^*_{1,t}$에 대한 r_1개의 시작값이 필요하다. 마찬가지로 식 (4.57)에서 $y^*_{2,t}$를 계산하기 위해서는 $t=k_2$에 앞서($k_2=\max[r_2+1, b_2+h_2+1]$), $y^*_{2,t}$에 대한 r_2개의 시작값이 필요하다.

예를 들어 $r_1=0, b_1=0, h_1=3$이라고 하자. 식 (4.56)으로부터

$$y^*_{1,t}=\omega_{1,0}x_{1,t}+\omega_{1,1}x_{1,t-1}+\omega_{1,2}x_{1,t-2}+\omega_{1,3}x_{1,t-3} \tag{5.58}$$

이 된다. 따라서 $y^*_{1,t}$는 $t(=k_1=\max[r_1+1, b_1+h_1+1]=\max[1,4])=4$부터 계산을 시작한다. 식 (5.58)에 따르면, $y^*_{1,1}$를 계산하기 위해서는 $x_{1,1}, x_{1,0}, x_{1,-1}, x_{1,-2}$가 필요하지만 $x_{1,0}, x_{1,-1}, x_{1,-2}$는 관측할 수 없다. $y^*_{1,2}$를 계산하기 위해서는 $x_{1,2}, x_{1,1}, x_{1,0}, x_{1,-1}$이 필요하지만 $x_{1,0}, x_{1,-1}$는 관측할 수 없다. 즉 $y^*_{1,t}$를 계산하기 위해서 필요한 $x_{1,t}$의 현재시점의 값과 과거시차값들은 $t(\geq k_1)=4$에 대해서만 모두 관측된다. 이 예에서 $r_1=0$이므로, 식 (5.58)의 우변에 있는 $y^*_{1,t}$의 과거시차로 관련된 값들이 존재하지 않는다. 따라서 식 (5.58)은 반복적으로 계산되지 않으며, $t<4$까지 필요한 $y^*_{1,t}$값은 없다.

또 다른 예로 $r_1=1, b_1=1, h_1=1$인 경우를 고려해보자. 식 (4.56)으로부터

$$y^*_{1,t}=\delta_{1,1}y^*_{1,t-1}+\omega_{1,0}x_{1,t-1}+\omega_{1,1}x_{1,t-2} \tag{4.59}$$

를 얻을 수 있다. 따라서 $y^*_{1,t}$는 $t(=k_1=\max[r_1+1, b_1+h_1+1]=\max[2,3])=3$으로부터 시작하여 계산할 수 있다. 식 (4.59)에 따라 $y^*_{1,1}$을 계산하기 위해서 $y^*_{1,0}, x_{1,0}, x_{1,-1}$이 필요하지만 이들 모두는 관측되지 않는다. $y^*_{1,2}$를 계산하기 위해 $y^*_{1,1}, x_{1,1}, x_{1,0}$이 필요하지만 $y^*_{1,1}$과 $x_{1,0}$ 역시 관측되지 않는다. 즉, $y^*_{1,t}$를 계산하기 위해서 필요한 $x_{1,t}$의 현재시점의 값과 과거시차 값들은 $t(\geq k_1)=3$에 대해서만 모두 관측된다. 따라서 $y^*_{1,3}$

가 계산할 수 있는 첫 번째 $y^*_{1,t}$ 값이다. 식 (4.59)의 우변에 $y^*_{1,t}$의 과거시차로 관련된 값은 단지 하나이므로(즉, $y^*_{1,t-1}$), $y^*_{1,t}$에 대해 $r_1 = 1$의 시작값이 필요하다. $y^*_{1,3}$로 시작하는 $y^*_{1,t}$를 계산하기 위해서는 $y^*_{1,2}$에 값을 부여해야만 한다.

3) 오차항과 잔차

다음 단계로 정상적 오차항계열을 다음과 같이 계산한다.

$$\hat{\eta}_t = y_t - y^*_{1,t} - y^*_{2,t} \tag{4.60}$$

여기에서 $\hat{\eta}_t = \nabla^D_s \nabla_d \hat{N}_t$는 $t = k_0 = \max[k_1, k_2]$로만 계산할 수 있다. 잔차계열은 다음과 같이 반복적으로 계산할 수 있다.

$$\begin{aligned} \hat{\epsilon}_t &= [\phi(B)/\theta(B)]\,\hat{\eta}_t \\ &= \hat{\eta}_t - \phi_1\hat{\eta}_{t-1} - \cdots - \phi_p\hat{\eta}_{t-p} + \theta_1\hat{\epsilon}_{t-1} + \cdots + \theta_q\hat{\epsilon}_{t-q} \end{aligned} \tag{4.61}$$

식 (4.61)에서 보는 것과 같이, 잔차가 반복적으로 계산되므로 $\hat{\epsilon}_t$를 계산하기 위해서는 $t = k_0 + p$ 앞 $\hat{\epsilon}_t$에 대한 q개의 시작값이 필요하다. 예를 들어 $k_1 = 1$, $k_2 = 2$이며 $p = 2$, $q = 2$인 경우를 고려해보자.

$\hat{\epsilon}_t$는 $t(= k_0 + p = \max[k_1, k_2] + p = \max[1, 0] + 2 = 1 + 2) = 3$부터 계산할 수 있다. 이 예에서 $\hat{\epsilon}_t$값들은 $t < 3$에 대해 계산할 수 없다. 왜냐하면 $\hat{\eta}_t$에 필요한 값이 존재하지 않기 때문이다. 이 예에서 식 (4.62)의 우변에 $\hat{\epsilon}_t$의 과거시차로 관련된 값은 단지 하나이므로(즉, $\theta_1\hat{\epsilon}_{t-1}$), $\hat{\epsilon}_t$에 대해 $q = 1$ 시작값이 필요하다. $\hat{\epsilon}_3$으로 시작하는 $\hat{\epsilon}_t$를 계산하기 위해서는 $\hat{\epsilon}_2$에 값을 부여해야만 한다.

4) 잔차제곱합을 최소화시키는 방법

다음 단계로 잔차제곱합(sum of squared residuals, SSR)을 계산한다.

$$SSR = \sum_{t = k_0 + p}^{n} \hat{\epsilon}_t^2 \tag{4.62}$$

여기에서 n은 자료에 대한 현재시점을 의미한다. Marquardt(1963)가 제시한 것과 유사한 방법으로 비선형 최소제곱을 최적화시키는 방법을 사용하여 더 나은 추정계수들을 얻을 수 있다. 최적화 과정에서 얻은 새로운 계수로 대체하고, 이에 근거한 전이함수의 출력변수, 오차항계열, 잔차들, 새로운 잔차제곱합을 계산한다. 이 과정은 잔차제곱합을 최소로 하는 계수들을 찾을 때까지 반복한다.

4.5.2 예측

본 절에서는 동적회귀모형에 근거한 예측값들과 예측값의 오차분산을 구하는 방법에 대해 설명하기로 한다. 실제 동적회귀계수들이 알려져 있다는 가정하에서 이 문제를 다루기로 한다. 실제 상황에서는 알려져 있지 않은 계수(들)를 표본 추정값으로 대체해야 할 것이다.

우선 점예측값들을 동적회귀모형으로부터 계산하는 방법을 고려해보자. 그러고 나서 예측값의 오차분산과 점예측값에 대한 신뢰한계(즉, 구간 예측값)을 구해보도록 한다. 다음으로는 자료를 자연대수와 같은 변환으로 모형화할 때 원자료의 y_t 를 예측하는 방법에 대해 알아보고, 마지막으로 자료가 주어진 상황에서 동적회귀 예측값들이 최소평균제곱오차 예측값임을 살펴본다.

1) 점예측값의 계산

본 절에서는 Y_t의 미래값에 대한 예측값들을 입력변수가 하나인($M=1$) 다음 주어진 동적회귀모형으로부터 어떻게 구하는지 설명하기로 한다.

$$Y_t = \frac{\omega(B)}{\delta(B)} X_{t-b} + \frac{\theta(B)}{\nabla^d \phi(B)} \epsilon_t \tag{4.63}$$

식 (4.63)을 확장시켜 오차항 ARIMA 모형에 계절항, 상수항, 입력변수들을 포함시킬 수 있다. 식 (4.63)에 $\delta(B) \nabla^d \phi(B)$ 를 곱하면

$$\delta^*(B) Y_t = \omega^*(B) X_{t-b} + \theta^*(B) \epsilon_t \tag{4.64}$$

가 된다. 여기에서

$$\delta^*(B) = 1 - \delta_1^* B - \cdots - \delta_{p+d+r}^* B^{p+d+r} = \delta(B) \nabla^d \phi(B)$$

$$\omega^*(B) = \omega_0^* + \omega_1^* B + \cdots + \omega_{p+d+h}^* B^{p+d+h} = \nabla^d \phi(B) \omega(B)$$

$$\theta^*(B) = 1 - \theta_1^* - \cdots - \theta_{q+r} B^{q+r} = \delta(B) \theta(B)$$

이다. 식 (4.64)에 나타난 (*)이 붙은 계수들은 (*)로 표시된 동일한 연산자를 B에 대한 멱(power)이 같은 계수끼리 묶어 각각 '0'으로 놓아 정리하면 얻을 수 있다.

예측값이 생성된 현재시점(즉, 예측원점)을 $t = n$ 이라고 하자. 미래값(Y_{n+l})을 예측하려한다. 이때 $l \geq 1$을 '예측선행시차(forecast lead time)'라고 한다. 식 (4.64)를 사용하여 Y_{n+l}에 대한 값은 다음과 같이 구할 수 있다.

$$\begin{aligned} Y_{n+l} = & \ \delta_1^* Y_{n+l-1} + \cdots + \delta_{p+d+r} Y_{n+l-p-d-r} + \omega_0^* X_{n+l-b} \\ & + \cdots + \omega_{p+d+h}^* X_{n+l-b-p-d-h} - \theta_1^* \epsilon_{n+l-1} \\ & - \cdots - \theta_{q+r}^* e_{n+l-q-r} + \epsilon_{n+l} \end{aligned} \tag{4.65}$$

예측값들은 예측원점인 $t = n$까지의 정보만을 사용하여 구한다. 시간 n까지의 사용할 수 있는 정보($Y_n, Y_{n-1}, \cdots, X_n, X_{n-1}, \cdots$)를 I_n이라 하자. Y_{n+l}의 예측값인 $\widehat{Y_n}(l)$은 I_n이 주어진 상황에서 Y_{n+l}의 조건적 기대값이다. 조건적 기대값을 [ ]으로 나타내자. 따라서 식 (4.65)로부터 얻은 Y_{n+l}의 동적회귀모형 예측값은 다음과 같다.

$$\begin{aligned} \widehat{Y_n}(l) = & \ E(Y_{n+l} \mid I_n) = [Y_{n+l}] \\ = & \ \delta_1^* [Y_{n+l-1}] + \cdots + \delta_{p+d+r}^* [Y_{n+l-p-d-r}] + \omega_0^* [X_{n+l-b}] \\ & + \cdots + \omega_{p+d+h}^* [X_{n+l-b-p-d-h}] - \theta_1^* [\epsilon_{n+l-1}] \\ & - \cdots - \theta_{q+r}^* [\epsilon_{n+l-q-r}] + [\epsilon_{n+l}] \end{aligned} \tag{4.66}$$

$j \leq 0$에 대한 $[Y_{n+j}]$과 $[X_{n+j}]$ 값은 각 계열의 관측값이다. 마찬가지로 $j \leq 0$에 대한 $[\epsilon_{n+j}]$의 값들은 동적회귀모형의 잔차에 의해 추정된다. 반면에 $j > 0$에 대한 $[Y_{n+j}]$과 $[X_{n+j}]$ 값들은 이들 각각의 예측값인 $\widehat{Y_n}(j)$와 $\widehat{X_n}(j)$이며, 또한 각각의 조건적 기대값이 된다. 그리고 $j > 0$에 대해 $[\epsilon_{n+j}] = 0$이다. 시간 n에서 동적회귀모형의 잔차($\hat{\epsilon}_{n+j}$)에 대한 ϵ_{n+j}의 추정값이 존재하지 않기 때문에 이것의 기대값은 '0'이 된다.

예측값 $\widehat{X_n}(j)$는 X_t에 대한 ARIMA 모형을 포함하여 다양한 정보를 통해 구할 수 있다. 어느 경우에는 $\widehat{X_n}(j)$가 알려진 값들로 대치할 수 있다. X_t의 미래값들이 정책결정에 의해 고정되거나 계절적 가변수들 같이 결정적인 값으로 되는 경우가 이에 해당한다.

동적회귀모형에 상수항(C)을 포함된다면, 식 (4.66)의 우변에 다음 주어진 상수항(k)

을 더해야 할 것이다.

$$k = C\left(1 - \sum_{i=1}^{p}\phi_i\right)\left(1 - \sum_{i=1}^{P}\phi_{is}\right)\left(1 - \sum_{i=1}^{r_1}\delta_{i,1}\right)\cdots\left(1 - \sum_{i=1}^{r_M}\delta_{i,M}\right) \tag{4.67}$$

여기에서 M은 동적회귀모형에서 고려한 입력계열의 수가 된다.

2) 예측오차의 분산 및 구간예측값

예측오차의 분산을 구하기 위해 우선 식 (4.63)을 확률충격(random shock) 형태로 표현하기로 한다. 우선 X_t에 대한 ARIMA 모형을 다음과 같이 표현한다.

$$X_t = \frac{\theta_x(B)}{\nabla^{d_x}\phi_x(B)}\alpha_t \tag{4.68}$$

식 (4.63)을 확률충격 형태로 바꾸기 위해서, 식 (4.68)을 식 (4.63)의 X_t에 대입하면 다음과 같은 식을 얻을 수 있다.

$$Y_t = \eta(B)\alpha_t + \psi(B)\epsilon_t \tag{4.69}$$

여기에서

$$\eta(B) = \eta_0 + \eta_1 B + \eta_2 B^2 + \cdots = \frac{\omega(B)\theta_x(B)B^b}{\delta(B)\nabla^{d_x}\phi_x(B)}$$

$$\psi(B) = \psi_0 + \psi_1 B + \psi_2 B^2 + \cdots = \frac{\theta(B)}{\nabla^{d}\phi(B)}$$

$$\psi(0) = 1$$

이다. η 가중값은 B의 멱이 같은 계수들끼리 묶어 '0'으로 놓고 정리하면,

$$\delta(B)\nabla^{d_x}\phi_x(B)\eta(B) = \omega(B)\theta_x(B)B^b \tag{4.70}$$

가 된다. 마찬가지로 B의 멱이 같은 계수들끼리 묶어 '0'으로 놓고 정리하면

$$\nabla^{d}\phi(B)\psi(B) = \theta(B) \tag{4.71}$$

가 된다.

$t=n$이 예측원점일 때 식 (4.69)를 사용하여 미래값인 Y_{n+l}을 표현하면,

$$Y_{n+l} = \eta_0 \alpha_{n+l} + \eta_1 \alpha_{n+l-1} + \eta_2 \alpha_{n+l-2} + \cdots + \epsilon_{n+l} + \psi_1 \epsilon_{n+l-1} + \psi_2 \epsilon_{n+l-2} + \cdots \tag{4.72}$$

가 된다. 예측원점이 $t=n$, 선행시차가 l일 때, Y_{n+l}의 예측값은 Y_{n+l}의 조건적 기대값임을 유의하라. 식 (4.71)로부터 얻은 예측값은 다음과 같다.

$$\hat{Y}_n(l) = [Y_{n+l}] = \eta_l \alpha_n + \eta_{l+1} \alpha_{n-1} + \cdots + \psi_l \epsilon_n + \psi_{l+1} \epsilon_{n-1} + \cdots \tag{4.73}$$

즉, 주어진 자료에서 $t>n$에 대한 ϵ_t와 a_t가 알려지지 않거나 모형에 근거하여 얻은 잔차들로부터 추정할 수 없다. 이 항들의 기대값들은 '0'이 된다.

원점 n 으로부터 선행시차(l)의 예측오차는 $\epsilon_n(l) = Y_{n+l} - \hat{Y}_n(l)$이 된다. 따라서 식 (4.72)에서 식 (4.73)을 빼면 다음의 예측오차를 얻을 수 있다.

$$\epsilon_n(l) = \eta_0 \alpha_{n+l} + \eta_1 \alpha_{n+l-1} + \cdots + \eta_{l-1} \alpha_{n+1} + \epsilon_{n+l} + \psi_1 \epsilon_{n+l-1} + \cdots + \psi_{l-1} \epsilon_{n+1} \tag{4.74}$$

원점 n으로부터 선행시차(l)의 예측오차분산은 $Var(l) = E[\epsilon_n(l)]^2$이 된다. 여기에서 예측오차의 기대값은 '0'이다. 따라서 식 (4.74)를 제곱하여 기대값을 취하면

$$\mathrm{Var}(\mathrm{l}) = \sigma_\alpha^2 \sum_{\mathrm{j}=0}^{\mathrm{l}-1} \eta_{\mathrm{j}}^2 + \sigma_\epsilon^2 \sum_{\mathrm{j}=0}^{\mathrm{l}-1} \psi_{\mathrm{j}}^2 \tag{4.75}$$

이 된다. 물론 식 (4.75)를 얻기 위해서는 ϵ_t와 α_t가 서로 독립이어야 한다.

ϵ_t와 α_t 각각 정규분포를 따른다면, 예측오차$(\epsilon_n(l))$ 역시 정규분포를 따르게 되므로 신뢰구간을 구할 수 있다. 예를 들어 Y_{n+l}에 대한 95% 신뢰구간은 다음과 같다.

$$\widehat{Y}_n(l) \pm 1.96[Var(l)]^{1/2} \tag{4.76}$$

3) 변수변환된 계열의 예측

계열 Y_t가 Box-Cox 변수변환을 사용하여 Y_t'으로 변환되었다고 하자. 그리고 변환된 계열의 예측값을 $\hat{Y}_n'(l)$로 표시하기로 한다. 물론 변환 이전의 원계열에 해당하는 예측

값을 구해야 할 것이다.

단순 역변환(retransformation)

변환된 예측값($\hat{Y}_n'(l)$)에서 원래의 예측값으로 역변환할 때 주의를 기울여야 한다. 변환된 예측값을 단순히 역변환시켜 원계열에 대한 예측값을 얻을 수 있다. 즉, 자연로그변환($\lambda=0$)에 대해서는

$$\hat{Y}_n(l) = \exp\left[\hat{Y}_n'(l)\right] \tag{4.77}$$

다른 Box-Cox변환에 대해서는

$$\hat{Y}_n(l) = \left[\lambda \hat{Y}_n'(l) + l\right]^{1/\lambda} \tag{4.78}$$

을 계산한다. 만일 L이 변환된 예측값에 대한 상한 신뢰한계 또는 하한 신뢰한계라면, 원래의 신뢰한계는 $\lambda=0$에 대해서는 $\exp(L)$, $\lambda \neq 0$에 대해서는 $(\lambda L+1)^{1/\lambda}$이 된다.

단순 역변환을 취하는 것이 당연하다고 할 수 있지만, 변환된 변수(Y_{n+l})가 정규분포를 따른다고 하더라도 변환되기 전의 변수(Y_{n+l})는 정규분포를 따르지 않는다. 예를 들어 로그변환하에서 Y_{n+l}은 로그-정규분포를 따른다(Nelson, 1973). 일반적으로 변수변환하기 전의 변수는 비대칭 분포를 따른다. 단순 역변환을 하면 변수변환 전 분포의 평균보다는 중위수를 산출한다. 이런 의미에서 단순 역변환은 원래의 변수에 대해 편향된(biased) 예측값을 얻게 된다.

오차 손실함수(error loss function)

원계열의 분포에 근거하여 평균, 중앙값 또는 다른 여타의 점을 원하는 여부는 예측값과 관련된 오차 손실함수에 따라 달라진다. 만일 예측오차가 '0'이면 예측오차 때문에 손실이 없다. 그러나 예측오차들이 음 또는 양의 값을 가지면 어느 정도 손실이 뒤따른다. 예를 들어 제품판매량을 과소예측하면 생산재고량이 불충분하게 되며 이윤이 적게 된다. 제품판매량를 과대예측하면, 과도한 생산, 과대 재고량 누적, 이윤감소를 유발시킨다.

여러 가지 예측 손실함수들이 있는데, 두 가지만 다루기로 한다.

a) 절대 오차손실(absolute error loss)

이 경우 손실함수는 선형이며 0을 중심으로 대칭이다. Granger(1969)는 이 손실함수에

대한 변수변환 이전 변수의 최적 예측값은 단순 역변환에서 얻은 Y_{n+l}이 갖는 분포의 중앙값이 된다고 하였다.

b) 2차 오차손실(quadratic error loss)

이 경우 예측오차의 비용은 제곱예측오차에 비례한다. Granger(1969)는 이 손실함수에 대한 변수변환 이전 변수의 최적 예측값은 Y_{n+l}이 갖는 분포의 평균이 된다고 하였다.

극단적인 예측오차들이 존재하면 급격히 비용을 증가시킬 것이다. 따라서 2차 오차손실 함수는 실제 손실함수가 선형이며 비대칭이라 하더라도 많은 상황에서 유용한 근사가 된다.

평균 역변환

Granger와 Newbold(1976)는 자연로그변환된 변수를 역변환시킨 Y_{n+l}의 조건적 분포의 평균은 다음과 같다고 했다.

$$\widehat{Y}_n(l) = \exp\left[\widehat{Y}_n'(l) + \frac{1}{2} Var(l)\right] \tag{4.79}$$

여기에서 $Var(l)$은 식 (4.75)의 선행시차가 l인 예측오차의 분산이다.

다른 Box-Cox 변환에 대해서 Pankratz와 Dudley(1987)는 Y_{n+l}에 대한 조건적 분포의 평균(M)을 얻기 위해 다음과 같은 알고리즘을 제시하였다.

$$M = m\left[1 + \sum_{k=1}^{\infty} \lambda^{-1}(\lambda^{-1}-1)\cdots\{\lambda^{-1}-(2k-2)\}\{\lambda^{-1}-(2k-1)\}r^{2k}/2^k k!\right] \tag{4.80}$$

여기에서 m은 식 (4.78)에서 구한 역변환된 중앙값이며,

$$r = [Var(l)^{1/2}]/[\widehat{Y}'_n(l) + \lambda^{-1}]$$

이다. 만일 단순변환이 $Y_t' = Y_t^{\lambda}$이면, $r = [Var(l)^{1/2}]/\widehat{Y}'_n(l)$이 된다.

4) 최소평균제곱오차의 동적회귀 예측값

식 (4.66)에 의해서 원점 n으로부터 Y_{n+l}의 l 시점 후 예측값($\widehat{Y}_n(l)$)은 I_n이 주어진 상황에서 최소평균제곱오차의 예측값이다. 이를 입증하기 위해서 예측값들과 미래값들

을 확률충격 형태로 나타내면 쉽게 이해할 수 있다. 식 (4.73)을 적용시키면 예측값은 다음과 같다.

$$\hat{Y}_n(l) = \sum_{j=0}^{\infty} \eta^*_{l+j}\alpha_{n-j} + \sum_{j=0}^{\infty} \psi^*_{l+j}\epsilon_{n-j} \tag{4.81}$$

가 된다. 미래값 식 (4.72)에서 예측값 식 (4.81)을 뺀 후 정리하면,

$$\begin{aligned} Y_{n+l} - \hat{Y}_n(l) = & \sum_{j=0}^{l-1} (\eta_j \alpha_{n+l-j} + \psi_j \epsilon_{n+l-j}) \\ & + \sum_{j=0}^{\infty} \left[(\eta_{l+j} - \eta^*_{l+j})\alpha_{n-j} + (\psi_{l+j} - \psi^*_{l+j})\epsilon_{n-j} \right] \end{aligned} \tag{4.82}$$

가 된다. 식 (4.82)를 제곱하여 기대값을 취하면,

$$\begin{aligned} E[Y_{n+l} - \widehat{Y}_n(l)]^2 = & (\eta_0^2 + \eta_1^2 + \cdots + \eta_{l-1}^2)\sigma_\alpha^2 + (1 + \psi_1^2 + \cdots + \psi_{l-1}^2)\sigma_e^2 \\ & + \sum_{j=0}^{\infty} \left[(\eta_{i+j} - \eta^*_{l+j})^2 \sigma_\alpha^2 + (\psi_{l+j} - \psi^*_{l+j})^2 \sigma_\epsilon^2 \right] \end{aligned} \tag{4.83}$$

이 된다. 식 (4.83)에서 $\eta^*_{l+j} = \eta_{l+j}$, $\psi^*_{l+j} = \psi_{l+j}$일 때 최소화되는 것을 알 수 있다. 따라서 원점 n에서 Y_{n+l}의 최소평균제곱오차의 예측값은 시점 $t=n$에서 Y_{n+l}의 조건적 기대값이 된다. 다시 말해서 이것은 식 (4.66)에 주어진 동적회귀 예측값과 같게 된다. 이 기대값은 무한한 과거로 거슬러 올라간 입력계열과 출력계열에 좌우된다. 그러나 실제로 δ^* 가중값, ω^* 가중값, θ^* 가중값은 과거로 거슬러 올라갈수록 급격히 작아지는 경향이 있다.

사례분석 5

양도성 예금증서 금리

본 사례분석은 '국제원광문화학술논집(2013)'에 실린 논문을 일부 수정한 것으로, 동적회귀모형을 사용하여 경제지표에서 중요시하는 CD금리를 예측하기 위해 입력변수로 콜금리와 대미환율을 고려하였다.

C5.1 서론

수출 비중이 80% 이상인 우리나라는 당연히 환율이 수출 경쟁력에 커다란 영향을 미치게 된다. 환율이 높으면 국내기업의 가격 경쟁력이 하락하기 때문에 수출에 상당 부분 의존하는 삼성 등의 대기업들의 당기 순이익이 크게 변동을 하게 된다. 반면에 환율이 너무 낮으면 수입품 가격이 상승하여 내수 기업들이 원자재 가격 압박에 시달리게 되고 물가도 상승하게 된다. 따라서 환율을 예측하여 미리 미래의 생산계획이나 수출계획을 수립하고, 국가의 경제 성장의 로드맵을 마련하는 것이 중요하다. 이러한 면에서 환율은 금리 예측의 중요한 선행지표가 되며, 금리는 경제의 모든 부문에 영향을 미치기 때문에 금리를 예측하는 것은 매우 중요한 작업일 것이다. 금리가 지나치게 올라간다면, 기업의 경우 대출이자 부담이 커지고 투자부담도 커지기 때문에 경제 성장이 둔화될 수 있다. 가계의 경우 역시 현재 부동산 투자로 인하여 가계 부채가 많은데 이자 지출이 올라가면 가계 부실화의 상황에 빠질 수 있다. 하지만 이자율이 너무 낮게 되면 사람들이 돈을 빌려서 자산에 투자할 유인이 생기기 때문에 미국에서 버블이 일어났던 것처럼 자산의 버블화가 일어나게 된다. 따라서 이자율을 미리 예측하고 건전한 수준을 유지할 수 있도록 대응하여 물가 상승, 자산 버블을 방지하고 동시에 가계 부실과 기업 수지 악화를 불러일으키지 않는 것은 매우 중요하다. 이자율 중에서 특히 중요한 금리 중 하나는 CD금리이다.

우리나라는 1984년 무기명 정기예금증서로 CD(certificate of deposit)를 도입함으로써 은행이 단기의 자금 조달을 위해 CD를 발행하고 투자가는 이를 매입하게 된다. 2013년 현재 CD금리는 7개 시중은행이 발행한 CD에 대해 10개 증권사가 금리를 평가해 수익률을 금융투자협회에 보고하며, 이때 금융투자협회는 10개 증권사가 입력한 값 중 최대값과 최소값 두 개를 뺀 나머지 8개의 금리를 절사평균한 후 최종 고시한다. 이렇게 고시된 CD금리는 시장금리 연동 대출, 은행 본·지점 간 자금이전, 금리스와프 거래의 기준으로 활용돼 은행 여·수신 금리, 또는 파생상품거래에서 기준이 되는 금리로 이용되고 최근 자금조달비용지수(COFIX)를 개발해 대출 기준금리로 함께 사용되고 있다(박문각, 2013).

CD의 가격이 하락한다는 것은 만기에 동일한 액면 금액을 받기 위해 이전보다 더 낮은 가격으로 살 수 있다는 것을 의미하며, 이는 CD금리 또는 수익률이 상승한다는 것과 마찬가지이다. 한편 우리나라 은행들의 경우 변동금리형 주택담보대출에 적용하는 금리를 'CD금리+R'의 형태로 정하고 있는 경우가 많다. 따라서 CD금리의 변화는 변동금리형 주택담보대출에 영향을 미친다. 만일 CD금리가 상승할 경우, 주택담보대출 금리도 동반 상승하여 변동금리로 은행에서 돈을 빌린 사람들의 이자 부담이 높아진다. 2013년 현재 CD금리 연동 가계대출은 전체의 40% 이상을 차지하고 있다(기획재정부, 2010). 본 연구에서는 CD금리를 예측함으로써 주택담보정책을 비롯한 복잡하게 얽혀져 있는 여러 경제지표를 설명하고 이해하는 데 의의가 있을 것이다.

2절에서는 고려할 자료에 대해 설명하고 적용할 모형을 모색할 것이며, 3절에서는 추정된 대미환율 모형과 최단기 금리인 콜금리(1일물)를 선행지표로 하여 동적회귀모형을 사용하여 CD금리 모형을 구축하고 향후 12개월 자료를 예측하도록 한다(정동빈 2009, 2010).

C5.2 자료 설명 및 분석방법 모색

CD금리 분석을 위해서 2001년 1월부터 2011년 4월까지의 콜금리와 CD금리 자료를 한국은행 경제통계시스템(ecos.bok.or.kr)에서 발췌하였다.

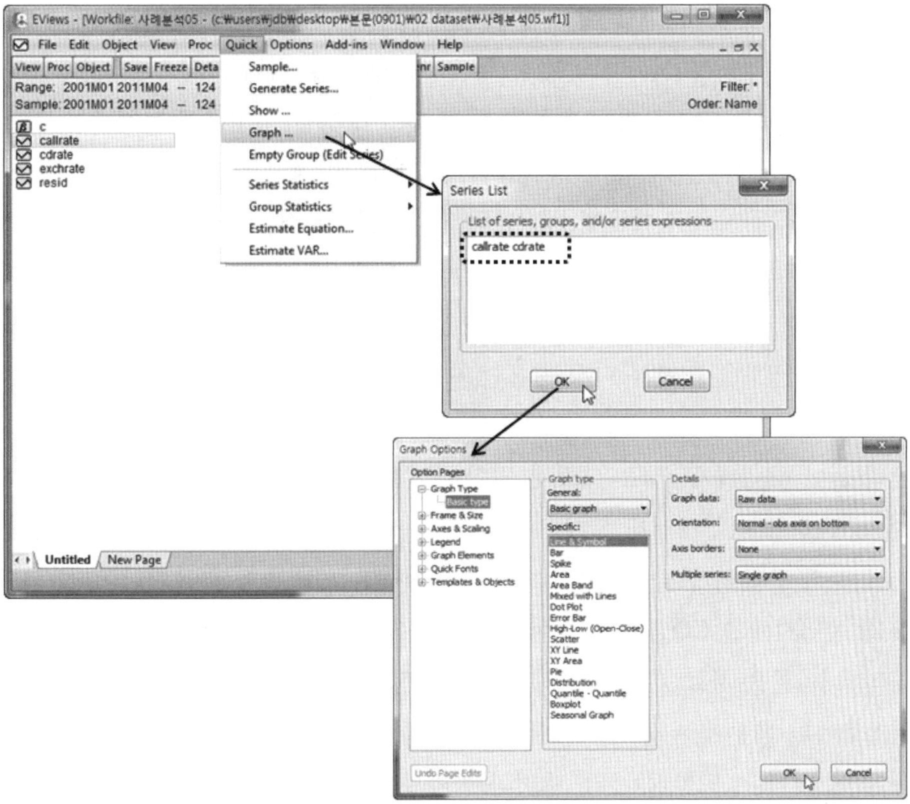

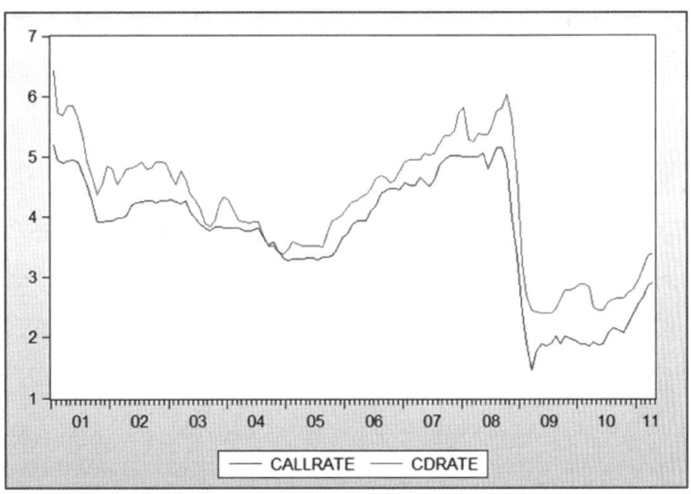

[그림 C5.1] 콜금리와 CD금리의 시계열도표

[그림 C5.1]을 통해서 한국은행이 정한 콜금리(아래 놓인 실선)와 비슷한 추세로 91일 기준금리인 CD금리가 정해지는 것을 알 수 있다. 장기금리는 기본적으로 미래에 기대되

는 단기금리들의 기하평균이기 때문에 단기금리는 장기금리에 영향을 미치게 된다. 한국은행은 최단금리 무담보콜금리(1일물)를 설정하는 권한을 가지고 있으며, 단기금리를 적정하게 설정함으로써 장기금리에 영향을 미쳐 시장 상황을 적절하게 유지하는 것을 목표로 하고 있다. 그러나 단기금리가 장기금리에 그대로 반영되는 것은 아니며, 장기금리는 시장에서 결정되는 것이기 때문에 단기금리 외에 여러 요소들이 장기금리 결정에 개입되게 된다. 이 그래프에서도 콜금리와 CD금리의 차이가 일정하지 않은 점을 고려하면 콜금리 외에 다른 요소가 CD금리 결정에 개입하고 있음을 확인할 수 있다.

금리 결정에 영향을 미치는 가장 중요한 요소 중 하나는 외국 자본의 유입과 유출이다. 외국 자본이 유입되는 것은 원화 수요가 증가하는 것이며, 따라서 원화 가치가 상승되기 때문에 환율이 내려가게 된다. 그렇게 원화로 교환된 돈은 주식이나 채권시장에 유입되기 때문에 금리를 하락시키게 된다. 마찬가지로 외국 자본이 유출되는 경우에는 환율이 높아지고 따라서 금리가 낮아지게 될 것이다. 이러한 인과관계에 근거하여 콜금리와 대미환율을 선행지표로 CD금리를 모형화하는 것을 고려할 수 있다.

콜금리, 대미환율 자료, CD금리가 모두 전 시점의 값이 다음 시점 값에 영향을 미치는 시계열자료이기 때문에 우선 자료에 존재하는 종속성을 모형화할 수 있는 시계열모형을 사용해야 할 것이다. 또한 콜금리, 대미환율 자료를 선행지표로 사용하기 위해서는 콜금리와 대미환율 자료를 독립변수로, CD금리를 종속변수로 모형화해야 할 것이며, 동일한 시점의 콜금리와(나) 대미환율만이 CD금리에 영향을 주는지 분명치 않기 때문에 전통적인 회귀모형을 확장한 동적회귀모형(또는 전이함수모형)을 선택하는 것이 타당할 것이다.

따라서 본 사례분석에서는 두 개의 선행지표인 콜금리($X_{1,t}$)와 대미환율($X_{2,t}$)를 입력변수로, CD금리(Y_t)를 출력변수로 고려한 동적회귀모형으로 모형화하고, 모형화된 동적회귀모형을 잔차의 자기상관함수와 편자기상관함수 및 각 입력변수에 대한 두 개의 교차상관함수를 이용하여 모형의 타당성을 검정한다. 그리고 타당한 모형을 이용하여 콜금리가 지금의 수준으로 유지된다는 가정에서 CD금리를 예측한다.

C5.3 준비 단계

다음은 [그림 C5.1]과 마찬가지로 2001년 1월부터 2011년 4월까지의 월별 대미환율을 시계열도표로 나타낸 것이다.

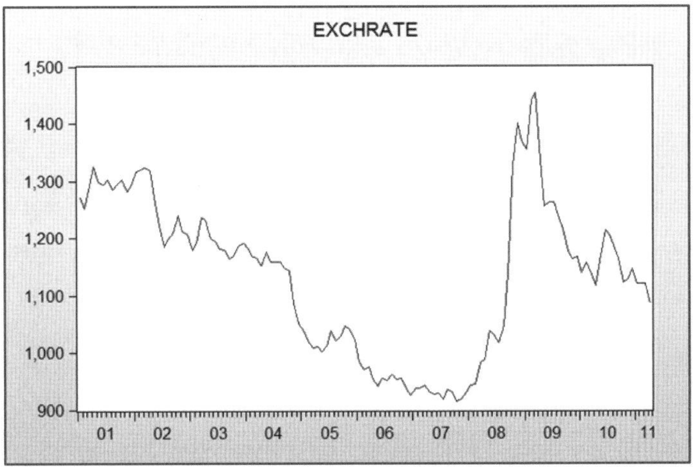

[그림 C5.2] 대미환율의 시계열도표

동적회귀모형을 구축하기 위해서는 선행되어야 할 예비작업이 필요하다.

C5.3.1 분산의 정상성을 만족시키는 변수변환

시계열도표 [그림 C5.1]과 [그림 C5.2]를 살펴보면, 세 개의 계열 모두 분산이 일정해 보인다. 따라서 두 개의 계열 분산을 정상적으로 만들기 위해서 변수변환을 할 필요가 없다.

C5.3.2 피드백 점검

동적회귀모형은 종속변수로부터 독립변수들로의 피드백이 존재하지 않음을 가정한 모형이기 때문에 반드시 피드백이 존재하는지 여부를 확인할 필요가 있다. 그러나 콜금리 $(X_{1,t})$의 경우에 피드백이 존재한다고 할 수 없다. 만약 피드백이 존재하면 장기금리가 단기금리에 영향을 줘야 하는데, 금리는 항상 단기금리에서 장기금리로 영향을 주기 때문이다(장기금리가 기본적으로 단기금리의 평균이라는 점을 고려해볼 때, 장기금리가 단기금리에 영향을 준다는 것은 논리적으로 모순이다). 따라서 대미환율$(X_{2,t})$과 CD금리(Y_t) 사이의 피드백 여부만 고려하면 된다. 다음의 방정식을 추정하고 h의 계수가 유의한지 확인함으로써 피드백을 점검할 수 있다(최대시차는 임의로 '16'으로 고려하였다).

$$X_{2,t} = C + f_1 X_{2,t-1} + f_2 X_{2,t-2} + \cdots + f_{16} X_{2,t-16} + g_1 X_{1,t-1} + \cdots \qquad \text{(C5.1)}$$

$$+ g_{16} X_{1,t-16} + h_1 Y_{t-1} + \cdots + h_{16} Y_{t-16} + \epsilon_t$$

여기에서 $f_1, f_2, \cdots, f_{16}, g_1, g_2, \cdots, g_{16}, h_1, h_2, \cdots, h_{16}$는 추정계수이다.

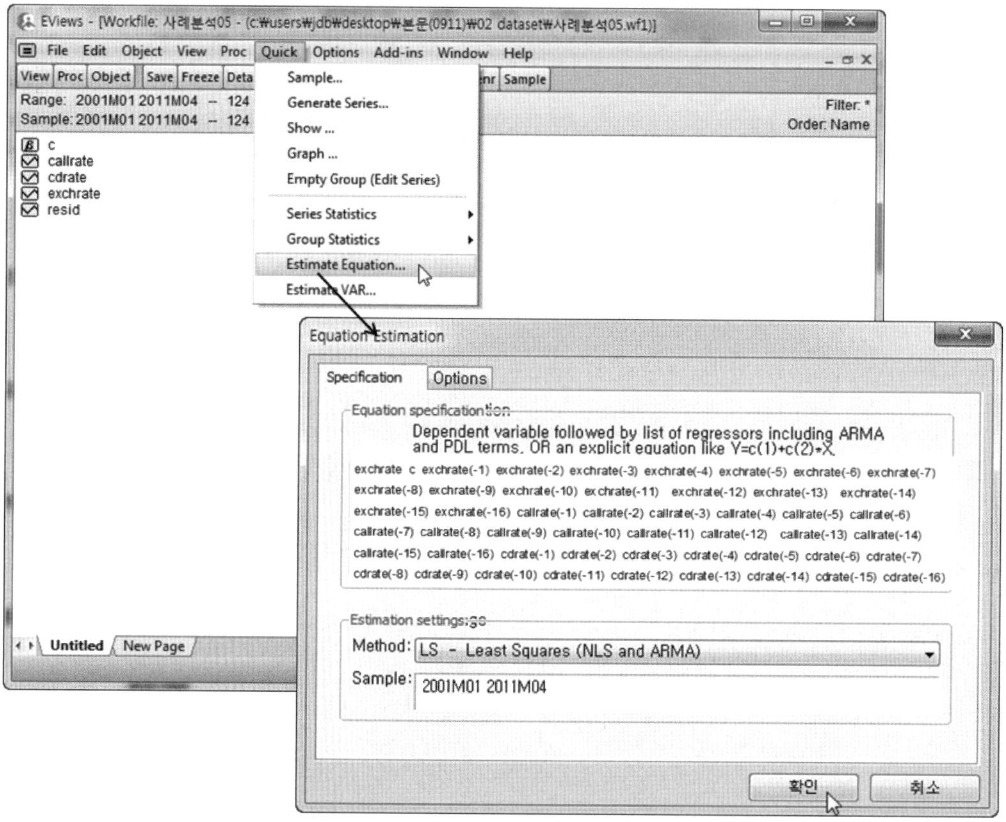

[표 C5.3] 피드백의 유의성검정

Dependent Variable: EXCHRATE
Method: Least Squares
Date: 09/15/14 Time: 15:31
Sample (adjusted): 2002M05 2011M04
Included observations: 108 after adjustments

Variable	Coefficient	Std. Error	t-Statistic	Prob.
C	46.75525	57.27817	0.816284	0.4176
EXCHRATE(-1)	1.467367	0.141473	10.37204	0.0000
EXCHRATE(-2)	-0.574689	0.239383	-2.400713	0.0195
EXCHRATE(-3)	0.133781	0.258505	0.517520	0.6067
EXCHRATE(-4)	-0.142552	0.263296	-0.541414	0.5903
EXCHRATE(-5)	0.213272	0.273570	0.779591	0.4387
EXCHRATE(-6)	-0.234820	0.271593	-0.864600	0.3908
EXCHRATE(-7)	0.032807	0.282540	0.116113	0.9080
EXCHRATE(-8)	0.221551	0.279704	0.792091	0.4315
EXCHRATE(-9)	-0.174444	0.278650	-0.626033	0.5337
EXCHRATE(-10)	-0.080976	0.278889	-0.290351	0.7726
EXCHRATE(-11)	-0.062877	0.284606	-0.220927	0.8259
EXCHRATE(-12)	0.137446	0.289536	0.474711	0.6367
EXCHRATE(-13)	-0.098996	0.290630	-0.340625	0.7346
EXCHRATE(-14)	0.273722	0.281450	0.972543	0.3348
EXCHRATE(-15)	-0.272818	0.260128	-1.048784	0.2986
EXCHRATE(-16)	0.088317	0.167578	0.527023	0.6002
CALLRATE(-1)	10.45277	38.98040	0.268154	0.7895
CALLRATE(-2)	32.89926	58.84712	0.559063	0.5782
CALLRATE(-3)	-78.61804	59.41953	-1.323101	0.1909
CALLRATE(-4)	30.04450	59.27206	0.506892	0.6141
CALLRATE(-5)	23.82827	59.25588	0.402125	0.6890
CALLRATE(-6)	-25.39742	59.00793	-0.430407	0.6685
CALLRATE(-7)	63.60677	58.65777	1.084371	0.2826
CALLRATE(-8)	-81.49973	59.34454	-1.373332	0.1748
CALLRATE(-9)	30.50366	60.18847	0.506802	0.6142
CALLRATE(-10)	-7.511584	59.83334	-0.125542	0.9005
CALLRATE(-11)	-42.28657	58.43613	-0.723637	0.4721
CALLRATE(-12)	13.79411	58.34042	0.236442	0.8139
CALLRATE(-13)	97.34066	56.92243	1.710058	0.0925
CALLRATE(-14)	-61.15275	54.14163	-1.129496	0.2633
CALLRATE(-15)	-67.66351	54.15577	-1.249424	0.2164
CALLRATE(-16)	45.45309	39.79046	1.142311	0.2579
CDRATE(-1)	-30.34807	35.57654	-0.853036	0.3971
CDRATE(-2)	16.53112	52.78799	0.313161	0.7553
CDRATE(-3)	27.83407	57.05173	0.487874	0.6274
CDRATE(-4)	29.27955	59.07939	0.495597	0.6220
CDRATE(-5)	-66.12367	63.16937	-1.046768	0.2995
CDRATE(-6)	7.108071	65.37224	0.108732	0.9138
CDRATE(-7)	-4.234553	65.07630	-0.065071	0.9483
CDRATE(-8)	-5.354740	63.10435	-0.084855	0.9327
CDRATE(-9)	48.25752	60.55864	0.796872	0.4287
CDRATE(-10)	17.63313	58.33584	0.302269	0.7635
CDRATE(-11)	-49.94071	56.03705	-0.891209	0.3764
CDRATE(-12)	14.23502	55.52119	0.256389	0.7985
CDRATE(-13)	-21.83637	56.31022	-0.387787	0.6996
CDRATE(-14)	50.19141	54.98948	0.912746	0.3651
CDRATE(-15)	-19.13954	51.20776	-0.373762	0.7099
CDRATE(-16)	8.268827	34.14258	0.242185	0.8095

[표 C5.3]에서 점선으로 표시된 부분은 식 (C5.1)에 주어진 h_1, $h_2, \cdots, h_{16}$에 대한 p값이며, 모두 유의수준 5%보다 훨씬 크기 때문에 CD금리로부터 대미환율 방향으로 피드백이 존재하지 않음을 확인할 수 있다. 따라서 동적회귀모형을 사용하는 것은 타당하다고 할 수 있다.

C5.3.3 입력변수, 출력변수에 대한 ARIMA 모형 구축

1) 콜금리에 대한 ARIMA 모형 구축

다음 주어진 [표 C5.4]는 콜금리를 비계절적 1차 차분 후에 계산한 자기상관함수(ACF)

와 편자기상관함수(PACF)를 각각 그림으로 나타낸 것이다.

[표 C5.4] 콜금리의 자기상관함수와 편자기상관함수

Autocorrelation	Partial Correlation		AC	PAC	Q-Stat	Prob
		1	0.604	0.604	45.951	0.000
		2	0.430	0.103	69.429	0.000
		3	0.166	-0.205	72.972	0.000
		4	0.043	-0.032	73.209	0.000
		5	-0.087	-0.079	74.185	0.000
		6	-0.057	0.088	74.618	0.000
		7	-0.007	0.088	74.625	0.000
		8	0.029	-0.023	74.740	0.000
		9	0.009	-0.076	74.750	0.000
		10	-0.037	-0.078	74.938	0.000
		11	-0.004	0.107	74.941	0.000
		12	0.051	0.131	75.299	0.000
		13	-0.012	-0.160	75.318	0.000
		14	-0.048	-0.107	75.645	0.000
		15	-0.100	-0.054	77.068	0.000
		16	-0.114	0.028	78.928	0.000
		17	-0.121	0.054	81.067	0.000
		18	-0.096	-0.035	82.423	0.000
		19	-0.047	-0.037	82.755	0.000
		20	-0.001	-0.006	82.755	0.000
		21	-0.017	-0.026	82.798	0.000
		22	-0.087	-0.075	83.943	0.000
		23	-0.067	0.042	84.639	0.000
		24	-0.137	-0.143	87.540	0.000

PACF와 ACF를 각각 식별한 결과, $\phi_2 = 0$인 AR(3) 모형 또는 MA(2) 모형으로 식별할 수 있다. 우선 ARIMA(0,1,2) 모형으로 적합한 결과, 추정모수가 모두 통계적으로 유의하였으며 가역성을 만족하였다(표 C5.5 참고). 여기에서 상수항은 모형에서 제외시켰다(p값=0.4576).

[표 C5.5] ARIMA(0,1,2) 모형 추정결과

Equation Estimation

Specification | Options

Equation specification

Dependent variable followed by list of regressors including ARMA and PDL terms, OR an explicit equation like Y=c(1)+c(2)*X.

d(callrate) ma(1) ma(2)

Estimation settings

Variable	Coefficient	Std. Error	t-Statistic	Prob.
MA(1)	0.540448	0.083022	6.509711	0.0000
MA(2)	0.387017	0.083599	4.629472	0.0000

R-squared	0.373115	Mean dependent var	-0.018537
Adjusted R-squared	0.367935	S.D. dependent var	0.179186
S.E. of regression	0.142458	Akaike info criterion	-1.043419
Sum squared resid	2.455593	Schwarz criterion	-0.997692
Log likelihood	66.17026	Hannan-Quinn criter.	-1.024845
Durbin-Watson stat	1.895744		

Inverted MA Roots	-.27+.56i	-.27-.56i

취소

또한 아래 주어진 잔차의 ACF와 PACF(표 C5.6 참고)에서 모든 스파이크가 전부 신뢰한계선 내로 들어와 있기 때문에 ARIMA(0,1,2) 모형은 타당하다. 마찬가지로 대안모형으로 ARIMA(3,1,0) 모형을 적합시켜 모형의 타당성을 점검한 결과, 백색잡음의 독립성이 만족하지 않아 제외시켰다. 따라서 ARIMA(0,1,2) 모형을 콜금리(callrate)를 위한 최종 모형으로 선택할 수 있다.

$$(1-B)\,callrate_t = (1-0.5404\,B - 0.3870\,B^2)\,\epsilon_t \qquad \text{(C5.2)}$$

[표 C5.6] ARIMA(0,1,2) 모형적합 후 잔차 ACF와 잔차 PACF

Sample: 2001M01 2011M04
Included observations: 123
Q-statistic probabilities adjusted for 2 ARMA terms

Autocorrelation	Partial Correlation		AC	PAC	Q-Stat	Prob
		1	0.043	0.043	0.2288	
		2	0.109	0.107	1.7365	
		3	0.149	0.142	4.5691	0.033
		4	0.019	-0.001	4.6173	0.099
		5	-0.148	-0.185	7.4696	0.058
		6	0.000	-0.016	7.4697	0.113
		7	-0.005	0.033	7.4727	0.188
		8	0.025	0.083	7.5559	0.272
		9	0.055	0.061	7.9627	0.336
		10	-0.094	-0.154	9.1747	0.328
		11	-0.022	-0.061	9.2428	0.415
		12	0.126	0.159	11.436	0.325
		13	-0.046	0.024	11.729	0.384
		14	-0.027	-0.033	11.836	0.459
		15	-0.036	-0.142	12.017	0.526
		16	-0.055	-0.078	12.459	0.569
		17	-0.055	0.046	12.893	0.611
		18	-0.058	0.014	13.379	0.645
		19	-0.040	-0.019	13.611	0.694
		20	0.057	0.006	14.090	0.723
		21	0.020	-0.013	14.149	0.775
		22	-0.124	-0.101	16.496	0.685
		23	0.040	0.045	16.739	0.727
		24	-0.060	-0.059	17.297	0.747

2) CD금리에 대한 ARIMA 모형 구축

CD금리에 대한 ARIMA 모형을 구축하기 위해서 우선 단위근검정을 실시한 결과 단위근이 존재하는 것을 알 수 있다(p값$=0.2947$). 따라서 1차 차분($d=1$)을 실시한 후 ARIMA 모형을 식별해야 할 것이다.

[표 C5.7] CD금리의 단위근검정

Null Hypothesis: CDRATE has a unit root
Exogenous: Constant, Linear Trend
Lag Length: 1 (Automatic - based on SIC, maxlag=12)

		t-Statistic	Prob.*
Augmented Dickey-Fuller test statistic		-2.570174	0.2947
Test critical values:	1% level	-4.034997	
	5% level	-3.447072	
	10% level	-3.148578	

*MacKinnon (1996) one-sided p-values.

아래와 같이 1차 차분을 실시한 후 자기상관함수와 편자기상관함수를 살펴본 결과 ARIMA(0,1,2) 모형으로 식별할 수 있다. [표 C5.9]의 추정결과, 두 개의 추정계수 모두 유의하며(p값 < 0.05), 상수항(C)은 모형에서 제외시켰다(p값 = 0.5167).

$$(1-B)\,cdrate_t = (1 - 0.8880\,B - 0.4042\,B^2)\,\epsilon_t \qquad \text{(C5.3)}$$

[표 C5.8] 비계절적 1차 차분 후 ACF와 PACF

Sample: 2001M01 2011M04
Included observations: 123

Autocorrelation	Partial Correlation		AC	PAC	Q-Stat	Prob
		1	0.553	0.553	38.514	0.000
		2	0.150	-0.224	41.374	0.000
		3	-0.005	0.026	41.377	0.000
		4	-0.020	0.009	41.429	0.000
		5	-0.092	-0.133	42.538	0.000
		6	-0.044	0.113	42.789	0.000
		7	0.005	-0.028	42.793	0.000
		8	-0.030	-0.076	42.916	0.000
		9	-0.102	-0.053	44.327	0.000
		10	-0.027	0.096	44.424	0.000
		11	0.091	0.079	45.550	0.000
		12	0.015	-0.155	45.581	0.000
		13	-0.084	-0.026	46.565	0.000
		14	-0.030	0.080	46.689	0.000
		15	0.086	0.091	47.733	0.000
		16	0.033	-0.095	47.885	0.000
		17	-0.028	-0.032	47.997	0.000
		18	-0.036	-0.018	48.183	0.000
		19	-0.054	-0.023	48.615	0.000
		20	-0.096	-0.006	49.994	0.000
		21	-0.038	0.013	50.207	0.000
		22	-0.004	-0.079	50.209	0.001
		23	0.009	0.070	50.220	0.001
		24	-0.081	-0.105	51.244	0.001

[표 C5.9] ARIMA(0,1,2) 모형 추정결과

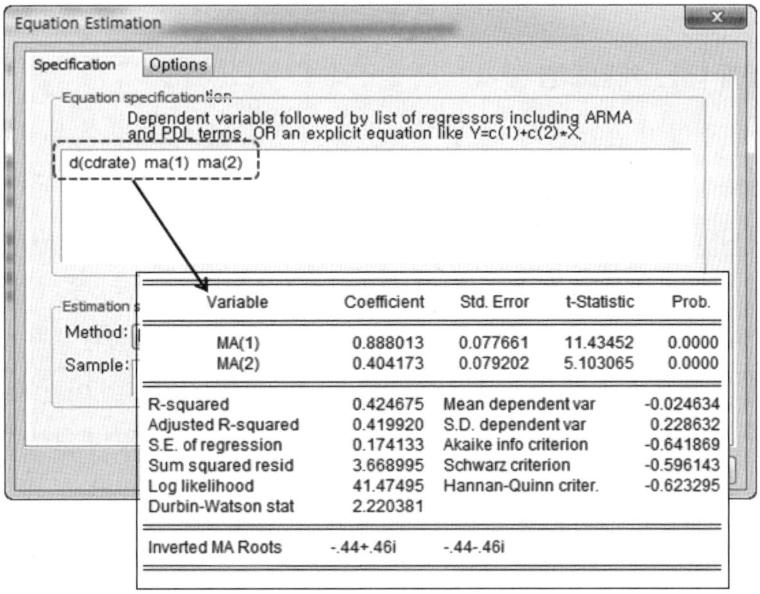

Variable	Coefficient	Std. Error	t-Statistic	Prob.
MA(1)	0.888013	0.077661	11.43452	0.0000
MA(2)	0.404173	0.079202	5.103065	0.0000

R-squared	0.424675	Mean dependent var	-0.024634
Adjusted R-squared	0.419920	S.D. dependent var	0.228632
S.E. of regression	0.174133	Akaike info criterion	-0.641869
Sum squared resid	3.668995	Schwarz criterion	-0.596143
Log likelihood	41.47495	Hannan-Quinn criter.	-0.623295
Durbin-Watson stat	2.220381		

Inverted MA Roots	-.44+.46i	-.44-.46i

[표 C5.10] ARIMA(0,1,2) 모형적합 후 잔차 ACF와 잔차 PACF

Autocorrelation	Partial Correlation		AC	PAC	Q-Stat	Prob
		1	-0.122	-0.122	1.8856	
		2	-0.010	-0.026	1.8989	
		3	0.026	0.022	1.9876	0.159
		4	0.044	0.051	2.2392	0.326
		5	-0.147	-0.137	5.0584	0.168
		6	-0.004	-0.039	5.0601	0.281
		7	0.031	0.021	5.1899	0.393
		8	0.006	0.019	5.1950	0.519
		9	-0.090	-0.077	6.2841	0.507
		10	-0.039	-0.083	6.4908	0.592
		11	0.149	0.132	9.5432	0.389
		12	-0.026	0.020	9.6378	0.473
		13	-0.073	-0.067	10.376	0.497
		14	-0.059	-0.114	10.868	0.540
		15	0.158	0.125	14.437	0.344
		16	-0.022	0.070	14.509	0.413
		17	-0.053	-0.048	14.917	0.457
		18	0.008	-0.058	14.926	0.530
		19	0.036	-0.001	15.117	0.587
		20	-0.139	-0.063	18.021	0.454
		21	0.073	0.078	18.817	0.469
		22	-0.050	-0.103	19.193	0.509
		23	0.041	0.004	19.446	0.557
		24	0.000	0.065	19.446	0.618

또한 잔차 ACF와 잔차 PACF(표 C5.10 참고)를 통해서 더 이상 유의한 시차를 발견할 수 없고, 각 시차의 Q-통계량에 해당하는 p값 모두 유의수준 5% 보다 월등하게 끄기

때문에 백색잡음의 독립성을 보장한다. 이는 ARIMA(0,1,2) 모형이 타당함을 나타낸다.

3) 대미환율에 대한 개입모형 구축

2000년대에 들어 미국이 계속 낮은 이자율을 지속시키면서 시장 유동성이 높은 통화정책을 유지함에 따라 달러 약세가 지속되고 따라서 대미환율은 점차 낮아지는 추세를 보여왔다. 그러나 2007년 후반부터 모기지 부실화가 가속화되면서 금융위기설이 불거지기 시작했고, 결국 2008년 9월 말에 리만 브라더스가 파산함에 따라 위기가 명백해졌다. 위기는 자산의 flight to safety 현상(가장 안전하다고 여겨지는 미국 국채로 자금이 몰리는 현상)으로 인한 자금 유출의 가속화, 금융시장의 충격이 실물 경기로 전이됨에 따른 내수시장의 위축을 초래했고, 따라서 우리나라 경제에도 막대한 영향을 미쳤다.

환율 시장에 있어서 2008년의 전 세계적 경제위기는 두 번의 영향을 미쳤는데, 첫 번째는 리만 브라더스의 파산 이후 촉발된 미국 경제의 불안으로 인한 최초의 충격이고, 두 번째는 전 세계적 경제위기로 인하여 동유럽 국가들의 디폴트 우려가 확산되면서 서유럽 금융위기로까지 확산됨에 따라 환율 시장에 가해진 충격이다. [그림 C5.2]를 보면 2008년 9월의 최초의 충격, 그리고 환율의 감소추세로 회귀하는 듯하다가 다시 치솟은 두 번의 충격 효과를 확인할 수 있다.

ARIMA 모형 구축 시에는 2008년 후반의 금융위기로 인한 개입효과를 포함시켜 모형을 구축하였다. 환율이 금융위기 이후 급속도로 원래의 추세로 회귀하는 모습을 보여주기 때문에 개입이 일시적임을 알 수 있고 따라서 펄스개입의 형태로 개입을 모형화하였다. 그리고 환율시장에 두 번의 충격이 있었던 것을 고려하여, 다음과 같이 두 개의 펄스 개입변수 $X_{1,t}$, $X_{2,t}$를 정의하였다.

$$X_{1,t} = \begin{cases} 1, & t = 2008\text{년 } 9, 10, 11\text{월} \\ 0, & \text{그 외} \end{cases}$$

$$X_{2,t} = \begin{cases} 1, & t = 2009\text{년 } 2, 3\text{월} \\ 0, & \text{그 외} \end{cases}$$

따라서 고려한 개입모형은 다음과 같다.

$$exchrate_t = C_1 + C_2 X_{1,t} + C_3 X_{2,t} + N_t \tag{C5.4}$$

우선 EViews 8에서 식 (C5.4)를 추정하기 위해서 “Equation Estimation” 대화상자에 ‘exchrate c X1 X2’를 입력한 후 다음과 같은 추정결과를 얻을 수 있다.

[표 C5.11] 모형 식 (C5.4)의 추정결과

Variable	Coefficient	Std. Error	t-Statistic	Prob.
C	1122.307	11.81447	94.99431	0.0000
X1	165.7929	75.34135	2.200557	0.0297
X2	324.4629	91.89498	3.530802	0.0006

R-squared	0.123205	Mean dependent var	1131.551
Adjusted R-squared	0.108713	S.D. dependent var	136.5145
S.E. of regression	128.8806	Akaike info criterion	12.57955
Sum squared resid	2009835.	Schwarz criterion	12.64778
Log likelihood	-776.9319	Hannan-Quinn criter.	12.60726
F-statistic	8.501319	Durbin-Watson stat	0.111249
Prob(F-statistic)	0.000351		

식 (C5.4)를 추정 후 생성된 잔차($\widehat{N}_t$, resid2)에 대한 잔차 ACF를 계산한 결과 매우 천천히 감소하는 형태를 발견할 수 있다. 이는 생성된 잔차는 정상적인 평균을 갖지 못하는 것을 의미하며, 비계절적 1차 차분($d=1$)이 필요함을 시사한다.

[표 C5.12] 모형 (C5.4) 추정결과 후 생성된 잔차에 대한 상관함수

Autocorrelation	Partial Correlation		AC	PAC	Q-Stat	Prob
		1	0.938	0.938	111.87	0.000
		2	0.879	-0.016	210.77	0.000
		3	0.845	0.185	302.95	0.000
		4	0.813	-0.001	388.92	0.000
		5	0.797	0.171	472.29	0.000
		6	0.766	-0.134	549.98	0.000
		7	0.718	-0.093	618.88	0.000
		8	0.679	-0.011	680.90	0.000
		9	0.627	-0.157	734.35	0.000
		10	0.585	0.028	781.18	0.000
		11	0.547	-0.055	822.61	0.000
		12	0.507	0.016	858.46	0.000
		13	0.471	-0.006	889.73	0.000
		14	0.429	-0.046	915.88	0.000
		15	0.377	-0.080	936.30	0.000
		16	0.334	-0.009	952.44	0.000
		17	0.301	0.056	965.64	0.000
		18	0.270	-0.020	976.36	0.000
		19	0.244	0.049	985.20	0.000
		20	0.207	-0.078	991.62	0.000
		21	0.163	-0.051	995.64	0.000
		22	0.123	-0.048	997.95	0.000
		23	0.091	0.024	999.24	0.000
		24	0.059	-0.083	999.77	0.000

[표 C5.13] 비계절적 1차 차분한 잔차에 대한 상관함수

Autocorrelation	Partial Correlation		AC	PAC	Q-Stat	Prob
		1	0.002	0.002	0.0004	0.984
		2	-0.261	-0.261	8.6324	0.013
		3	-0.037	-0.039	8.8124	0.032
		4	-0.127	-0.209	10.889	0.028
		5	0.133	0.123	13.208	0.022
		6	0.144	0.055	15.916	0.014
		7	-0.054	0.011	16.301	0.023
		8	0.100	0.158	17.644	0.024
		9	-0.079	-0.058	18.496	0.030
		10	-0.036	0.066	18.668	0.045
		11	0.015	-0.068	18.697	0.067
		12	-0.071	-0.045	19.388	0.080
		13	0.060	0.002	19.887	0.098
		14	0.085	0.037	20.902	0.104
		15	-0.074	-0.043	21.691	0.116
		16	-0.050	-0.055	22.049	0.142
		17	0.003	0.031	22.050	0.183
		18	-0.016	-0.041	22.088	0.228
		19	0.095	0.086	23.424	0.219
		20	0.060	0.052	23.968	0.244
		21	-0.054	0.008	24.414	0.273
		22	-0.057	-0.033	24.901	0.302
		23	0.013	0.040	24.928	0.354
		24	-0.056	-0.097	25.411	0.384

[표 C5.13]의 ACF와 PACF의 '시차 2'에서 스파이크를 발견할 수 있기 때문에, 각각 MA(2) 모형과 AR(2) 모형으로 식별할 수 있다. 우선 차분한 잔차에 대해 MA(2) 모형으로 추정하면("Equation Estimation" 대화상자에 'd(resid1) ar(2)' 입력), 다음과 같이 추정한 MA(2) 계수가 유의하고 새로 생성된 잔차($\hat{\epsilon}_t$)에 대한 두 개의 상관함수 모두 신뢰한계선 안에 놓여 있으며 Q-Stat에 대한 p값 모두가 큰 값을 가진 것을 알 수 있다. 참고로 상수항은 유의하지 않아 모형에서 제외시켰다(p값 = 0.5541).

[표 C5.14] MA(2) 모형 추정결과와 잔차 상관함수

Sample (adjusted): 2001M02 2011M04
Included observations: 123 after adjustments
Convergence achieved after 7 iterations
MA Backcast: 2000M12 2001M01

Variable	Coefficient	Std. Error	t-Statistic	Prob.
MA(2)	-0.316792	0.086130	-3.678063	0.0004

R-squared	0.087324	Mean dependent var	-1.520813
Adjusted R-squared	0.087324	S.D. dependent var	42.78297
S.E. of regression	40.87233	Akaike info criterion	10.26688
Sum squared resid	203806.8	Schwarz criterion	10.28974
Log likelihood	-630.4132	Hannan-Quinn criter.	10.27617
Durbin-Watson			

Inverted MA Ro

Autocorrelation	Partial Correlation		AC	PAC	Q-Stat	Prob
		1	0.001	0.001	0.0001	0.991
		2	0.004	0.004	0.0021	0.999
		3	-0.003	-0.003	0.0034	1.000
		4	-0.079	-0.079	0.8106	0.937
		5	0.118	0.119	2.6242	0.758
		6	0.162	0.165	6.0752	0.415
		7	-0.047	-0.051	6.3661	0.498
		8	0.142	0.139	9.0460	0.338
		9	-0.094	-0.078	10.233	0.332
		10	-0.012	-0.002	10.252	0.419
		11	0.001	-0.044	10.252	0.508
		12	-0.055	-0.054	10.666	0.558
		13	0.045	0.019	10.953	0.615
		14	0.058	0.030	11.424	0.652
		15	-0.059	-0.022	11.924	0.685
		16	-0.037	-0.067	12.123	0.735
		17	0.010	0.063	12.136	0.792
		18	-0.017	-0.012	12.177	0.838
		19	0.087	0.067	13.299	0.823
		20	0.035	0.039	13.481	0.856
		21	-0.033	-0.021	13.643	0.884
		22	-0.066	-0.074	14.308	0.890
		23	-0.007	0.007	14.317	0.917
		24	-0.066	-0.073	14.988	0.921

마찬가지로 차분한 잔차에 대해 AR(2) 모형으로 추정된 AR(2) 계수는 유의하고 새로 생성된 잔차($\hat{\epsilon_t}$)에 대한 두 개의 상관함수 모두 신뢰한계선 안에 놓여 있지만, MA(2) 모형에 비해 Q-Stat에 대한 p값이 열등하다(출력결과 생략). 따라서 잡음항을 MA(2) 모형으로 구축한 최종 개입모형은 다음과 같다.

$$exchrate_t = 1122.307 + 165.7929\,X_{1,t} + 324.4629\,X_{2,t} + N_t \qquad \text{(C5.5)}$$

$$(1-B)N_t = (1-0.3168\,B)\,\epsilon_t$$

여기에서 ϵ_t는 백색잡음이다.

C5.4 동적회귀모형의 식별, 추정 및 모형진단

C5.4.1 초기식별 단계

우선 고려한 입력변수가 2개이기 때문에 동적회귀모형을 다음과 같이 X_1, X_2 각각에 대한 전이함수요소인 (b_1, r_1, h_1)와 (b_2, r_2, h_2)와 오차항계열(N_t)에 대한 ARIMA 모형으로 분리하여 식별한다. 즉, 두 입력계열 각각에 대해 최대 15개월의 시차를 고려한 전이함수를 추정하고, 오차항에 대한 ARIMA 구조를 $\mathrm{AR}(1)(1)_{12}$로 우선 사용한다. 즉, 첫 번째 예비로 고려한 선형전이함수모형은 다음과 같다.

$$\begin{aligned} Y_t &= C + \nu_1(B)X_{1,t} + \nu_2(B)X_{2,t} + N_t \qquad \text{(C5.6)} \\ &= C + \nu_{1,0}X_{1,t} + \nu_{1,1}X_{1,t-1} + \cdots + \nu_{1,15}X_{1,t-15} \\ &\quad + \nu_{2,0}X_{2,t} + \nu_{2,1}X_{2,t-1} + \cdots + \nu_{2,15}X_{2,t-15} + N_t \end{aligned}$$

$i = 1, 2$ 에 대해서,

$$\nu_i(B) = \nu_{i,0} + \nu_{i,1}B + \cdots + \nu_{i,15}B^{15}$$

$$N_t = \frac{1}{(1-\Phi_{12}B^{12})(1-\phi_1 B)}\epsilon_t \text{ 이다.}$$

1) 오차항의 평균 정상성

동적회귀모형에 대해 선형전이함수를 구축하기 위하여 자기상관패턴이 존재하는 오차항계열을 가능한 한 차수가 낮은 자기회귀모형으로 근사시킬 필요가 있다. 고려하는 시계열자료에 계절적 추세가 존재하지 않으므로, 오차항계열을 식 (C5.6)의 $\frac{1}{(1-\Phi_{12}B^{12})(1-\phi_1 B)}$, 즉 $\mathrm{AR}(1)(1)_{12}$ 모형을 포함한 선형전이함수모형을 임시로 고려할 수 있다.

EViews 8의 "Equation Estimation" 대화상자의 'Equation Specification'란에 'cdrate c callrate callrate(-1) callrate(-2) callrate(-3) callrate(-4) callrate(-5) callrate(-6) callrate(-7) callrate(-8) callrate(-9) callrate(-10) callrate(-11) callrate(-12) callrate(-13) callrate(-14) callrate(-15) exchrate exchrate(-1) exchrate(-2) exchrate(-3) exchrate(-4) exchrate(-5) exchrate(-6) exchrate(-7) exchrate(-8) exchrate(-9) exchrate(-10) exchrate(-11) exchrate(-12) exchrate(-13) exchrate(-14) exchrate(-15)'를 입력한 후에 생성된 잔차에 대한 상관계수의 차수 '24'를 입력한다.

그리고 독립변수와 종속변수 간 선형회귀모형을 적합시킨 후에 생성된 잔차의 자기상관함수와 단위근검정을 이용하여 평균의 정상성을 점검할 수 있다.

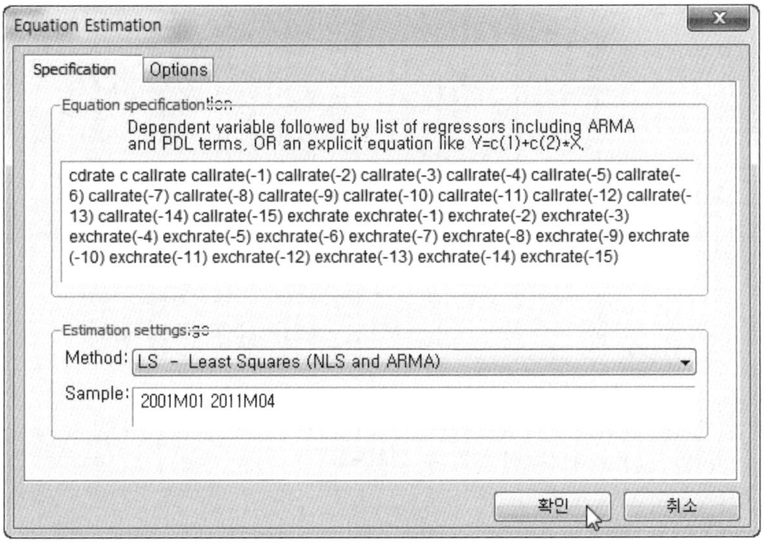

[표 C5.15] 식 (C5.6) 적합 후 잔차 자기상관함수 (계속)

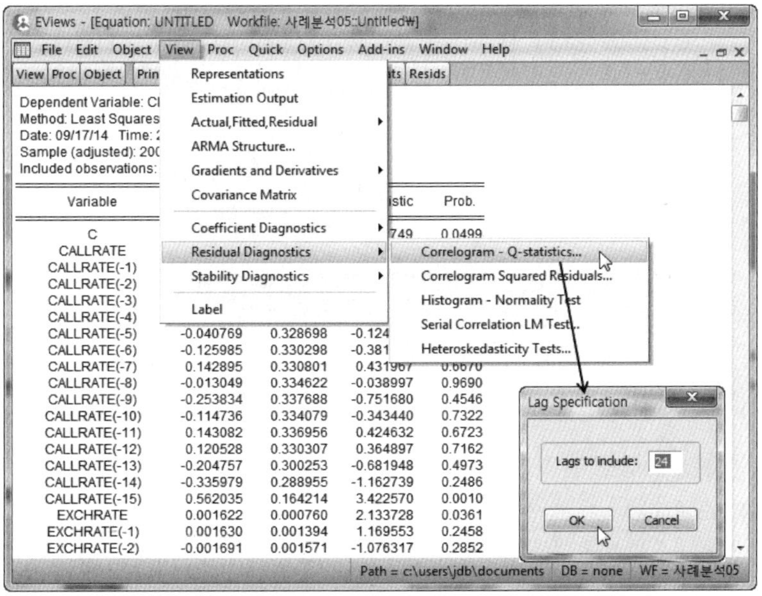

[표 C5.15] 식 (C5.6) 적합 후 잔차 자기상관함수

Autocorrelation	Partial Correlation		AC	PAC	Q-Stat	Prob
		1	0.767	0.767	65.828	0.000
		2	0.473	-0.278	91.119	0.000
		3	0.281	0.080	100.10	0.000
		4	0.216	0.112	105.49	0.000
		5	0.238	0.111	112.09	0.000
		6	0.206	-0.126	117.09	0.000
		7	0.134	-0.004	119.21	0.000
		8	0.053	-0.037	119.55	0.000
		9	0.010	0.018	119.56	0.000
		10	0.057	0.125	119.95	0.000
		11	0.113	0.004	121.52	0.000
		12	0.112	-0.049	123.10	0.000
		13	0.067	-0.009	123.67	0.000
		14	0.005	-0.031	123.67	0.000
		15	-0.012	0.022	123.69	0.000
		16	-0.015	-0.064	123.72	0.000
		17	0.015	0.090	123.75	0.000
		18	-0.029	-0.200	123.86	0.000
		19	-0.134	-0.080	126.29	0.000
		20	-0.190	0.036	131.22	0.000
		21	-0.224	-0.123	138.12	0.000
		22	-0.167	0.115	141.98	0.000
		23	-0.107	-0.037	143.59	0.000
		24	-0.087	0.017	144.66	0.000

[그림 C5.16] 식 (C5.6) 적합 후 잔차도표

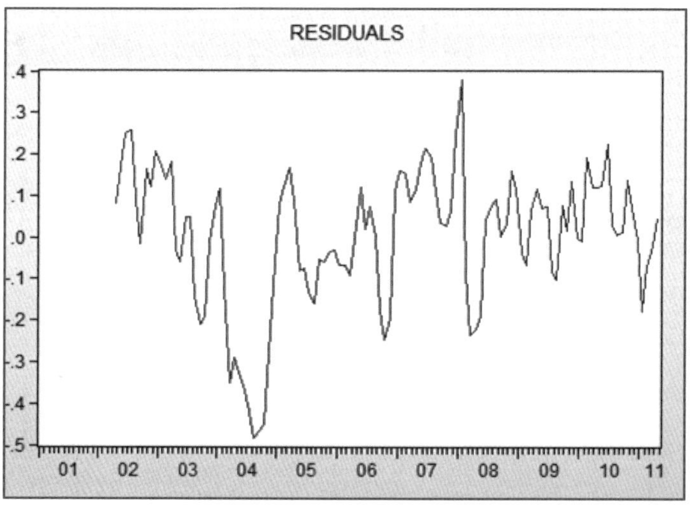

회귀적합한 후 잔차 ACF를 계산한 결과 서서히 감소하는 패턴(0.767, 0.473, 0.281, 0.216 등)을 뚜렷하게 발견할 수 없다. 이는 생성된 잔차가 비정상적인 평균을 가진다고 단정할 수 없을 것이다.

보다 구체적으로 잔차평균의 정상성을 점검하기 위해서 단위근검정을 실시해보자. 참고로 EViews 8에서 모형을 적합한 후에 생성된 잔차(resid)에 대해 단위근검정을 하기

위해서는, 다른 변수로 새로 생성한 후(예: residuals) 실시해야 할 것이다. 앞에서 주어진 잔차도표를 통해서 잔차평균이 일정한 확률보행(random walk)에 해당하는 단위근검정을 실시한 결과 단위근이 존재하지 않는 안정적 시계열이라는 것을 알 수 있다. 즉, 단위근이 존재한다는 귀무가설 H_0: $\phi = 1$을 기각하게 된다(p값 < 0.0001).

[표 C5.17] 식 (C5.6) 적합 후 잔차에 대한 단위근검정

Null Hypothesis: RESIDUALS has a unit root
Exogenous: None
Lag Length: 1 (Automatic - based on SIC, maxlag=12)

		t-Statistic	Prob.*
Augmented Dickey-Fuller test statistic		-4.712605	0.0000
Test critical values:	1% level	-2.586753	
	5% level	-1.943853	
	10% level	-1.614749	

*MacKinnon (1996) one-sided p-values.

따라서 오차항인 N_t는 정상성을 만족하기 때문에 주어진 출력계열 뿐만 아니라 두 개의 입력계열(Y_t, $X_{1,t}$, $X_{2,t}$)에 차분을 실시할 필요가 없을 것이다.

C5.4.2 두 개의 선형전이함수요소 (b_1, r_1, h_1)와 (b_2, r_2, h_2) 식별

우선 전이함수의 구성요소인 (b, r, h)를 식별하기 위해서 식 (C5.4)에서 오차항계열을 제외한 32개의 추정값, 즉 변수 X_1, X_2에 대한 각각 16개씩의 가중값들을 계산하여 추정된 ν가중값 패턴과 일치하는 이론적 ν가중값 패턴을 찾아 이에 연관된 전이함수를 임시모형으로 지정하도록 한다. 추정된 ν 가중값 패턴을 그래프로 표현하면 다음과 같다(그림 C5.18 참고).

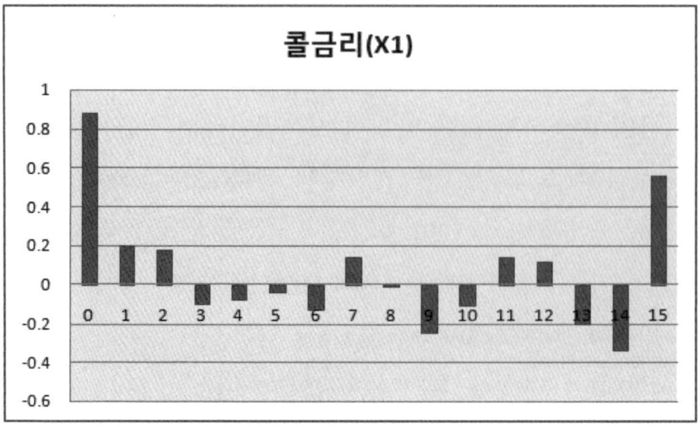

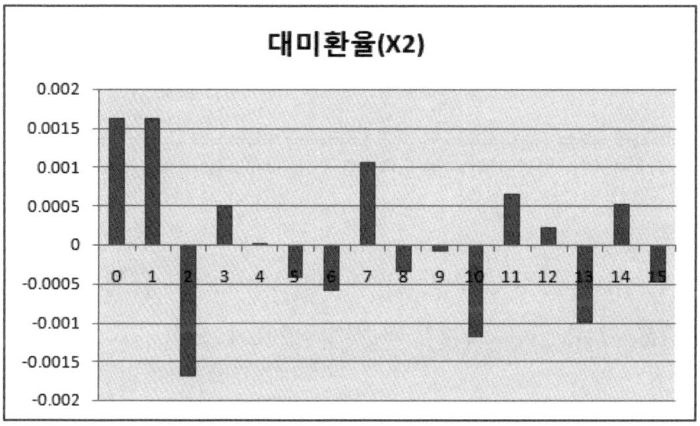

[그림 C5.18] X_1, X_2에 대한 ν 가중값

1) b_1, b_2 식별: X_1, X_2 모두 '시차 1'에서 추정계수값이 5% 유의수준에서 유의하기 때문에 무반응시간인 b_1, b_2은 각각 '0'이 된다.

2) r_1, r_2, h_1, h_2 식별: [그림 C5.18]의 첫 번째 그림(X_1)에서 감소패턴을 발견할 수 없고 오히려 '0'에 접근하는 형태이므로 $r_1 = 0$으로, 또는 전반적인 형태가 다소 사인곡선 형태로 본다면 $r_1 = 2$로 판단할 수 있다. 만일 $r_1 = 0$이라면 통계적으로 '0'이 아닌 가중값은 하나만 존재하기 때문에 $u = 1$이 된다. 따라서 $h = u + r - 1 = 1 + 0 - 1 = 0$이다. 반면에 $r_1 = 2$라면 감소가 시작하는 앞 시차들 중에서 통계적으로 '0'이 아닌 가중값의 수는 하나도 없기 때문에 $u = 0$이다. 따라서 $h = u + r - 1 = 0 + 2 - 1 = 1$이다. 결론적으로 콜금리 X_1에 대한 $(b, r, h) = (0, 0, 0)$ 또는 $(0, 2, 1)$로 식별할 수 있다.

이제 [그림 C5.18]의 두 번째 그림(X_2)을 살펴보자. X_1과 마찬가지로 감소형태를 발견할 수 없기 때문에 $r = 0$ 또는 전반적인 형태를 보면 $r_1 = 2$로 판단할 수 있다. 만일 $r_1 = 0$

이라면 통계적으로 '0'이 아닌 가중값은 3개가 존재하기 때문에 $u=3$이다. 따라서 $h=u+r-1=3+0-1=2$이다. 반면에 $r_1=2$라면 감소가 시작하는 앞 시차들 중에서 통계적으로 '0'이 아닌 가중값의 수는 하나도 발견할 수 없기 때문에 $u=0$이다. 따라서 $h=u+r-1=0+2-1=1$이다. 결론적으로 대미환율 X_2에 대한 $(b,r,h)=(0,0,2)$ 또는 $(0,2,1)$로 식별할 수 있다.

앞에 주어진 4가지 조합가능한 경우에 대해 정리해보면 다음과 같다.

CASE I: $[(b_1=0, r_1=0, h_1=0), (b_2=0, r_2=0, h_2=2)]$

$$y_t = C + w_0 X_{1,t} + (w_0' + w_1' B + w_2' B^2) X_{2,t} + N_t$$

또는

$$y_t = C + w_0 X_{1,t} + w_0' X_{2,t} + w_1' X_{2,t-1} + w_2' X_{2,t-2} + N_t \qquad \text{(C5.7)}$$

CASE II: $[(b_1=0, r_1=0, h_1=0), (b_2=0, r_2=2, h_2=1)]$

$$y_t = C + w_0 X_{1,t} + \frac{(w_0' + w_1' B)}{1-\delta_1 B - \delta_2 B^2} X_{2,t} + N_t$$

또는

$$y_t = C + w_0 X_{1,t} + w_0' X_{2,t} + w_1' X_{2,t-1} + \delta_1 y_{t-1} + \delta_2 y_{t-2} + N_t \qquad \text{(C5.8)}$$

CASE III: $[(b_1=0, r_1=2, h_1=1), (b_2=0, r_2=0, h_2=2)]$

$$y_t = C + \frac{(w_0 + w_1 B)}{1-\delta_1 B - \delta_2 B^2} X_{1,t} + (w_0' + w_1' B + w_2' B^2) X_{2,t} + N_t$$

또는

$$y_t = C + w_0 X_{1,t} + w_1 X_{1,t-1} + w_0' X_{2,t} + w_1' X_{2,t-1} + w_2' X_{2,t-2} + \delta_1 y_{t-1} + \delta_2 y_{t-2} + N_t$$

(C5.9)

CASE IV: $[(b_1=0, r_1=2, h_1=1), (b_2=0, r_2=2, h_2=1)]$

$$y_t = C + \frac{(w_0 + w_1 B)}{1-\delta_1 B - \delta_2 B^2} X_{1,t} + \frac{(w_0' + w_1' B)}{1-\delta_1' B - \delta_2' B^2} X_{2,t} + N_t$$

또는

$$y_t = C + w_0 X_{1,t} + w_1 X_{1,t-1} + w_0{}' X_{2,t} + w_1{}' X_{2,t-1}$$
$$+ \delta_1^* y_{t-1} + \delta_2^* y_{t-2} + N_t$$

(C5.10)

C5.4.3 전이함수모형 추정 및 모형검진

EViews 8을 사용하여 앞에서 고려한 네 가지 가능한 전이함수모형 중 CASE I에 근거하여 추정한 모형은 적절하지 않기 때문에(출력결과 생략), 다음으로 CASE II를 추정해보자. 우선 풀다운 메뉴에서 **Quick → Estimation Equation...**을 선택한 후 "Equation Estimation" 대화상자에 'cdrate c callrate exchrate exchrate(1) cdrate(1) cdrate(2)'을 입력한 후 실행한다.

[표 C5.19]의 추정결과, EXCHRATE(1), 즉 $X_{2,t-1}$항은 고려한 모형에서 제외시켜야 할 것이다(p값 = 0.3678). $X_{2,t-1}$항을 제외하고 재추정하면(cdrate c callrate exchrate cdrate(1) cdrate(2)), 모든 추정된 모수가 통계적으로 유의함을 확인할 수 있다(표 C5.20 참고).

[표 C5.19] CASE II 모형 추정결과 (계속)

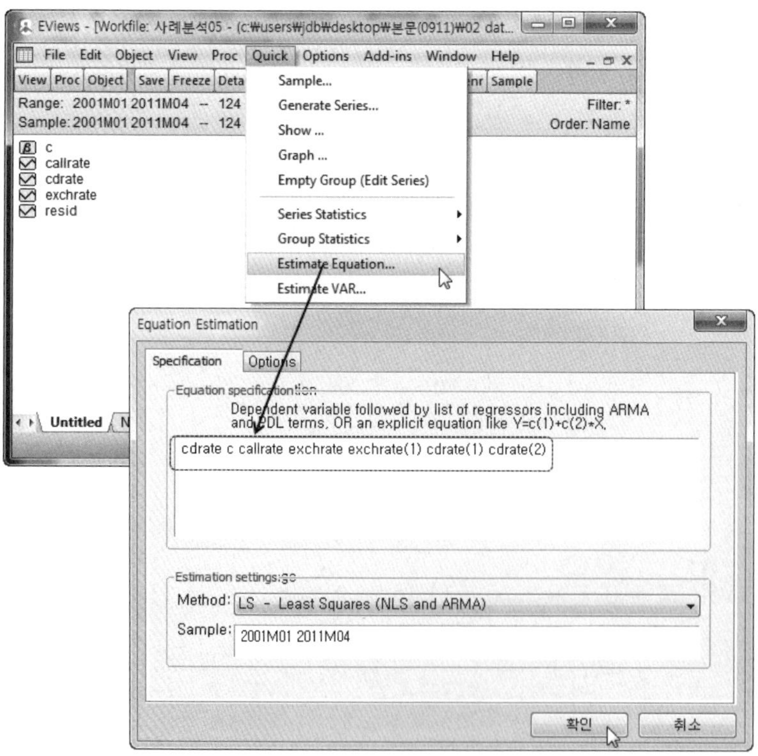

[표 C5.19] CASE II 모형 추정결과

Variable	Coefficient	Std. Error	t-Statistic	Prob.
C	-0.422484	0.167932	-2.515806	0.0132
CALLRATE	0.360947	0.055881	6.459151	0.0000
EXCHRATE	0.000934	0.000469	1.989045	0.0490
EXCHRATE(1)	-0.000423	0.000468	-0.904216	0.3678
CDRATE(1)	1.157667	0.091617	12.63598	0.0000
CDRATE(2)	-0.512272	0.072647	-7.051536	0.0000

R-squared	0.977390	Mean dependent var	4.209262
Adjusted R-squared	0.976415	S.D. dependent var	1.028763
S.E. of regression	0.157990	Akaike info criterion	-0.804639
Sum squared resid	2.895460	Schwarz criterion	-0.666737
Log likelihood	55.08300	Hannan-Quinn criter.	-0.748628
F-statistic	1002.891	Durbin-Watson stat	1.342564
Prob(F-statistic)	0.000000		

[표 C5.20] CASE II 모형에서 $X_{2,t-1}$를 제거한 추정결과

Variable	Coefficient	Std. Error	t-Statistic	Prob.
C	-0.420932	0.167792	-2.508653	0.0135
CALLRATE	0.365065	0.055652	6.559785	0.0000
EXCHRATE	0.000524	0.000122	4.282222	0.0000
CDRATE(1)	1.142980	0.090095	12.68637	0.0000
CDRATE(2)	-0.505037	0.072149	-6.999958	0.0000

R-squared	0.977231	Mean dependent var	4.209262
Adjusted R-squared	0.976452	S.D. dependent var	1.028763
S.E. of regression	0.157867	Akaike info criterion	-0.814009
Sum squared resid	2.915868	Schwarz criterion	-0.699090
Log likelihood	54.65456	Hannan-Quinn criter.	-0.767333
F-statistic	1255.367	Durbin-Watson stat	1.368248
Prob(F-statistic)	0.000000		

[표 C5.21] CASE II 모형에서 $X_{2,t-1}$를 제거한 후 추정된 잔차 상관함수

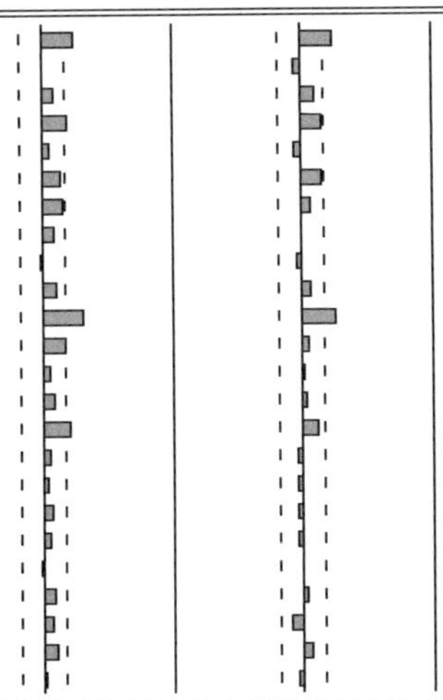

Autocorrelation	Partial Correlation		AC	PAC	Q-Stat	Prob
		1	0.251	0.251	7.8505	0.005
		2	0.008	-0.059	7.8578	0.020
		3	0.082	0.101	8.7127	0.033
		4	0.205	0.171	14.086	0.007
		5	0.041	-0.054	14.307	0.014
		6	0.139	0.168	16.832	0.010
		7	0.168	0.078	20.527	0.005
		8	0.086	0.002	21.517	0.006
		9	-0.017	-0.036	21.557	0.010
		10	0.103	0.069	22.994	0.011
		11	0.315	0.264	36.521	0.000
		12	0.188	0.046	41.388	0.000
		13	0.060	0.018	41.890	0.000
		14	0.088	0.025	42.971	0.000
		15	0.211	0.120	49.249	0.000
		16	0.059	-0.037	49.751	0.000
		17	0.039	-0.032	49.973	0.000
		18	0.072	-0.036	50.722	0.000
		19	0.062	-0.034	51.280	0.000
		20	-0.009	-0.001	51.292	0.000
		21	0.090	0.038	52.518	0.000
		22	0.069	-0.089	53.242	0.000
		23	0.110	0.070	55.090	0.000
		24	0.020	-0.038	55.155	0.000

재추정된 모형의 타당성을 검진하기 위한 도구로 잔차 ACF와 잔차 PACF를 계산해보면(표 C5.21 참고), 잔차 ACF에서 더 이상 서서히 감소하는 형태를 발견할 수 없기 때문에 오차항계열의 평균이 정상적임을 알 수 있다. 계절기차(12, 24)에서 뚜렷한 스파이크를 발견할 수 없기 때문에 계절적 변동은 존재하지 않고 단지 단기시차 중 ACF와 PACF 모두 시차 1에서만 유의한 스파이크를 발견할 수 있다. 이는 두 쌍의 전이함수요소를 포함한 상태에서 추정계수 모두 유의하며, 이에 근거하여 계산된 잔차 ACF와 잔차 PACF를 살펴본 결과, 각각 MA(1)요소 또는 AR(1)요소를 오차항계열 내에 존재함을 의미한다.

따라서 주어진 모형에 AR(1)요소를 추가시킨 모형은 다음과 같다.

$$\text{<모형 1>} \quad y_t = w_0 X_{1,t} + w_0{}' X_{2,t} + w_1{}' X_{2,t-1} + w_2{}' X_{2,t-2} + N_t \qquad \text{(C5.7)}$$

여기에서 $(1-\phi_1)N_t = \epsilon_t$, ϵ_t는 백색잡음이다.

EViews 8의 “Equation Estimation” 대화상자에 AR(1)요소를 추가시킨 모형을 추정하기 위해서 ‘cdrate callrate exchrate cdrate(1) cdrate(2) ar(1)’을 입력한 후 실행한다. 참고로 상수항(C)은 통계적으로 유의하지 않아 모형에서 제외시켰다(p값 = 0.4051).

[표 C5.22] 모형 1의 추정결과

Variable	Coefficient	Std. Error	t-Statistic	Prob.
CALLRATE	0.807689	0.077250	10.45549	0.0000
EXCHRATE	0.000590	0.000118	4.986756	0.0000
CDRATE(1)	0.461470	0.082782	5.574490	0.0000
CDRATE(2)	-0.340431	0.067933	-5.011261	0.0000
AR(1)	0.757788	0.053743	14.10021	0.0000

R-squared	0.984548	Mean dependent var	4.190909
Adjusted R-squared	0.984015	S.D. dependent var	1.012786
S.E. of regression	0.128047	Akaike info criterion	-1.232402
Sum squared resid	1.901925	Schwarz criterion	-1.116874
Log likelihood	79.56034	Hannan-Quinn criter.	-1.185482
Durbin-Watson stat	2.018246		

[표 C5.23] AR(1)요소를 추가시킨 모형 1에 근거한 추정된 잔차 상관함수와 Q-통계량

Sample: 2001M01 2011M04
Included observations: 121
Q-statistic probabilities adjusted for 1 ARMA term

Autocorrelation	Partial Correlation		AC	PAC	Q-Stat	Prob*
		1	-0.021	-0.021	0.0557	
		2	-0.060	-0.060	0.5033	0.478
		3	0.105	0.103	1.9019	0.386
		4	0.132	0.134	4.1025	0.251
		5	-0.094	-0.078	5.2403	0.264
		6	0.117	0.121	7.0256	0.219
		7	0.109	0.081	8.5866	0.198
		8	-0.055	-0.042	8.9836	0.254
		9	-0.075	-0.071	9.7374	0.284
		10	0.019	-0.046	9.7862	0.368
		11	0.205	0.214	15.446	0.117
		12	0.015	0.052	15.476	0.162
		13	0.031	0.043	15.610	0.210
		14	0.072	0.038	16.332	0.232
		15	0.111	0.093	18.050	0.204
		16	-0.067	-0.028	18.684	0.228
		17	0.091	0.028	19.881	0.226
		18	0.063	-0.012	20.448	0.252
		19	-0.073	-0.073	21.227	0.268
		20	-0.044	-0.017	21.515	0.309
		21	0.030	-0.026	21.653	0.360
		22	-0.080	-0.111	22.622	0.364
		23	0.050	0.080	23.001	0.402
		24	0.059	0.034	23.534	0.430

[표 C5.22]과 [표 C5.23]을 통하여 추정된 모수 모두 통계적으로 유의하며, 추정된 두 개의 잔차 상관함수가 모두 95% 신뢰한계선 안에 있으며 Q-통계량의 p값 모두가 월등히 큰 값을 가지기 때문에 더 이상 오차항계열에 추가로 발견할 수 있는 자기회귀요소나 이동평균요소가 없다고 판정할 수 있다.

또한 주어진 잔차도표를 살펴보면 임의로 흩어져 있으며 특이할 만한 패턴을 발견할 수 없다. 다시 말해서 물론 몇 개의 극단값을 발견할 수 있지만 잔차의 등분산성과 독립성이 시각적으로 만족한다(그림 C5.24 참고).

[그림 C5.24] 잔차도표

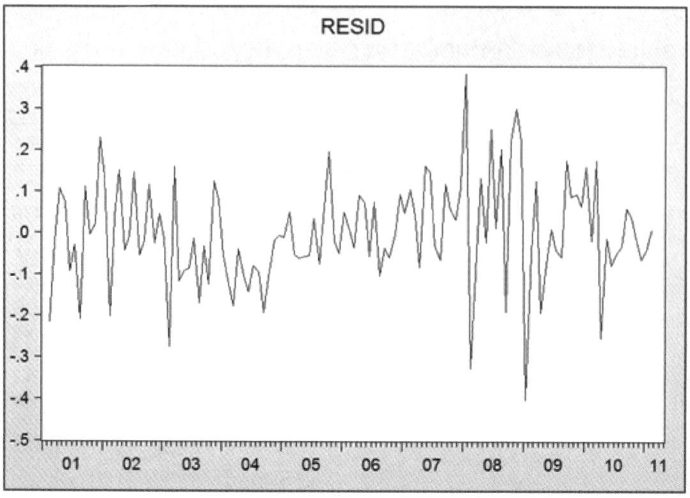

한편 CASE II를 수정한 모형에 MA(1)요소를 추가(즉, EViews 8의 "Equation Estimation" 대화상자에 'cdrate c callrate exchrate cdrate(1) cdrate(2) ma(1)'을 입력)시킨 후 실행해보자. 추정된 모수 모두가 통계적으로 유의(결과 생략)하지만, 생성된 잔차에 대한 대부분의 Q-통계량의 p값이 매우 유의하기 때문에 MA(1)요소를 추가한 모형은 적절하지 않다.

[표 C5.25] MA(1)요소를 추가시킨 모형 1에 근거한 추정된 잔차 상관함수와 Q-통계량

Autocorrelation	Partial Correlation		AC	PAC	Q-Stat	Prob
		1	0.097	0.097	1.1675	0.280
		2	0.284	0.277	11.321	0.003
		3	0.056	0.011	11.723	0.008
		4	0.270	0.204	21.068	0.000
		5	-0.004	-0.061	21.071	0.001
		6	0.185	0.082	25.523	0.000
		7	0.087	0.081	26.512	0.000
		8	0.079	-0.049	27.332	0.001
		9	0.013	-0.012	27.356	0.001
		10	0.126	0.068	29.485	0.001
		11	0.318	0.330	43.290	0.000
		12	0.146	0.072	46.221	0.000
		13	0.155	-0.008	49.563	0.000
		14	0.111	0.010	51.285	0.000
		15	0.245	0.123	59.784	0.000
		16	0.061	0.011	60.309	0.000
		17	0.145	-0.040	63.345	0.000
		18	0.082	-0.004	64.327	0.000
		19	0.064	-0.035	64.934	0.000
		20	-0.000	0.014	64.934	0.000
		21	0.110	0.028	66.757	0.000
		22	0.037	-0.112	66.963	0.000
		23	0.108	0.034	68.755	0.000
		24	0.058	0.040	69.282	0.000

마찬가지로 앞에서 EViews 8을 사용한 절차를 그대로 적용하여 CASE III에 해당하는 모형을 추정해보자.

$$<모형\ 2>\ y_t = w_0 X_{1,t} + w_1 X_{1,t-1} + w_0{}' X_{2,t} + w_1{}' X_{2,t-1} + w_2{}' X_{2,t-2} + \delta_1 y_{t-1} + \delta_2 y_{t-2} + N_t \quad \text{(C5.8)}$$

여기에서 $N_t = \epsilon_t$, ϵ_t는 백색잡음이다.

참고로 “Equation Estimation” 대화상자에 ‘cdrate callrate callrate(1) exchrate exchrate(1) exchrate(2) cdrate(1) cdrate(2)’을 입력시킨 후 실행한다.

[표 C5.26] 모형 3의 추정결과

Variable	Coefficient	Std. Error	t-Statistic	Prob.
CALLRATE	0.816254	0.089541	9.115947	0.0000
CALLRATE(1)	-0.628752	0.100791	-6.238174	0.0000
EXCHRATE	0.002033	0.000418	4.860128	0.0000
EXCHRATE(1)	-0.003617	0.000671	-5.391563	0.0000
EXCHRATE(2)	0.001737	0.000411	4.227456	0.0000
CDRATE(1)	1.110194	0.076034	14.60133	0.0000
CDRATE(2)	-0.316471	0.072812	-4.346396	0.0000

R-squared	0.984546	Mean dependent var	4.209262
Adjusted R-squared	0.983739	S.D. dependent var	1.028763
S.E. of regression	0.131185	Akaike info criterion	-1.168747
Sum squared resid	1.979101	Schwarz criterion	-1.007861
Log likelihood	78.29358	Hannan-Quinn criter.	-1.103400
Durbin-Watson stat	1.665145		

마찬가지로 추정된 모수 모두 통계적으로 유의하며, 추정된 잔차 상관함수에서 ‘시차 11’을 제외한 Q-통계량의 p값 모두가 유의수준 5%보다 크기 때문에 오차항계열에 남아 있는 자기회귀요소나 이동평균요소가 없다고 판정할 수 있다($N_t = \epsilon_t$).

[표 C5.27] 모형 3에 근거한 추정된 잔차 상관함수와 Q-통계량

Autocorrelation	Partial Correlation		AC	PAC	Q-Stat	Prob
		1	0.121	0.121	1.8327	0.176
		2	-0.068	-0.084	2.4139	0.299
		3	0.037	0.057	2.5881	0.460
		4	0.079	0.063	3.3968	0.494
		5	-0.120	-0.135	5.2506	0.386
		6	0.044	0.092	5.5048	0.481
		7	0.110	0.069	7.0868	0.420
		8	0.003	-0.012	7.0877	0.527
		9	-0.182	-0.160	11.544	0.240
		10	0.081	0.106	12.438	0.257
		11	0.237	0.210	20.079	0.044
		12	0.083	0.066	21.031	0.050
		13	0.041	0.055	21.260	0.068
		14	0.065	-0.018	21.851	0.082
		15	0.009	0.020	21.863	0.111
		16	0.020	0.092	21.922	0.146
		17	0.063	0.026	22.489	0.167
		18	0.064	-0.012	23.081	0.187
		19	-0.107	-0.120	24.775	0.168
		20	-0.061	0.022	25.330	0.189
		21	0.050	0.053	25.710	0.218
		22	-0.030	-0.092	25.844	0.258
		23	0.111	0.120	27.725	0.226
		24	0.065	-0.045	28.368	0.245

또한 주어진 잔차도표를 살펴보면 몇 개의 극단값을 발견할 수 있지만 잔차의 등분산성과 독립성이 시각적으로 만족함을 알 수 있다(그림 C5.28 참고).

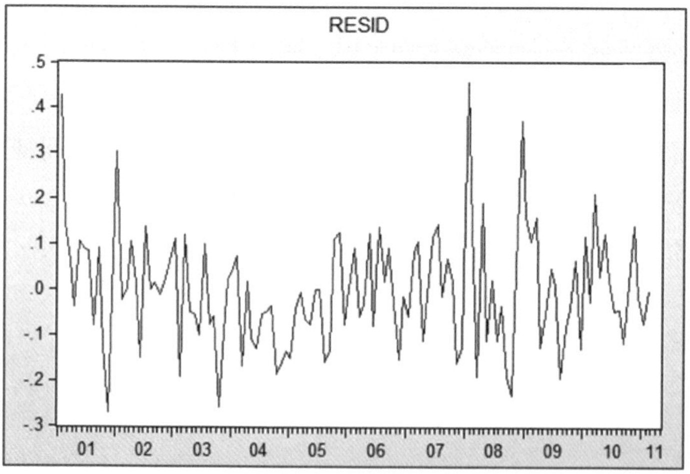

[그림 C5.28] 잔차도표

EViews 8을 사용하여 CASE IV를 추정해보자. "Equation Estimation" 대화상자에 'cdrate callrate callrate(1) exchrate exchrate(1) cdrate(1) cdrate(2)'을 입력한 후 실행한다.

참고로 상수항은 모형에서 제외시켰다(p값 = 0.2261). 모든 추정된 모수가 통계적으로 유의함을 확인할 수 있다(표 C5.29 참고).

[표 C5.29] CASE IV 추정결과

Variable	Coefficient	Std. Error	t-Statistic	Prob.
CALLRATE	0.854239	0.095348	8.959153	0.0000
CALLRATE(1)	-0.669671	0.107373	-6.236842	0.0000
EXCHRATE	0.001497	0.000427	3.507754	0.0006
EXCHRATE(1)	-0.001389	0.000444	-3.126644	0.0022
CDRATE(1)	1.083501	0.081094	13.36100	0.0000
CDRATE(2)	-0.275149	0.077222	-3.563086	0.0005

R-squared	0.982144	Mean dependent var	4.209262
Adjusted R-squared	0.981374	S.D. dependent var	1.028763
S.E. of regression	0.140402	Akaike info criterion	-1.040691
Sum squared resid	2.286660	Schwarz criterion	-0.902788
Log likelihood	69.48216	Hannan-Quinn criter.	-0.984679
Durbin-Watson stat	1.619150		

Autocorrelation / Partial Correlation

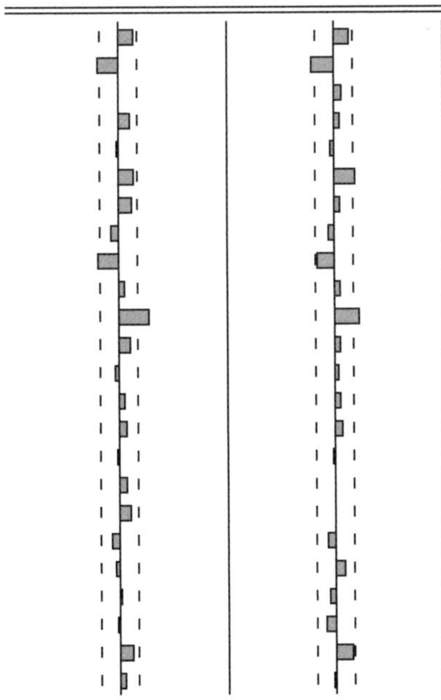

	AC	PAC	Q-Stat	Prob
1	0.138	0.138	2.3788	0.123
2	-0.190	-0.213	6.9466	0.031
3	0.007	0.073	6.9532	0.073
4	0.111	0.061	8.5448	0.074
5	-0.021	-0.038	8.5993	0.126
6	0.134	0.193	10.939	0.090
7	0.122	0.051	12.890	0.075
8	-0.074	-0.055	13.618	0.092
9	-0.200	-0.156	18.969	0.025
10	0.052	0.053	19.329	0.036
11	0.288	0.231	30.617	0.001
12	0.104	0.052	32.100	0.001
13	-0.031	0.040	32.235	0.002
14	0.046	0.052	32.537	0.003
15	0.072	0.074	33.276	0.004
16	-0.019	-0.011	33.329	0.007
17	0.071	0.004	34.062	0.008
18	0.103	-0.005	35.598	0.008
19	-0.080	-0.074	36.545	0.009
20	-0.042	0.090	36.808	0.012
21	0.020	-0.049	36.868	0.017
22	-0.017	-0.088	36.911	0.024
23	0.124	0.164	39.267	0.019
24	0.062	-0.022	39.868	0.022

[그림 C5.30] CASE IV에 근거한 추정된 잔차 상관함수와 Q-통계량

두 개의 잔차 상관함수의 '시차 2'에서 스파이크가 95% 신뢰한계선 밖으로 튀어나와 있기 때문에 잔차에 자기회귀요소 또는 이동평균요소가 남아 있을 것으로 판단된다. 우선

상수항을 제외한 CASE IV에 AR(2)요소를 추가시킨 모형을 고려할 수 있다. “Equation Estimation” 대화상자에 ‘cdrate callrate callrate(1) exchrate exchrate(1) cdrate(1) cdrate(2) ar(2)’을 입력한 후 실행한다.

$$\text{<모형 3>} \quad y_t = w_0 X_{1,t} + w_1 X_{1,t-1} + w_0{}' X_{2,t} + w_1{}' X_{2,t-1} + \delta_1 y_{t-1} + \delta_2 y_{t-2} + N_t \qquad \text{(C5.9)}$$

여기에서 $(1-\phi_2 B^2)N_t = \epsilon_t$, ϵ_t 는 백색잡음이다.

다음에 주어진 추정결과에서 추정된 모수 모두가 통계적으로 유의하며, 두 개의 잔차 상관함수에서 뚜렷하게 95% 신뢰한계선 밖으로 튀어나온 스파이크는 발견할 수 없으며, Q-통계량에 대응하는 p값 모두 유의수준 5%보다 크기 때문에 주어진 모형에 더 이상 추가시킬 요소가 없음을 알 수 있다(표 C5.31과 표 C5.32 참고).

[표 C5.31] 모형 3의 추정결과

Variable	Coefficient	Std. Error	t-Statistic	Prob.
CALLRATE	0.772082	0.084153	9.174732	0.0000
CALLRATE(1)	-0.648075	0.092834	-6.981027	0.0000
EXCHRATE	0.001194	0.000413	2.893914	0.0046
EXCHRATE(1)	-0.001101	0.000429	-2.569752	0.0115
CDRATE(1)	1.180812	0.075536	15.63239	0.0000
CDRATE(2)	-0.315668	0.072582	-4.349119	0.0000
AR(2)	-0.276085	0.087075	-3.170646	0.0020

R-squared	0.984375	Mean dependent var	4.178083
Adjusted R-squared	0.983546	S.D. dependent var	1.007116
S.E. of regression	0.129188	Akaike info criterion	-1.198536
Sum squared resid	1.885914	Schwarz criterion	-1.035932
Log likelihood	78.91213	Hannan-Quinn criter.	-1.132501
Durbin-Watson stat	1.824450		

[표 C5.32] 모형 3에 근거한 추정된 잔차 상관함수와 Q-통계량

Autocorrelation	Partial Correlation		AC	PAC	Q-Stat	Prob*
		1	0.084	0.084	0.8738	
		2	-0.023	-0.030	0.9392	0.332
		3	-0.054	-0.050	1.3055	0.521
		4	0.027	0.035	1.3967	0.706
		5	-0.083	-0.092	2.2644	0.687
		6	0.095	0.111	3.4182	0.636
		7	0.038	0.018	3.6059	0.730
		8	-0.101	-0.115	4.9351	0.668
		9	-0.119	-0.083	6.8022	0.558
		10	0.095	0.102	8.0037	0.534
		11	0.252	0.249	16.502	0.086
		12	0.059	0.013	16.975	0.109
		13	0.035	0.020	17.139	0.144
		14	0.035	0.051	17.305	0.186
		15	0.086	0.131	18.347	0.191
		16	-0.002	0.014	18.347	0.245
		17	0.059	-0.014	18.846	0.277
		18	0.024	0.018	18.931	0.333
		19	-0.110	-0.054	20.672	0.296
		20	-0.056	0.023	21.129	0.330
		21	0.031	-0.025	21.275	0.381
		22	-0.013	-0.093	21.301	0.441
		23	0.068	0.090	22.009	0.459
		24	0.038	0.011	22.235	0.506

잔차도표 역시 앞과 동일한 결과이다(출력결과 생략).

이제 마지막으로 상수항을 제외한 CASE IV에 MA(2)요소를 추가시킨 모형을 고려할 수 있다. “Equation Estimation” 대화상자에 ‘cdrate callrate callrate(1) exchrate exchrate(1) cdrate(1) cdrate(2) ma(2)’을 입력한 후 실행한다.

<모형 4>
$$y_t = w_0 X_{1,t} + w_1 X_{1,t-1} + w_0' X_{2,t} + w_1' X_{2,t-1} + w_2' X_{2,t-2} + \delta_1 y_{t-1} + \delta_2 y_{t-2} + N_t \qquad (C5.10)$$

여기에서 $N_t = (1-\theta_2 B^2)\epsilon_t$, ϵ_t는 백색잡음이다.

앞과 마찬가지로 추정결과, 두 개의 잔차 상관함수 및 Q-통계량에 대응하는 p값 모두 동일한 결과를 얻어 고려한 모형 4에 더 이상 추가시킬 요소가 없음을 알 수 있다(표 C5.33과 표 C5.34 참고).

[표 C5.33] 모형 4의 추정결과

Variable	Coefficient	Std. Error	t-Statistic	Prob.
CALLRATE	0.815973	0.084045	9.708728	0.0000
CALLRATE(1)	-0.741200	0.090821	-8.161138	0.0000
EXCHRATE	0.001278	0.000421	3.035232	0.0030
EXCHRATE(1)	-0.001223	0.000437	-2.798385	0.0060
CDRATE(1)	1.188652	0.078136	15.21254	0.0000
CDRATE(2)	-0.269388	0.074720	-3.605293	0.0005
MA(2)	-0.360304	0.086659	-4.157729	0.0001

R-squared	0.983481	Mean dependent var	4.209262
Adjusted R-squared	0.982619	S.D. dependent var	1.028763
S.E. of regression	0.135628	Akaike info criterion	-1.102138
Sum squared resid	2.115416	Schwarz criterion	-0.941252
Log likelihood	74.23044	Hannan-Quinn criter.	-1.036791
Durbin-Watson stat	1.800600		

[표 C5.34] 모형 4에 근거한 추정된 잔차 상관함수와 Q-통계량

Autocorrelation	Partial Correlation		AC	PAC	Q-Stat	Prob*
		1	0.059	0.059	0.4410	
		2	0.040	0.036	0.6384	0.424
		3	-0.091	-0.096	1.6997	0.427
		4	0.094	0.105	2.8213	0.420
		5	-0.109	-0.117	4.3464	0.361
		6	0.092	0.096	5.4442	0.364
		7	-0.001	0.010	5.4444	0.488
		8	-0.081	-0.124	6.3051	0.505
		9	-0.171	-0.120	10.225	0.250
		10	0.026	0.027	10.320	0.325
		11	0.221	0.245	16.967	0.075
		12	0.082	0.037	17.902	0.084
		13	0.015	-0.008	17.932	0.118
		14	0.039	0.051	18.142	0.152
		15	0.086	0.089	19.178	0.158
		16	-0.015	0.005	19.210	0.204
		17	0.039	-0.027	19.433	0.247
		18	0.048	0.023	19.766	0.286
		19	-0.098	-0.074	21.164	0.271
		20	-0.055	0.053	21.615	0.304
		21	0.003	0.007	21.616	0.362
		22	-0.013	-0.090	21.644	0.420
		23	0.090	0.137	22.889	0.408
		24	0.069	0.062	23.632	0.424

*Probabilities may not be valid for this equation specification.

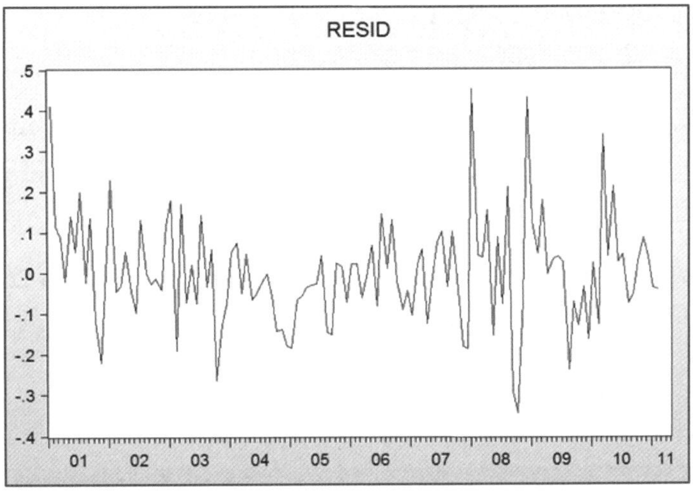

[그림 C5.35] 잔차도표

C5.5 최종모형

C5.4절에서 4개의 타당한 전이함수모형을 구축하였다. 최적인 동적회귀모형을 찾기 위해서는 당연히 그 우위를 따져보아야 할 것이다. 이 경우 모형적합도를 측정하는 여러 개의 통계량과 Q-통계량을 비교함으로써 적합된 모형이 자료를 얼마나 잘 설명하는지 비교할 수 있을 것이다. 물론 통계량을 비교하여 우위를 찾지 못한다면 '모수절약의 원리'를 적용해야 할 것이다.

[표 C5.36] 모형통계량을 이용한 동적회귀모형 비교

모형통계량	모형 1	모형 2	모형 3	모형 4
R 제곱	**0.9845**	**0.9845**	0.9844	0.9835
수정 R 제곱	**0.9840**	0.9837	0.9835	0.9826
SE Reg	**0.1280**	0.1311	0.1292	0.1356
Akaike	**-1.2324**	-1.1687	-1.0359	-1.1021
Schwartz	**-1.1169**	-1.0079	-1.0359	-0.9413
Hannan-Quinn	**-1.1854**	-1.1034	-1.1325	-1.0368

모형통계량의 관점에서 '모형 1'이 나머지 세 개의 모형에 비해 전반적으로 각 통계량

에서 우위에 있음을 확인할 수 있다.

마지막으로 CD금리 및 콜금리에 대한 잔차 교차상관함수를 구하기 위해서는 입력변수인 콜금리를 ARIMA(0,1,2) 모형으로 적합한 후 생성된 잔차(resid_exchrate)와 출력변수 CD금리를 동적회귀모형(모형 1)에 적합 후 생성된 잔차(resid_cdrate) 간의 상관계수를 구하면 된다.

앞과 동일하게 풀다운 메뉴에서 **Quick → Group Statistics → Cross Correlogram**을 선택한 후 '변수'란에 두 개의 잔차를 동시에 입력시킨다. 그리고 "Series List" 대화상자에 두 개의 잔차를 입력한다. 그리고 시차수에 통상 '10'을 입력한다.

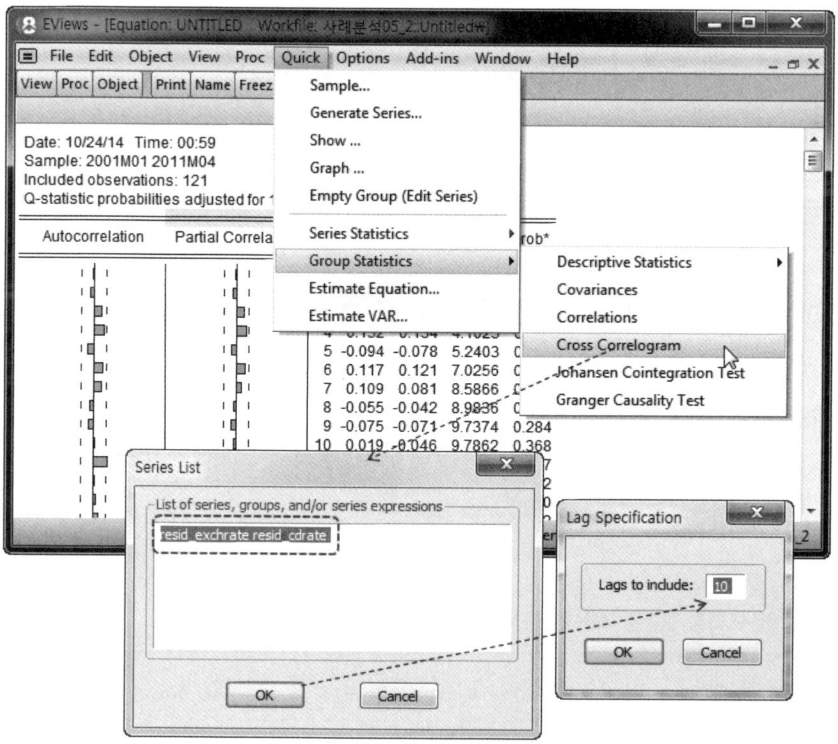

[표 C5.37] 잔차 교차상관함수

RESID_CDRATE,RESID_...	RESID_CDRATE,RESID_...	i	lag	lead
		0	0.1725	0.1725
		1	-0.0524	0.1440
		2	-0.0231	0.0278
		3	0.0020	-0.1837
		4	-0.0690	0.2527
		5	0.0878	0.1546
		6	-0.0200	0.1550
		7	0.0669	-0.0300
		8	-0.0580	0.0108
		9	0.1721	0.0979
		10	-0.0514	0.0135

잔차 교차상관함수(표 C5.37)에서 대부분의 잔차 교차상관계수가 신뢰한계선 안에 놓여 있기 때문에, 최종 선택한 동적회귀모형이 대미환율(exchrate)에 대한 반응을 적절하게 포착한다고 결론지을 수 있다.

마찬가지로 CD금리 및 콜금리에 대한 잔차 교차상관함수를 구하여 최종 선택한 동적회귀모형이 콜금리(callrate)에 대한 반응을 적절하게 포착하는지 여부는 독자의 몫으로 돌린다.

따라서 최종적으로 구축한 동적회귀모형은 다음과 같이 표현할 수 있다.

$$y_t = 0.80769 X_{1,t} + 0.00059 X_{2,t} + 0.46147 X_{2,t-1} - 0.34043 X_{2,t-2} + N_t \quad \text{(C5.11)}$$

여기에서 $(1-0.75779)N_t = \epsilon_t$이다.

만일 최종모형에 대한 static 예측값을 산출하고 싶다면, 우선 C5.3.3절에서 최적모형으로 구축한 설명변수(콜금리, 대미환율)의 2011년 5월 예측값을 산출한 후 이 예측값을 향후 설명변수로 입력하여 해당변수에 저장한다. 그리고 최적 동적회귀모형으로 선정한 <모형 1>, 즉 (C5.15)에 추정한 후 Proc → Forecast...를 선택한다. 그리고 다른 예측 절차와 동일하게 실시하면 된다. 이는 독자의 몫으로 돌린다.

C5.6 [사례분석 5]를 마치며…

1) 동적회귀모형은 크게 두 개의 부분, 즉 전이함수 부분과 오차항 부분으로 구분할 수 있으며, 적절한 동적회귀모형을 찾기 위해서는 ARIMA 모형을 설정할 때와 마찬가지로 한 개 이상의 모형을 식별한 후 각 모형에 대한 모수들을 추정하고 모형의 타당성을 검정하기 위해 주의깊게 검진을 해야 한다. 동적회귀모형이 적절하지 않을 경우 단변량 ARIMA 모형을 대안으로 사용할 수 있다. 물론 가장 중요한 모형의 사용 기준은 예측력이다.

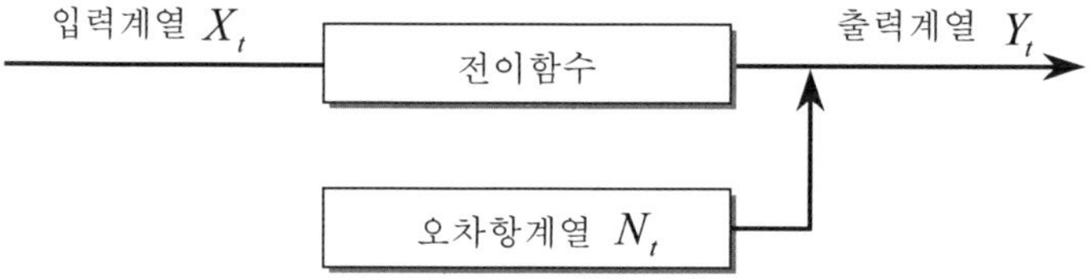

[그림 C5.38] 전이함수의 개념

2) 본 사례분석에서는 다중 입력변수(즉, 입력변수가 두 개 이상)가 포함된 동적회귀모형에 대해 살펴보았다. 이는 단지 입력변수가 하나인 동적회귀모형을 확장시킨 것에 불과하다. 다시 말해서 각 입력변수에 대한 전이함수를 독립적으로 식별하여 가법(additive) 형태로 전이함수를 만들면 된다. 물론 동적회귀모형에서 여러 입력변수들 중 일부를 추가 및 제거하면 모형에 포함된 나머지 입력변수들에 대한 각각의 추정된 임펄스 반응변수를 크게 변화시킬 수 있다.

5장 / 벡터자기회귀모형

벡터자기회귀모형은 1980년 초에 기존 거시계량경제모형에서 고려한 가정의 적절성을 의문시하여 제시된 분석모형으로, Sim(1980)에 의해 처음 소개되었다. 특히 Sim은 기존모형에서 모수를 식별하기 위해서 사용된 제약조건들 때문에 모형에 필요하다고 판단되는 변수(들) 또는 각 변수의 과거시차 값을 제외시키거나 특정변수(들)를 외생변수(exogenous variable)로 택하는 문제점이 있다고 주장하였으며, 이러한 문제점을 감안하여 시스템 내 있는 각 변수의 현 수준이 자신 또는 다른 변수의 과거 움직임에 좌우된다는 관점을 관철시킨 동적인 연립방정식 시스템으로 벡터자기회귀모형(vector autoregression model, VAR model)을 제안하였다. 이 모형의 내생변수의 벡터는 자신과 다른 변수의 시차값(lagged value)의 선형함수로 표현하며, 모형 내 같은 시점의 외생변수 또는 시차를 갖는 외생변수도 포함할 수 있다. 즉, 모형 내의 모든 변수들에 대한 시차변수들을 동시에 설명변수로 이용하여 결과를 분석할 수 있다. 특히 VAR 모형에 내포된 점은, 분석자의 주관성을 고려하지 않고 특정 경제이론에 근거하지 않았기 때문에 변수 간의 관계를 자료에 근거하여 판단하여 정형화된 이론의 적용을 배제한다. 다시 말해서 경제이론보다는 실제 자료에서 도출된 정보를 최대로 이용하여 결과를 분석한다.

VAR 모형은 단변량 자기회귀모형을 다변량 버전으로 확장시킨 모형으로, 간단한 구조를 가정함에도 불구하고 단변량 자기회귀모형보다 훨씬 신축적으로 대상변수들의 자기상관구조를 모형화할 수 있는 장점이 있으며, 변수들의 움직임에 대한 사전적 이론적 지식이 없어도 순전히 변수들의 시계열적 행태를 기초하여 간단한 예측을 실행할 수 있는 유용한 시계열모형이다. 그러나 고려한 변수, 시차길이 등에 따라 결과해석이 달라질 수 있으며, 특히 시차길이를 크게 잡으면 효율성이 떨어지는 단점이 있다. VAR 모형은 동적회귀모형과는 달리 외생변수를 내생변수로 포함시켜 피드백을 고려한다. 다시 말해서 설명변수로 자기 자신의 시차뿐만 아니라 다른 변수들의 시차들도 포함시킨다.

VAR 모형은 오차항을 구조적으로 해석하며 식별 제약의 일부가 오차항의 공분산행렬에 가해진다는 특장을 가지고 있고, 가장 큰 특징은 첫째, 충격반응분석(impulse response analysis)을 통하여 어떠한 한 변수의 변화가 내생변수에 미치는 동태적 반응을 파악할 수 있다. 둘째, 분산분해(variance decomposition)를 통하여 각 내생변수의 변동이 전체 변동에 기여한 부분의 상대적 크기를 분석할 수 있다. 그러나 VAR 모형은 사용되는 변수가 많지 않기 때문에 분석결과가 선택된 적은 수의 변수, 모형 구축 시 변수들의 배열순서, 표본기간, 시차길이 등를 따라서 결과가 달라질 수 있다는 약점이 있다(권문순, 1997).

5.1 벡터자기회귀모형의 형태

본 절에서는 단변량 자기회귀(AR) 모형을 일반화한 VAR 모형에 대해서 살펴보기로 한다. 일반화된 형태의 표기법을 사용하기 위해 단변량 자기회귀모형과 마찬가지로 차수가 p인 VAR(p) 모형을 다음과 같이 표현할 수 있다.

$$\begin{aligned} y_t &= C + A_1 y_{t-1} + A_2 y_{t-2} + \cdots + A_p y_{t-p} + \epsilon_t, \quad t = 1, \cdots, T \\ &= C + \sum_{i=1}^{p} A_i y_{t-i} + \epsilon_t \end{aligned} \tag{5.1}$$

여기에서

$y_t = (y_{1,t}, y_{2,t}, \cdots, y_{n,t})'$는 $k \times 1$ 벡터

$$A_j = \begin{bmatrix} A_{11j} \cdots A_{ikj} \\ \vdots \quad \cdots \quad \vdots \\ A_{k1j} \cdots A_{kkj} \end{bmatrix}, \quad j = 1, 2, \cdots, p$$

$C = (c_1, c_2, \cdots, c_k)'$는 $n \times 1$ 상수벡터

x_t는 d-벡터인 결정적 변수

$y_{t,p} = (y_{1,t-i}, y_{2,t-i}, \cdots, y_{k,t-i})'$는 $k \times 1$ 벡터

$\epsilon_t = (\epsilon_{1t}, \epsilon_{2t}, \cdots, \epsilon_{kt})'$는 $k \times 1$ 오차항벡터

$E(\epsilon_t) = 0$

$$E(\epsilon_i \epsilon_j') = \begin{Bmatrix} \Omega, & i = j \\ 0, & i \neq j \end{Bmatrix}$$

이다. 식 (5.1)은 단변량 자기회귀모형과 마찬가지로 다음과 같이 간단히 표현할 수 있다.

$$A(L) y_t = C + \epsilon_t \tag{5.2}$$

여기에서 $A(L) = (I_n - A_1 L - \cdots - A_p L^p)$는 행렬다항식이며 I_n은 $k \times k$ 단위항렬이다. 식 (5.1)에서 보는 바와 같이, VAR 모형은 주어진 단변량 시계열의 현재 움직임이 자신의 과거시차 값뿐만 아니라 다른 시계열의 과거값에 대해서도 영향을 받아 결정될 때 유용하게 사용될 수 있으며, 식별을 하기 위해 외생변수에 대한 제약이 없거나 외생변수를 제외시키지 않는 점이 기존 연립방정식모형과 차이가 있다.

한 예로 산업생산(IP)과 통화공급(MS)이 VAR 모형으로 연관되어 있고 상수항이 유일

한 외생변수이며, VAR 모형은 내생변수 두 개의 시차값들이 포함된다고 가정하면 다음과 같이 VAR 모형을 표현할 수 있다.

$$IP_t = c_1 + a_{11} IP_{t-1} + a_{12} MS_{t-1} + b_{11} IP_{t-1} + b_{12} MS_{t-2} + \epsilon_{1t}$$

$$MS_t = c_2 + a_{21} IP_{t-1} + a_{22} MS_{t-1} + b_{21} IP_{t-1} + b_{22} MS_{t-2} + \epsilon_{2t}$$

여기에서 a_{ij}, b_{ij}, c_i 는 추정모수이다.

5.2 분석절차 및 로드맵

다음에 주어진 전략은 실제 분석에서 효율적으로 단순화된 VAR 모형을 구축하기 위한 방법이다. [실전분석전략 1]은 VAR 모형 구축하기 위한 전반적인 절차이며, [실전분석전략 2~5]는 실전전략 1에 관련하여 식 (5.1)의 VAR 모형을 식별하기 위한 것이다.

[실전분석전략 1] VAR 모형을 추정하기 위한 절차는 다음과 같다.

단계 1. 모형 내에 포함시킬 외생변수와 내생변수를 설정한다.

단계 2. 외생변수(들)의 시차길이(p)를 식별한다.

단계 3. 외생변수와 내생변수들에 대한 차분 여부와 차분횟수를 결정한다.

단계 4. 공적분(cointegration)에 대한 검정을 실시한다.

단계 5. Granger 인과관계검정을 사용하여 인과관계에 대한 검정을 한다.

단계 6. 만일 공적분 방정식(들)이 존재하지 않으면 VAR 모형을 추정하고, 그렇지 않으면 벡터오차수정모형(vector error correction model)을 추정한다.

단계 7. VAR 모형에 대한 정상성(stationarity)을 검정한다.

단계 8. 충격반응함수(impulse response function)를 사용하여 VAR 모형에 포함된 변수들의 움직임에 다른 영향도를 조사한다.

단계 9. 주어진 변수의 변동이 다른 변수의 변동성(volatility)을 얼마만큼 설명할 수 있는지 결정하기 위해서 예측오차분산분해를 추정한다.

[실전분석전략 2] (단계 2) 모형 내에 포함시킬 시차길이(p)를 식별하기 위해서 몇 가지 도구(가능도비검정, *AIC*, *SIC* 등)를 사용할 수 있으며, 가장 좋은 적합모형은 가능도비를

최대화 또는 나머지 세 가지 통계량을 최소화한 시차길이를 택하는 것이다. 실제 분석에서는 적절한 모형설정을 위해서 주로 AIC(Akaike information criterion, 1976)와 SC(Schwartz information criterion, 1978)가 사용되며, AIC는 VAR(p) 모형에서 상수항이 없는 경우를 가정하고 다음과 같다.

$$AIC = \ln|\hat{\Omega}_p| + \frac{2(np+1)}{T-P} \quad (5.3)$$

여기에서 $\widehat{\Omega}_p$는 VAR(p) 모형을 가정하고 구한 오차항벡터의 공분산행렬, T는 유효 표본관측치의 수를 나타낸다. *AIC*는 소표본에서 일치성을 만족하지 않을 수 있으며, 시차 p를 불필요하게 큰 값으로 판정하는 경향이 있다. 또 다른 통계량인 *SIC*는 다음과 같다.

$$SC(p) = \ln|\widehat{\Omega}_p| + \frac{(np+1)\ln(T-p)}{T-P} \quad (5.4)$$

물론 작은 *AIC*, *SIC* 값을 갖는 시차가 선택된다.

또 다른 방법으로 가능도비검정법(likelihood ratio test, LR test)은 우선 가능한 VAR 모형을 충분히 반영할 수 있는 시차의 길이(p)를 선택한다. VAR 모형에서 추정하여야 할 모수의 개수는 임의의 최대시차를 고정한 후 시차를 줄이면서 추정된 VAR 모형의 추정 오차를 이용한다. 대립가설 $H_1: p = p_1$에 대하여 귀무가설 $H_0: p = p_0$의 LR 통계량은 다음과 같이 정의된다.

$$LR = (T - p_1)\left(\ln|\hat{\Omega}_{p_0}| - \ln|\hat{\Omega}_{p_1}|\right) \quad (5.5)$$

여기에서 $|\widehat{\Omega_{p_1}}|$은 비제약모형인 VAR(p_1)에 근거한 잔차공분산행렬 추정값, $|\widehat{\Omega_{p_0}}|$은 제약모형인 VAR(p_1)에 근거한 잔차공분산행렬의 추정값이다.

EViews 8에서 모형 내에 포함시킬 시차길이(p)를 식별하기 위해서는 다음에 주어진 "VAR Specification" 대화상자에서 'lag Intervals for Endogenous'에 적당한 값(예: 1 2, 1 3, 1 4 등)을 입력한 후 반복계산한다. 그리고 출력계산된 *AIC*와 *SC* 값을 비교하여 가장 작은 값을 가진 시차를 결정하면 된다.

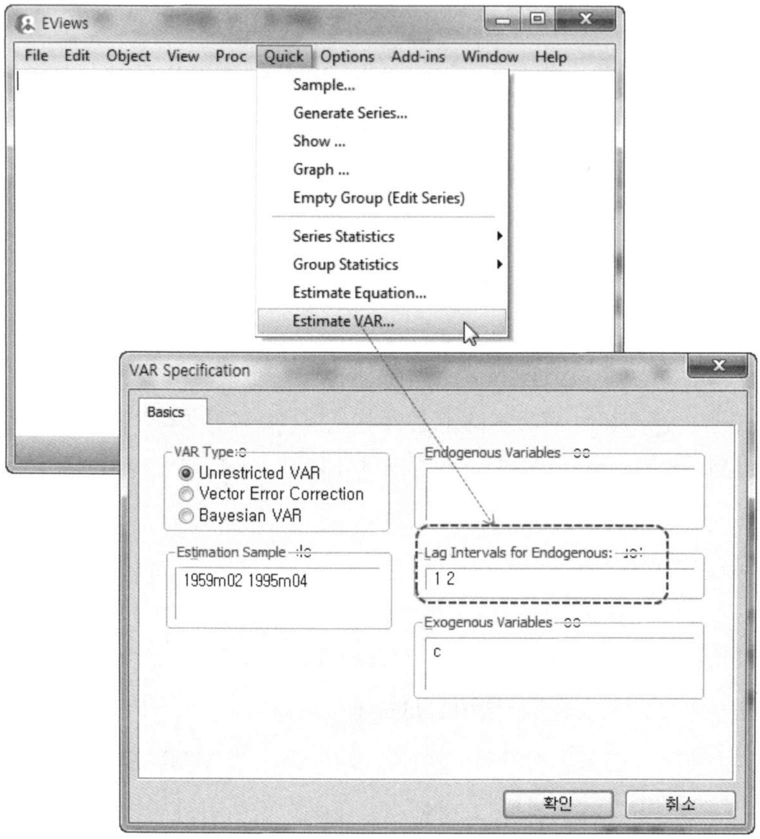

[실전분석전략 3] (단계 3과 단계 7) 임의보행(random walk) 시계열과 같은 비정상적인 시계열인 경우, 통상적인 최소제곱법(OLS)에 근거한 추정량은 일치성(consistent)을 만족하지 못한다. 또한 시계열 변수 사이에 아무런 상관관계가 존재하지 않는다 하더라도 표본크기가 증가함에 따라 추정된 회귀계수의 t-검정통계량이 커지고 결정계수가 큰 값을 가지며 표면적으로 상관관계가 존재하는 것처럼 보이는 '가성적 회귀현상(spurious regression)'의 문제가 발생하게 된다. 따라서 시계열자료의 정상성을 점검한 후에 다음 단계를 진행해야 할 것이다. 마찬가지로 벡터시계열을 모형화하는 경우에도 단변량 시계열모형과 마찬가지로 다음과 같은 정상성(stationarity)조건을 만족해야 한다.

- 모든 t에 대해 $E(y_t) = \mu < \infty$, 즉 평균이 일정하다.
- 모든 t에 대해 $Var(y_t) = \gamma(0) < \infty$, 즉 분산이 상수이다.
- 모든 t, h에 대해 $Cov(y_t, y_{t+k}) = E[(y_t - \mu)(y_{t+h} - \mu)'] = \gamma(|t-k|) < \infty$, 즉 두 시점 사이의 자기공분산이 시차(lag)에만 의존한다.

정상성을 점검하기 위해 Q-통계량(Box와 Pierce, 1970)인 $Q= T\sum_{k=1}^{m}\hat{\rho}_k^2$ 과 LB-통계량(Ljung과 Box, 1978)인 $LB = T(T+2)\sum_{k=1}^{m}\left(\frac{\hat{\rho}_k^2}{T-k}\right)$을 사용할 수 있으며 계산된 두 개의 통계량값이 작을수록 정상성을 만족한다. 여기에서 T은 표본크기, m은 시차길이, $\hat{\rho}_k$는 표본상관함수이다.

정상성을 점검하기 위해 보다 널리 사용되는 또 다른 방법으로, 1장 ARIMA 모형에서 살펴본 확장된 DF 단위근검정(augmented Dickey-Fuller; ADF unit root test, Dickey & Fuller, 1979)을 실시한다. 계산된 검정통계량의 절대값이 임계값보다 작으면 정상성을 만족하지 못하기 때문에 단위근이 하나 이상 존재한다는 귀무가설을 채택한다. 단위근이 존재함은 주어진 시계열의 평균이 비정상적임을 의미한다. 단위근검정에 대해서는 이미 1부에서 자세히 다루었기 때문에 생략하기로 한다.

[실전분석전략 4] (단계 4) 비정상적인 변수들 사이에 어떤 장기적 균형 관계가 존재하여 이들이 장기적으로 같은 움직임을 보이는지 여부는 1차 적분된 I(1)인 시계열들 사이에 선형결합이 존재하여 이 결합이 안정적인 시계열이 된다면 이들은 '공적분 관계가 있다(cointegrated)'고 정의한다(Engle과 Granger, 1987). 이를 수학적으로 표현하면 다음과 같다.

> $x_t = (X_{t,1}, \cdots, X_{t,k})'$, $X_{t,1} \sim I(1), \cdots, X_{t,k} \sim I(1)$일 때 벡터 $a \neq \mathbf{0}$에 대해 $\boldsymbol{a}'x_t \sim I(0)$이면, 시계열 x_t는 '공적분관계에 있다'고 하며, a를 '공적분벡터(cointegrating vector)'라고 한다.

만일 두 개의 시계열이 서로 공적분되었다면, 이 두 시계열 사이의 차이는 정상적인 시계열이 되며 평균이 '0'으로 회귀하려는 경향이 있다. 즉, 두 개의 시계열 각각 확률적 추세를 유지하되 이들 간의 공적분을 그들의 장기균형관계로, 이들 간의 차이는 불균형 오차로 이해하면 된다. 따라서 두 개의 시계열의 차이의 평균회귀 경향은 두 시계열의 장기균형을 유지하려는 균형력으로 간주할 수 있다(박준용 외 2인, 2002).

차수가 p 인 VAR 모형인 식 (5.1)에서 y_t가 비정상적인 I(1)변수들이라면, Dickey-Fuller 단위근검정을 다변량 버전으로 확장시킨 아래 주어진 모형으로 다시 표현할 수 있다.

$$\Delta y_t = \mu + \Pi y_{t-1} + \sum_{i=1}^{p-1} \Gamma_i \Delta y_{t-i} + B x_t + \epsilon_t \tag{5.6}$$

여기에서 $\Pi = \sum_{i=1}^{p} A_i - I, \quad \Gamma_i = -\sum_{j=i+1}^{p} A_j$이다. 만일 계수행렬 Π의 계수 $r < k$이면, $\Pi = \alpha\beta'$이며 $\beta' y_t \sim I(0)$을 만족하는 행렬 $\alpha_{k\times r}, \beta_{k\times r}$이 존재한다. 여기에서 r은 공적분 관계의 수(즉, 공적분 계수)이며 β의 각 열이 공적분 벡터가 된다.

공적분 존재 여부는 여러 가지 검정방법 중 최근 많이 사용하는 방법인 'Johansen 공적분검정(Johansen, 1991)'을 이용한다. 이것은 unrestricted VAR 모형으로부터 행렬 Π를 추정하며 Π의 축약된 계수에 가해진 제약을 기각하는지 여부를 검정하는 방법이다.

Johansen의 공적분검정을 하기 위해서 EViews 8의 32장에 수록된 var1.wf1에 주어진 3개의 시계열자료[산업생산(IP), 통화량(M1), 이자율(TB3)]를 예를 들어 설명하기로 하자.

EViews 8 풀다운 메뉴의 **Quick → Group Statistics → Johansen Cointegration Test**를 클릭한 후 열리는 "Series List" 대화상자에 고려하는 세 개의 변수들을 입력한다. 그리고 "Johansen Conintegration Test" 대화상자에서 산업생산(IP)에 대한 자기회귀요소의 차수를 결정하기 위해서 편자기상관함수를 계산한 결과 차수가 '2'인 자기회귀형태를 가짐을 확인할 수 있다. 따라서 공적분검정의 시차구간(lag interval)에 '1 2'를 입력한다. 물론 외생변수(Exog variable)에 c를 입력한다.

공적분의 검정모형은 앞에서 공적분 정의에서 언급한 x_t에 추세가 있는지, 또는 공적분 방정식에 절편 또는 추세가 있는지 여부에 따라 5가지로 구분한다.

1) x_t가 결정적 추세가 없고 공분산 방정식에 절편이 없는 경우:

$$H_2(r) : \Pi x_{t-1} + B x_t = \alpha\beta' y_{t-1}$$

2) x_t가 결정적 추세가 없고 공분산 방정식에 절편이 존재하는 경우:

$$H_1^*(r) : \Pi x_{t-1} + B x_t = \alpha(\beta' y_{t-1} + \rho_0)$$

3) x_t가 선형추세가 있지만 공분산 방정식에 절편만 존재하는 경우:

$$H_1(r) : \Pi x_{t-1} + B x_t = \alpha(\beta' y_{t-1} + \rho_0) + \alpha_\perp \gamma_0$$

여기에서 $\alpha_\perp$는 $\alpha_\perp{}'\alpha_\perp = 0$을 만족하는 'null space'로 정의한다.

4) x_t와 공분산 방정식 모두 선형추세가 존재하는 경우:

$$H^*(r): \Pi x_{t-1} + Bx_t = \alpha(\beta' y_{t-1} + \rho_0 + \rho_1 t) + \alpha_\perp \gamma_0$$

5) x_t가 2차 시간추세가 있고 공분산 방정식에 선형추세와 절편이 존재하는 경우:

$$H(r): \Pi x_{t-1} + Bx_t = \alpha(\beta' y_{t-1} + \rho_0 + \rho_1 t) + \alpha_\perp(\gamma_0 + \gamma_1 t)$$

일반적으로 x_t에 현저한 추세를 발견할 수 있으면 3)을 선택한다.

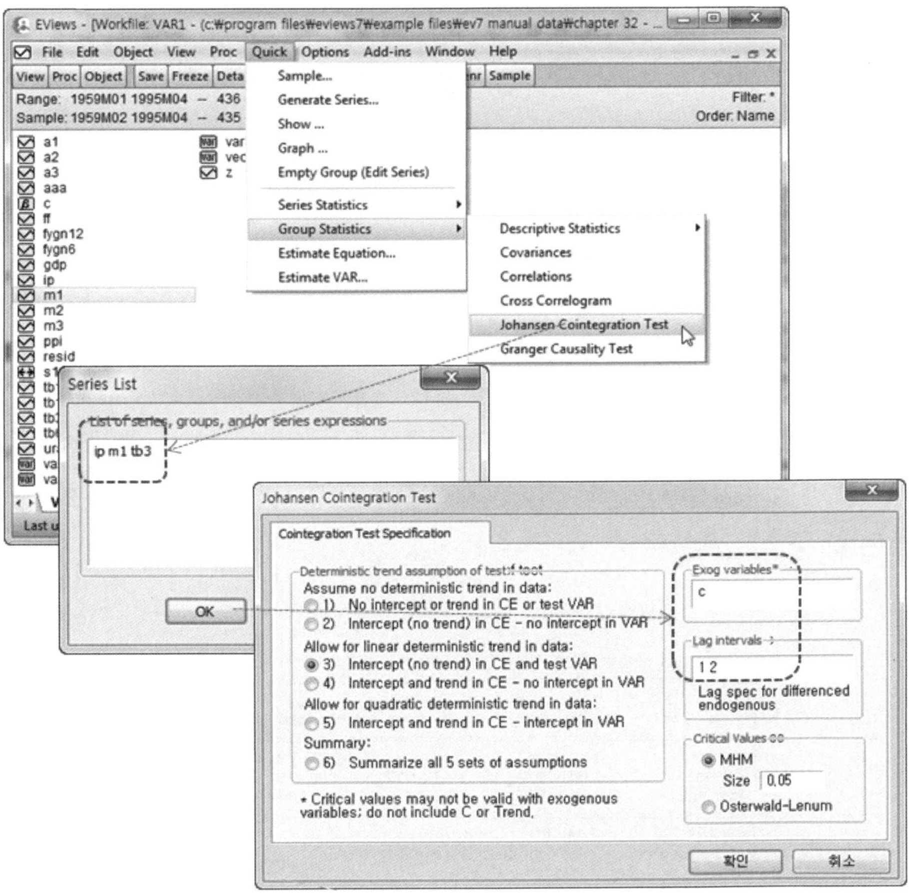

아래 주어진 첫 결과(trace)는 대립가설이 $k(k>r)$개의 공적분 관계에 대해서 귀무가설 r개의($r=0,1,\cdots,k-1$) 공적분 관계가 있다 즉, 귀무가설이 '공적분 벡터의 수가 r개보다 작거나 같다'는 것을 검정한 것으로, 귀무가설에 대한 '대각선 요소의 합(trace) 검정 통계량'은

$$\lambda_{tracr}(r) = -T\sum_{i=r+1}^{k}\log(1-\lambda_i)$$

이며, λ_i는 행렬 Π의 i번째 가장 큰 고유값이며, T는 유효관측값의 수를 나타낸다. '공적분이 존재하지 않는다, 공적분 벡터 수가 많아야 한 개 존재한다, 공적분 벡터 수가 많아야 두 개 존재한다'는 각각의 귀무가설에 대한 검정결과를 확인할 수 있다.

첫 열은 귀무가설에서 공적분 관계의 수, 두 번째는 식 (5.6) 행렬 Π의 고유값들, 셋째 열은 검정통계량 값, 마지막 열은 5%와 1%의 임계값을 나타낸다.

첫 번째 귀무가설인 H_0: $r=0$인 경우 p값(0.0005)이 매우 작기 때문에 귀무가설을 기각할 수 있다. 또한 두 번째 귀무가설인 H_0: $r \le 1$인 경우 마찬가지로 귀무가설을 기각할 수 있으나, 세 번째 귀무가설인 H_0: $r \le 2$은 유의수준 5% 또는 1%에서 귀무가설을 채택해야 할 것이다.

마찬가지로 두 번째 출력결과는 앞과 동일한 귀무가설에서 '최대 고유값 통계량'으로 다음과 같이 정의한다.

$$LR_{\max}(r|r+1) = -T\log(1-\lambda_{r+1}),\ r = 0,1,\cdots,k-1.$$

앞과 동일한 결과이므로 해석은 생략하기로 한다.

따라서 Trace 통계량과 최대 고유값 통계량 결과에 근거하여 최소 2개의 공적분 방정식이 존재하며, 산업생산(IP)이 통화량(M1)과 이자율(TB3)과의 관계에서 장기적 균형관계가 성립하는 것으로 해석할 수 있다.

[표 5.1] 공적분검정 결과

Unrestricted Cointegration Rank Test (Trace)

Hypothesized No. of CE(s)	Eigenvalue	Trace Statistic	0.05 Critical Value	Prob.**
None *	0.052406	44.53354	29.79707	0.0005
At most 1 *	0.040027	21.22533	15.49471	0.0061
At most 2	0.008136	3.537175	3.841466	0.0600

Trace test indicates 2 cointegrating eqn(s) at the 0.05 level
* denotes rejection of the hypothesis at the 0.05 level
**MacKinnon-Haug-Michelis (1999) p-values

Unrestricted Cointegration Rank Test (Maximum Eigenvalue)

Hypothesized No. of CE(s)	Eigenvalue	Max-Eigen Statistic	0.05 Critical Value	Prob.**
None *	0.052406	23.30822	21.13162	0.0243
At most 1 *	0.040027	17.68815	14.26460	0.0138
At most 2	0.008136	3.537175	3.841466	0.0600

Max-eigenvalue test indicates 2 cointegrating eqn(s) at the 0.05 level
* denotes rejection of the hypothesis at the 0.05 level
**MacKinnon-Haug-Michelis (1999) p-values

따라서 변수 간에 유의한 공적분관계가 존재하기 때문에 장기 균형관계를 고려한 벡터 오차수정모형(vector error correction model, VECM)을 적용해야 할 것이다.

[실전분석전략 5] (단계 5) Granger 인과관계검정(Granger 1969, 1980)을 사용하여 시계열 변수 사이의 인과관계를 검정한다. 이 검정은 한 변수가 다른 변수를 예측하는 데 도움이 되지 않는다는 귀무가설에 대한 검정이라고 할 수 있다. 만일 변수 X와 Y간의 어떤 것이 원인이 되었는지 확인하기 위한 분석모형으로 다음과 같은 회귀방정식을 고려할 수 있다.

$$y_t = \sum_{i=1}^{p} \alpha_i x_{t-i} + \sum_{j=1}^{p} \beta_j y_{t-j} + \epsilon_{1t}$$
$$x_t = \sum_{i=1}^{n} \gamma_i x_{t-i} + \sum_{j=1}^{n} \delta_j y_{t-j} + \epsilon_{2t}$$

앞 두 개의 방정식에 관련하여 x의 과거시차의 값들이 첫 번째 회귀방정식에 대한 설명력을 증가시켰는지 여부를 F-검정을 통해 알 수 있다. 이에 관련된 검정통계량은 다음과 같다.

$$F = \frac{(RSS_0 - RSS_A)/p}{RSS_A/(T-2p-1)} \sim F(p, T-2p-1)$$

여기에서 RSS_0은 제약조건을 부여할 때 잔차제곱합, RSS_A는 제약조건을 부여하지 않을 때 잔차제곱합, p는 제약조건이 부여된 회귀계수의 수, T는 총관측값 수이다. 계산된 F값이 클수록 변수 y는 x를 인과하지 않는다는 귀무가설을 기각하게 된다($H_0 : \alpha_i = 0$ 또는 $H_0 : \delta_j = 0$).

Granger 인과관계에서 "변수 X가 변수 Y에 원인이 된다"는 의미는 어떤 변수 X를 예측하는 데 다른 변수 X를 추가했을 때 변수 Y의 예측력이 통계적으로 향상됨을 의미한다. 이에 관련하여 세 개의 변수 IP, $M1$, $TB3$에 대한 인과관계 검정을 실시해보자.

우선 시차가 '2'인 경우, 아래와 같이 풀다운 메뉴에서 **Quick → Group Statistics → Granger Causality Test**를 선택한다. 그리고 "lag Specification" 대화상자의 'Lags to include'에 '2'를 입력한다.

[표 5.2] '시차 2'에 대한 Granger 인과관계검정

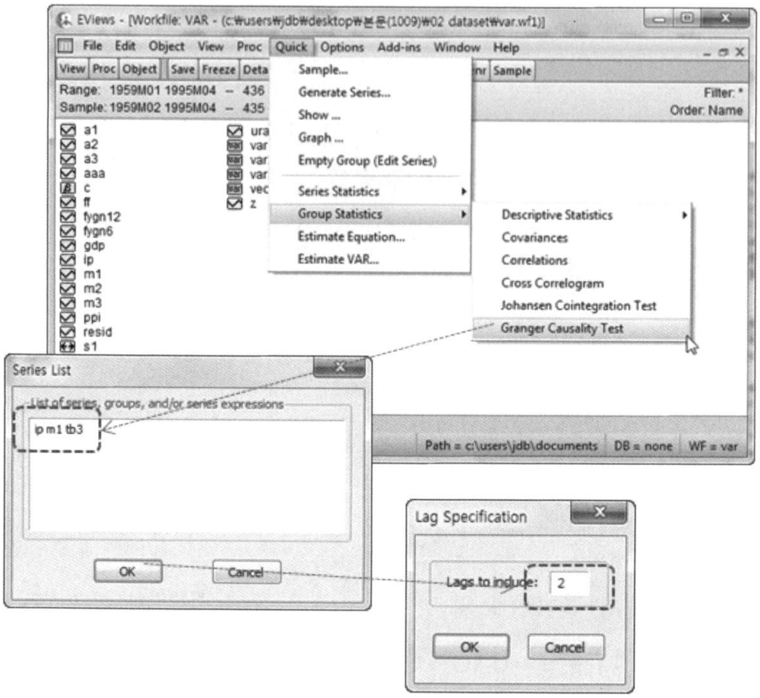

Lags: 2

Null Hypothesis:	Obs	F-Statistic	Prob.
M1 does not Granger Cause IP	434	4.62785	0.0103
IP does not Granger Cause M1		0.35634	0.7004
TB3 does not Granger Cause IP	434	12.0758	8.E-06
IP does not Granger Cause TB3		2.81387	0.0611
TB3 does not Granger Cause M1	434	12.8708	4.E-06
M1 does not Granger Cause TB3		9.26790	0.0001

시차가 '2'인 경우 M1에서 IP 방향으로(p값 = 0.010.3), TB3에서 IP 방향쪽(p값 = 8.E-06)으로 일방적인 영향을 미치며, TB3와 M1 간의 인과관계는 양방향으로 영향을 미치는 것으로 판단할 수 있다.

동일한 방법으로 '시차 3,4,5'에 대해 인과관계 검정을 실시한 결과, 모두 M1에서 IP 방향 쪽으로 일방적인 영향을 미치는 것은 '시차 2'와 동일한 반면에, (TB3와 IP), (TB3와 M1) 간의 인과관계는 양방향이라고 할 수 있다.

[표 5.3] '시차 3,4,5'에 대한 Granger 인과관계검정

Lags: 3

Null Hypothesis:	Obs	F-Statistic	Prob.
M1 does not Granger Cause IP	433	4.26098	0.0056
IP does not Granger Cause M1		1.69915	0.1665
TB3 does not Granger Cause IP	433	7.35045	8.E-05
IP does not Granger Cause TB3		4.96348	0.0021
TB3 does not Granger Cause M1	433	12.4726	8.E-08
M1 does not Granger Cause TB3		6.72766	0.0002

Lags: 4

Null Hypothesis:	Obs	F-Statistic	Prob.
M1 does not Granger Cause IP	432	3.55310	0.0073
IP does not Granger Cause M1		2.51929	0.0407
TB3 does not Granger Cause IP	432	6.00094	0.0001
IP does not Granger Cause TB3		4.22682	0.0023
TB3 does not Granger Cause M1	432	11.8559	4.E-09
M1 does not Granger Cause TB3		5.11173	0.0005

Lags: 5

Null Hypothesis:	Obs	F-Statistic	Prob.
M1 does not Granger Cause IP	431	3.14166	0.0085
IP does not Granger Cause M1		1.99484	0.0783
TB3 does not Granger Cause IP	431	5.01831	0.0002
IP does not Granger Cause TB3		3.68847	0.0028
TB3 does not Granger Cause M1	431	9.33529	2.E-08
M1 does not Granger Cause TB3		4.92992	0.0002

[실전분석전략 6] (단계 6) VAR 모형 및 벡터오차수정모형(VECM) 추정

전기에 발생한 어떤 설명변수의 변동에 의해 각 변수들 간의 단기적 관계가 장기 균형 관계에서 벗어나게 되면 오차수정항의 값이 커지게 되고, 이는 불균형오차로 인식되어 당기에 오차수정계수(오차수정항의 계수)에 의해 자동적으로 조정된다. 식 (5.1)의 VAR(p) 모형에 대해 '벡터오차수정모형(vector error correction model)'은 다음과 같이 표현된다.

$$\Delta x_t = \xi_1 \Delta x_{t-1} + \cdots + \xi_p \Delta x_{t-p} + \alpha + B z_{t-1} + \epsilon_t \tag{5.7}$$

여기에서 $\xi_i = -(A_{i+1} + A_{i+2} + \cdots + A_p)$, $i = 1,2,\cdots,p-1$이며, B는 $\xi = B\Lambda'$을 만족하는 $k \times r$ 행렬으로 Λ는 r개의 공적분벡터로 구성된 행렬이다.

Eview 8을 사용하여 VEC 모형에 적합하기 위해서는 풀다운 메뉴에서 Quick →

Estimate VAR...을 선택한 후, “VAR Specification” 대화상자의 VAR Type란에 ‘Vector Error Correction’을, ‘Endogenous Variable’란에 고려하는 변수들을 입력한다. 그리고 ‘Cointegration’ 버튼을 누른 후, 공적분 개수와 관련된 모형형태를 선택하여 실행한다.

단계 8. 충격반응함수(impulse response function)를 사용하여 VAR 모형에 포함된 변수들의 움직임에 다른 영향도를 조사한다.

단계 9. 주어진 변수의 변동이 다른 변수의 변동성(volatility)을 얼마만큼 설명할 수 있는지 결정하기 위해서 예측오차분산분해를 추정한다.

[실전분석전략 7] 충격반응함수는 특정한 한 변수의 충격이 발생하였을 때 모형 내의 변수들이 어떻게 반응하는지를 나타내는 것이다. 이는 특정한 변수가 단위당 충격이 가해졌을 때 이 충격이 해당 변수나 다른 변수에 영향을 미치는 과정을 설명하는 것이다.

Eviews 8을 사용하여 충격반응함수를 얻기 위해서는 우선 주어진 시계열자료를 VAR(2) 모형으로 추정한 후, 풀다운 메뉴에서 View → Impulse Response...를 선택한다. 그리고 ‘Display Format’에서 Table과 Multiple Graphs를 번갈아 선택하여 실행하여 다음 결과를 얻는다.

[표 5.4] 설명변수들에 대한 종속변수(ip)의 충격반응분석 결과

Response of IP: Period	IP	M1	TB3
1	0.561729	0.000000	0.000000
	(0.01907)	(0.00000)	(0.00000)
2	0.734142	0.033883	0.063880
	(0.03569)	(0.02294)	(0.02588)
3	0.790163	0.078240	0.061323
	(0.04919)	(0.04228)	(0.04046)
4	0.804752	0.109435	0.021199
	(0.05629)	(0.05477)	(0.04873)
5	0.803714	0.123881	-0.030043
	(0.05960)	(0.06175)	(0.05498)
6	0.797091	0.126017	-0.080646
	(0.06115)	(0.06532)	(0.06113)
7	0.788796	0.121070	-0.127093
	(0.06210)	(0.06716)	(0.06764)
8	0.780211	0.112805	-0.169118
	(0.06299)	(0.06833)	(0.07444)
9	0.771725	0.103426	-0.207355
	(0.06404)	(0.06935)	(0.08132)
10	0.763380	0.094052	-0.242482
	(0.06532)	(0.07045)	(0.08815)

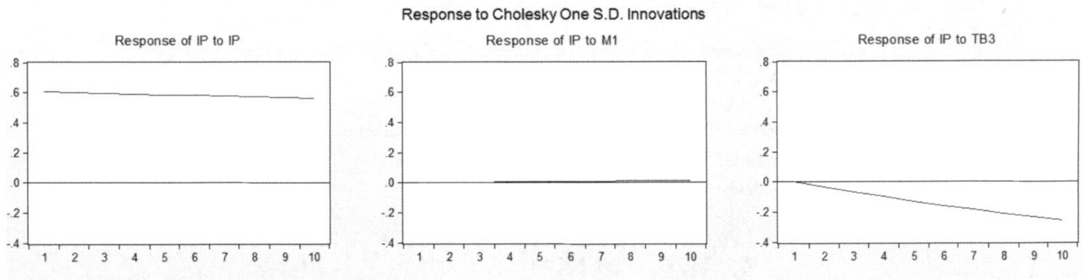

[그림 5.5] 설명변수들에 대한 ip의 충격반응 그래프

종속변수인 IP와 설명변수인 M1, TB3에 대해 충격반응분석을 실시한 결과, 산업생산(IP)는 4기의 자체적인 충격에 대해 큰 반응을 보이고 양의 방향으로 영향을 받는 것으로 나타나고 있다. 이는 종속변수(IP) 자기상관성이 높기 때문으로 해석할 수 있다.

종속변수(IP)는 설명변수(TB3) 충격에 음의 방향으로 영향을 받고 충격의 지속성도 장기적인 것(장기 선형관계)으로 나타내고 있으며, 설명변수 (M1)에는 아무런 영향을 받고 있지 않음을 알 수 있다.

[실전분석전략 8] 예측오차의 분산분해는 모형 내 각 변수 간의 상대적 중요성을 측정하는 방법이라 할 수 있다. 종속변수의 차분값 추정치를 통해 종속변수에 대한 단계적 예측을 실시하는 과정에서 종속변수의 예측오차 분산을 각 변수들이 가지고 있는 충격 기여도에 비례하도록 배분한다. 그런 다음 백분율로 다시 계산함으로써 한 변수가 종속변수의 예측력에 어느 정도 영향을 주는지에 대해 파악할 수 있다.

Eviews 8을 사용하여 분산분해분석에 대해 설명하기 위해서 우선 주어진 시계열자료를 VAR(2) 모형으로 추정한 후, 풀다운 메뉴에서 View → Variance Decomposition...을 선택한다. 그리고 'Display Format'에서 Table과 Multiple Graphs를 번갈아 선택하여 실행하여 다음 결과를 얻는다.

[표 5.6] IP 예측오차의 분산분해 분석 결과

Variance Decomposition of IP: Period	S.E.	IP	M1	TB3
1	0.603896	100.0000	0.000000	0.000000
2	0.851628	99.83506	0.000234	0.164701
3	1.041101	99.46724	0.000804	0.531959
4	1.201010	98.91622	0.001733	1.082043
5	1.342569	98.20211	0.003040	1.794848
6	1.471555	97.34485	0.004742	2.650408
7	1.591399	96.36384	0.006851	3.629313
8	1.704323	95.27758	0.009379	4.713039
9	1.811847	94.10348	0.012332	5.884191
10	1.915058	92.85762	0.015717	7.126659

산업생산(IP)의 예측오차에 대해 분산분해 분석을 실시한 결과, IP의 예측오차 분산의 대부분은 자기 자신의 변동에 의해 설명되는 것으로 나타났다. 예측기간을 10기까지 늘리더라도 분산분해 결과 자기 자신의 충격이 93.86%를 설명하고 있다. 다음으로 상대적 영향력을 가지는 변수는 IP 자신에 비해 상대적으로 설명력이 작은 TB3이며, 3기까지는 미미한 영향을 주지만 5기부터는 점차 설명력의 폭이 증가하여 10기에는 약 7.1% 설명력을 갖는다. 반면에 통화량(M1)은 IP의 예측값에 대해 설명력이 장기적으로 보아도 매우 미미한 것으로 확인되었다. 이를 종합해보면, 미래의 IP에 대해 가장 큰 영향을 주는 변수는 IP 자체의 과거 충격이다. 장기적으로 보면 이자율(TB3)이 일정 정도 영향을 미치는 것으로 나타났다.

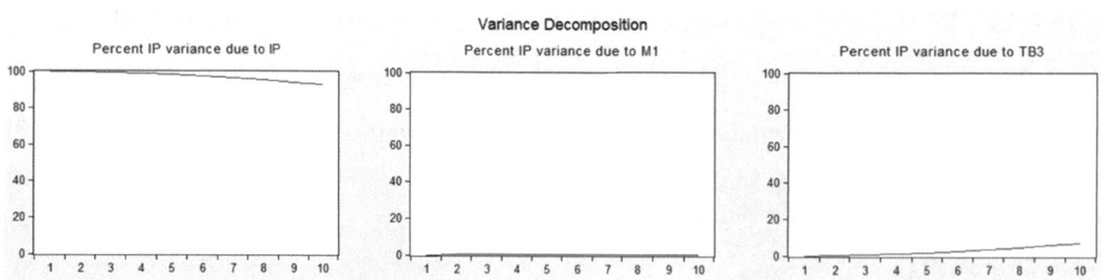

[그림 5.7] IP 예측오차의 분산분해 그래프

참고문헌 Reference

1. 김경수·허익구. 2012. Asymmetric BEKK-MGARCH모형을 이용한 선진주식수익률의 변동성에 대한 연구. 경영교육연구, 27(1), 416-438.
2. 문권순. 1997. 벡터자기회귀(VAR)모형의 이해. 통계분석연구, 2(1), 23-56.
3. 박준용·장유순·한상범. 2004. 경제시계열분석. 경문사.
4. 정동빈. 2009. SPSS 시계열 수요예측 I. 한나래아카데미.
5. 정동빈. 2010. SPSS 시계열 수요예측 II. 한나래아카데미.
6. 정동빈·송혜빈. 2013. 동적회귀모형을 사용한 양도성 예금증서 금리 예측. 국제원광문화학술논집, 3(2), 1-16.
7. Akaike, H. 1976. "A Baysian analysis of the minimum AIC procedure." *Ann. Inst. Statist. Math.*, 30A, 9-14.
8. Bowerman, B. L. and R. T. O'Connell. 1979. *Time Series and Forecasting: An Applied Approach*. New York: Duxbury Press.
9. Box, G. E. P. and D. R. Cox. 1964. "An Analysis of Transformation." *Journal of the Royal Statistical Society*, Series B, 26, 211-243; discussion 244-252.
10. Box, G. E. P., G. M. Jenkins, and G. C. Reinsel. 1994. *Time Series Analysis: Forecasting and Control*, 3rd ed. New Jersey: Prentice Hall.
11. Box, G. E. P. and D. Pierce. 1970. "Distribution of residual autocorrelations in autoregressive-integrated moving average time series models." *Journal of American Statistical Association*, 65, 1509-1526.
12. Box, G. E. P. and G. C. Tiao. 1975. "Intervention Analysis with Applications to Economic and Environmental Problems." *Journal of the American Statistical Association*, 70, 70-79.
13. Dickey, D. A. and W. A. Fuller. 1979. "Distribution of the estimators for autoregressive time series with a unit root." *Journal of the American Statistical Association*, 74, 427-431.

14. Dickey, D. A. and W. A. Fuller. 1981. "Likelihood ratio statistics for autoregressive time series with a unit root." *Econometrica*, 49, 1057–1072.
15. Engle, R. F. and C. W. J. Granger. 1987. "Co-integration and error correction: Representation, estimation and testing." *Econometrica*, 35, 251–276.
16. *Eviews 7 User Guide I*. 2009. Quantitative Micro Software, LLC, Irvine CA.
17. *Eviews 7 User Guide II*. 2009. Quantitative Micro Software, LLC, Irvine CA.
18. *Eviews Illustrated for Version 8*. 2013. IHS Global Inc., Irvine CA.
19. Glass, G. V. 1972. "Estimating the effects of Intervention into a Nonstationary Time Series." *American Educational Research Journal*, Vol. 9, pp. 463–477.
20. Granger, C. W. J. 1969. "Prediction with a Generalized Cost of Error Function." *Operational Research Quarterly*, 20, 199–207.
21. Granger, C. W. J. 1980. "Testing for causality, a personal viewpoint." *Journal of Economic Dynamics and Control*, 2, 329–352.
22. Granger, C. W. J. and P. Newbold. 1976. "Forecasting Transformed Series." *Journal of the Royal Statistical Society*, Series B, 38, 189–203.
23. Johansen, S. 1991. "Estimation and hypothesis testing of cointegration vectors in gaussian vector autoregressive models." *Econometrica*, 59, 1551–1580.
24. Ljung, G. M. and G. E. P. Box. 1978. "On a Measure of Lack of Fit in Time Series Models." *Biometrika*, 65, 297–303.
25. Marquardt, D. W. 1963. "An algorithm for Least Squares Estimation of Nonlinear Parameters." *Journal of the Society for Industrial and Applied Mathematics*, 11, 431–441.
26. Nelson, C. R. 1973. *Applied Time Series Analysis for Managerial Forecasting*. San Francisco, Holden-Day.
27. Olkin, I., J. T. Gleser and C. Derman. 1980. *Probability Models and Applications*. New York: MacMillan.
28. Pankratz, A. and U. Dudley. 1987. "Forecasts of Power-Transformed Series." *Journal of Forecasting*, 6, 239–248.
29. Park, N. K and D. B. Jeong. 2011. "An Empirical strategy for applying VAR models to the analysis of macroeconomic responses." *International Journal of Innovation and Learning*, 9(2), 163–183.
30. Sims, C. A. 1980. "Macroeconomics and reality." *Econometrica*, 48, 1–48.

찾아보기
Index

가

가능도 함수(likelihood function) 57
가성적 회귀현상(spurious regression) 284
가역성(invertibility) 41, 229
개입(intervention) 166
개입모형(intervention model) 163, 172, 190
경제통계시스템(ECOS) 244
계단(step)개입 169
계수중복성(near-redundancy) 63, 231
계절성(seasonality) 97, 112, 126
계절적 차분(seasonal differencing) 120
공적분(cointegration) 285
공적분벡터(cointegrating vector) 285
과도적합(overfitting) 73
광공업생산지수(index of industrial product) 125
교차상관함수(cross correlation function) 222
국가통계포털(KOSIS) 178
Granger 인과관계검정 289

다

다변량 시계열(multivariate time series) 159
다중개입(multiple intervention) 173
단변량 시계열(univariate time series) 10
단위근(unit root) 31
단위근검정(unit root test) 31
단순지수평활법(single smoothing) 143

담배소비량 153
대각선 요소의 합(trace) 검정통계량 287
동적회귀모형(dynamic regression model) 160, 194
동질적인 비정상성(homogeneous nonstationarity) 29

마

모듈러스(modulus) 31
모수절약의 원칙(principle of parsimony) 19, 75
모집단(population) 12
모형(model) 12
모형적합통계량 64
무반응시간(dead time) 197

바

Box와 Ljung의 카이제곱 검정 69
Box-Cox 멱변환(power transformation) 40
백색잡음(white noise) 67
백케스팅(backcasting) 60, 61
벡터오차수정모형(vector error correction model) 291
벡터자기회귀모형(vector autoregression(VAR) model) 160, 279
복소수 단위원(complex unit circle) 31, 32
붓스트랩(bootstrap) 예측값 77
비계절적 차분(nonseasonal differencing) 30, 94
비계절적(no seasonal) Holt-Winters 149
비정상적(nonstationary) 21
비조건적 최소제곱(unconditional least squares) 60

사

사전백색화(prewhitening) 223
선형전이함수(linear transfer function) 207, 208

수정 R^2 66
Schwartz criterion 65
승법(multiplicative) ARIMA 모형 122
시계열도표(timeplot) 11, 89
실현값(realization) 12

아

ARIMA 모형 14, 24
Akaike information criterion(AIC) 65
R^2 66
양도성 예금증서 금리 243
역변환(antilog) 82
연속형(continuous) 10
예측력(ability to forecast) 20, 75
예측선행시차(forecast lead time) 237
예측오차 81
예측오차분산분해 293
오차 손실함수(error loss function) 240
외생변수(exogenous variable) 281
외적사건(external event) 166
Johansen 공적분검정 286
이동평균(moving average) 26
이산형(discrete) 10
이상값(outlier) 190, 203
이중지수평활법(double Smoothing) 148
2차 오차손실(quadratic error loss) 231
2차 차분(second differencing) 22
1차 차분(first differencing) 22
임의보행(random walk) 34, 92
입력변수(input) 194
임펄스 반응가중값(impulse response weight) 196
임펄스 반응함수(impulse response function) 196

자

자기상관함수(autocorrelation function) 17
자기회귀(autoregressive) 25
자연로그변환(logarithmic transformation) 39
잔차(residual) 19
잔차 교차상관함수(residual cross correlation function) 224
잔차도표(residual plot) 71, 72, 102
잔차 자기상관함수(residual autocorrelation function) 68
잔차제곱합(sum of squared residuals, SSR) 58, 235
잡음(noise) 64
전세자금대출 164
전이함수(transfer function) 195, 211
전이함수모형(transfer function model) 160
절대 오차손실(absolute error loss) 240
절대오차의 최대값(maximum absolute error, MAE) 66
절대퍼센트오차의 최대값(maximum absolute percentage error, MAPE) 66
정규화된 BIC(normalized Bayesian information criterion) 67
정상성(stationarity) 16, 27, 90, 126, 229, 284
조건적 최소제곱법(conditional least squares) 60
지수평활법(exponential smoothing) 141

차

차분(differencing) 209
차분연산자(differencing operator) 21
철강재생산량 165
최대 고유값 통계량 288
최소제곱법(conditional least squares) 28
추정된 교차상관함수(estimated cross correlation function) 222
추정된 자기상관함수(autocorrelation function) 43
추정된 편자기상관함수(partial autocorrelation function) 47
출력변수(output) 194
충격반응함수(impulse response function) 292

카

KOSPI 200 옵션 일거래량 178
Q-검정통계량 227

파

펄스(pulse)개입 166
편자기상관함수(partial autocorrelation function) 17
평균역변환 241
평균절대백분위오차(mean absolute percentage error, MAPE) 66
평균절대오차(mean absolute error, MAE) 64
평균제곱오차(mean squared error) 64, 152
평균제곱오차의 제곱근(root mean square error, RMSE) 65
평활계수(smoothing constant) 144, 148
표류항(drift) 34
표본오차(sampling error) 46, 69
표본평균(sample mean) 15
프로세스(process) 12
피드백 점검 205, 247

하

Hannan-Quinn criterion 65
혼합개입 175
Holt-Winters 가법(additive) 지수평활법 149, 153
Holt-Winters 승법(multiplicative) 지수평활법 150, 155
환율(exchange rate) 164
회귀의 표준오차(standard error of the regression) 64
회사채(corporate bonds) 84
확장된 Dickey-Fuller(augmented DF) 단위근검정 35
후향연산자(backshift operator) 20, 196